法鼓山年鑑

2010

◆方丈和尚對2010年的祝福

以安和豐富
共同成就幸福人間

　　阿彌陀佛！在這裡祝福大家2010年這一年，健康、平安、幸福、快樂！

　　每年的這個時候，聖嚴師父都會特別為我們法鼓山僧俗四眾、為社會大眾，準備新年的祝福與開示。近二十年來，師父每年提出的年度主題，都是對我們的祝福與勉勵；每年的年度主題、新春開示，已成為法鼓山一項重要的傳統，也成為大家所期待的學習與共勉。

「安和豐富」是心靈環保的目標

　　2010年，我們的年度精神、學習主軸與共同目標，是「安和豐富」，這句法語是聖嚴師父生前的提示，也是抱病書寫的墨寶。從字面上來理解師父的悲智，「安和豐富」就是人間淨土的境界，也是落實「心靈環保」的觀念、方法與目標。

　　聖嚴師父開示過「安己、安人、安樂眾生」的本意，因此，我們可以「安」為方法，學習安心、安身、安家、安業的利己實踐，奠定個人安分、安全與安定的生命，從而影響到整體家園，達到安邦、安居與安樂的境界。

　　「和」也是聖嚴師父開示「和敬、和樂、和平世界」的初衷，「和」可以是個人實踐和敬、和喜的自立法門，以及用來成就自我和諧、圓融和樂的身家與心靈，進而分享到大眾、地球生活圈的和諧、和樂與和平。

至於「豐富」，不僅意味物質條件的滿足，更蘊涵了人心氣度的圓滿與寬廣。「豐富」在於能夠從知福、惜福、培福與種福中來學習，更在於感恩、感謝、感化與感動後的行動；「豐富」能從需要的不多、想要的太多中發現，也能從面對它、接受它、處理它、放下它之後來成就。

2010年新春活動以「安和心‧豐富年」為主題，祈願社會大眾人人平安、幸福。

從「心六倫」做起

「安和豐富」是人在不同時空、不同身分階段的學習，扣合了「心六倫」的整體呈現以及推廣目標。所以，各位菩薩大德，讓我們在2010年中，以「安和豐富」來盡心盡力，以奉獻自我來成就大眾；讓我們一起來祝福祈願，願我們所生活的世界，能成為一個「安和豐富」的幸福人間。

祝福大家在新的一年，時時安和豐富、處處安和豐富、步步安和豐富、人人安和豐富。阿彌陀佛！

編輯體例

一、本年鑑輯錄法鼓山西元2010年1月至12月間之記事。

二、正文分為三部，第一部為綜觀篇，含括法鼓山方丈和尚（果東法師）、法鼓山僧
團、法鼓山體系組織概述，俾使讀者對2010年的法鼓山體系運作有立即性、全面
性且宏觀的認識。第二部為實踐篇，即法鼓山理念的具體實現，以三大教育架
構，放眼國際，分為大普化、大關懷、大學院、國際弘化。各單元首先以總論宏
觀論述這一年來主要事件之象徵意義及影響，再依事件發生時序以「記事報導」
呈現內容，對於特別重大的事件則另闢篇幅做深入「特別報導」。第三部為全年
度「大事記」，依事件發生時間順序記錄，便於查詢。

三、同一類型的活動若於不同時間舉辦多場時，於「記事報導」處合併敘述，並依第
一場時間排列報導順序。但於「大事記」中則不合併，依各場舉辦日期時間分別
記載。

四、內文中年、月、日一律以阿拉伯數字書寫，如：2010年3月21日、99學年度。其餘
人數、金額等數值皆以國字書寫。

五、人物稱呼：聖嚴法師皆稱聖嚴師父。其他法師若為監院或監院以上職務，則一律
先職銜後法名，如方丈和尚果東法師、副住持果品法師。一般人員敘述，若有職
銜則省略先生、小姐，如法鼓大學籌備處校長劉安之。

六、法鼓山各事業體單位名稱，部分因名稱過長，只在全書第一次出現時以全名稱
呼，其餘以簡稱代替，詳如下：

法鼓山世界佛教教育園區簡稱「法鼓山園區」

中華佛教文化館簡稱「文化館」

法鼓山社會福利慈善事業基金會（法鼓山慈善基金會）簡稱「慈基會」

法鼓佛教學院簡稱「佛教學院」

中華佛學研究所簡稱「中華佛研所」

法鼓山僧伽大學簡稱「僧大」

法鼓山社會大學簡稱「法鼓山社大」

法鼓山人文社會基金會簡稱「人基會」

聖嚴教育基金會簡稱「聖基會」

護法會北投辦事處簡稱「北投辦事處」

竹山安心服務站簡稱「竹山安心站」

七、檢索方法：本年鑑使用方法主要有四種

其一：了解法鼓山弘化運作的整體概況。請進入綜觀篇。

自〈法鼓山方丈和尚〉、〈僧團〉、〈法鼓山體系組織〉各篇專文，深入法鼓山弘化事業的精神理念、指導核心，及整體組織概況。

其二：依事件分類，檢索相關報導。

請進入實踐篇。事件分為四類，包括大普化教育、大關懷教育、大學院教育，及國際弘化，可於各類之首〈總論〉一文，了解該類事件的全年整體意義說明；並於「記事報導」依事件發生時間，檢索相關報導。

各事件的分類原則大致如下：

- 大普化教育：

凡運用佛教修行與現代文化，所舉辦的相關修行弘化、教育成長活動。

例如：禪坐、念佛、法會、朝山、誦戒、讀經等修行弘化，佛學課程、演講、講座、讀書會、成長營、禪修營、教師營、兒童營、人才培育等佛法普及、教育成長，對談、展覽、音樂會、文化出版與推廣等相關活動，以及僧團禮祖、剃度，心六倫運動，法鼓山在台灣所舉辦的國際性普化、青年活動等。

- 大關懷教育：

凡對於社會大眾、信眾之間的相互關懷，急難救助以及心靈環保、禮儀環保、自然環保、生活環保等相關活動。

例如：關懷感恩分享會、悅眾成長營、正副會團長與轄召召委聯席會議等信眾關懷教育，佛化祝壽、佛化婚禮、佛化奠祭、助念關懷、心靈環保博覽會等社會關懷教育，以及海內外慈善救助、災難救援關懷，國際關懷生命獎等。

- 大學院教育：

凡為造就高層次的研究、教學、弘法及專業服務人才之教育單位，所舉辦的相關活動。

例如：中華佛學研究所、法鼓佛教學院、法鼓大學、法鼓山僧伽大學等所舉辦的活動，包括國際學術研討會、成長營、禪修，以及聖嚴教育基金會主辦的「聖嚴思想研討會」等。

- 國際弘化：

凡由法鼓山海外分院道場、據點等，所主辦的相關弘化活動、所參與的國際性活動；以及法鼓山於海外所舉辦的弘化活動等。

例如：美國紐約東初禪寺、象岡道場，加拿大溫哥華道場，以及海外弘化據點，包括各國護法會，以及各聯絡處及聯絡點等。各地所舉辦、參與的各項

活動。包括各項禪修、念佛、法會及演講、慰訪關懷等。

另有聖嚴教育基金會與美國哥倫比亞大學共同設立的「聖嚴漢傳佛學講座教授」，海外人士至法鼓山拜訪，海外學術單位至法鼓山園區參學等。

其三：依事件發生時間順序，檢索事件內容綱要。請進入大事記。

其四：檢索教學資源、成果，例行共修、例行關懷等相關資料統計或圖表。

請進入附錄，依事件類別查詢所需資料。

例如：大學院教育單位的課程表、師資簡介、畢業人數等。大普化教育單位所舉辦的法會、禪修、佛學課程之場次統計，主要出版品概況等。大關懷教育單位的三節關懷人數、緊急救援成果、教育訓練場次統計等。國際會議參與情形以及海外弘化單位的例行共修概況等。

※使用範例：

範例1：查詢事件「第四屆大悲心水陸法會」

　　　　方法1：進入實踐篇→大普化教育→於11月28日→可查得該事件相關報導

　　　　方法2：進入大事記→於11月28日→可查得該事件內容綱要

範例2：查詢單位「法鼓佛教學院」

　　　　進入綜觀篇→〈法鼓山體系組織〉一文→於大學院教育中，可查得該單位2010年的整體運作概況

範例3：查詢「法鼓山2010年各地主要法會概況」

　　　　進入附錄→法鼓山2010年各地主要法會概況

目錄

2010法鼓山年鑑

46 實踐篇

337 大事記

443 附錄

菩薩行

如何成佛道

菩提心為先

何謂菩提心

利他為першому

綜觀

法鼓山方丈和尚——2010年的果東法師

安穩踏實　共創安和豐富

「安和豐富」是法鼓山2010年的年度主題，是創辦人聖嚴師父生前的提示，也是方丈和尚果東法師在這一年當中所念茲在茲的精神信念，祈願能引領大眾共創「安己、安人、安樂眾生；和淨、和樂、和平世界」的人間淨土。

2010年是聖嚴師父捨報後的翌年，師父圓寂之後，各界對法鼓山依然抱持高度期許，方丈和尚對此表示，法鼓山僧俗四眾遵循師訓與法統，持續推動並落實「心靈環保」理念。

一年來，法鼓山僧俗四眾承師悲願，弘化工作沒有停歇，秉持著聖嚴師父的理念與方向繼續努力，並且展現蓬勃的生命力，對此，方丈和尚滿心感恩與感動。另一方面，方丈和尚也感謝佛教內外及社會的各界人士，對於法鼓山理念的認同而來響應支援，這使得法鼓山獲得更加堅定的信心和願心，當為明天的人間社會，擔負起淨化工作的重責大任。

回顧2010年，法鼓山弘化度眾的步履穩健，讓大眾從中看見希望，創造幸福。可以說，法鼓山的2010年，安和豐富；方丈和尚的2010年，滿懷感恩且安穩踏實。

法鼓山的多元弘化活動中，處處可見方丈和尚的身影，除了為專職進行精神講話，並以關懷、感恩的心，與法鼓山教團共同在學院教育、普化教育、關懷教育、海外弘化、道場建設等方面學習成長、落實理念，帶領大眾承師悲願、同行不輟。

步步感恩　悲願傳承

法鼓山每年舉辦數次的專職精神講話，不只是理念傳薪，2010年更象徵著悲願傳承。方丈和尚於各場講話中，一再強調要以聖嚴師父所提出的理念為依歸，進而實踐、推廣理念；並且提到，師父開創這大片福田的殊勝，祈願僧俗四眾珍惜因緣，當以感恩的心接受各種順逆因緣，努力奉獻，更期勉每個人都能善用佛法，以包容與寬闊的心胸待人接物。

在10月19日的精神講話中，方丈和尚首度提到了「安穩向前，踏實健全」，這是法

鼓山2010年的整體行動精神，更包涵了一分感恩與期許。方丈和尚指出，法鼓山是一個推動心靈環保教育的宗教團體，也是安定社會的基石；法鼓山成立以來，成長雖然不快，但是相當安穩，走得雖然辛苦，但是相當踏實，這一切都感恩大時代的啟發、大環境的影響，以及許許多多人的貢獻。

「有鑑於當代社會天災、人禍頻傳，造成許多人無辜地失去家園、眷屬，導致生命和財產損失，也使心靈和人身安全受到極大威脅，失去平靜。」因此，方丈和尚期許法鼓山，當以實踐「安穩向前，踏實健全」的精神自期，希望能由小而大，持續擴大影響力到整個社會、國家，乃至於國際間。

學院教育：法脈恆續流長　創新局

法鼓山以培育推廣大普化、大關懷教育人才的大學院教育，一年來涵養智慧養分，朝世界佛教教育園區的願景又向前邁進一大步。4月，法鼓佛教學院慶祝創校四週年，方丈和尚引用聖嚴師父所說「同學菩薩道、同為法門眷屬」，勉勵學生在學業和道業上精進，弘傳「悲、智、和、敬」的建校精神。

而帶動臺灣佛學研究風氣、培育無數人才的中華佛學研究所也在4月舉辦《傳燈續慧》三十週年特刊發表暨「承先啟後」感恩、回顧與展望座談會，會中，方丈和尚期勉佛研所師生秉持「實用為先，利他為重」的理念，在課業學習中不忘奉獻自我，並且將這份精神接續於大學院教育中落實，延續法鼓山「承先啟後、願願相續」的感恩與緬懷。

5月第三屆「聖嚴思想國際學術研討會暨信眾論壇」舉辦，因聖嚴師父捨報，社會大眾無緣如同前兩屆能聆聽師父的開示教誨、親炙教澤；方丈和尚在開幕致詞時，特別呼籲法鼓山四眾弟子在緬懷師父時，應檢視自己有無遵循師父遺教，更加勤勉精進，盡力推動師父的理念。

普化教育：承師悲願　盞盞明燈相續

為了再續聖嚴師父前願，將漢傳佛法傳持下去，讓法鼓山理念普及，在師父圓寂週年，法鼓山舉辦傳燈法會，並將師父圓寂日稱為「法鼓傳燈日」。方丈和尚感念師父的法乳之恩，緬懷師父教澤，更代表法鼓山向大眾致上由衷的感恩，並帶領眾人齊聲發願，期能承師願力，願願相續，讓佛法明燈永燃不滅。

「心靈環保」是法鼓山的主要理念，面對當今全球暖化的危機，法鼓山更振臂疾呼環保綠生活的重要，方丈和尚特別在5月於國父紀念館舉辦的「安和豐富——簡單享受，綠生活」活動中，以及7月應國家安全局之邀演講，呼籲大眾運用「四要」、「四福」的觀念，從心落實環保，即使簡單生活也會感到很豐富。

法鼓山一年一度備受矚目的共修盛會「法鼓山大悲心水陸法會」已邁入第四年，2010年更有水陸講座、前行功課《大悲心修行自知錄》、線上共修、「水陸季」體驗和巡禮等多項創舉，方丈和尚在送聖儀式中指出，在聖嚴師父的指示和

傳燈法會上，方丈和尚與僧團法師將象徵師資正法的燈火，輾轉相傳給每一位與會大眾。

理念下，大悲心水陸法會不斷地創新，在實踐突破時空的弘法過程中，已開創了今後佛教推動契機契理的新時代修行風貌。

關懷教育：跨越藩籬 開展新猷

2010年法鼓山的關懷教育工作，則是跨越了國界、宗教、種族等藩籬，延伸了關懷的層面。首先是歷經兩年的籌備施工，由法鼓山援建的中國大陸四川安縣秀水第一中心小學及秀水中心衛生院於6月落成，方丈和尚出席啟用典禮，代表僧俗四眾感謝當地政府和民眾，給予法鼓山共患難的學習機緣，也感恩來自各方匯聚的善心願力，共同成就社會大眾安己安人、安樂眾生。

在臺灣南部八八水災屆滿週年前夕，方丈和尚與雲林縣政府在7月共同簽署捐建合約，並引述聖嚴師父開示「救苦救難的是菩薩，受苦受難的是大菩薩」，語重心長地呼籲大眾，務必記取災難的教訓。

在投入災難救援之餘，法

方丈和尚在第三屆「關懷生命獎」頒獎典禮上，期勉社會大眾抱持積極入世的態度，關懷生命。

鼓山致力於推廣正面的生命價值觀，9月舉辦了第三屆「關懷生命獎」。方丈和尚在頒獎典禮上指出，每個人都是度化眾生的菩薩，藉此勉勵大眾積極入世、關懷生命。9月底，法鼓山首度舉辦「國際慈善與人道關懷論壇」，開展慈善關懷教育的新猷，並邀請國內外二十多位救援專家、研究學者，分享實務經驗及研究成果；方丈和尚在致詞中，期許此論壇能為從事救援的團體，提昇救援觀念及應變能力。

　於護法信眾的關懷方面，方丈和尚出席護法總會於2010年所舉辦的三場勸募會員授證典禮，共有三百多位新進會員，跟隨方丈和尚一起發願：「發揮募人募心的力量，成為人間淨土的建築師。」9月，法鼓山助念團舉辦年會，曾擔任助念團輔導法師的方丈和尚，深知助念關懷工作的不易，特別讚歎會員的承擔與奉獻，而針對臨終關懷、佛化奠祭推廣可能面臨的挑戰，則提醒大眾，在掌握法鼓山的理念和原則之外，還要彈性溝通，放寬心的包容度，才是慈悲的展現。

方丈和尚出席護法悅眾成長營，關懷法鼓山的鼓手們，給予佛法安心的力量。圖為護法總會舉辦的「正副會團長、轄召、召委成長營」。

海外關懷　推廣法鼓山理念無國界

　為了將法鼓山「心靈環保」、「心六倫」理念，深廣地推廣至海外，方丈和尚接續2009年「大悲心起・願願相續——護法悅眾關懷行」的腳步，於2010年展開海外弘法關懷行程。

　上半年，5月抵達美國紐約東初禪寺，展開東西岸一系列的關懷活動，方丈和尚引用聖嚴師父所說「我個人無法完成的事，勸請大家來共同推動」，勉勵眾人繼起師父的悲心大願。而籌畫多時、由師父隨行弟子張光斗拍攝製作的《他的身影——聖嚴法師佛法西傳紀錄影集》，也在臺北駐紐約經濟文化辦事處舉行全球首映會，會中方丈和尚分享該作品背後的製作精神，即是希望藉由師父尊重生命、莊嚴生命、淨化生命、圓滿生命的故事，引發社會大眾的共鳴。

方丈和尚展開東西岸一系列的弘法關懷活動，對於當地悅眾的參與奉獻，表達由衷的感恩。圖為舊金山分會舉辦悅眾聯誼。

下半年，方丈和尚於10月在美國紐約象岡道場主持北美護法年會，這是聖嚴師父圓寂後首度召開。方丈和尚與八十多位北美地區的東西方悅眾進行討論，研議未來北美弘化的發展方向。11月則抵達溫哥華道場，展開為期一週的弘法關懷。

除此，方丈和尚於11月前往中國大陸參加第三屆中華文化論壇，以「全人類的心靈環保」為題發表演說，說明禪能使個人從實際的生活中，得到身體的平安健康和心理的平靜明朗，進而淨化社會人間，而這也是法鼓山推動「心靈環保」的精神內涵。

在這安和豐富的一年，來自國際間的交流參訪不曾間斷，兩位中國大陸海峽兩岸關係協會副會長王富卿及安民，及印度甘丹寺夏巴曲傑仁波切與喇嘛、泰國朱拉隆功佛教大學（Mahachulalongkornrajavidyalaya University）校長達摩科沙栴法師（Ven. Phra Dharmakosajarn）等，分別率團前來，在方丈和尚接待下，認識法鼓山樸質且饒富禪機的境教精神。而有感於法鼓山對震災的關懷，四川安縣縣委書記王黎也於來訪時，代表四十多萬安縣民眾，寫下「飲水思源」，表達秀水居民的感恩，方丈和尚則表示法鼓山未來將持續發揮安心作用，投入心靈重建工程。

道場建設承師願力

法鼓山各地分院道場一向是為落實漢傳佛法、分享心靈環保的重要力量，三峽天南寺、臺南雲集寺於2010年相繼落成啟用，天南寺未來將開辦各種短中長期的禪修推廣活動，成為法鼓山的禪修教育中心；雲集寺落成，象徵著法鼓山在南臺灣推廣「心靈環保」理念的重要里程碑，方丈和尚則期許雲集寺成為法鼓山另一個教育、禪修中心，接引更多民眾加入建設人間淨土的行列。

而臺中分院則在4月於逢甲大學體育館啟建「清明祈福報恩暨籌建寶雲寺梁皇寶懺法會」，11月臺中寶雲寺開工啟建，並舉辦「中部啟建法鼓山寶雲寺說明會」，方丈和尚

蒞會並邀請大眾護持寶雲寺，共同「建一座可以點亮一個城市的寺院」。

　　法鼓山自聖嚴師父創辦以來，於東西方弘揚佛法、化導眾生。2010年，在臺灣的第一個共修處──基隆共修處（辦事處的前身）及美國加州洛杉磯分會均成立屆滿二十年。生長於基隆的方丈和尚出席共修處活動時提及，自己的出家、學佛因緣就是從參加共修處的活動開始；11月美國洛杉磯分會舉行「二十週年感恩暨募款餐會」，方丈和尚也出席向三百多位來賓致意，感恩眾人的護持。

心更貼近師父的悲願

　　聖嚴師父圓寂後，聖基會舉辦「無盡的身教──今生與師父有約」系列講座，方丈和尚受邀主講，對於自己從出家到接任方丈和尚期間，領受師父點點滴滴的教導與鼓勵，有著無限的感恩；並發願謹遵師父的勉勵與叮嚀，親自踏上恩師曾走過的足跡，因此而感受到，心更貼近師父的悲願。

　　走過2009年聖嚴師父捨報的震撼與考驗，僧團承師願力，領眾在2010年開啟新頁。一路走來，總是感恩滿懷，方丈和尚也期勉法鼓山全體僧俗四眾，珍惜當下的因緣，精進修習佛法來穩固自己，隨時運用佛法安住身心、轉化生命，並齊心協力推動漢傳佛教的弘化事業，共創安和豐富的幸福人間。

方丈和尚對於領受聖嚴師父點滴的教導，有著無限的感恩。

法鼓山僧團

懷恩報恩　願願相續

　　建立清淨和合、符合律制的現代化僧團，培育具悲願心的出家人，一直是聖嚴師父的大悲願心。多年來，藉由師父的身教與言教，以及在漢傳禪法的熏陶下，以務實、奉獻為弘化本懷的法鼓山僧團，在師父捨報一週年後的2010年，有承續，有開創，無非都是懷抱師恩，為法鼓山理念、續佛慧命，願願相續。

　　因為聖嚴師父的捨報，僧團的運作有些微調整，但是在已建立起的制度和基礎之上，仍井然有序地前進。例如：往年由師父親自提出的年度主題，這一年改由僧團觀察社會環境的需要，以師父所撰寫的「安和豐富」為主題年，以知福、惜福、培福、種福的「四福」為方法，以「簡單享受綠生活」為生活方針，提供大眾安心原則與方法。

　　另一方面，原本聖嚴師父對僧團的早齋開示、對專職同仁的精神講話、護法總會於各地的關懷行、海外弘化等，均由方丈和尚果東法師承續關懷的足跡；至於海外禪修指導方面，則在禪修中心副都監果元法師的帶領下，與法鼓山僧伽大學禪學系的學僧們，接續師父於海外弘揚漢傳禪法的願心。而普化中心也以延續師父法身為職志，發揚聖嚴書院佛學班、開辦福田班、設立法鼓講堂等，皆以師父著作為根本，引領學員深入佛法義理，並且在生活中落實。

　　隨著聖嚴師父的步履，僧團2010年的發展概況，分別以法務推廣、僧眾教育、道場建設、國際參與等四個面向，介紹如下：

法務推廣

　　在法會方面，2010年的僧團，在聖嚴師父圓寂滿週年的農曆正月初九（國曆2月22日），以「大悲心起‧願願相續」為主題，舉辦傳燈法會，並將師父圓寂日訂為「法鼓傳燈日」，即是標舉著以禪宗傳燈的精神，將師父所提出的法鼓山理念，願願相續傳承下去。當天，近萬人與會，透過印製有師父所作〈菩薩行〉的瓷缽，承接由方丈和尚點燃母燈後，再由僧團法師一一點燃與會大眾手中捧持的菩薩燈火，不僅象徵願願相續，佛法明燈不斷，更是對師父最好的供養。

邁入第四年的大悲心水陸法會在2010年亦有幾項創舉。為了再提昇信眾與會的品質，法會籌辦小組除出版《大悲心修行自知錄》，為信眾規畫前行功課；善運網路科技的水陸法會，於法會啟建前三個月，即架設水陸專屬網站，法會期間更延續2009年透過網路直播方式，廣邀全球人士參與共修，一睹法鼓山水陸法會莊嚴、盛大並富含人文精神的現場。

佛學課程方面，普化中心推辦的聖嚴書院「佛學班」持續穩定成長，2010年再開辦法鼓山義工的通識教育課程「福田班」，以提昇義工服務和身心的品質。除此，普化中心並運用網際網路，在既有的數位學習網上開設「法鼓講堂」，僧團法師透過線上弘講，與聽眾達到雙向的交流，讓網路學佛超越時空，更活潑而即時。

另一方面，聖嚴師父網站的開站、法鼓山網路電視台的開播，亦是運用並結合現代網路科技優勢的傳播媒介，跨越時空的限制，接引大眾更親近佛法。

禪修推廣方面，傳燈院於2009年因應現代人身心忙錄而開辦的「初級禪訓密集班」，各地分院於2010年更廣為推辦，兩天密集課程包含完整研習基礎禪修的方法；而禪堂首辦的「中英默照禪十四」，接引了不少外籍禪眾，是禪堂朝向國際禪修的重要里程碑。

除了在國內舉辦國際禪修，繼起聖嚴師父弘化西方的大願，僧團果元、果祺法師等陸續至德國、美國、墨西哥等地指導禪修；果元法師更帶領僧眾再次前往印尼，主持禪修。其中，德國、墨西哥更是師父圓寂後，僧團首度受邀前往弘化之地。

僧眾培育

僧眾培育是僧團健全發展的基礎，有完善的培育制度，方能培養出具道心、有弘化能力的僧眾，尤其聖嚴師父特別強調要具有現代化精神、國際觀的出家人，方能為漢傳佛教的弘傳，生生不息。

因此，本年僧團除提供僧眾在既有的禪修、佛學弘講、法會等領執培訓，以及參與大事關懷、進階禪修，與專業管理、溝通協調等培訓課程外，由於這一年廣開信眾教育課程，大量的師資需求，也讓僧眾不斷在參與弘化、學習中成長。

另外，鑑於自聖嚴師父圓寂後，僧團深感師父思想、理念弘傳的重要，除了透過四眾弟子展開的普化教育，更需要藉由各種研討會、學術發表會，積極與佛教界、跨宗教等不同領域人士進行交流。因此，2010年僧團派員出席多項學術研討會，發表研究師父思想的相關論文，例如：僧團果祥法師、常諗法師於9月的「華嚴全球論壇」（Huayen Forum of Globalization）暨「世界佛教青年僧伽協會第七屆年會」（The 7th General Conference of World Buddhist Sangha Youth）上，分別發表論文。同月，副住持果品法師等代表前往中國廣州參加「廣東禪宗六祖文化節學術研討會——六祖禪的傳承與發展」，僧團共有果鏡、果光、果毅、常隨等四位法師提出研究成果，研討論文

集也收錄常元、常諗及常慶等三位法師的論文。

聖基會則在5月，舉辦第三屆「聖嚴思想國際學術研討會」，特別增設「信眾論壇」，以「聖嚴法師的教導與時代意義」為主題，由僧團法師發表相關的論文，共九篇，研究面向涵融聖嚴師父的思想、行誼、建僧悲願與三大教育的落實等，將師父的思想、教導原貌，做全盤地研究與分享，不但在資料收集上更為豐富，更提出了切合師父建僧、領眾的精神和悲願；再者，每場次皆由戒長法師與僧大學僧共同發表，展現了僧團培育新生代的用心與前瞻，也讓與會大眾領受一場深具法鼓家風的研討會。

道場建設

2010年，法鼓山於全臺各地均有道場建設工程的進行，包括：正式啟用的三峽天南寺、臺南雲集寺，進行中的桃園齋明寺新建禪堂、重建的農禪寺，以及規畫中的臺中寶雲寺。於此僅就已完成的三峽天南寺、臺南雲集寺，及啟動重建工程中的北投農禪寺建設概況說明如下：

三峽天南寺

隸屬於禪修中心的天南寺於2007年動工興建，2010年2月27日正式啟用，典禮當天將近七千人參加。定位為禪修教育中心的天南寺，以推廣漢傳禪修為使命，因此啟用後的天南寺隨即舉辦了多場精進禪修活動，包括一場國際保育協會成員的禪三，成為法鼓山另一處推廣禪修教育的重鎮。

臺南雲集寺

雲集寺於2006年開始動工，2010年4月11日舉辦落成開光典禮。雲集寺位於臺南佳里，占地五百六十餘坪，「雲集寺」一名，由聖嚴師父於生前命名，期能接引雲嘉南地區民眾親近佛法。啟用後的雲集寺，也展開一系列念佛、禪坐等共修，凝聚起南臺灣民眾建設人間淨土的力量。

北投農禪寺

農禪寺改建計畫於2010年上半年啟動，預計將舊有鐵皮屋建築改建為水月道場。因此農禪寺在新春過年期間即規畫了一場「興家·新家·心家」改建前巡禮的展覽。展覽主題跨越時空近五十年，見證聖嚴師父帶領四眾弟子耕耘法鼓山的過程。之後於5月份舉辦動土灑淨儀式，正式啟動工程，預計於2012年改建完成啟用。

聖嚴師父在生前，即為此一改建寺院定位為水月道場，除從景觀上，設計出如立在水上的建築，同時也賦予其「空花佛事時時要做，水月道場處處要建」的意涵。雖然世間都是幻化所成，但仍要藉假修真，接引大眾，透過佛法成就自己、利益他人。

國際參與

國際參與方面，過去聖嚴師父大力拓展弘化；近年來，僧團法師積極參與國際會議與國際性活動，延伸多元關懷觸角，分享漢傳佛教的智慧與推廣「心靈環保」理念。

2010年以美國法鼓山佛教協會（Dharma Drum Mountain Buddhist Association, DDMBA）最為積極參與。首先是5月與全球女性和平促進會（The Global Peace Initiative of Women, GPIW）共同在紐約象岡道場舉辦「氣候變遷的內在向度」（Inner Dimensions of Climate Change）青年沉思會議；10月參加由全球女性和平促進會舉辦的美國沉思者聯盟會議（The Alliance of American Contemplatives），並出席「地球憲章」（The Earth Charter Initiative）於印度舉辦的十週年系列會議，以及11月出席於墨西哥舉辦的「第十六屆聯合國氣候變化綱要公約締約國會議」（The 16th Conference of the Parties under the United Nations Framework Convention on Climate Change, COP-16），皆由僧團果禪法師、常濟法師代表出席。

此外，尚有2月跨宗教會議的第四屆「佛教與基督教研討會」（Buddhist-Christian Symposium），由副都監果元法師、僧大學僧常護法師前往泰國參加；11月於南韓首爾舉行的國際宗教領袖高峰會議，僧大副院長常寬法師代表分享提昇心靈富裕之道。另外，亦出席多項在中國大陸寺院或大學所舉辦的研討會，代表出席的僧眾，不論是以心靈環保，或是漢傳禪法為發表主題，皆是建立在聖嚴師父的思想基礎上發揚。

聖嚴師父親自用毛筆所撰寫的〈告誡眾弟子書〉。

結語

法鼓山僧團從三十年前的四位僧眾，到今日包括僧大學僧，將近三百人的規模，僧團依照師父所擘畫的大學院、大普化、大關懷等三大教育而行，承持漢傳禪風，透過大學院教育以培養在弘法、服務領域裡，引導大眾、啟迪人心的僧眾人才。

而如何實踐和推動，聖嚴師父在生前即多所指示，方向明確、目標清楚，而對僧團弟子的期許，則刊錄在師父晚年的口述著作，即2010年出版的《美好的晚年》一書中。在這本師父生前最後的口述歷史，刊載了一篇師父生前親筆所寫的〈告誡眾弟子書〉，諄諄期勉法鼓山僧俗四眾，以推動漢傳禪佛教為使命，利益普世的人間大眾。

僧團是帶領法鼓山前進的指標，在聖嚴師父長期奠定的厚實基礎及教導下，僧團將以法為依歸，師志己志，師願己願，成為現代化僧團的一個典範，履踐弘法利生的大願。

法鼓山體系組織

法鼓山體系組織概況

　　2010年，法鼓山創辦人聖嚴師父捨報圓寂週年，以「承先啟後‧願願相續」為主要精神，僧俗四眾共同緬懷恩師的身言教化，發願與社會大眾分享佛法，普傳法鼓山「心靈環保」理念，為漢傳佛教承先啟後，讓佛法明燈永傳不滅。

　　承續聖嚴師父的悲願，法鼓山2010年的弘化步伐與時俱進，因應新時代的社會環境需求，開展契機、契理的當代修行風貌。於各弘法體系組織上，依教育關懷功能的不同，分為大普化、大關懷、大學院、護法會團及支援運籌等五個體系，由僧俗四眾秉其專業，齊心合力奉獻社會大眾。

各體系主要弘化現況

　　以下分別就各體系單位2010年的主要工作內容、例行活動等，做重點說明。

一、大普化體系

水月道場新建工程動土前，農禪寺舉辦「興家‧新家‧心家」改建前巡禮活動，巡禮展覽重新回顧農禪寺三十五年的歷史。

　　大普化體系以推廣各項提昇社會人品的活動，普及弘化教育為任務，包括寺院、禪修中心、普化中心、文化中心及國際發展處，以融攝漢傳禪佛教的內涵，結合並運用現代多元文化活動，淨化社會。

（一）寺院

　　法鼓山海內外各地的寺院道場，在臺灣有

十二個分寺院、四個精舍，包括法鼓山世界佛教教育園區、北投中華佛教文化館、農禪寺、雲來寺，臺北安和分院、桃園齋明寺、臺中分院、南投德華寺、臺南分院、臺南雲集寺、高雄紫雲寺、臺東信行寺，及臺北中山、基隆，臺南安平、高雄三民等精舍；於海外部分，包括美國紐約東初禪寺、象岡道場，加拿大溫哥華道場及馬來西亞道場。

其中，雲集寺4月落成啟用，為南部地區另一弘法重鎮；農禪寺5月舉行水月道場新建工程動土大典，未來將以嶄新的景觀道場接引更多民眾學佛護法。而法鼓山未來的中部弘法中心——臺中寶雲寺，也將於2011年1月開工啟建。

1. 國內部分

法鼓山園區（總本山）全年修行活動頻繁，年度大型活動以「安和心・豐富年」新春系列活動，如除夕聞鐘聲祈福法會、元宵燃燈供佛等，為2010年揭開序幕；2月聖嚴師父圓寂週年之際，展開「大悲心起・願願相續——傳燈法會」，藉此緬懷師父的教澤。

因應當代面臨的地球暖化議題，9月法鼓山於園區首度舉辦「國際慈善與人道關懷論壇」，分享交流國內外救援的實務經驗；11月底「第四屆大悲心水陸法會」開始前，總本山也首辦「水陸季」活動，將法會的殊勝內涵更廣為與社會大眾分享。

此外，2010年總本山尚有「第十五屆佛化聯合婚禮」、「第十五屆在家菩薩戒」、「朝山・浴佛・禮觀音」活動、剃度大典，以及例行的大悲懺法會、念佛共修，環保清潔日、景觀維護日等，多項共修使總本山充滿精進修行的氣息。

法鼓山園區舉辦「虎・Who・福——迷與悟」新春活動，民眾以補羽，入禪境迷宮體驗。

總本山除了有完善且蘊涵環保理念的的軟硬體設施，並以禪修、精進修習的氛圍為境教，不定期有團體上山參訪、參學，全年預約參訪團體以民營機關、學術教育單位居多，總人數共有十萬多人次。

其他各分院道場，年度重要法會包括祈福皈依大典、新春普佛法會、新春三昧水懺法會、新春大悲懺法會、元宵然燈供佛法會、清明報恩祈福法會、梁皇寶懺法會、浴佛法會、中元普度地藏法會等，另有例行舉辦的大悲懺法會、地藏法會、三昧水懺法會、八關戒齋法會、菩薩戒誦戒會，以及每週的禪坐、念佛共修等。

其中，農禪寺於2月「興家・新家・心家」改建前巡禮活動後，5月舉行水月道場動土大典暨浴佛法會，計畫將以嶄新的景觀道場，繼續弘法度眾。4月臺中分院於逢甲大

學啟建的「梁皇寶懺法會」，同步啟動「為眾生祈福，為子孫建寺」活動，邀民眾共同護持寶雲寺籌建。4、5月雲集寺、紫雲寺分別舉辦皈依大典，均由方丈和尚果東法師親授三皈五戒。雲集寺並於8月首度舉辦慈悲三昧水懺法會暨三時繫念法會，且運用數位投影科技，取代焚燒紙製牌位，體現環保精神。安和分院則於10月開辦為期十八天的《藥師經》共修及一天的藥師法會，帶領民眾學習藥師法門。

於禪修活動方面，為接引初學佛者學習禪修，各分院除了舉辦初級禪訓班，2010年農禪寺、雲來寺、齋明寺、臺南分院、三民精舍、信行寺並開辦「初級禪訓密集班」，在輕鬆而密集的課程中讓學員體驗禪修，建立正確的禪修觀念。除此，各分院也辦禪一、禪二、禪三、戶外禪等，提供禪眾精進習禪。

各分院另一項重點弘化工作為多元教育成長課程，包括：紫雲寺策畫系列講座「法師請上堂──有請法師來開講」，邀僧團法師分享出家因緣、修行歷程等；臺南分院就臨終助念關懷課題開辦講座，臺中分院舉辦「實用生死學」系列佛學課程、「生命之河系列學習坊」，信行寺開辦「生死學概論」課程等，與當地民眾談生死關懷。齋明寺、信行寺則分別開辦齋明鼓隊、寧靜心鼓班，將法鼓法音藉由鼓聲弘揚廣傳。

2. 海外部分

海外道場方面，北美地區包括美國紐約東初禪寺、象岡道場與加拿大溫哥華道場，亞洲地區有馬來西亞道場，各道場均有法師輔導，協助修行弘化工作；除禪坐、念佛、讀書會等例行共修，每逢新春、清明、佛誕、中元等重要節日，東初禪寺、溫哥華道場均開辦法會，齊聚信眾為社會大眾祈福。

（1）北美地區

東初禪寺全年共修，除週一至週三例行的念佛、讀書會、禪坐外，每週六或日均安排講座、禪修、法會；另不定期舉辦中英文禪訓班、佛學課程及英文讀書會等。以下分別就主要共修做概述。

週日講座，是東初禪寺的重要例行活動之一，每週邀請法師、專家講授佛學課程，2010年有多場講座以帶狀方式進行，包括五場由住持果醒法師主講的《六祖壇經·無相頌》及八場「智慧不離煩惱──石頭希遷禪師〈參同契〉」，十二場由美國護法會輔導法師常華法師主講的「《圓覺經》十二問」等，引領民眾循序深入經典要義。

6月有一場「虛空粉碎──話頭禪的修行」講座，由禪修中心副都監果元法師介紹話頭禪的修行層次，帶領紐約民眾了解話頭禪修行的真髓。7月兩場講座，為僧團常延法師於美、加地區弘講期間講授的「《維摩經》導讀」、「直擊產生煩惱的根源──略談佛教的禪修原理」，期使東、西方人士同霑法益。

每月例行舉辦的週日法會，有觀音法會、大悲懺法會、地藏法會、菩薩戒誦戒會，其中地藏法會為2010年新增，希望接引更多民眾修學佛法。

其他重要法會，包括元旦首次啟建為期三天的三昧水懺法會，鼓勵大家拜懺，精進修行；以及2月的《藥師經》持誦法會，5月的年度浴佛法會，同時進行皈依，由方丈和尚果東法師主持，並邀美國同淨蘭若住持仁俊長老開示「能成人者能度人」。

此外，2月聖嚴師父圓寂週年之際，並舉辦「緬懷師恩」活動，進行「聖嚴師父對漢傳佛教的期許」座談會及西方眾的分享討論會、傳燈發願儀式，藉此感念師父、發願成就師父的大願；加拿大護法會安省分會也連線參加。

象岡道場主要活動為推廣禪修，例行活動有每週四晚上的禪坐共修，以及2010年新增的週日講經共修。

各項進階的禪修活動，包括十場禪一、兩場禪三、一場禪七、一場禪十四，以及西方禪五、話頭禪八、默照禪八、話頭禪十、默照禪十等各一場，多由常住法師帶領，亦邀請聖嚴

北美地區第五屆在家菩薩戒於紐約象岡道場舉辦，七十五位東西方戒子發心修學菩薩道。

師父的法子指導，包括：繼程法師帶領一場禪十四，賽門・查爾得（Simon Child）帶領一場西方禪五、默照禪八。

象岡道場也針對青年規畫禪修活動，包括兩場青年禪修營、一場青年禪修工作坊，各場為期三天，由常住法師開示禪法並帶領青年體驗禪修。

此外，北美地區第二屆「法鼓山360度禪修營」、第五屆在家菩薩戒，也分別於4月、7月在象岡道場舉辦。

溫哥華道場全年弘化活動多元，每週例行舉辦佛學課程、讀書會、禪坐、念佛、法器練習、合唱團練唱等，每月也安排菩薩戒誦戒會、大悲懺法會、禪一及法青活動等；另有3月的藥師法會、4月的觀音法會、6月的佛一、7月的佛二等各一場。9月，則首度舉辦「家中寶」佛化聯合祝壽活動，將法鼓山的禮儀環保精神，分享至北美。

各項弘化活動中，2010年的佛學課程，除了每週進行學佛五講導讀、佛法指引、「成佛之道」佛學課程外，更有多位僧團法師前往開辦講座。首先是新春首場甘露法語，由常延法師導讀《佛遺教經》，1月起開講八堂。另有8月起，分別邀請果徹法師講授六場《八大人覺經》，國際發展處監院果見法師主講了一場「《法華經》要義」

等，多場精彩的經典講座，引領當地民眾深入經藏。11月，方丈和尚果東法師至溫哥華弘法期間，則主持榮譽董事聯誼感恩會餐敘、皈依祈福大典，及進行一場以「觀心雙隨、自在生活」為題的心靈講座，與溫哥華信眾分享法喜禪悅。

於禪修方面，溫哥華道場舉辦了初級禪訓班、初級禪訓密集班、初級禪訓班二日營，以及多場精進禪修，包括兩場禪三，一場默照禪七、話頭禪七等；2月，有一場「英文生活禪」，由紐約東初禪寺住持果醒法師帶領學員練習放鬆，體會禪修的自在法味。

溫哥華道場推廣禪法之另一特色，為開辦禪鼓隊的培訓。在2月舉辦禪鼓體驗營後，即展開十場鼓隊種子培訓，以及6月的初級禪鼓班、12月的法鼓初階班等，讓鼓手們在震懾的鼓聲中，學習收攝、安定身心。

而針對青年舉辦的活動，除了例行的法青讀書會、少年生活營、相約在法青等，還有3月的「法青二日禪體驗營」，由法師親領青年體驗禪法。

設於海外的紐約法鼓出版社，2010年與香巴拉出版社（Shambhala Publications）合作，出版聖嚴師父最後一本英文著作《菩提之道——三十七道品》（*Things Pertaining to Bodhi: The Thirty-Seven Aids to Enlightenment*），整理自師父於1999至2003年間在東初禪寺「週日講經」所講的文稿。

紐約法鼓出版社除了持續每季定期出版英文《禪》雜誌（*Chan Magazine*），並著手整理曾於《禪通訊》（*Chan Newsletter*）月刊刊載之聖嚴師父文稿，內容多為師父初抵美國時的開示。

（2）亞洲地區

馬來西亞道場2010年的定期共修包括了禪坐、念佛、合唱團練唱、「學佛五講」課程及菩薩戒誦戒會；其中「學佛五講」為首度開課，由道場監院常慧法師主講，每週一場為期一年，自開課以來，學員人數持續增加。另有多元成長課程、禪修、青年活動、法會等，內容概述如下：

3月及8月，馬來西亞道場開辦兩梯次系列「兒童生命教育課程」，以融入「四環」與「心六倫」理念的活動，如孝親奉茶、親子共讀、古法有機農場遊等，陪伴學童學習成長。此外

馬來西亞道場首度舉辦「學佛五講」佛學課程，由常慧法師講授。

並舉辦心靈環保讀書會帶領人初階培訓，合唱團、義工成長營等課程。

於禪修活動方面，全年舉辦兩場禪一及四梯次的初級禪訓班，6月首次舉辦初級禪訓密集班，帶領三十一位初學禪眾體驗禪悅。因應當地民眾需要，另開辦多場英文禪修，包括英文初級禪訓班、英文禪一及英文戶外禪等。

針對青年學子，4月，馬來西亞道場於聖嚴教育基金會贊助下，捐贈一萬本聖嚴師父的著作《正信的佛教》，做為馬來西亞國民服務營的佛教課程教材，希望帶給馬來西亞學子一個學習正信佛教的契機。馬來西亞法青會則延續2009年舉辦的「與法師有約」講座，2010年於4月起舉辦五場，由法師們分享生命經驗，並先後於5月在瓜拉雪蘭莪自然公園舉辦「遇見生命中的精靈」生活營，11月在當地農場舉辦「犁一畝心中的夢田生活營」，引領學子在大自然中體驗禪修，從而認識自我、探索生命價值。

法會亦為主要弘化活動之一，全年共有四場大悲懺、兩場佛一，一場清明報恩觀音祈福法會、浴佛法會，以及於馬來西亞國慶日舉辦的孝親報恩地藏法會。其中，於9月舉辦的大悲懺法會前，更開辦三場講座，由弘化院監院果慨法師說明懺法與法會意義，並弘講大悲心水陸法會課程，為當地三百六十位民眾講授水陸法會的意涵。

此外，為了感念聖嚴師父的師恩與師願，二十九位馬來西亞、新加坡兩地悅眾組成尋根團，於6月首度展開為期十天的巡禮交流，在參訪法鼓山園區、全臺寺院之行中，深入體會師父創建法鼓山的悲心大願，從而發願修行、服務社會。

（二）禪修中心

禪修中心為法鼓山推廣漢傳禪法的主要單位，依推廣層面的不同，設有禪堂（選佛場）、傳燈院、三峽天南寺、青年發展院、禪修研教室。其中，在臺北近郊新增的禪修教育中心——三峽天南寺，於2月27日落成啟用，並陸續開辦各項禪修活動。

1. 禪堂

禪堂以舉辦精進禪修活動為主，於2010年主辦的禪修共有十八場，包括初階、中階，及話頭、默照等禪修，期能服務大眾進行短期精進修行。內容如下：

類別	禪二	初階禪七	話頭禪七	默照禪七	中階禪七	默照禪十	中英默照禪十四	初階禪修營	大慧宗杲話頭禪修營
場次	7	3	2	1	1	1	1	1	1

其中，舉辦場次最多者為禪二，禪期內容以放鬆身心為主，讓禪眾透過練習放鬆及體驗呼吸，收攝忙碌的身心。

為了接引英語人士修學漢傳禪法，3月禪堂首度開辦「中英默照禪十四」，由堂主果元法師以中英雙語指導。這場禪十四是禪堂繼2008年7月首辦中英話頭禪五之後，再度舉辦中英雙語禪修，期能帶動漢傳禪法推展國際化。

6月的話頭禪七，邀請繼程法師指導；10月的大慧宗杲話頭禪修營，則由果如法師帶

禪堂舉辦僧眾精進話頭禪七，由聖嚴師父法子繼程法師帶領。

領，法師深入淺出地分享從印度到中國的禪宗法脈，講解法義，並穿插他與東初老人和師父之間的故事，引領禪眾深入體會祖師所傳禪法。

此外，本年度的禪三十，自4月起開始，內容包括初階禪修營、話頭禪七、初階禪七等，提供禪眾完整的禪修學習，體驗禪悅為食、法喜充滿。

禪堂也協助辦理體系內各單位的禪修課程，例如弘化院的香積義工培訓營禪二，三學院的僧團總護、小參初階培訓，僧伽大學、佛教學院等各院校的期末禪期，及國際扶輪社舉辦的禪修營等，與大眾分享禪法。

2. 傳燈院

負責推廣禪修的傳燈院，2010年持續接受各機關團體申請禪修教學，及舉辦禪修指引課程、「Fun鬆一日禪」等，並開辦初級禪訓密集課程、推廣立姿與坐姿動禪、培訓動禪講師等，期能擴大與社會大眾分享禪悅法喜。

2010年，傳燈院積極開辦初級禪訓密集班、初級禪訓班二日營，由法師們前往臺南分院、高雄紫雲寺、北投雲來寺等各分院推廣，並培訓了兩梯次共一百六十一位輔導學長人才，及舉辦輔導學長成長營，以協助禪訓班的學員成長，同時讓學長們也在服務奉獻中，持續精進學習。

在初級禪訓班之後，傳燈院進而研發中級禪訓班，由果元法師帶領，在年底舉辦一場大型試教，為新課程揭開序幕。

於推廣立姿與坐姿動禪方面，

臺南分院舉辦初級禪訓班二日營，帶領學員於戶外做法鼓八式動禪。

2010年出版《法鼓八式動禪示範教學光碟》，內容結合立姿、坐姿動禪的示範影片DVD與口令引導CD，以全新的引導口訣，帶領禪眾重新領略動禪心法；7月初並舉辦一場動禪研習營，邀請佛教學院副校長杜正民授課，將動禪與佛教教理進行精闢的講解，讓學員能對動禪所含義理有進一步認識。為了持續推廣立姿與坐姿動禪，2010年共辦兩場師資培訓，計有一百二十六位義工講師參加，為動禪推廣注入新血。

另，針對協助推廣禪修的輔導學長與八式動禪義工講師，禪燈院於年底特別開辦一場生活禪，由果醒法師指導一百四十四位學員，體驗漢傳禪佛法落實生活的妙用。

此外，相關學術領域陸續對法鼓八式動禪進行研究，例如國立臺北護理學院中西醫結合護理研究所與傳燈院合作，有多位學生將以法鼓八式動禪為論文研究主題；而國立屏東教育大學社會發展學系的研究生也以八式動禪，撰寫了一份〈八式動禪融入合唱團教學之行動研究〉專文等。

3. 天南寺

三峽天南寺由邱春木家族捐建，歷經多年籌建，於2010年2月落成啟用。天南寺活動以禪修推廣為主，為法鼓山弘揚漢傳禪佛教的禪修教育中心。

天南寺啟用後開辦各項禪修、法會，包括每月例行舉辦《金剛經》

天南寺啟用後開辦各項禪修、法會，圖為例行舉辦的念佛共修。

持誦、念佛禪一、念佛共修、禪坐共修，以及全年共六場初級禪訓班二日營。

道場落成後，天南寺隨即於3月舉辦慈悲三昧水懺暨三大士瑜伽焰口法會，三天有近五千人次參加，透過精進拜懺，體驗新道場落成的法喜。4月首度舉辦話頭禪七，共有六十五位來自臺灣、馬來西亞、新加坡、香港、加拿大等地的禪眾參加。

天南寺並於8月首次舉辦國際禪修活動「國際自然保育禪三」，來自臺灣、美國、加拿大、奧地利、芬蘭、澳洲等國二十位環境保育的歐美學者及政府官員，共同體驗禪法，活動更將漢傳禪法與自然相融互用，延伸至學術領域。

4. 青年發展院

青年發展院以十八至三十五歲青年為主要服務對象，於活動設計上力求多元豐富，運用現代化元素，融合佛法與世學，傳遞佛法內涵、推廣普化教育。

青年院自3月起陸續於德貴學苑開辦活動，除了延續「心光講堂」、「法師有約」、

青年院舉辦暑期青年禪修營，近一百五十位學子參加體驗禪修。

「禪式工作學」、「英文讀書會」，2010年增設「週末電影工作坊」、「閱讀聖嚴法師」、「讀懂佛經十二招」、「禪味鈔經班」等課程，以活潑的內容接引學子參與。

其中，5月開辦的「Young世代禪式工作學」工作坊系列講座，不同於以往的單場演講，由僧團法師與資深企業培訓講師協力授課，採用互動與回饋的「工作坊」形式，讓學員在提昇職場專業之際，也能善用禪法於潛能開發、人際溝通、團隊管理等面向，使工作更有效率、身心更自在。

以工作坊形式進行的還有「週末電影工作坊」，邀請知名影評人曾偉禎帶領學員賞析電影，從佛法的角度來解讀影像意涵，從而自我探索。

在佛學課程方面，於3月開課、由普化中心副都監果毅法師主講的「閱讀聖嚴法師」講座，深入介紹師父的生平事蹟與《法鼓全集》，也安排學員從宗旨、成書因緣、篇章結構等不同角度，討論閱讀師父著作的心得。

首度嘗試線上同步直播的「讀懂佛經十二招」，則邀請《開始讀懂佛經》一書作者李坤寅主講，網路直播突破地域限制，開啟學佛的方便法門。未來，青年院也將朝同步上線的方向來規畫課程。

青年院的年度大型活動「青年卓越營」，2010年以「改變自己，做自己心的主人」為主軸，並舉辦三場「名人有約」座談，邀請方丈和尚果東法師、各領域專家，與近兩百位青年暢談如何擺脫習性、開創新生活。

此外，於禪修方面，除舉辦多場初級禪訓班，寒暑假期間，分別舉辦了冬季青年禪七、暑期青年禪修營，下半年並有兩場青年禪二。為了服務廣大的考生，青年院也舉辦「考生祝福會」，協助學子以佛法安定身心，祝福考試順利。

（三）普化中心

普化中心主要負責規畫研發、整合、推廣佛學課程，培訓課程師資、帶領人，以及推廣信眾學佛等工作，其下設有信眾教育院、活動組、數位學習組等三個單位。2010年主要舉辦「聖嚴書院」佛學課程、全臺地區佛學弘講、心靈環保讀書會、兒童營，

及開辦「法鼓講堂」線上課程等，將正信佛法普及社會各年齡層民眾。

「聖嚴書院」目前開辦的「佛學班」教育學程，包括初階班、精讀班、專題班，全年總計有九十四門課程，有五千六百多位學員參加；全臺地區佛學弘講，內容包括佛法概論、戒學、定學、慧學等各類課程，共計二十二門，一千兩百多位學員參加。

2010年，為拓展普化教育的層面，「聖嚴書院」首度整合義工培訓，為義工建立通識教育課程，3月起在北投雲來寺、臺北安和分院、臺南分院開辦「福田班」，每期十堂課的帶狀課程，期能提昇義工們對法鼓山的整體認識與實務體驗；此外，並於3月、7月舉辦「福田班」關懷員培訓，期與學員共同成長。

心靈環保讀書會方面，普化中心積極開辦讀書會帶領人培訓，2010年舉辦初階、進階培訓及充電課程，為學員注入新能量，期使各地區讀書會永續發展。截至年底，全年總計有八十七個讀書會進行。

而由普化中心統籌規畫的「綠色地球小主人是我——2010法鼓山兒童心靈環

普化中心首次舉辦「兒童營教案師資講習會」，除了熟悉教案，也透過現場實演、示範團康，讓兒童營的主辦老師們彼此更有默契。

保體驗營」，於各地分院、辦事處等共展開三十二場，兩千七百多位學童參加；2010年特別與教聯會合作製作教案，為了協助營隊輔導教師先行了解教案內容，並於6月首辦「兒童營教案師資講習會」，使教案、師資與學員的交融互動更為熟稔而良好。

此外，普化中心推動的「法鼓山數位學習網」，2010年開辦直播佛學講座「法鼓講堂」，共舉辦五系列課程，展現數位弘法的活潑與實用，期能帶動全球線上學佛之風。

（四）文化中心

文化中心為法鼓山主要出版單位，透過文化出版與文史資料保存、典覽的推廣，弘揚心靈環保及漢傳禪佛教的生活實踐。其下組織包括專案規畫室、文化出版處、營運推廣處、史料編譯處等。文化出版處下有叢書部、雜誌部、文宣編製部、影視製作部、產品開發部；營運推廣處下有行銷業務部、通路服務部、客服管理部；史料編譯處下有史料部、國際翻譯組。對外出版單位為法鼓文化。

2010年法鼓文化共出版四十四項叢書類新品，包含新書四十二種、影音產品一種及桌曆一種。其中包括四本聖嚴師父新書：《帶著禪心去上班》、《觀音妙智——觀音菩薩耳根圓通法門講要》、《聖嚴法師教淨土法門》，以及師父親自口述的自傳《美

好的晚年》，記載從2005年到2009年圓寂前的生活點滴。4月份出版《聖嚴研究第一輯》，為第一、二屆「聖嚴思想研討會」論文的結集。10月份推展新書系「禪味廚房」，提出了純素、健康、環保、惜福的素食新主張。2011年的法鼓文化桌曆《齋明禪心》，則是以鏡頭捕捉齋明寺百年古蹟的風華，展現其建築之美與禪意。活動方面，2010年1月參與臺北國際書展，以「追尋覺者的心靈足跡」為主題，藉各類出版品以及環保、修行用品，接引社會大眾親近佛法。

雜誌部於2010年出版十二期《法鼓》雜誌（241～252期）、十二期《人生》雜誌（317～328期）。《法鼓》雜誌報導法鼓山體系各項弘化活動，向各界傳達法鼓山的理念與精神。例如：第三屆大悲心水陸法會（241期）、聖嚴師父圓寂週年系列活動（242、243、244期）、「安和豐富——簡單享受，綠生活」活動（246期）、第三屆「聖嚴思想國際學術研討會暨信眾論壇」（247期）、法鼓山關懷生命獎暨論壇（250期）、北美護法年會（252期）等。為協助推廣具現代法會修行觀的大悲心水陸法會，《法鼓》雜誌自245期起陸續企畫報導水陸講座、前行功課、水陸季體驗活動等內涵，使讀者更能契入法會精神，修行更得力。

秉持「佛法生活化，生活佛法化」的編輯方針，2010年《人生》雜誌持續朝生活實用、輕鬆學佛，以及符應社會脈動等方向企畫製作，1月號（317期）出版「佛堂，菩薩在我家」專題，2月（318期）適值師父圓寂週年，製作「聖嚴法師的美好晚年」專輯，呈現師父晚年的生命觀、生病觀及生死觀，並從影響其一生的人、事、物切入，再次認識師父實踐佛法的一生，7月號（323期）則出版「聖嚴法師的時代教導」專題。本年雜誌專欄則側重佛教藝術、世界佛教動態、佛學新知介紹，不定期推出國際視窗、法相萬千、特別報導、焦點話題等專欄，即時為讀者報導教界與國際弘法訊息與觀點。

文宣編製部以編製法鼓山各類文宣出版品為主，2010年出版《金山有情》季刊（31～34期）、《法鼓佛教院訊》季刊（11～14期）、《2009法鼓山年鑑》、結緣書等，以及編印校園版《大智慧過生活》套書，致贈全臺的中學師生，計有三百二十所學校、七個基金會提出申請，共送出二十萬六千四百本。

2010年，影視製作部設立「法鼓山網路電視台」，全天二十四

法鼓文化出版各類出版品，致力於心靈環保理念與生活實踐的推廣。

小時提供影音節目，開台後製播一系列特別報導，如「聖嚴書房」、「聖嚴師父與名人的智慧對談」，以及法鼓山重要活動的實況轉播，開啟網路弘法無礙的時代。自製影片部分，包括《聖嚴書房》、《祥雲來集雲集寺》、《寶雲寺》等三十多支影片；並協助製作《2005象岡默照禪十》、《大法鼓澳門版》、《利人利己助念關懷》等兩百多支影片。

商品部則以開發涵融心靈環保理念的生活用品、禪修用品為主，2010年新品有三用不鏽鋼湯匙、悉達多隨身水壺系列、斯里蘭卡檀木串珠御守等，與社會大眾分享環保在生活中的應用。

史料部並於園區開山紀念館規畫多項展覽，於2月開展者包括「教澤永懷」聖嚴師父圓寂週年紀念特展，及三項常設展：「尋根發願區」介紹世界佛教、漢傳禪佛教，「我們的師父區」展出師父弘法生命的十大歷程，「法脈傳承區」則分享四位祖師大德的故事。另有5月開展的「美好晚年」展區，保留師父晚年在中正精舍的相關文物。

（五）國際發展處

國際發展處主要負責推廣海外弘化、國際交流與國際事務聯繫等相關業務。2010年，承辦了法鼓山首屆「國際慈善與人道關懷論壇」，邀請海內外救援專家分享救援經驗；也代表參與「第六屆東亞NGO論壇」，透過與國內外非政府組織的實務交流，拓展急難援助之國際合作的更多可能。

此外，為開闊體系同仁的國際視野，國際發展處並舉辦國際佛教講座，邀請香港科技大學人文學部兼任教授古正美，分享印度支提信仰的推廣與影響。

於支援國際團體、人士的來訪事宜方面，主要包括歐盟官員、不丹政府官員、中國大陸宗教局局長、外交使節夫人等官方團體，及聖嚴師父同窗覺真長老、韓國佛教協議會及曹溪宗等單位代表、泰國朱拉隆功佛教大學校長、藏傳佐欽法王暨宮渤仁波切等來訪；另有馬來西亞的南洋商報、日本知名的電視台NHK等國際媒體前來採訪。

二、大關懷體系

大關懷體系主要推廣法鼓山的關懷教育，如急難救助、臨終關懷、大事關懷、社會關懷，及四環推廣等，主要組織為關懷中心，其下設有關懷院、慈善基金會兩個單位。

（一）關懷院

關懷院主要提供社會大眾各項大事關懷服務，例如佛化奠祭誦念、往生助念、探病關懷、臨終關懷等。

為了協助護持信眾了解生死大事的意涵，以提昇自助助人的關懷能力，關懷院每年在全臺各分院及護法會辦事處舉辦多場大事關懷課程。2010年舉辦十二場初階課程，主要透過生命教育繪本的賞析，帶領思考生命的意義與價值，並凝聚信眾對法鼓山大

內政部民政司公務人員參訪金山環保生命園區，觀摩園區環保自然葬法的運作方式。

事關懷的共識，另有十一場進階課程，內容包含了世俗禮儀、佛教生死觀的探討等，全年共有近四千兩百人參加。

而為推廣節葬、簡葬、潔葬理念而成立的「臺北縣立金山環保生命園區」，在臺北縣政府及法鼓山共同合作下，於作業流程、園區使用規畫、家屬心靈撫慰方面，更臻成熟；2010年，臺北縣民政局、內政部民政司、高雄縣旗山鎮公所殯葬管理科等相關人士，均派員前來觀摩。

金山環保生命園區除了提昇社會的生命禮俗品質，更為植存者家屬提供一處自然、光明、環保的永久追思處所，2010年共植存約六百位人士。

為彰顯法鼓山「環保自然葬」的環保、生命教育精神，並提昇金山環保生命園區的人文、藝術氛圍，生命園區展開「環境藝術設置徵選」，活動以「生命的永恆」為主題，首獎作品為《自然‧光》，以「傳承、淨化簡約」為指標，藉由似水的自然光線，隨著參訪者參訪時間、角度的不同，呈現當下風光，並與民眾做直接溝通。

此外，臺北縣政府於12月25日改制為新北市政府，轄下的「臺北縣立金山環保生命園區」同時更名為「新北市金山環保生命園區」。

（二）慈基會

慈基會以落實急難救助、社會關懷工作為主，2010年重點項目包括「八八水災賑災專案」、「四川地震賑災專案」、「海地賑災專案」，以及每年例行的「百年樹人獎助學金」、歲末大關懷、急難救助、慰訪關懷、重大災害救助等。

面對海內外重大災難，法鼓山秉持「安心、安身、安家、安業」的四安理念，提供災區民眾各項協助。「八八水災賑災專案」方面，方丈和尚果東法師與雲林縣縣長蘇治芬於7月簽約，由法鼓山捐建古坑鄉永久屋二十八戶全區工程，安置災區民眾；8月，慈基會協助高雄縣六龜鄉整建的「荖濃防災暨社區教育中心」，落成啟用；9月，與紅十字總會共同為嘉義縣山區居民，於番路鄉轆仔腳興建的永久屋「日安社區」重建工程，舉行落成入住典禮，兩會並於10月簽約。各項建設以配合當地居民需求而作，希冀災區民眾展開四安新生活。

另一方面，慈基會持續於災區展開各項關懷工作，包括於甲仙、六龜、林邊安心站舉辦「綠色地球小主人是我——2010法鼓山兒童心靈環保體驗營」，共有三百一十二

位國小學童參加;辦理獎助學金頒發,全年共補助七百六十五位學子;並舉辦生態體驗營、心六倫教育師資培訓,及「生活有禮」倫理教育課程、陪伴關懷等。

「四川地震賑災專案」方面,於四川震災屆滿兩週年之際,法鼓山援建的四川安縣秀水第一中小學、秀水中心衛生院於6月落成啟用,祈願嶄新的硬體設備為秀水民眾提供優質的人文教育環境與衛生醫療服務。兩年來,法鼓山於當地亦持續辦理獎助學金頒發、家庭訪視、心靈環保體驗營等工作,期使安心重建工作在汶川發芽。

針對海地震災,慈基會與跨國醫療組織兒童之家(Nuestros Pequeños Hermanos, NPH)簽署「合作備忘錄」,提供災區所需的醫療服務;另有菲律賓土石流災後關懷援助及南亞海繡震災後續關懷,包括派遣第九梯次斯里蘭卡醫療團,提供義診服務,辦理印尼亞齊海嘯重災區的獎助學金頒發。在臺灣,則啟動各地救災中心、動員義工援助臺灣的凡那比風災、梅姬風災災區清理家園等。

秀水安心站舉辦兒童成長營,由僧團法師帶領小朋友認識「心五四」的觀念。

此外,2010年為社會大眾例行的關懷工作,主要包括第十六、十七期「百年樹人獎助學金」頒發活動,於全臺十五個地區進行歲末大關懷,以及十九場緊急救援教育訓練、二十五場慰訪關懷教育訓練,與安心家庭關懷,端午、中秋關懷等,為社會注入溫暖、安心力量。

三、大學院體系

大學院體系以培育推廣大普化、大關懷教育等專業弘法人才為宗旨,落實學術實踐和教育服務的內涵,以弘揚漢傳佛教,接續傳燈續慧的使命。其下組織包括法鼓佛教學院、法鼓山僧伽大學、中華佛學研究所、法鼓大學籌備處。

(一)法鼓佛教學院

佛教學院以培養理論與實踐並重,具有國際宏觀視野的宗教師暨學術文化兼具的人才為宗旨,99學年度碩士班新生共二十一位,含外籍生一位,學士班新生十六位,含外籍生一位。

4月,佛教學院舉辦創校三週年校慶,以「社團交流‧身心健康」為主題,期勉學生透過活潑的社團參與,體驗全方位的學習生涯;目前學院成立有藥王社、行願社、澄心禪學社等六個社團,提供學生自我探索與實踐的園地。

為拓展師生學習視野,該校舉辦專題演講、研討會,辦理學術研究計畫、校際活動

等。演講方面，包括3月中國大陸前甘肅省文物考古研究所研究員董玉祥主講「東方最大的雕塑博物館——天水麥積山石窟」，6月國際知名腦科學醫師詹姆士·奧斯汀（James H. Austin）主講「直觀無我：禪與心識轉變」，11月由果醒法師演講「漢傳佛教在北美」。

研討會方面，與中央研究院分別在6月、9月合辦「大好山：東亞靈山信仰與神聖空間」學術研習營、「第八屆兩岸三院資訊技術交流與數位資源共享」研討會；11月舉辦「2010 ZEN與科技教育研討會」，與科學領域專家、學者研討。

另一方面，佛教學院積極與各界交流，校長惠敏法師、副校長杜正民等代表參加日本「平城遷都一三○○祭」活動之「注意心念、清淨心情——奈良之傳統與現代意義」研討會，泰國曼谷「佛經文獻聯合目錄」（the Union Catalog of Buddhist Texts, UCBT）工作坊，以及美國維吉尼亞大學（University of Virginia）的「文化交流：中古早期中國與鄰邦文化國際學術研討會」、第七屆泰國國際衛塞節國際佛學會議，中國大陸新疆「2010兩岸西域文化交流學術研討會」；研修中心主任果鏡法師則應邀至中國大陸廣州中山大學，指導心靈環保禪修實作密集課程。

於學術研究方面，該校獲行政院國家科學委員會、教育部、中華發展基金會、蔣經國學術交流基金會等，審查通過十項專案，包括：「佛教文獻詞彙數位資源之建置與研究——數位時代的佛學工具書與整合服務Ⅱ」、「ZEN——『輕安一心』創意禪修空間計畫Ⅲ」、「99年度人文數位教學計畫——佛教數位典藏的研究與應用」等，另有浩然基金會「臺灣佛寺時空平台」計畫，為佛學數位資源的整合，開創永續的未來。

校際活動方面，5月「全國大專校院運動會」舉辦，佛教學院創校以來，首度參與成為聖火傳遞的一站，除傳遞希望、和平、堅毅的運動精神，並鼓勵師生培養運動習慣，結合禪修以涵養身心。10月底首度參加研究所博覽會，傳達心靈環保的生活價值觀。

佛教學院首度參與聖火傳遞，聖火隊抵達校園，象徵傳承希望與和平的運動家精神。

佛教學院其下設有推廣教育中心，全年開辦四十項課程，承續以往的佛教語文、經典教義與佛教應用等課程，另開設「佛典譬喻故事」、「生命有限、自我無限：自我生命探索的十二堂課」等，帶領學員探索自我。

2011年6月，佛教學院將主辦

「第十六屆國際佛學學術會議」（The XVIth Congress of the International Association of Buddhist Studies, IABS），2010年，各項籌備工作，包括專題討論提案徵求、徵文邀請等陸續推展中。

（二）中華佛學研究所

中華佛研所為學術研究單位，所下設有學術研究中心、學術交流中心及行政室，透過與中外學術研究單位的交流，推廣漢傳佛教的研究風氣。

在學術研究方面，2010年承辦的專案，主要包括由行政院國家科學委員會補助的「絲路中印文化交流研究──絲路與佛教北傳時空平

中華佛研所與聖基會合辦「從國際眼光看漢傳佛教」交流座談會，西方學者齊聚對談漢傳佛教的國際發展。

台研究計畫」及「《中國佛寺史志》數位典藏」等。

中華佛研所並出版《傳燈續慧》三十週年特刊，於4月舉辦「三十週年特刊發表暨『承先啟後』感恩、回顧與展望座談會」，期勉佛研所「實用為先 利他為重」的理念，落實於學院教育中。

為了將漢傳佛教拓展至國際社會，6月與聖基會合辦「從國際眼光看漢傳佛教」交流座談會，邀請西方學者就學術界研究、在西方社會弘揚等層面，分享觀察心得。

9月，中華佛研所所長果鏡法師與僧團副住持果品法師一行至中國大陸廣東參加「廣東禪宗六祖文化節學術研討會」，與大陸學者分享禪宗精神的現代應用。

該所研究員藍吉富於9月起更陸續前往香港、大陸四川成都、馬來西亞吉隆坡，分別參加首屆「中華佛教宗風論壇」、首屆「圓悟克勤禪師暨『禪茶一味』」國際研討會及「印順導師的思想與當代世界」國際佛教論壇，與當地學者互動交流。

（三）法鼓山僧伽大學

僧伽大學以培育戒定慧三學並重之佛教青年人才為宗旨，學制有佛學系、禪學系、僧才養成班，98學年度畢業生有十三位（首屆禪學系兩位、佛學系七位、養成班四位），99學年度則有二十六位新生入學（禪學系五位，佛學系十二位，養成班九位）。

僧大2010年課程、活動，以融入禪法內涵為要。在課程規畫上，包含解門、行門各類課程，以及期初、期末各一場禪修；其中，6月在禪堂舉辦的期末默照禪十，特別由繼程法師帶領，開示默照禪法的精髓。

僧大學僧於2009年創刊的《法鼓文苑》，2010年出版第二期，該期專題以學僧們的生活修行為主題，採訪繼程法師、果如法師分享體驗禪法的心得。

僧大於禪堂舉辦期末默照禪十，由繼程法師帶領。

5月舉辦年度僧大講經交流，由十三位學僧分享《金剛經》、《地藏經》、《阿彌陀經》等八部大乘經典，多位僧團法師講評，希望藉此提昇學僧的弘講能力，也期勉學僧將講經與禪修方法結合。6月舉辦畢業製作呈現，共有七位學僧發表論文研究成果，議題則著重在心靈環保、禪法應用等探討。此外，僧大也為學僧安排暑期實習課程，除了前往紐約象岡道場、東初禪寺，也至中國大陸四川震災地區參與慈善關懷。

為了接引青年體驗及學習清淨自在的出家生活，僧大舉辦的生命自覺營邁入第八屆，課程著重在出家人的威儀及心行，來自臺灣、香港、馬來西亞、新加坡、美國等一百二十多位青年參加，學習覺察生命的本質與方向，進而生起宗教師的悲願心。

2010年僧大法師亦代表參與國際會議，包括9月常諗法師出席「華嚴全球論壇」（Huayen Forum of Globalization）暨「世界佛教青年僧伽協會第七屆年會」（The 7th General Conference of World Buddhist Sangha Youth, WBSY），及中國大陸的「廣東禪宗六祖文化節學術研討會——六祖禪的傳承與發展」；11月副院長常寬法師參加全球女性和平促進會（The Global Peace Initiative of Women）、世界宗教領袖論壇（The World Forum of Spiritua Leadersl）於南韓首爾舉辦的國際宗教領袖高峰會議，與各國交流。

（四）法鼓大學籌備處

法鼓大學籌備處各學院因應社會環境的需要，開辦多元活動，與社會進行對話。

2010年首先，公益學院自1月起開辦「法鼓公益論壇」，全年共六場，廣邀來自臺灣、中國大陸、香港的專家學者進行座談，共同分享非政府組織、社交網路、公益領域發展等議題，期能建構具有寬容精神的公民社會。

2009年莫拉克颱風造成八八水災後，人生學院以生命關懷的角度進入災區，從事心靈重建；並與戲劇、助人工作者討論，成立「一人一故事劇團」，1月劇團與慈基會合辦「八八水災四安重建生命關懷」講座，7月劇團首次公演，透過說故事、聽故事、演故事的方式關懷助人。人生學院並於下半年，舉辦「看見生命的臉」攝影展、兩場「人生café」講座及六場「哲學家的咖啡館」講座，其中三場與教育部生命教育學科中

心合作，在北、中、南各地舉辦「生命教育進階研習課程」。

藝術與文化學院，則與鹿野苑藝文學會合辦三場「絲路佛教藝術專題講座」，邀請中國大陸前甘肅省文物考古研究所研究員董玉祥，帶領學員深入兩地佛教藝術的內涵。

法鼓大學圖書館繼德貴分館後，於汐止科學園區設立汐止分館，3月灑淨啟用，未來將以各種講座、多媒體活動、親子服務等，提供當地人文資源與關懷。

為凝聚教職員的理念與共識，11月法鼓大學舉辦共識營，全校教職員共同參加，公益、人生、藝術與文化、環境四個學院均提出「學位學程計畫書」，並進行跨領域討論，期能結合國際與本土的新創意、新思惟，開創出體現「心靈環保」的學府。

此外，法鼓大學並與中國大陸北京大學合作，開辦多場「法鼓人文講座」，分享心靈環保理念。

法鼓大學「一人一故事劇團」成立，透過說故事、聽故事、演故事的方式關懷助人。

四、護法會團體系

法鼓山護法會團體系以護持、弘揚正法為使命，協助落實法鼓山各項關懷、教育工作。會團體系包括會團本部，以及海內外各地的辦事處、共修處及分會、聯絡處等。

（一）會團本部（護法總會）

護法會團本部，設有護法會、法行會、法緣會、榮譽董事會、禪坐會、念佛會、助念團、義工團、合唱團、法青會、教師聯誼會、信眾服務處等。

年初，護法總會在全臺各地展開「心安平安‧願願相續──2009年歲末感恩分享會」，藉此感恩護法信眾的陪伴與支持，五千位信眾並一同感念師恩、發願奉獻。

針對勸募會員、悅眾鼓手，護法總會全年共舉辦了十三場「勸募會員成長營」及一場「正副會團長、轄召、召委聯席會議」、「正副會團長、轄召、召委成長營」等，拓展鼓手的全面教育，勉勵眾人修學佛法，並接引更多人一起學佛護法。

2010年共有三百八十三人發願成為勸募會員，護法總會也在全臺北、中、南地區舉辦「法鼓傳薪‧以心傳心」勸募會員授證典禮，勉勵新會員承接護法的願力與使命。

為募集法鼓大學的建設經費，護法總會持續推動「5475大願興學」專案，並展開「成就大願」募款專案、「興願榮譽董事專案」，邀請社會大眾共同護持法鼓大學。

各會團並於2010年舉辦多場活動，透過多元管道接引會眾學習成長、精進修行。例如：法行會於每月例會中，邀請專家學者進行專題講座，主題包括聖嚴師父的行誼與

身教、大願興學及禪修活動等；法緣會例行舉辦合唱團練唱共修，學習在歌聲中安定身心、傳遞法鼓法音；義工團舉辦悅眾聯誼會、專業課程等；合唱團於北、中、南各地舉辦法鼓法音教師巡迴列車；教聯會則舉辦每年例行的寒假、暑假禪修營，及「用心六倫建構優質教育環境」、「心‧生命‧教育」生命教育講座等。

助念團除了協辦關懷院大事關懷課程，包括十二場初階課程、十一場進階課程，及佛化奠祭誦念、往生助念、臨終關懷等；多年來未曾舉辦年會的助念團，2010年8月特以「找回初發心的喜悅」為主題召開年會，全臺七百多位會員相聚一堂，重溫大事關懷的本懷與精神，並且感恩助念因緣，長養修行資糧。

法青會各地分會也不定期舉辦法青樂活日、法青回饋日、山水禪、青春解禪聯誼會、電影欣賞及心靈成長講座等活動，讓青年學子們都能增上成長。

（二）各地辦事處及共修處

2010年全臺共有四十二個辦事處、十四個共修處，主要提供各地區行政辦公及信眾共修、聯誼之用，共修內容包括例行的禪坐、念佛、菩薩戒誦戒會、法器練習等，部分辦事處也舉辦大悲懺法會、地藏法會、地藏懺法會、彌陀法會以及讀書會、讀經班、禪藝課程等，與地區民眾共同精進修行。

其中，法鼓山在臺灣的第一個共修處——基隆共修處（辦事處前身）成立二十年，於8月展開系列慶祝活動，地區信眾共同回首共修處二十年來的護法歷程，並發願接續建設人間淨土的願心。

（三）海外護法會

法鼓山海外弘化據點，共有七個護法會，包括美洲的美國護法會、加拿大護法會，亞洲的香港護法會、新加坡護法會、泰國護法會、馬來西亞護法會，大洋洲的澳洲護法會等；八個分會，包括美國護法會紐約州分會、新澤西州分會、伊利諾州芝加哥分會、加州洛杉磯分會、加州舊金山分會、華盛頓州西雅圖分會，與加拿大護法會多倫多分會、澳洲護法會雪梨分會；以及美國十四個聯絡處、八個聯絡點。

其中包含美國於10月底增設的四個聯絡處：康州哈特福聯絡處、佛州塔拉哈西聯絡處、首都華盛頓聯絡處、密蘇里州聖路易聯絡處。更改名稱的單位，則包括康州南部聯絡處（原「康州聯絡處」）、佛蒙特州伯靈頓聯絡

果徹法師先後至洛杉磯分會、舊金山分會及華盛頓州西雅圖分會弘講「中觀的智慧」。圖為洛杉磯分會。

處（原「佛蒙特州聯絡處」）、賓州州大大學城聯絡處（原「賓州聯絡處」）、密西根州蘭辛聯絡處（原「密西根州聯絡處」），期能擴大據點功能，提供更多服務。

海外各地弘化據點因應當地民眾需求、文化背景的不同，開辦各種定期共修，包括禪坐、念佛、法器練習、大悲懺法會，及中英文讀書會、精進禪修、佛學講座、經典課程等，以涵融生活佛法的內容，與海外大眾分享法益。其中，首次舉辦者有首都華盛頓聯絡處的新春祈福法會、泰國護法會的浴佛法會等。

2月聖嚴師父圓寂週年之際，東西方信眾均舉辦了緬懷師恩的活動，包括多倫多分會、芝加哥分會、西雅圖分會、舊金山分會、洛杉磯分會，各地信眾透過觀看影片、分享討論等，感念師父的教導，並發願與更多人分享佛法，利益普世大眾。

為承續聖嚴師父弘化西方的悲願心，方丈和尚、果醒法師一行人於5月在美國東西岸展開系列關懷行，從東岸紐約東初禪寺、象岡道場、新澤西州，至西岸加州省會、舊金山、洛杉磯等，以法鼓山的心靈環保、心六倫，關懷與會大眾，勉眾人精進學佛。

自聖嚴師父圓寂後，北美護法會於10月底首度召開年會，以「承先啟後，願願相續」為主題，針對「信眾教育」議題展開討論，確立佛法師資培訓方向，期能在北美地區培訓更多弘法人才。

2010年初，僧團已派請法師至海外各地展開弘法關懷工作，以期提昇當地精進學佛的風氣。首先，果徹法師於1、2月至德州達拉斯聯絡處講授「生命緣起觀──十二因緣」、至加州舊金山分會講授《八大人覺經》，及帶領讀書會等，6、7月，再至加州於洛杉磯分會、舊金山分會及華盛頓州西雅圖分會弘講「中觀的智慧」。

常延法師則於2月至洛杉磯分會講授《佛遺教經》，7、8月於新澤西州分會、芝加哥分會、多倫多分會、舊金山分會、洛杉磯分會講授《維摩經》等；9至11月則於洛杉磯分會帶領研讀「學佛五講」，並於各地分享大悲懺的修行法門等。

在11月底法鼓山「大悲心水陸法會」前，香港、新加坡護法會也先後舉辦「大悲心水陸法會說明會」，講授水陸法會的精神，推廣「家家是道場」的精進修行。

五、相關基金會、服務中心

除了上述大普化體系、大關懷體系、大學院體系、護法會團體系外，法鼓山尚有聖嚴教育基金會、法鼓山人文社會基金會、社會大學服務中心，分別依其特定的成立宗旨，展開各類研討會、講座、成長課程等活動，共同致力於心靈環保理念的推廣。

（一）聖嚴教育基金會

聖基會以推廣聖嚴師父的思想理念，來淨化人心、社會為宗旨，2010年工作重點包括推廣學術研究、舉辦講座及推廣師父相關結緣出版品等。

於推廣學術研究方面，5月舉辦第三屆「聖嚴思想國際學術研討會：聖嚴法師的教導

與時代意義」，本屆研討會是聖嚴師父圓寂後首次舉辦，會前首度舉辦「法鼓山信眾論壇」，期能透過眾人的集思廣益，讓師父的思想更能利益普世大眾。此外，亦致力於推展聖嚴思想研究計畫案、《法鼓全集》編修計畫、漢傳佛教學術發展計畫等。

延續2009年，2010年舉辦兩系列講座，包括「聖嚴法師經典講座」、「無盡的身教——今生與師父有約」。「聖嚴法師經典講座」是由僧團法師主持《妙法蓮華經》、《普賢菩薩行願讚》、《佛遺教經》等經典介紹課程，「無盡的身教」系列講座自2009年9月至2010年12月圓滿五十二場，由僧團法師、資深悅眾分享聖嚴師父的身教。

長期以來，聖基會出版、推廣聖嚴師父相關結緣出版品，2010年出版品包括《無盡的身教——聖嚴法師的最後一堂課》、《心六倫》、《中華禪法鼓宗》英文版、《聖嚴法師》簡介英文版等四本結緣書，以及《無盡的身教——聖嚴法師的最後一堂課》DVD。結緣品流通據點則包括五百二十九處全臺全聯社賣場，及四百三十二處一般結緣點。為增強各流通據點的推廣、關懷功能，4月舉辦第二屆文殊菩薩種子小組北區結緣點關懷員初階培訓，同時為四十位首屆學員授證。

而自2006年7月起推動的《法鼓全集》贈送圖書館典藏專案，至2010年6月圓滿，總計贈送全套三百零五套、續編共兩百三十四套，與大眾分享聖嚴師父的生命智慧。

此外，「聖嚴法師108自在語」自2005年發行至今，陸續翻譯成十五國語言，出版《聖嚴法師108自在語——自在神童》漫畫。2010年10月，聖基會展開《聖嚴法師108自在語——自在神童》校園贈書，共有三百七十一所中小學申請，贈書量近五萬本；11月，《聖嚴法師108自在語——自在神童》完成三十支動畫製作，並製成動畫光碟。

（二）法鼓山人文社會基金會

人基會成立宗旨，在於以心靈環保的理念、心五四的方法，推動「心六倫」與「關懷生命」社會運動，落實「人文社會化，社會人文化」願景。2010年工作重點如下：

5月，完成人基會第一期「心六倫」種子教師培訓的講師，首度赴外島——金門展開推廣，在金門縣政府教育局的邀請下，與家庭教育中心共同舉辦三場「心六倫——把心拉近」學校巡迴演講，及一場針對民眾舉辦的心六倫講座。

「心六倫」種子教師也應臺灣大學學生職業發展中心之邀，於該校「精實之旅——禮儀環保篇」課程中演說，以及應臺北市民政局之邀，承辦七場「生活禮儀研習課程」，於各地分享「心六倫」。而第二期「心六倫」種子教師亦於年底圓滿培訓。

為推廣「心六倫」，人基會成立「心劇團」，4月首辦「人文藝術講座」，7月首期劇團成員二十五位誕生並展開培訓；月底隨即受邀於屏東內埔舉辦的「2010六堆客家兒童藝文嘉年華」活動，進行創團首演《餅乾冒險Rock & Roll——兒童搖滾音樂劇》。

為了深耕「心六倫」，心劇團於7月起舉辦「親子體驗遊樂園」，以活潑、逗趣的演出與遊戲，帶領幼稚園、國小一至六年級學童，體驗心六倫與生活的趣味結合。

針對「關懷生命」專案，人基會於9月舉辦第三屆「法鼓山關懷生命獎」頒獎暨論壇，獲獎者均是長期從事國內外關懷生命與自殺防治工作的人員，深獲各界肯定，此獎項期能為社會樹立起正面價值與楷模；2010年特別頒贈八八水災救援重建特別獎團體及個人獎，鼓勵人們勇於面對困境、肯定自我生命價值。

此外，人基會並以系列活動，分享心靈環保理念。人基會於2009年與政治大學締結「法鼓人文講座」簽約儀式後，2010年即開辦多場講座。自1月起，舉辦關懷生命專線系列課程，以及安和豐富「心靈講座」系列，並延續往年，與教育部合作製播《把心拉近——倫理向前行》廣播節目，邀請各界人士分享「心六倫」的落實與方法。

（三）社會大學服務中心

以生活內容為學習導向，提供地區民眾終身學習的法鼓山社會大學，2010年，有金山、大溪、北投、新莊等四校區進行招生。

法鼓山社大開辦的課程，包括心靈環保、生活環保、自然環保四類；各項融入環保內涵的課程，提供民眾陶冶身心、提昇心靈品質。全年課程總計兩百零九門，選修學員達四千九百六十四人，在課程開設量、質及參與學員人數方面，均較往年成長。

其中，大溪校區首度開辦「聖嚴法師教淨土法門」課程，由僧團女眾副都監果舫法師教授，帶領學員們一窺淨土法門，共有兩百多人參加，為各場課程之冠。

此外，法鼓山社大發起「喜閱童年募款捐書」活動，由金山校區串連大溪、北投、新莊三校區的講師及學員，募集《聖嚴法師的頑皮童年》、「我的佛菩薩」系列及「108自在語」故事書，分送災區及偏遠地區小學或圖書館，傳達祝福。

六、支援運籌——行政中心

法鼓山體系主要行政服務單位為行政中心，包括副執行長室、專案祕書室、公共關係室、建設工程處、經營規畫處、財會處、文宣處、資訊處、人力資源處、活動處、總務處，因應各單位活動、運作需求，提供多元而完整的服務。

其中，專案祕書室協助承辦社會菁英禪修營，活動處承辦各地區「心靈環保列車」、「2010佛化聯合祝壽」等活動，人力資源處則為專職同仁規畫「專職人才培訓系統」，提供各項成長學習課程。

結語

一年來，法鼓山體系各組織單位、僧俗四眾承聖嚴師父遺教、大悲願行，精進發願、還願，逐步推展各項淨化人心、淨化社會的建設，共勉以菩提心、菩薩行奉獻社會，願能續佛慧命，使光明無盡的正法明燈，永續相傳。

（※文中所提及的相關統計資料，請見443頁「附錄」）

菩薩行

如何成佛道

菩提心為先

何謂菩提心

利他為第一

實踐

大普化教育
人才培訓深耕無國界

大關懷教育
深入校園、經營社區、參與世界

大學院教育
傳燈續慧　踏實深耕

國際弘化
凝聚向心力　大願能相續

壹【大普化教育】

大普化教育是啟蒙心靈的舵手，
引領眾生從自心清淨做起，
培養學法、弘法、護法的菩薩，
敲響慈悲和智慧的法鼓，
建設人間為一片淨土。

人才培訓深耕無國界

為了拓展當代弘法、修學的深度與廣度，
2010年普化教育深耕，禾豐可期，
不僅開辦基礎禪修密集課程、聖嚴書院也增設「福田班」，
開闢了法鼓山信眾成長、義工培訓的新途徑；
同時回應數位弘講、網路學習的時代趨勢，
數位學習網「法鼓講堂」線上直播課程開課、法鼓山網路電視台開台，
提供了親近佛法、學習佛法的超時空良媒，
在豐盈科技生活的內涵之餘，更使萬行菩薩自利利他的精神，
由點而線而面地拓展開來，帶動社會學佛的風氣，
從而奠定法鼓山普化教育的基石，沃實人間淨土的根基。

聖嚴師父曾經開示，法鼓山的理念、方向不變，但作法則要能與時俱進，為當代社會提供修學佛法的方便法門。大普化教育做為法鼓山佛法生活化、普及化的活水源頭，2010年，更著重於信眾教育、義工成長、禪修講師等人才培育方面的深耕，如開辦聖嚴書院「福田班」、培訓八式動禪講師及讀書會帶領人，以協助普化教育的各項推展工作，刻畫出傳薪創新的軌跡。

此外，2010年在弘化的形式與方法上也不斷推陳出新，如法鼓山數位學習網開設線上直播課程、全新開播「法鼓山網路電視台」、大悲心水陸法會首創「網路精進共修」等，讓全球民眾皆能透過網路認識法鼓山的理念、再度聆聽聖嚴師父的智慧法語，並參與各項線上共修。數位弘法突破時空藩籬，開創契機、契理的新時代修行風貌。下文便針對2010年大普化教育的發展面向：禪修推廣、佛學教育、法會共修、文化出版做一梗概介紹：

禪修推廣

2010年的禪修教育，除了定期舉辦禪修指引、初級禪訓班、禪一、禪三、禪七、默照、話頭等各類禪修活動，主要的發展方向是持續在全臺各地分院推廣基礎禪修課程，如初級禪訓密集班、動禪指引等，幫助社會大眾活用禪法紓壓放鬆，傳燈院也培訓了近千名動禪義工講師至社會各界協助推廣。其中，廣受大眾歡迎的「法

鼓八式動禪」，7月也出版新版教學光碟，新版的引導口訣次第分明，適合初學者，尤其考量現代人久坐電腦前，而增加「坐姿動禪」的示範，不僅讓動禪教學更為完備，也接引更多人學習「身在哪裡，心在哪裡」的動中禪法，從簡易動作中享受身心合一的輕鬆自在。

傳燈院舉辦法鼓八式動禪師資研習營，培訓義工講師，未來將至各界協助推廣。

本年度，法鼓山園區禪堂並舉辦「中英默照禪十四」，這場禪十四是禪堂繼2008年7月第一次舉辦中英話頭禪五之後，再度舉辦中英雙語禪修，也是聖嚴師父圓寂後，禪堂推動漢傳禪法國際化所舉辦的第一次禪期。

此外，禪堂並嘗試結合禪七作息與教理課程開辦「研習營」，幫助禪眾在方法練習之外，也能系統性地學習禪修理論及觀念。禪修中心副都監果元法師表示，未來禪堂也將針對不同的教理主題，規畫每半年一次研習營，加強禪眾在法義上的理解，並應用於日常生活，讓禪法與生命結合，修行更踏實。

隸屬禪修中心的天南寺，2月底於新北市三峽落成啟用後，陸續開辦各種短、中、長期的禪修推廣活動，例如：《金剛經》共修、念佛禪一、國際自然保育禪三等，回響相當熱烈。天南寺更成為法鼓山另一禪修教育中心，以及弘揚漢傳禪佛教的重鎮。

佛學教育

本年度，回應數位弘講的趨勢，佛學教育廣泛運用網路媒介，帶動線上學佛熱潮。例如：法鼓山數位學習網開啟數位教學功能，開辦線上直播課程「法鼓講堂」，讓大眾聽經聞法不受時空限制，同時接引許多年輕族群上線聽講，尤其開放線上即時問答，達到了雙向交流的效果。其他課程例如：心靈環保讀書會、聖嚴書院佛學班、福田班也相繼成立部落格、臉書facebook官網，讓學員互動更密切、佛法交流更普及。

普化中心副都監果毅法師指出，佛學課程不應只限制在實體教室，而是隨時隨地都能學習成就，透過數位學習平台，漢傳禪佛教、法鼓山的理念、聖嚴師父的行誼與思想，將可超越時空，弘揚全世界。而社群網站的建立，也讓佛學教育變得趣味活潑，接引更多社會大眾接觸佛法，開啟自

性寶山。

長期以來，聖嚴書院佛學班在全臺各地，提供信眾次第性、系統性的佛法課程，2010年3月聖嚴書院特別增設「福田班」，這是法鼓山首度整合義工教育系統所建立的通識課程，果毅法師指出，福田班不僅是大普化教育的基礎，也是法鼓山萬行菩薩的搖籃。福田班內容完整，涵蓋法鼓山的理念、組織架構、基礎佛法、修行法門等主題，及解行並重的培訓，不但是自我成長的實用課程，也讓義工對法鼓山有一綜觀的了解，成為法鼓山理念的重要實踐者及推廣者。

此外，針對青年學子所舉辦的心靈成長課程及營隊，除了例行的「法師有約」、「心光講堂」、「young世代禪式工作學」、青年禪修營等，2010年也積極回應全球暖化議題，側重四種環保理念、推動低碳生活，例如：法青會、法鼓大學和人基會聯合舉辦

「四環行動日」，兒童心靈環保體驗營以「綠色地球小主人是我」為主題，帶領小朋友學習感恩知足、愛護生命、珍惜地球，從趣味活動中體驗生活、禮儀及自然等環保觀念。

法會共修

傳承聖嚴師父對經懺佛事的改革與創新理念，法鼓山舉辦任何法會皆兼具教育和修行的功能，因此從除夕撞鐘、新春祈福、清明報恩、中元地藏法會、梁皇寶懺、水陸法會到彌陀佛七，除了傳遞佛法正知見，也涵融了環保、藝術、人文永續等現代元素，不僅賦予傳統法會新時代的教育文化功能，更為社會大眾帶來適應當代社會的修行觀，其中又以「大悲心水陸法會」最具代表性。

2010年水陸法會首創「網路精進共修」，結合網路電視台進行講座及法會現場直播，水陸法會專屬網站上也提供網路佛國巡禮、線上經書、法會儀軌、網路知客等功能，讓全球信眾跨越時空，同步於線上共修，將水陸法會利益眾生的觀念與精神，無遠弗屆地傳揚出去。

共修的形式隨著時空變遷不斷推陳出新，不論是線上共修、網路電視直

2010年的法鼓山兒童心靈環保體驗營，以「綠色地球小主人是我」為主題，帶領小朋友在趣味活動中體驗環保生活。

播或動畫送聖，都是修行的方便法門，為現代人提供了修學佛法的新契機。此外，2010年首度推出的《大悲心修行自知錄》，是信眾參加水陸法會的前方便，藉此協助信眾清楚自己每天的修行狀況，也將定課修持、自利利他的菩薩行落實到日常生活中。

文化出版

將佛教經典與時代接軌，並轉化為清楚實用的生活觀念，是聖嚴師父提筆著述的根本理念；這些適應現代人心的文字，不僅成為歷久彌新的經典叢書，也是法鼓文化的主要出版品。

法鼓文化編輯總監果賢法師表示，雖然聖嚴師父圓寂之後，無法再出版師父未覆閱過文稿的書籍，但漢傳佛教內涵豐富，尤其師父所提出的「心靈環保」、「中華禪法鼓宗」皆有待後續的研究與闡揚，因此除了著重漢傳佛教的經典、禪修系列，法鼓文化也會傳承師父文字弘法的理念，持續出版以「心靈環保」為主軸的生活佛法、現代心靈系列，讓讀者能從中找到安頓身心的法寶。

例如：2010年開發的新書系「禪味廚房」系列食譜，秉持聖嚴師父推廣素食的理念，落實「純素、環保、健康、惜福」等料理原則，回歸食材原味，帶領讀者用心吃出「禪味」。而出刊一甲子的《人生》雜誌也糅合佛法義理於現代化、生活化的題材，豐富了佛教出版的內涵，也讓佛法的觸角延伸地更廣、更深。

法鼓文化2010年也參與臺北國際書展，以「追尋覺者的心靈足跡」為主題，展出各類出版品以及生活、修行用品，其中包括聖嚴師父審閱過的四本新書《觀音妙智》、《美好的晚年》、《帶著禪心去上班》、《聖嚴法師教淨土法門》，引領讀者領略佛教修持法門的精要，並看見師父晚年面對生死的自在豁達。實體書展之外，1月份啟用的師父專屬網站，除了生平事略、著作，也提供許多禪修影音開示，將接引更多讀者閱讀、運用、研究並推廣師父的禪法和思想。

各分院的開展與落實

大普化教育的推展與落實，法鼓山全臺各分支道場皆扮演著舉足輕重的角色，這一年來，除了持續推廣禪修、佛學課程及法會共修，各地分院也因應在地需求開辦各類心靈成長講座及共修，並獲得廣泛回響。

隨著弘化事業的開展，三峽天南寺、臺南雲集寺於2010年相繼落成啟用，而陪伴法鼓山走過三十餘年歷史的北投農禪寺，也於5月動土改建，邁向弘法新里程。農禪寺在眾多因緣促成下重新出發，體現隨緣應化、隨處度眾的佛法精神，這其實也呼應了法鼓山大普化教育，在傳承聖嚴師父分享佛法的理念之下，不斷回應時代文化，開展出適應現代人心的方法，未來也將在弘法度眾的路上繼續前行。

● 01.01　11.01

聖嚴師父網站正式啟用
收錄豐富的文獻著作與影音

聖嚴師父網站在1月1日正式開站，有助大眾了解師父弘化事蹟與禪法思想。

聖嚴師父圓寂屆滿週年前夕，師父專屬網站在1月1日元旦正式開站，內容完整呈現師父生平傳記、影音開示和文物典藏檔案之外，還包括師父著作《法鼓全集》、動態的師父足跡導覽等，並具全文檢索功能。

2009年2月3日聖嚴師父捨報圓寂後，僧團即積極規畫設置師父網站，由文化中心成立師父網站小組，結合許多專業人士與義工的協助，共同為師父思想理念的弘傳而努力。負責網站建置的常悟法師說明，師父留下太多法財，加上前人的整理，才有今日豐富的文化財，希望這個網站像活水源頭，讓佛法從這裡越過時空限制，讓大眾都有機會親炙師父的教法。

聖嚴師父網站的設計風格簡約素樸，第一階段有繁體中文與簡體中文兩種版本，網站內容包括：認識聖嚴法師、著作、影音、文物、互動區等九個單元；使用者還可進入「互動區」向師父請法，獲得師父智慧法語的指引。

另一方面，網站內容於11月1日起增添英文版本，內容主要是中文版本的英譯，並因應西方社會進行部分的調整，例如：在著作方面，特別增加「Selected Dharma Talks」單元，以摘選《禪通訊》（*Chan Newsletter*）中，師父早期在美國的禪修開示為主。

聖嚴師父網站開站，有助東西方社會大眾了解師父弘化事蹟與禪法思想，將接引更多人閱讀、運用、研究並推廣師父的思想，更圓滿師父一生分享佛法的悲願。

聖嚴師父網站網址：http://www.shengyen.org

● 01.01　05.01

法鼓山網路電視台全新開播
製播新型態節目　推動數位弘法

2010年元旦上午六點起，法鼓山網路電視台進行試播，並於5月1日起全新開播。民眾可以透過網路電視台二十四小時的影音節目，認識法鼓山的理念、聆

聽聖嚴師父的智慧法語，並參與各項修行活動，開啟心中無盡藏。

網路電視台從每天清晨六點的「早課」展開，節目內容包括廣受信眾喜愛的《大法鼓》、《不一樣的聲音》、各類法鼓山簡介影片、聖嚴師父與名人的智慧對話、大型座談會、《聖嚴書房》等。其中，《聖嚴書房》為全新企畫製播，邀請僧俗弟子、學者專家導讀師父的著作。

聖嚴師父留下許多珍貴的身教、言教影音記錄，網路電視台重新編播師父早期講經影片，包括《法華經》、《六祖壇經》，以及電視弘法節目《大法鼓》、《不一樣的聲音》，還有與名人智慧對話等，讓大眾再次聆聽師父說法，領受佛法的智慧與慈悲。

除了二十四小時全天排播節目之外，針對法鼓山各項大型活動，網路電視台也提供網路直播，透過線上收視，全球觀眾都可以如臨現場參與活動，共沐法雨甘霖。

負責電視台製播的文化中心表示，未來也將規畫製播各類禪修以及佛學普化等節目，讓網路電視台成為大眾信佛學法路上的共修平台。

「法鼓山網路電視台」網址：http://ddmtv.ddm.org.tw

法鼓山網路電視台開播全新製作的弘法節目，推動數位弘法。

● 01.02～12.31期間

人基會製播《把心拉近》節目
與教育電台合作 邀請專家學者分享「心六倫」

1月2日至12月31日期間，法鼓山人基會與國立教育電台合作製播《把心拉近——倫理向前行》廣播節目，邀訪各領域學者專家及社會賢達，分享倫理生活的多元面向與實踐，每週五上午於該台頻道FM101.7播出。

《把心拉近》節目提供對生命關懷、心靈成長及人品提昇的相關訊息分享，同時邀訪學者專家擔任主講人，與主持人張麗君進行深入對談。

例如：副總統蕭萬長於11月30日的節目中，暢談求學、家庭生活以及職場等人生各個歷程，並對法鼓山推動心六倫表達支持與認同，呼籲社會大眾一同響

應；同時也分享「進兩步退一步」的人生觀，鼓勵民眾以微笑面對各種情況，在順境、逆境中保持平常心，不讓得失心左右自己。

《把心拉近》節目自2009年10月開播，2010年12月底圓滿落幕，共專訪包括蕭萬長副總統、前行政院院長劉兆玄、教育部部長吳清基、天主教樞機主教單國璽、企業人士辜嚴倬雲等六十多位各界人士，與大眾分享心六倫和關懷生命的理念。

蕭萬長副總統在《把心拉近》廣播節目上，分享自己的人生哲學。

● 01.06～12.06期間

聖基會2010年「無盡的身教」系列講座
僧俗弟子分享與聖嚴師父的師徒因緣

自1月6日起至12月26日期間，聖基會「聖嚴書院講堂」於週三晚上在會所舉辦「無盡的身教——今生與師父有約」系列講座，邀請方丈和尚果東法師、佛教學院副校長果肇法師等十五位法師，以及黃詹愛、葉榮嘉等二十六位資深悅眾等，共四十一位聖嚴師父僧俗弟子擔任主講人，分享個人親近師父的因緣，及師父的生活小故事，每場有近五十人參加。

在3月10日的講座中，方丈和尚分享從出家到接任方丈和尚期間，聖嚴師父的教導與鼓勵。方丈和尚回憶，進入僧團第三年便接下助念團輔導法師的執事，「我相信你一定會做得很好！」當時師父的勉勵與教誨，讓方丈和尚在感恩僧團給予學習機會的同時，也開始學習把握當下、隨時隨地「說法無畏」。

2000年在紐約象岡道場舉辦的「默照禪四十九」禪期中，一棵巨大的老樹轟然傾倒，

方丈和尚在「無盡的身教」系列講座中，分享聖嚴師父的教法。

聖嚴師父隨機開示緣起、無常、無我，這讓方丈和尚體會到，原來森羅萬象隨時都在放光說法；方丈和尚並說明，直至2005年參加「話頭禪七」，才知道如何運用方法，當時師父特別勉勵他「心量要大，眼光要遠」。

僧大副院長果光法師於8月25日的講座中，細說追隨聖嚴師父的時光，指出在師父走過的道路上，處處都有體會與感動。最後一場講座於12月6日舉行，由美國紐約東初禪寺住持果醒法師分享追隨師父學習禪修及出家的因緣。

聖基會「無盡的身教」系列講座自2009年9月展開，至2010年12月圓滿，僧團法師與資深悅眾引領大眾體會聖嚴師父的言教與身教，承繼師父的悲願，願願相續。

2010聖基會「無盡的身教——今生與師父有約」系列講座一覽表

時間	主講人	時間	主講人
1月6日	黃詹愛（資深悅眾）	5月16日	果祺法師（禪堂板首）
1月13日	果理法師（臺中分院監院）	5月26日	廖美櫻（資深悅眾）
1月20日	葉榮嘉（護法總會副總會長）	6月2日	于君方（美國哥倫比亞大學教授）
1月27日	果乘法師（僧團法師）	6月3日	俞永峰（美國佛羅里達州立大學助理教授）
2月3日	果肇法師（佛教學院副校長）	6月4日	丹‧史蒂文生（Dan Stevenson，聖嚴師父西方弟子）
2月10日	賴忠星（資深悅眾） 賴忠明（資深悅眾）	6月16日	潘煊（《聖嚴法師最珍貴的身教》作者）
2月24日	柯瑤碧（資深悅眾）	6月23日	何麗純（資深悅眾）
3月3日	張光斗（《阿斗隨師遊天下》系列書籍作者）	6月30日	常延法師（僧大講師）
3月10日	果東法師（方丈和尚）	7月7日	楊美雲（教聯會副會長） 謝傳倫（資深悅眾）
3月17日	姚世莊（資深悅眾）	7月14日	楊正雄（護法總會副總會長） 楊紀梅（資深悅眾） 周文進（護法總會副總會長） 蔡麗鳳（資深悅眾）
3月24日	果見法師（國際發展處監院）	7月21日	李枝河（資深悅眾） 鄧清太（資深悅眾）
3月31日	謝黃麗月（資深悅眾）	7月28日	果毅法師（普化中心副都監）
4月7日	果慨法師（弘化院監院）	8月4日	辜琮瑜（法鼓大學籌備處人生學院助理教授）
4月14日	劉安之（法鼓大學籌備處校長）	8月11日	果雲法師（僧團法師）
4月21日	單德興（中研院歐美文化研究所所長）	8月18日	涂艷秋（臺北師範學院語文教育系副教授）
4月28日	果迦法師（僧團法師）	8月25日	果光法師（僧大副院長）
5月5日	果舟法師（加拿大溫哥華道場監院）	12月6日	果醒法師（美國紐約東初禪寺住持）
5月12日	果器法師（關懷中心副都監）		

● 01.19　04.13　07.13　10.19

方丈和尚四場精神講話
勉勵專職同仁成長自我、奉獻大眾

2010年方丈和尚果東法師分別在1月19日、4月13日、7月13日及10月19日，於北投雲來寺對僧團法師、體系的專職同仁，進行精神講話，全臺分院道場視訊連線聆聽，每場有三百多人參加。

第一季的精神講話於1月19日舉行，方丈和尚以「安和豐富」為主題，說明法鼓山2010年年度主題的意義：安，是「安己、安人、安樂眾生」；和，是「和敬、和樂、和平世界」；「豐富」，不僅意味物質條件的滿足，更蘊涵了人心氣度的圓滿與寬廣。方丈和尚期許僧俗四眾都能以「感恩的心」接受各種順逆因緣，進一步再以「報恩的心」來奉獻付出。

4月13日的精神講話中，方丈和尚感恩聖嚴師父為四眾弟子開創大片福田，希望全體珍惜這份殊勝因緣，共同為建設人間淨土繼續努力。7月13日的精神講話，方丈和尚則分享聖嚴師父著作《工作好修行》、《帶著禪心去上班》、《是非要溫柔》，勉眾珍惜每一個因緣，在工作中清楚覺察自己的起心動念，以包容與寬闊的心胸來待人接物。

最後一季的精神講話於10月19日舉行，方丈和尚以「安穩向前，踏實健全」為主題進行開示，期勉眾人修習佛法來穩固、成長自己，在腳步踏實中落實要趕不要急的理念，讓個人與團體都能更有效率且健全地發展。

2010年方丈和尚於雲來寺進行四場精神講話，圖為7月13日進行的場次。

● 01.23～12.25期間

法青會「心光講堂」系列講座
協助青年朋友開拓人生視野

為協助青年朋友延伸人生的視野，法青會自1月23日至12月25日期間，每月第四週週六晚上於德貴學苑舉辦「心光講堂」系列講座，每月邀請各行各業傑

出人士，以演講方式，分享心路歷程，十二場講座共有近一千人次參加。

十二場講座主題包括青年圓夢、自我超越、靈活創業等議題。在青年圓夢方面，例如：在襤紅創辦人顧瑋主講「白袍・廚娘・甜美果醬好滋味」，分享自己在研究所畢業後，離開實驗室，開始研發手工果醬的心路歷程，

詹慧君（左）與林庭妃（右）在2月的「心光講堂」講座上，分享超越自我的設限。

鼓勵青年朋友只要勇於面對與承擔，就能走出自己的一條路；傳貴宏業生機有限公司創辦人詹友綜的「有機豆・躍出生命活力」，則介紹栽植有機豆的艱辛歷程，也在過程中肯定不斷接受挑戰，才能找到人生的意義。

自我超越方面，包括薰衣草森林創辦人詹慧君與林庭妃的「創業・抗癌・薰衣草夢想起飛」，講述從一間小咖啡屋和一畝田，開展成擁有全臺四個品牌、七家分店的歷程，詹慧君感恩身體的病痛，讓自己能超越自我設限；陳永基設計有限公司創意總監陳永基的「缺陷美・閃耀星」，分享克服色盲的缺陷，隻身從澳門至臺灣，從事創意設計的歷程，他表示色身的缺陷，不是生命的缺口，而是啟發生命的源頭。

靈活創業上，有語林有機農莊負責人邱語玲的「瘋種菜・假日農夫夯」、慧元數位媒體公司創辦人朱騏的「心靈娛樂・動畫風」等。邱語玲分享表示，經營提供都市人體驗農夫生活，動手耕種的市民農園，讓自己學會對大自然抱持謙卑的態度；朱騏則肯定動畫是提供生活忙碌緊張的現代人，一帖安定心靈的良藥。

不少參與講座的學員表示，聆聽不同領域人士的生命分享，有助於將學習觸角深入社會各領域，確立自己的人生方向。

2010法青會「心光講堂」系列講座一覽表

時間	講題	主講人
1月23日	白袍・廚娘・甜美果醬好滋味	顧瑋（在襤紅創辦人）
2月27日	創業・抗癌・薰衣草夢想起飛	詹慧君（薰衣草森林創辦人） 林庭妃（薰衣草森林創辦人）
3月27日	好米・漫畫・開朗農夫奮鬥史	謝銘健（劍劍好米負責人）

時間	講題	主講人
4月24日	十萬元遊世界	943（《十萬元遊世界》作者）
5月22日	瘋種菜‧假日農夫夯	邱語玲（語林有機農莊負責人）
6月26日	心靈娛樂‧動畫風	朱騏（慧元數位媒體公司創辦人）
7月24日	有機豆‧躍出生命活力	詹友綜（傳貴宏業生機有限公司創辦人）
8月28日	幽默畫職場‧引領Kuso圖文瘋	馬克（圖文作家）
9月25日	療癒T恤的驚嘆號	李世亮（「布利克星球」品牌創始人）
10月30日	種子盆栽激盪快樂Fu	林惠蘭（《種子盆栽》作者）
11月20日	用熱血喚起High能量	史丹利（《史丹利熱血不能停》作者）
12月25日	缺陷美‧閃耀星	陳永基（陳永基設計有限公司創意總監）

●01.27～02.01

法鼓文化參加2010臺北國際書展
提供讀者豐富精神資糧

1月27日至2月1日，法鼓文化參加於臺北世界貿易中心舉辦的「2010臺北國際書展」，展出各類出版品、生活、修行用品，為讀者提供豐富的精神資糧。

為緬懷聖嚴

方丈和尚果東法師（左二）引導國家圖書館館長顧敏（左一）參觀法鼓文化展示區。

師父的教澤，2010年法鼓文化參展主題為「追尋覺者的心靈足跡」，書籍類展場規畫為三大區：一是師父四本新書《觀音妙智——觀音菩薩耳根圓通法門講要》、《美好的晚年》、《聖嚴法師教淨土法門》、《帶著禪心去上班》的專區，從中可以領略師父對佛教修持法門的精要講述，並看見師父晚年面對生死的自在豁達；其次為法鼓文化編輯推薦的師父重點著作；第三為最受讀者喜愛的師父書籍精選。透過不同面向，呈現師父所留下的法身舍利和生命智慧。

書展上，法鼓文化也發表自行開發的「簡約人」系列文具用品，包括筆記本、活頁紙、文件袋等，商品以心靈環保、簡約生活為訴求，期望藉此與大眾分享法鼓山的環保理念，以佛法的安和，豐富生活日用。

● 01.28～12.30期間

人基會舉辦「安和豐富」系列心靈講座
邀請專家學者分享積極正向的人生觀

1月28日至12月30日期間，人基會每月最後一週週四晚上於德貴學苑舉辦「安和豐富」系列心靈講座，邀請社會各領域的專家學者，分享對生命、生活、藝術、自我成長等多元面向的思考與探討，引領大眾開發心靈層次的積極正向人生觀。

系列講座首場邀請臺灣師範大學國文系教授杜忠誥主講「線條在說話──藝術心靈美感之涵養」，杜教授帶領聽眾實際感

在人基會第一場「心靈講座」上，杜忠誥教授透過書法作品，帶領聽眾感受筆墨變化的神韻。

受筆墨變化中的美麗與神韻，表示所謂藝術，無非就是回歸人的本質，往這樣的方向去把握，就能活出自己、歡喜自在；第二場邀請天主教樞機主教單國璽以「划向人生的更深處」為題，分享自己修道六十多年，一步步划向生命最深處的歷程。

另有關於生命深度對談的講座，例如：蓮花基金會董事長陳榮基談「安寧之路」，提供深度的生命思索與體驗；實踐大學社會工作學系系主任謝文宜主講「改變心靈，改變一切──經營良好的人際關係」；臺灣大學哲學系教授林火旺分享「幸福的必要條件」；導演吳念真則講述「那一年，璀璨的光芒」等。

2010人基會「安和豐富」系列心靈講座一覽表

時間	講題	主講人
1月28日	線條在說話──藝術心靈美感之涵養	杜忠誥（臺灣師範大學教授、名書法家）
2月25日	生命告別之旅	單國璽（天主教樞機主教）
3月25日	安寧之路	陳榮基（蓮花基金會董事長）
4月29日	從心看電影	曾偉禎（影評人）
5月27日	創意世界、快活人生	孫大偉（偉太廣告董事長）
6月24日	改變心靈，改變一切──經營良好的人際關係	謝文宜（實踐大學社會工作學系系主任）
7月29日	尋找心靈的活水源頭	果見法師（法鼓山國際發展處監院）
8月26日	幸福的必要條件	林火旺（臺灣大學哲學系教授）
9月30日	全球磁變下的因應之道	林中斌（淡江大學戰略研究所教授）
10月28日	一百二十公分的世界	陳攸華（中央大學網路學習科技研究所教授）
11月25日	那一年，璀璨的光芒	吳念真（大象影片製作有限公司董事長）
12月30日	日常生活中安心法門	果器法師（法鼓山關懷中心副都監）

● 01.30～12.25期間

聖基會舉辦「聖嚴法師經典講座」
全年五系列講解五部經典

1月30日至12月25日期間，聖基會於週六上午在會所舉辦的「聖嚴書院講堂」經典講座，播放聖嚴師父昔日講經影片，由僧團法師及學者講析經文要旨，接引大眾聽聞佛法，精進修行。

2010年全年講座共有五系列，包括〈普賢菩薩行願讚〉、《佛遺教經》、《心經》、《無量義經》、《法華經》等五部經典，分別由果祥法師、常延法師、果竣法師，以及慈濟大學宗教與文化研究所助理教授周柔含主持。

影片中，聖嚴師父循著原典的次第，介紹經文內容與深義；講座上，主持人亦補充說明各部經典的核心精神，並針對學員的提問展開討論，互動熱烈。

許多學員表示，能夠再次聆聽聖嚴師父說法開示，因緣殊勝，自我期許更要用功不懈怠。

2010聖基會「聖嚴法師經典講座」一覽表

時間	講解經典	主持人
1月30日至3月27日	〈普賢菩薩行願讚〉	果祥法師（文宣處輔導法師）
4月3日至6月5日	《佛遺教經》	常延法師（僧大專任講師）
6月12日至6月26日	《心經》	果竣法師（僧團法師）
7月3日至9月4日	《無量義經》	周柔含（慈濟大學宗教與文化研究所助理教授）
9月25日至12月25日	《法華經》	果竣法師（僧大講師）

● 01.31～05.22期間

紫雲寺「法師請上堂」開講
僧團法師分享親近師父、出家因緣

1月31日至5月22日期間，高雄紫雲寺共舉辦五場「法師請上堂——有請法師來開講」講座，由僧團法師分享親近聖嚴師父與出家的因緣，共有近七百人次參加。

1月的首場講座，由僧團女眾副都監果舫法師主講，法師以輕鬆的口吻，分享從小生長在一般民間信仰的家庭，對於佛法的認知懵懵懂懂，後來因緣際會參加了北投農禪寺的佛七，並在聖嚴師父慈悲的引導下，出家修行；除了分享修行經驗，法師也引領眾人唱誦「觀世音菩薩」聖號，感受佛菩薩慈悲護佑的感動。

文宣處輔導法師果祥法師在2月的講座中，分享二十多年來，曾擔任聖嚴師

父閩南語翻譯的弘法見聞，也講述師父和僧眾分享美好事物的小故事；3月，臺南分院監院果謙法師在講座中，說明在一次話頭禪七，當時師父當頭棒喝：「你要奉獻、服務眾生！」讓法師放下長久以來執著「開悟、解脫」的

紫雲寺舉辦五場「法師請上堂」講座。圖為1月進行的講座，由果舫法師主講。

迷障，當下領悟師父側重「行門重於解門」的身教，也堅定了奉獻的道心。

在4月的講座中，禪修中心副都監果元法師分享聖嚴師父早年在美國紐約東初禪寺的親力親為，帶著弟子一起勞動，也善用幽默、智慧的譬喻來說法；5月的最後一場講座，禪堂板首果祺法師引述師父的教導，強調禪修不分利根、鈍根，只要不斷用功，必有所成。

2010紫雲寺「法師請上堂」講座一覽表

時間	主講法師	時間	主講法師
1月31日	果舫法師（女眾副都監）	4月17日	果元法師（禪修中心副都監）
2月21日	果祥法師（文宣處輔導法師）	5月22日	果祺法師（禪堂板首）
3月20日	果謙法師（臺南分院監院）		

● 02.05

心六倫種子教師受邀至臺大
分享新時代之心六倫

人基會於2月5日，應臺灣大學學生職業生涯發展中心之邀，在該校舉辦的「精實之旅——禮儀環保篇」課程上，由「心六倫」種子教師王榮主講「新時代之心六倫分享」，共有九十二位學務處專職人員到場聆聽。

王榮老師以「男女同宿舍」、「大學生吃飽等死？」等熱門話題，指出

王榮老師於臺大分享「心六倫」的實踐。

這些議題在社會上引起正反兩面的回應，但不論哪一方，很少有人用同理心去思考下一代的問題。王老師以教養子女及旅行三十個國家的經驗，分享以同理心來教育孩子的重要性，強調對年輕人而言，除了努力，應該更加重視創意的展現。

對於美式教育衍生諸多校園問題，王榮老師說明「心六倫」的實踐，就是預防問題產生的危機管理。透過心六倫的實踐，讓每個人扮演好自己的角色，明確了解自己的權利、義務與責任，就能找到自己的生命價值，進而向上成長。最後，王榮老師以親身體驗與眾人共勉，能夠扮演好自己的角色，就是實踐心六倫。

● 02.06

法鼓山敦親睦鄰獲地方肯定
金山鄉公所頒贈佛基會及社大感謝狀

臺北縣金山鄉公所為感謝法鼓山對地方的貢獻，於2月6日與臺北縣警察局金山分局在金山鄉中山堂舉辦的歲末晚會中，由鄉長許春財分別頒發「感謝狀」給予法鼓山佛教基金會及法鼓山社會大學，並由方丈和尚果東法師及校長曾濟群代表領獎，共有金山鄉內各機關、團體等五百多人參加。

方丈和尚受邀為鄉親祈福時表示，感恩金山鄉親對法鼓山的愛護與支持，大家是生命共同體；也感恩眾人能凝聚向心力，讓所有鄉親有平安的一年，未來也會同心協力，讓所有人都能夠安和豐富。

除了為所有鄉親祈福，方丈和尚並提供聖嚴師父墨寶、著作及春聯等與鄉親結緣，也歡迎鄉親都能時常親近法鼓山。

秉持聖嚴師父指示自利利他的精神，法鼓山對於總本山所在地的金山鄉暨北海岸地區，長期以感恩心關懷、回饋地方，如成立法鼓山社大、發行《金山有情》季刊、成立北海岸關懷室、提供貧困學子獎助學金等，多年來的努力獲地方肯定。

法鼓山敦親睦鄰獲金山鄉鄉親肯定，許春財鄉長（左）頒發感謝狀，由方丈和尚（右）代表接受。

● 02.13～14

除夕法華鐘響祈福法會
馬英九總統等與民眾跨年共修

2月13日除夕夜至14日大年初一凌晨，法鼓山於園區法華鐘公園舉辦除夕聞鐘聲祈福法會，方丈和尚果東法師、佛教學院校長惠敏法師，以及總統馬英九、行政院院長吳敦義、民進黨黨主席蔡英文、臺北縣縣長周錫瑋，以及雲門舞集創辦人林懷民、宏仁集團總裁王文洋等來賓應邀觀禮，共有兩千多位民眾參加。

馬英九總統（左四）、吳敦義院長（右二）、周錫瑋縣長（右一）、雲門舞集創辦人林懷民（左一）等各界來賓，與方丈和尚（右三）在除夕聞鐘聲祈福法會上，一起為臺灣、為世界祈福。

典禮由媒體工作者張月麗主持，十點十分，法華鐘撞下第一響，撞鐘祈福活動正式展開。現場除了精進拜鐘的信眾，在法師們帶領下，民眾依序開始繞鐘祈福。午夜十二點，法華鐘響起第一○八響，方丈和尚為大眾開示祝福時表示，撞鐘不僅是為個人、臺灣祈求平安，更遵照聖嚴師父的教導，明白大家都是生命共同體，讓祝福隨鐘聲傳到世界各處，人人安和豐富。

應邀出席的馬英九總統，在法華鐘前發願「景氣熱絡、經濟復甦；政治清明、社會祥和；國泰民安、四時無災；四海一家、永享和平」。馬總統表示，聖嚴師父雖然捨報，但影響力仍無所不在，師父法語「心安就有平安」，讓大家看見希望的曙光，共同度過各種考驗，凸顯臺灣堅毅的精神。

當天除夕撞鐘除了法鼓山網路電視台直播，年代電視台也全程轉播，讓無法親臨現場的民眾，透過網路與電視一起參與這場充滿祝福的法華勝會。

● 02.13～20

法鼓山「安和心‧豐富年」新春活動
邀請民眾以清淨心迎接安和豐富年

法鼓山園區為迎接2010年虎年新春，從2月13日除夕晚上至20日大年初七，舉辦「安和心‧豐富年」新春系列活動，包括法會、藝文展覽、主題飲食及各

種動靜態的體驗活動，廣邀民眾以清淨心迎接安和豐富年。

在法會活動方面，除了除夕的彌陀普佛法會與聞鐘聲祈福法會，從初一到初七，園區大殿每日皆舉行新春法會，僧團法師帶領民眾以拜願方式，發願以知福、惜福、培福的心，迎接未來每一天。法會後，方丈和尚果東法師也親至大殿，向各地民眾祝福。

禪修體驗上，在第一大樓四樓副殿規畫「虎·Who·福——迷與悟」活動，將禪修中找尋自我到悟道的過程，設計成禪境迷宮，讓民眾以「以扇補羽」安住自己的身心，最後來到佛前，祈願以慈悲和智慧的菩提心，常轉法輪。

藝文展覽方面，包括開山紀念館「教澤永懷——聖嚴法師圓寂週年紀念文物特展」，展出聖嚴師父相關文物資料；第一大樓五樓門廳舉辦「福虎生豐——紙藝術特展」，以剪紙藝術表現虎年意象，同時配合現場版畫、剪紙、摺紙等活動，引領大眾走進紙的美學世界；「回憶是個故事——我與法鼓山的故事」活動則是讓民眾以圖文創作屬於自己和法鼓山的筆記書，期許繼續和法鼓山相伴前行。

主題飲食上，四樓連廊的「茶屋」，邀請民眾品茗，體驗心靈的寧靜與沉澱；五樓連廊、第二大樓活動大廳「幸福好滋味」，提供熱食、點心與飲品，與大眾分享健康的素食美味。

新春期間，園區四處充滿了虔敬和溫馨的氣氛，祈願大家平安度過一整年。

各地民眾前往法鼓山園區，在大殿拜見方丈和尚，領受新春祝福。

● 02.13～21

全臺各分院舉辦新春系列活動
法喜禪悅迎「安和豐富」年

農禪寺於年初一至初三舉辦三昧水懺法會，迎接新年。

2月13日除夕至21日初八農曆新春期間，法鼓山除了總本山舉辦系列新春活動外，全臺各地分院道場都舉辦系列祈福法會、點燈祝福、禪修體驗和藝文展覽活動，邀請各地民眾以清淨心迎接新年。方丈和尚果東法師也分別前往北臺灣各分院，為民眾祝福。

北部地區，春節後改建的北投農禪寺於初一至初三，舉辦慈悲三昧水懺法會暨園遊會，許多民眾參與拜懺，用佛法洗滌煩惱，清淨自在迎接新年。而改建前特別規畫的「興家・新家・心家──2010農禪寺改建前巡禮」展覽，許多民眾在活動現場，將新春心願寫在菩提心願卡上，一張張菩提卡掛滿發願區。

北投文化館於初一至初三舉辦千佛懺，由監院果諦法師以臺語帶領誦經，讓老菩薩更能領略經義，每天有近兩百人參加。臺北安和分院除了布置佛畫、花藝、書法等聯展，也分別在初一、初三及初八舉辦普佛、大悲懺與藥師法會，三場法會計有近兩千人參與。

2月27日落成啟用的三峽天南寺，新春期間舉辦參訪導覽活動及書法暨佛畫展，許多民眾在新春伊始前往，感受禪悅境教。桃園齋明寺則展開慈悲三昧水懺、報恩地藏法會及點燈祈福、親子藝文等系列「心願迎新春」活動，並邀資深悅眾施炳煌、吳宜燁分享聖嚴師父的身教。

中部地區，臺中分院於除夕至初三舉辦多場祈福法會；寶雲別苑也在初一、二舉辦六波羅蜜闖關活動，內容包括法鼓八式動禪、法鼓小學堂、與佛有約等。其中，「與佛有約」單元請闖關者在尋寶圖中找出總本山的佛像、觀音像及小沙彌像，引領民眾更進一步認識法鼓山。

南部地區，臺南分院於初一舉辦普佛，初二至初三舉辦兩場三昧水懺，皆由禪修中心副都監果元法師主法。高雄紫雲寺則於初一至初三舉辦千佛懺，初一並為八八水災災區民眾舉辦「心安平安・光明久久」點燈祈福法會；新春期間，並規畫才藝及攝影聯展，禪公園廣場上則進行園遊會。

東部地區，臺東信行寺除舉行普佛、大悲懺法會，也舉辦禪悅四日營；初一至初三的新春園遊會中，大眾透過幸福好滋味、親子茶禪等活動，體驗不一樣的新年。

2010全臺分院、道場新春主要活動一覽表

地區	地點	日期	活動名稱
北區	北投農禪寺	2月14至16日（初一至初三）	新春慈悲三昧水懺法會、新春園遊會
		2月14日至3月14日	「興家‧新家‧心家——2010農禪寺改建前巡禮」展覽
	北投文化館	2月14至16日（初一至初三）	新春千佛懺法會
	臺北安和分院	2月14日（初一）	新春普佛法會
		2月16日（初三）	新春大悲懺法會
		2月21日（初八）	新春藥師法會
		2月14至28日	新春藝展
	三峽天南寺	2月14至20日（初一至初七）	參訪天南迎新春、書法暨佛畫展
	桃園齋明寺	2月13日（除夕）	禮拜《八十八佛懺悔文》
		2月14至16日（初一至初三）	新春慈悲三昧水懺法會
		2月14至28日（初一至元宵）	「心願迎新春」系列活動
		2月21日（初八）	新春報恩地藏法會
中區	臺中分院	2月13日（除夕）	除夕彌陀普佛法會
		2月14日（初一）	新春普佛法會
		2月15日（初二）	新春大悲懺法會
		2月16日（初三）	新春慈悲三昧水懺法會
	臺中寶雲別苑	2月14至15日（初一至初二）	六波羅蜜闖關
	南投德華寺	2月14日（初一）	新春普佛法會
		2月16日（初三）	新春大悲懺法會
南區	臺南分院	2月14日（初一）	新春普佛法會、悅眾家族新春聚會
		2月15至16日（初二至初三）	新春慈悲三昧水懺法會
	高雄紫雲寺	2月14至16日（初一至初三）	新春千佛懺法會暨園遊會、才藝暨攝影聯展
	高雄三民精舍	2月17日（初四）	新春普佛法會
東區	臺東信行寺	2月14日（初一）	新春普佛法會
		2月15日（初二）	新春大悲懺法會
		2月18至21日（初五至初八）	禪悅四日營

● 02.14～03.14

農禪寺「興家‧新家‧心家」改建前巡禮
巡禮農禪寺的光陰故事

2月14日至3月14日，北投農禪寺舉辦「興家‧新家‧心家——2010農禪寺改建前巡禮」活動，內容包括展覽、發願及護持活動等，引領民眾回顧農禪寺三十五年的歷史，共有八千多人次參加。

在「興家‧新家‧心家」巡禮活動中，規畫有「從一塊菜圃開始」、「法脈傳承‧薪火綿延」、「臺灣禪風的帶動」、「興建入慈悲門」、「提出四眾佛子共勉語」、「人間淨土的推手」、「觀音菩薩結的緣」共七大單元，展出百

餘幅歷史照片，搭配影片介紹及義工解說，提供大眾回顧聖嚴師父帶領僧俗四眾耕耘法鼓山的過程。

在「從一塊菜圃開始」、「法脈傳承‧薪火綿延」中，展出農禪寺的興家歷史；在「臺灣禪風的帶動」、

從農禪寺「興家‧新家‧心家」巡禮活動中，可一路追尋、感受聖嚴師父帶領僧俗四眾耕耘法鼓山的過程。

「興建入慈悲門」展區中，可見農禪寺除培育僧才，也是昔日聖嚴師父講經、弘法，帶動臺灣禪修風氣的重要道場；「提出四眾佛子共勉語」、「人間淨土的推手」展區中，則呈現法鼓山護法會成立、走出禪寺入世關懷社會的過往今來；在「觀音菩薩結的緣」單元，展示了1989年3月，師父帶領近千名信眾共同虔誦〈大悲咒〉二十一遍後，旋即在臺北縣金山鄉找到法鼓山現址，促成法鼓山的成立。

此外，尚有「影留心家」，展出農禪寺義工無私奉獻的縮影；「願心留農禪」則藉由菩提心願卡與參訪民眾互動，期望每個人都能學習師父發無窮大願；另有光明照我家，培福建心家的「創意撲滿屋」活動，鼓勵學童日行一天一元，從2010年開始至農禪新家落成，圓滿創意撲滿磚後帶回，護持道場，藉此體會一磚一瓦、聚沙成塔的可貴。

聖嚴師父過去寫給農禪寺常住眾的一封封親筆家書，充滿叮嚀與教誨，也在現場展示。種種展出，不但呈現農禪寺是師父、法鼓山僧俗四眾的家，也是每位來訪大眾心靈的「心家」。

● 02.22

法鼓山舉辦傳燈法會

傳持師願　讓佛法明燈不斷

聖嚴師父圓寂週年2月22日（農曆正月初九），法鼓山僧團下午於園區十四個佛堂舉辦「大悲心起‧願願相續——傳燈法會」，活動共有九千五百多位信眾參加。

中午開始，陸續抵達的信眾首先前往臺北縣立金山環保生命園區巡禮緬懷聖嚴師父；隨後在義工引領下，依序進入十四個佛堂，聆聽師父於2005年9月在農禪寺傳法大典中的開示，再一次了解傳燈、傳法的意義，同時收攝身心，保持清楚安定。

傳燈法會於聖嚴師父捨報的時刻下午四點開始，大殿上象徵著師父法身慧命的主燈同時點燃，在奉供、傳燈、發願、迴向等莊嚴佛事中，將「中華禪法鼓宗」的法脈傳承下去。方丈和尚果東法師引領眾人齊聲發願，期能願願相續，弘傳師父的悲願。

在〈傳法偈〉唱誦聲中，首座和尚惠敏法師，副住持果暉、果品法師，都監果廣法師等十三位僧團代表，分別捧起由方丈和尚點燃的引燈前往各佛堂，親自為信眾們一一點燃手中的「菩薩行燈」，藉由盞盞明燈相續，象徵著佛法心心相印，強調佛法的慈悲智慧之光，必須一傳十、十傳百，由眾人群策群力，方能照亮昏闇的無明。

傳燈法會於晚上六點圓滿，在義工引領下，信眾捧起「菩薩行燈」，依序步行下山。一盞盞菩薩行燈，猶如虛空中點點繁星，在聖嚴師父圓寂週年這一天，逐一照亮了四眾弟子的心；師父的願心、佛法的慧命，就在發願傳承的每一顆願心中，綿延無盡地傳持下去。

傳燈法會上，方丈和尚為僧團代表逐一點燃法燈，象徵佛法明燈永傳無盡。

方丈和尚語

感念聖嚴師父教澤
共勉菩薩行

2月22日講於法鼓山園區大殿「傳燈法會」

◎果東法師

今天是我們敬愛的聖嚴師父圓寂一週年的日子，去年（2009年）2月3日（農曆正月初九）師父捨報示寂，我們於2月15日舉行追思植存時，獻上最虔誠、無限感恩的願供養。為了緬懷師父的教澤，為了再續前願，將佛法傳持下去，讓漢傳佛教承先啟後、讓法鼓山理念傳持

方丈和尚為僧團代表——點燃引燈，再由法師為信眾點燃「菩薩行燈」，藉盞盞明燈相續，象徵接續佛法慈悲與智慧的光明無盡傳承。

和普及，在今天舉行「傳燈法會」，並將聖嚴師父圓寂日稱為「法鼓傳燈日」。在禪宗，「法」被喻為破除眾生昏闇無明的「智慧明燈」，歷代祖師們將佛陀的教法，一代接續著一代，綿延不絕地傳承，如同一盞無盡燈般地燈燈相續，讓佛法的慈悲智慧之光，持續地照亮著迷闇的眾生，所以在禪宗史上，傳法就稱為「傳燈」。

傳承聖嚴師父教法　弘揚漢傳禪佛教

因此，今日我們共同參與的「傳燈法會」，其實就是在傳法。傳什麼法呢？傳的就是聖嚴師父遵循著釋迦牟尼佛的教法、歷代祖師的禪法，是師父以生命體驗、實踐，所開展出的慈悲與智慧，也就是法鼓山的精神與理念。所謂「法鼓傳燈」，便是傳承、傳播、分享法鼓山的理念與精神，以及具體實踐的方針與方法。

我們都深受聖嚴師父的法乳之恩，相信如師父所說，只要曾經體會佛法的好，就會產生一股與人分享、迫切希望人人都能得到法益的心。師父一

生念茲在茲的，便是以佛法的弘護為重、以眾生的道業為念，留給我們的教法，生生世世受用不盡，如〈四眾佛子共勉語〉、心靈環保、心五四、心六倫等生活實用佛法，師父甚至「承先啟後」、融會各宗開創了「中華禪法鼓宗」，即是「以心靈環保為核心，弘揚漢傳禪佛教，透過三大教育，達到世界淨化。」這也是法鼓山存在的意義與使命。

傳燈法會上，方丈和尚除了感念聖嚴師父的教導，也昭示大眾，一盞盞的燈代表燈燈續傳、願願相續，弘揚佛法的心燈永傳不滅。

聖嚴師父的色身雖然不在，但他的法身卻常存，也在各位身上展現。我們在此舉辦這場「傳燈法會」，即是要以接法、傳法的心，來共聚勝會，這是一份使命、是一份願心，而不是有什麼特別的身分、角色，或是名位、權力。

菩提心為先　以慈悲智慧度眾

過去一年來，大家依聖嚴師父遺教，精進發願、還願，師父時時提醒我們要以「菩提心」為安己安人的法寶，師父說：「時時以佛法的慧命為念，念念以大眾的道業為首，事事以眾生的苦樂為著眼，處處以諸佛的道場來照顧。以智慧處理自己的問題，用慈悲解決他人的煩惱，以忍辱培養福澤，用精勤增長善根。」

感恩諸位的護法、弘法，祝福大家安和豐富。為了續佛慧命，承先啟後，讓我們一起走入佛陀及聖嚴師父的內心世界。大悲心起、願願相續、燈燈相傳。阿彌陀佛！（節錄）

法鼓傳燈日　傳心燈續師願

聖嚴師父圓寂週年紀念

去年（2009年）2月，聖嚴師父捨報圓寂，社會頓失一位心靈導師，佛事期間更以身說法，示現最後一堂生死課。2010年2月，在師父圓寂週年之際，法鼓山規畫一系列活動，包括「大悲心起·願願相續——傳燈法會」、「我願無窮感恩音樂會」、「聖嚴書院——師父法身慧命的延續」特展等；美國、加拿大、克羅埃西亞各地東西方信眾更不約而同，分別舉辦了緬懷師恩活動。

一系列活動以「大悲心起·願願相續」為主軸，除緬懷聖嚴師父教澤，更重要的是發起願心，將佛法傳承下去，讓佛法明燈永遠不斷、讓漢傳佛教承先啟後、讓法鼓山理念傳持普及。因此，僧團將師父圓寂日稱為「法鼓傳燈日」。

法鼓山傳燈法會，於2月22日舉辦，以燈喻法。當天，有來自全球各地九千五百多名的信眾，前來法鼓山園區參與這一場殊勝的法會；從中午開始，信眾陸續前往金山環保生命園區巡禮、緬懷聖嚴師父。有別於一年前參加植存的哀思，參與信眾抱著還願的心情，每一步邁出去的步伐，都充滿著寧靜與堅定，藉由一整年來的自我成長以及佛法的實踐，向師父表達無限的感恩。

傳承智慧法光　群策群力弘傳悲願

法會於下午四點開始，正是聖嚴師父捨報時刻，大殿上象徵著師父法身慧命的主燈也同時點燃，在莊嚴佛事中傳承「中華禪法鼓宗」的法脈。信眾依序進入園區的十四個佛堂，每個佛堂都以師父的法相以及「永傳無盡燈，紹佛大悲行；宗奉嚴師教，風宣法鼓聲」的〈傳法偈〉書法做為裝飾。照壁上，豎立著師父神情肅穆的法像，在在顯示這一次傳燈法會，所傳的是師父所體驗、開展出的慈悲與智慧，更象徵著由師父親手託付，要承擔起傳承法鼓山理念的責任。

在〈傳法偈〉的梵唄聲中，由十三位僧團代表捧持引燈，接受方丈和尚果東法師從大殿主燈引火傳燈，再依序進入各佛堂，親自為信眾們一一點燃手中的「菩薩行燈」，點燃自性本具智慧與慈悲的光明；藉由盞盞明燈相續，象徵著佛法心心相印，強調佛法的慈悲智慧之光，需要眾人的群策群力，方能照亮昏闇的無明。

傳燈法會於晚上六點圓滿，在義工引領下，信眾捧起「菩薩行燈」，依序步行下山。天色已暗，但人人都化成無盡燈，在黑暗中燃起了一片燈海，渾厚的法華鐘聲也在此時撞響，整個法鼓山上迴盪著「南無度人師菩薩摩訶薩」的法音，每一響鐘聲、每一句聖號都在提醒眾人，當天

六百多位義工、專職參加「萬行菩薩傳燈法會」，手捧子燈，接受法師引火點燈，象徵點燃傳承佛法與師願的心燈。

的傳燈法會不只是承接佛法，更重要的是承擔起護法弘法的使命。走出三門，每一位傳法信眾，都是自度度人的菩薩行者。

萬行菩薩同心同願齊傳燈

為了感恩總是在法會活動中奉獻、付出，卻因護持勤務無法進入殿堂共修的萬行菩薩，也為了圓滿他們傳燈接法的願，僧團特別安排一場「萬行菩薩傳燈法會」。在共同成就近萬人的傳燈法會之後，晚間八點，六百多位義工、專職，暫時放下手邊的勤務，前往大殿參加這場殊勝的法會。大殿裡，平日忙著成就法會的義工、專職，成了法會的主角，仍是穿著執勤時的服裝靜默攝心。

〈傳法偈〉的音聲再次迴盪在大殿，義工們手捧子燈，接受法師引火點燈，當盞盞明燈漸次亮起，也點燃傳承佛法與師願的心燈。

師恩浩浩 我願無窮

傳燈法會之後，為感念聖嚴師父無盡的身教，榮譽董事會也在2月25日於臺北國父紀念館舉辦「我願無窮感恩音樂會」，由於各界人士參與踴躍，為滿大眾的願，榮董會特於24日加辦一場。這場以「感恩‧發願」為主軸的音樂會，讓所有曾經親炙師父的四眾弟子們，重溫師父的行誼風範與教法；並以悠揚的樂音傳演法音，共同唱出師父的叮嚀與願心，唱和相應之間，象徵法鼓法音，傳演無盡。

聖嚴師父圓寂週年之際，法鼓山藉由傳燈法會、感恩音樂會的舉辦，引領僧俗四眾互勉不忘師父囑咐，提起弘法願心，繼續在菩薩道上精進。

三峽天南寺落成啟用

新添臺北近郊禪修重鎮

　　歷經多年籌建，三峽天南寺於2月27日舉辦落成啟用典禮暨心靈環保博覽會，由方丈和尚果東法師主持佛像開光，並邀請副總統蕭萬長、臺北縣縣長周錫瑋，與邱仁政、邱仁賢等四位捐獻土地及建築善款的邱家代表，以及籌建委員會主任委員黃平璋等來賓，共同揭開大殿佛幔，共有近七千位信眾一起見證了天南寺的新頁。

　　啟用典禮由資深媒體工作者葉樹姍主持，隨後大眾觀看天南寺創建沿革的影片，循著傳統牌樓式的三門，進入有「小法鼓山」之稱的主建築群，體會邱春木老菩薩早年胼手胝足築路整地，完成建廟初願，與邱家十一位子女承續父願，協助天南寺建設；而後僧團法師接手內部裝修，在護法信眾與義工的支援下，共同成就天南寺的落成。透過影片，與會大眾深深感受邱家兩代承先的願心，以及法鼓僧俗四眾啟後的願行。

　　開光儀式後，方丈和尚致詞表示，聖嚴師父生前非常感謝與讚歎邱老菩薩的善舉，以及邱家子女的孝心和善心；並說明天南寺未來將開辦各種短中長期的禪修推廣活動，成為法鼓山的禪修教育中心，以及弘揚漢傳禪佛教、完成師父悲願的重鎮。

　　活動當天，天南寺在禪堂外展開「心靈環保博覽會」園遊會，民眾在四種環保體驗區，動手做三峽著名的藍染、植物拓染；透過淨心托缽，練習動中修禪；在禮儀環保區學習茶禪禮儀與學佛行儀；舞台區，各護法會團與地區信眾也帶來敲響法鼓、法鼓法音、感恩劇場等精彩節目，為啟用典禮增添歡喜氣氛。

天南寺落成啟用典禮上，方丈和尚與邱家十一位子女在佛前合影，感恩他們的無私奉獻與孝心善行。

眾緣匯聚 眾願所成

「小法鼓山」天南寺開展接眾化眾的新頁

「靈山拈花，天南端現。開！」2月27日，天南寺落成啟用典禮上，方丈和尚果東法師手執如椽大筆為佛像開光，副總統蕭萬長、臺北縣縣長周錫瑋，邱仁政、邱仁賢等四位邱家代表以及籌建委員會主委黃平璋等來賓共同揭開大殿佛幔，也開創天南寺接眾化眾的新里程碑。

邱家子女承父願 天南寺開新頁

蕭萬長副總統在啟用典禮上，特別感謝成就天南寺落成的眾多護持大德，由於他們的美德和善行，為社會樹立起「布施的人有福，行善的人快樂」的價值觀。方丈和尚也提及，聖嚴師父生前非常感謝與讚歎邱春木老菩薩的善舉以及邱家子女的孝心、善心。典禮當天，特別安排大眾觀看天南寺的創建沿革影片，從中了解邱老菩薩從1979年起，一個人在溪南山下，胼手胝足為完成建寺初願的努力；從一片竹林中修築環山道路，整理出坡地，當年邱老菩薩為開墾天南寺所居住的古宅，依舊屹立在一三八巷旁。

天南寺落成前，護法信眾與義工接力鋪著廣場的草皮，共同成就道場景觀。

法鼓山與天南寺的因緣肇始於2003年3月，透過法行會黃平璋接引，聖嚴師父與邱老菩薩的二公子邱仁賢見面，並陪同師父到三峽探勘。一到群山環抱的天南寺，呈現太師椅的形貌，可以俯瞰三峽、鶯歌地區，一如法鼓山總本山有千山來朝之勢，師父直說有一種熟悉的感覺，並讚歎為「小法鼓山」。

匯聚眾善願 成就「小法鼓山」

2003年4月13日，邱家十一位子女在母親邱林玉叙支持下，於北投農禪寺舉行天南寺建地和建設資金捐贈儀式。為了順利推展相關工程，邱仁賢已於4月1日先行召開第一次籌備會議，同時組成籌建委員會。工程期間，適

逢北京奧運工程，以致物料價格急漲，籌建委員會面臨經費拮据的困境，「不足的款項，實在不忍讓師父再去募款。」邱仁賢於是與大哥邱仁政分別再捐款數千萬元，將工程款湊足。

天南寺座落著三幢風格現代的建物，景觀天然。

接引邱家、促成這段善緣的籌委會主委黃平璋也提到，所幸邱家適時再捐款，才讓工程不至中輟；而過程中，邱家賢昆仲等人親自出席六百多次的籌建會議，使各項工程得以如期完成，實在可敬可佩。除了邱家與籌委會的奉獻與付出，僧團法師接手內部裝修工程，眾多信眾的護持與支援，才能共同成就今日的天南寺。

眾緣匯聚、眾願所成的天南寺，讓人看到一份同心同願的感動，見證了邱家子女護持父親利益眾生初願的奉獻，也看到了一股源源不絕建設淨土的力量；天南寺的落成啟用，不僅將接引更多人親近佛法，未來也將開辦各種禪修活動，扮演法鼓山的禪修教育中心，在社會上發揮更大的淨化人心作用。

● 02.27～28

各地分院道場舉辦元宵祈福活動
燃燈供佛、觀音法會慶佳節

　　為慶祝元宵節，法鼓山各地分院道場於2月27至28日舉辦燃燈供佛法會、觀音法會等，包括法鼓山園區、桃園齋明寺、臺中分院、南投德華寺、臺南分院、臺南安平精舍、高雄紫雲寺，以及加拿大溫哥華道場，為歡樂的新春佳節增添法味。

　　各場法會均透過燃燈供佛、祈願等儀程，虔心為眾生祈求平安。其中，臺南分院舉辦的法會，由監院果謙法師帶領，並開示燃燈供佛的意義，唱誦完〈讚佛偈〉，大眾從法師手中接受點燈。眾人手捧祈願燈，觀看《足印心印》影片，聖嚴師父熟悉的身影再現，往日的諄諄教誨如在眼前。

　　在紫雲寺的燃燈供佛法會中，監院果耀法師出席開示，以阿那律尊者為例，說明因在過去生時，阿那律曾是小偷，見供佛燈將熄，起了善念將燭蕊拉出，瞬間照亮三千大千世界，同行盜賊均感受佛光普照而生起善念。法師藉此勉勵大眾，已生惡令斷滅、未生惡令不生，未生善令生起、已生善令增長。

　　海外的溫哥華道場，亦於28日晚上舉辦燃燈供佛法會，由美國紐約東初禪寺住持果醒法師主法。法會中，監院果樞法師引述《佛說施燈供佛功德經》中，提到供養佛塔有四種清淨的功德——身業清淨、口業清淨、意業清淨及善友清

高雄紫雲寺舉辦元宵燃燈供佛法會。

淨，勉勵眾人精勤修行，以共修親近善知識，接近善友，在菩提道上共同努力，有近八十人參加。

2010年的新春佳節，就在各地分院舉辦的元宵節法會中，圓滿結束。

2010法鼓山各地分院、道場元宵法會一覽表

地區		地點	時間	活動內容
臺灣	北部	法鼓山園區	2月28日	燃燈供佛法會
		桃園齋明寺	2月28日	燃燈供佛法會
	中部	臺中分院	2月28日	觀音法會
		南投德華寺	2月27日	燃燈供佛法會
	南部	臺南分院	2月28日	燃燈供佛法會
		高雄紫雲寺	2月28日	燃燈供佛法會
		臺南安平精舍	2月27日	燃燈供佛法會
海外		加拿大溫哥華道場	2月28日	燃燈供佛法會

● 03.01～07.26　08.30～2011.1.24

安和分院開辦「唯識心理學」佛學課程
鄭石岩教授講授唯識的應用與修持

臺北安和分院於3月1日至7月26日、8月30日至2011年1月24日，每週一晚上開辦唯識心理學佛學課程，邀請心理諮商專家鄭石岩教授主講「唯識的應用與修持」，有近三百人參加。

課程中，鄭教授說明唯識心理學是重要的學佛工具之一，並清楚解釋「識」的能變與轉識成智的要義，以及如何將心理的活動歷程轉換成生活的智慧，實現幸福自在的人生，開展光明的態度和法喜；而在宗教修持上，唯識心理學有助於精進發慧，領悟菩提自性和第一義諦。

鄭教授並分享唯識學於心理輔導與諮商的實務應用，強調唯識心理學能帶給我們生活的智慧，更能培養宗教情操，契會佛法的旨意。鄭教授也透過唯識心理學，契機解說《華嚴經》、《法華經》、《六祖壇經》以及淨土諸經的各修持法門及經

安和分院「唯識心理學」佛學課程，邀請鄭石岩教授主講，有近三百人參加。

典要義。

許多學員表示，鄭教授融合唯識論與心理學的學理，善巧剖析現代人的心理
生活及精神層面的現象，具體指出修行步驟，讓人受益良多。

●03.01～22期間

法青會舉辦「閱讀聖嚴法師」講座
果毅法師導讀《法鼓全集》

3月1至22日，法青會每週一晚上於德貴學苑舉辦「閱讀聖嚴法師」講座，由
普化中心副都監果毅法師帶領導讀《法鼓全集》精華，有一百五十多人參加。

課程中，果毅法師除了深入介紹聖嚴師父的生平事略，並從「學術論著」、
「禪修」等面向導讀《法鼓全集》，引導學員了解師父的學思歷程。法師說
明，師父著有多部學術專論，但師父做學問不是為學術，而是把學術做為通往

果毅法師主講「閱讀聖嚴法師」，帶領學員從文字中
深入聖嚴師父的生命軌跡。

宗教領域的一座橋梁，所以著作以實用佛法
的內容居多，成為法鼓全集的特色之一。

最後一堂課，果毅法師也安排學員從宗
旨、成書因緣、篇章結構、印象最深刻之處
等八個層次，討論閱讀聖嚴師父著作的心
得。透過文字，一百多位學員再次領受師父
的教法，學習將佛法內化為生命資糧，而透
過彼此分享生命故事，也讓每一個學員增上
成長。

●03.03～12.22期間

法青會舉辦「法師有約」系列講座
十四位法師分享出家的生命經驗

法青會於3月3日至12月22日期間，於週三晚上在德貴學苑舉辦十四場「法師
有約」系列講座，由十四位僧團法師分享自身學佛與追尋生命方向的過程，共
有近一千兩百人次參加。

十四場講座，包括學佛體驗、自我成長等主題。在學佛體驗方面，例如：法
鼓山弘講師果傳法師「從追尋名牌到追尋名師」、加拿大溫哥華道場監院果舟
法師主講「安心安人的度人舟」、法鼓山都監辦公室法師果印法師「從尋覓鳥
跡中發現出家的路」等；自我成長方面，有中華佛研所所長果鏡法師的「東瀛

十載參學記」、僧團果幸法師「跟著聖嚴法師的腳步留美趣」、僧大副院長果光法師的「預測生命價值的計量模型」等。

果興法師在首場「法師有約」講座中，分享「觀世音的覺醒體驗」。

其中，首場講座由男眾副都監果興法師主講「觀世音的覺醒體驗」，法師回憶自己未學佛前，對人生有許多困惑與迷惘，曾鑽研科學、天文等理學知識，對於宇宙所知愈多，困惑卻愈沉重，直到聽聞佛法，才逐漸釐清生命的本質。法師勉勵大眾要親近正法，才能指引生命的光明與希望。

佛教學院佛學系系主任果暉法師在7月21的講座中，以「現代唐僧東洋取經記」為題，分享自己出家近十年後，在聖嚴師父及僧團的鼓勵下，前往日本修習碩士及博士學位的經歷，勉勵青年精進修行、培養國際視野，共同推動佛法的現代化。

每場講座，法師們與青年學子分享個人生命經驗，期盼引領建立積極正向的人生觀，自利利人。

2010法青會「法師有約」系列講座一覽表

時間	講題	主講者
3月3日	觀世音的覺醒體驗	果興法師（男眾副都監）
3月17日	東瀛十載參學記	果鏡法師（中華佛研所所長）
3月31日	從追尋名牌到追尋名師	果傳法師（法鼓山弘講師）
4月14日	安心安人的度人舟	果舟法師（加拿大溫哥華道場監院）
4月28日	重寫生命方程式的電腦工程師	果謙法師（臺南分院監院）
5月12日	四川救災生命體悟	果品法師（僧團副住持）
5月26日	網球選手的動禪功	果悅法師（德貴學苑監院）
7月21日	現代唐僧東洋取經記	果暉法師（佛教學院佛學系主任）
7月28日	跟著聖嚴法師的腳步留美趣	果幸法師（僧團法師）
8月18日	預測生命價值的計量模型	果光法師（僧大副院長）
9月15日	從尋覓鳥跡中發現出家的路	果印法師（法鼓山都監辦公室法師）
10月20日	調柔的相處之道	果旭法師（臺北安和分院監院）
11月17日	金剛上師的神奇寶劍	果祺法師（青年院監院）
12月15日	廚師與他的大願	常願法師（青年院法師）

●03.06～20

法鼓山首辦「中英默照禪十四」
東西方禪眾於選佛場中學禪法

3月6至20日,法鼓山園區禪堂舉辦「中英默照禪十四」,由禪修中心副都監果元法師帶領,包括二十多位來自英國、波蘭、美國、加拿大、印尼、新加坡、馬來西亞、香港的外籍人士,共有六十多人參加。這場禪十四是禪堂繼2008年7月第一次舉辦中英話頭禪五之後,再度舉辦中英雙語禪修,也是聖嚴師父圓寂後首度舉辦。

這場中英默照禪十四分成兩梯次進行,多數禪眾都全程參與。禪期中,禪眾們每天觀看聖嚴師父講解默照禪的開示影片,並透過英文字幕了解開示內容。在每天的大堂分享中,果元法師也會適時以中、英語補充說明,並解答禪眾提問。小參時,果元法師與常悟法師則為禪眾講解禪修疑問,禪眾們都表示受益良多。

參加的西方禪眾表示,由於目前在西方指導禪修的多半是在家居士,少有機會跟著僧眾學禪,因此這次能在法師的指導下禪修,令他們格外珍惜。

果元法師指出,從禪眾的回饋中,可以看出歐美、東南亞英語系人士對禪修的需求,因此舉辦英語禪修活動是禪法國際化的推動方向。

來自全球各地六十多位禪眾,在圓滿「中英默照禪十四」的修行後,與僧團法師、外護義工們於禪堂合影。

首次中英默照禪十四

帶動漢傳禪法推展國際化

為了接引英語人士修學漢傳禪法，法鼓山園區禪堂於3月6至20日舉辦「中英默照禪十四」，由禪修中心副都監果元法師以中英文雙語帶領，參加的六十多位禪眾中，有二十多位來自歐、美及東南亞國家的外籍人士，其餘為熟悉英文的臺灣禪眾。

這場禪十四是法鼓山繼2008年7月於國內首度舉辦中英話頭禪五之後，再度舉辦中英雙語禪修；也是聖嚴師父圓寂後，禪堂推動漢傳禪法國際化所舉辦的第一次禪期。

此次參與的西方禪眾，有早年跟隨聖嚴師父學禪的英國、波蘭籍弟子，許多人禪修經驗豐富。不少西方禪眾表示，這次回到總本山的禪堂修行，對他們而言有雙重意義：其一是追本溯源，回到師父禪法的源頭尋根；其二是回歸僧團，在法師的指導下修習禪法，能增益對佛法的正知見，並學習漢傳禪法的心髓。

來自印尼的禪眾，則是果元法師去年（2009年）10月前往印尼帶領禪修所牽起的法緣。印尼籍的阿格斯（Agus Santoso）早年曾在美國跟聖嚴師父學習禪修近十年，去年到法鼓山參訪過後，特別邀請果元法師前往印尼指導禪修，當地民眾深獲法益，而在得知這場中英禪十四的訊息後，共有九位印尼禪眾報名來臺參加。

這場中英默照禪十四，由果元法師擔任總護及男眾小參，常悟法師擔任女眾小參，常真法師擔任監香，僧大六年級學僧常護法師、常乘法師支援內外護，不僅象徵著漢傳禪法的世代傳承與延續，也讓年輕一輩的法師有機會與國際人士接觸，拓展視野。

未來，法鼓山在國際上推廣禪修的願景，不僅要追隨聖嚴師父弘法的腳步，培訓僧眾到世界各地帶領禪修，傳播漢傳禪法的種子；也將廣開禪堂大門，接引各國人士走進來，讓漢傳禪法與國際思潮激盪出智慧的火花。

● 03.14　03.15

聖嚴師父同學覺真長老演講
細述兩人之間的殊勝法緣

聖基會於3月14日在法鼓山園區舉辦專題講座，邀請前香港佛教聯合會宗教事務監督覺真長老主講「從狼山的兩位小沙彌談起——我與聖嚴法師的一段殊勝法緣」，分享和聖嚴師父的深厚道情，共有四百多人參加。

覺真長老與聖嚴師父同為焦山定慧寺法嗣，兩人不僅先後在江蘇狼山廣教寺出家，也是上海靜安寺佛學院的同班同學。講座上，長老講述六十五年前，師父在貧困的條件下，仍精進、修學不懈的景況，大眾彷彿走入時光隧道，在狼山的法聚庵、在佛學院的課堂上，重新體會師父的生命軌跡、對佛法的願心。

覺真長老博古通今，演講中引用的詩詞、典故，甚至是數學方程式，都讓人體悟佛法於生活的妙用，長老也藉此勉勵大眾，學習不只是被動接受資訊，而是要主動去發現、去實踐。開放現場問答時，不論是從管理學的角度來剖析念頭，或者從信、願、行詮釋電影《阿凡達》（*Avatar*）的淨土思想，長老隨緣活潑的開示，引起熱烈回響。

覺真長老詳述當年聖嚴師父在貧困條件下，仍精進、修學不懈的景況，讓人重新體會師父的生命軌跡、對佛法的願心。

15日上午，長期執教管理學領域的覺真長老，在北投雲來寺以「當管理遇到佛學」為題，與法鼓山的專職和義工分享如何將佛法運用在職場上。長老期勉眾人把自己當成漢傳佛教的品牌來經營，同時以學會發展、學會做事、學會與人相處、學會認知等四種學習提昇自我，融入悟境。

● 03.14　04.11　05.09　09.26

法鼓山全年舉辦四場皈依大典
接引近四千人成為三寶弟子

法鼓山2010年在全臺共舉辦四場大型祈福皈依大典，包括3月14日、9月26日於北投農禪寺進行的兩場，以及4月11日、5月9日分別於臺南雲集寺、高雄紫雲寺各進行一場，皆由方丈和尚果東法師為信眾親授三皈依，總計四場皈依人

數近四千人。

方丈和尚在3月14日的皈依儀式中，勉勵所有新皈依弟子切實遵守三皈五戒，在修學佛法的過程中，讓自己的身心常保健康、平安與自在，並常抱持感恩心面對人生，便能讓自己幸福快樂；9月26日則期勉學佛新鮮人，要相信種善因得善果，即使面臨逆境，也要摒棄遭受罪

紫雲寺皈依典禮上，法師一一為新皈依弟子掛上佛牌項鍊，給予祝福。

業的負面思考，應當廣結善緣，精進努力，成為現身說法的菩薩。

由於農禪寺進行改建，2010年舉辦的兩場皈依大典皆在新大殿進行，共有兩千七百多位來自臺灣各地，以及英、法、德、日本、東南亞等各國民眾參加；廣場外則設有法鼓山各會團的園遊攤位，期能接引新皈依弟子進入佛法寶山的修行活動。

另外兩場分別於雲集寺、紫雲寺進行。4月11日雲集寺落成啟用下午，隨即舉辦皈依祈福大典，共有三百四十二位信眾成為正信的三寶弟子。

5月9日佛誕日，紫雲寺舉辦「浴佛暨皈依祈福大典」，方丈和尚為六百零一位新皈依信眾解說皈依三寶乃學佛的入門，猶如指引黑暗中的明燈，皈依需要佛、法、僧三寶具足才是正信，否則就是一般的民間信仰、佛學研究，當日共有兩千多人參加。

● 03.18～21　03.25～28

法鼓山舉辦第十五屆在家菩薩戒
近九百位戒子發願行菩薩道

法鼓山第十五屆在家菩薩戒於3月18至21日、3月25日至28日，分兩梯次在法鼓山園區大殿舉行，包括男眾一百九十七人，女眾六百八十一人，共有八百七十八位信眾受戒。

兩梯次的菩薩戒，皆由方丈和尚果東法師、首座和尚惠敏法師、副住持果暉法師擔任尊證師。在四天的戒期中，戒子們在悅眾法師引導下，專注地演禮、懺摩，並聆聽聖嚴師父的說戒開示影片，一如每次傳授菩薩戒時，師父親自在現場開示一樣。

影片中，聖嚴師父指出菩薩戒並不是為了要求所有人達到聖人的標準，才定下戒條；要落實菩薩戒的精神，就算只能守持一戒，也可稱作是菩薩。

許多戒子表示，從聖嚴師父的說戒中獲得莫大鼓勵，未來在菩薩道的修行路上，更有精進的方向與信心。

近九百位戒子於法鼓山上受菩薩戒，由方丈和尚果東法師（中）、首座和尚惠敏法師（左一）、副住持果暉法師（右一）擔任尊證師。

● 03.19

中國海協會訪問團參訪法鼓山
促進兩岸宗教界交流

中國大陸海峽兩岸關係協會副會長王富卿、副祕書長張勝林率領「宗教交流訪問團」一行十八人，3月19日上午參訪法鼓山園區，由方丈和尚果東法師、副住持果暉法師等接待，進行交流。

方丈和尚首先為交流團介紹法鼓山園區大殿、開山紀念館、祈願觀音殿等各處環境。參訪過程中，王副會長不時表示對聖嚴師父的感念，特別在參觀開山紀念館「教澤永懷——聖嚴師父圓寂週年紀念文物特展」時，對於師父以身說法、化作春泥的無私奉獻，感到無比地敬佩。

茶敘時，方丈和尚說明法鼓山是以心靈環保為核心，弘揚漢傳佛教，透過三大教育，達到世界淨化為使命；並期許來訪的代表們，超越民族、宗教的

藩籬，一起落實心靈環保，致力於人類幸福與世界和平。

王副會長則表示感佩法鼓山四眾弟子延續聖嚴師父的精神，致力推動宗教、慈善、教育、和平的努力，並代表海協會致贈鎏金佛像一尊，與友人書法一幅，期望未來兩岸宗教界能有更多交流。

海協會「宗教交流訪問團」一行人與僧團法師於大殿前合影。（前排左四起依序為張勝林副祕書長、王富卿副會長、方丈和尚、果暉法師、果品法師、果廣法師、果舫法師）

● 03.20～21　04.11　08.07～08

心靈環保讀書會帶領人初階培訓

結合聖嚴師父生命軌跡　重新理解《法鼓全集》

3月20至21日、8月7至8日，信眾教育院分別於北投雲來寺、高雄紫雲寺舉辦「心靈環保讀書會帶領人初階培訓」課程，由普化中心副都監果毅法師、常用法師，以及資深讀書會帶領人方隆彰主講，各有六十位、八十多位學員參加。

這次的課程，首先由常用法師在「聖嚴師父眼中的心靈環保讀書會」單元中，說明如何透過讀書來讀人、讀心，在清楚主軸理念後，必須「即知即行」，人品自然能成長。

果毅法師則介紹讀書會閱讀與學習的主體——《法鼓全集》，法師在「讀懂《法鼓全集》」的課程中，結合聖嚴師父的生命軌跡，將《法鼓全集》區分為「向師長學習」、「向世界學習」、「向生活學習」以及「向法鼓山教團學習」四個面向，

學員在分組演練中，實際體驗在讀書會帶領過程中可能的挑戰。圖為在雲來寺進行的初階培訓。

剖析師父著述弘化的脈絡，引領學員深刻體會師父透過文字，弘法化眾的用心與願力。

「帶領人的角色與技巧練習」課程，則由方隆彰老師主講，並引導學員實地演練。而在分組演練中，學員除了嘗試擬題發問，也從小組成員的回饋，體驗實際帶領過程中可能遭遇的種種挑戰，課程互動頻繁而熱絡。

結束兩天的密集培訓後，學員隨即投入實習階段，從實務運作中，練習帶領的方法與技巧；北部地區學員並於4月11日在雲來寺進行分享回饋，進一步學習如何經營讀書會。

● 03.23

西藏佐欽法王參訪法鼓山園區
感念與聖嚴師父的因緣

藏傳佛教寧瑪派第七世佐欽法王（中），與宮渤仁波切（右一），在佛教學院校長惠敏法師（左二）陪同下，前往生命園區緬懷聖嚴師父。

西藏佐欽寺寧瑪派第七世佐欽法王旦增‧龍多尼瑪，在臺灣佐欽大圓滿佛學會住持宮渤仁波切的陪同下，3月23日上午參訪法鼓山園區，由方丈和尚果東法師、佛教學院校長惠敏法師接待，進行交流；法王並親向方丈和尚及惠敏法師獻上哈達，以示祝福。

在方丈和尚引導下，佐欽法王一行人參訪大殿、開山紀念館，並在惠敏法師陪同下，前往生命園區緬懷聖嚴師父。法王說明師父是第一位邀請他前來臺灣的人，兩人的法緣起於2005年5月，師父到中國大陸北京大學演講，當時法王就讀北大宗教研究所，兩人在餐會上有所交流。

法王進一步指出，法鼓山與佐欽寺雖分屬漢傳、藏傳佛教，但同樣都屬於禪寺，而且弘法利生的目的也是一樣的，未來希望漢藏寺院與僧侶間多做溝通交流，將有利於正法弘揚到世界上各個角落。對於法王的提議，惠敏法師除了表示肯定，更歡迎藏傳僧侶直接報考法鼓佛教學院，以取得正式的學歷證明。

第七世佐欽法王旦增‧龍多尼瑪,現任佐欽寺總法台住持及四川省佛教協會副會長。位於四川與西藏交界的佐欽寺,藏文意為大圓滿寺,蓮花生大士曾以其神變踏足過此地,為藏傳佛教寧瑪派六大傳承之一。

● 03.27

法青會、人基會、法鼓大學聯合舉辦「四環行動日」
大、小朋友體驗減碳生活好輕鬆

3月27日,法青會、人基會、法鼓大學籌備處於德貴學苑共同舉辦「四環行動日」,活動以「減碳」為主軸,藉由演講與各種趣味遊戲,引領民眾學習各類環保知識與體驗,有近兩百人參加。

這項活動與臺灣有機食農遊藝教育推廣協會、植物保護科技基金會、自行車新文化基金會、主婦聯盟以及台達電子文教基金會等團體合作,從生活的食衣住行中,教導民眾如何

在「四環行動日」當天,義工於德貴學苑樓頂進行「屋頂綠化」導覽解說,屋頂種滿了迷迭香、金毛杜鵑等花草,有效調節室內溫度。

落實節能減碳的生活作息,讓生活過得更環保也更省荷包。

當天活動從上午十點開始,二樓大殿的專題講座,邀請低碳生活部落格主編張楊乾主講「減碳過生活」,提供生活中的碳足跡計算,呼籲減碳生活要用「心」去落實。

除了演講,一樓有「解禪蔬食」餐飲,三樓則有各式有機農產品,四樓則是「鐵馬趴趴GO」、「綠色穿衣夢」、「愛迪生掰掰」等節能生活用品介紹,六樓規畫淨化室內空氣盆栽及情境布置的DIY教學等,多樣化的環保新知與展覽,讓參與民眾從輕鬆自在的氛圍中,學習到各類環保知識與體驗。

此外,法鼓大學還安排義工於德貴學苑頂樓進行「屋頂綠化」導覽解說,透過迷迭香、金毛杜鵑等花草的栽植,有效阻止日光照射,調節室內溫度,落實節能減碳。

活動中,不少家長帶著小朋友一同參加,認識節能減碳對生活環境的重要,也將環保觀念的小種芽,深植在孩子心中,成為日後推廣環保的新尖兵。

●03.28　05.23　06.06

臺南分院舉辦生命關懷課程
果謙法師、張寶方分享生死課題

臺南分院於3月28日及5月23日、6月6日舉辦生命關懷課程，由監院果謙法師與佛教蓮花基金會董事、臺中榮民總醫院安寧病房志工隊大隊長張寶方主講，共有三百多人次參加。

3月28日的講座主題是「助念與臨終關懷」，張寶方董事講述「從『臨終關懷』談起，看『助念關懷』全貌」，說明「關懷陪伴」可以幫助彼此產生力量，並以陪伴一位罹患胸隔膜腫瘤的年輕幼教老師為例，當對方在臨終呼吸不暢時，張寶方握住對方的手，引導她心念「阿彌陀佛」聖號，以正向的念心念力，做真誠的陪伴。該場有一百三十五人參加。

5月23日與6月6日的「生命關懷初階課程」，是上述講座課程的延伸，由果謙法師主講「歡喜看生死」，法師播放弘化院監院果慨法師、心理學家鄭石岩等人緬懷聖嚴師父圓寂佛事的影片，並以師父與天主教樞機主教單國璽的對談「超越生死看生死」，啟發眾人學習不怕死、不等死的生命態度。

在「認識生命中的巧克力」單元中，張寶方董事以《歡喜看生死》書中提到

張寶方於臺南分院「助念與臨終關懷」講座中，分享生死課題。

「以他為我」的觀念，指出放下自我去同理對方，才能進入對方的世界；並藉由藝術感受陪伴之美、遺體處理演練等活動，帶領學員學習關懷技巧。

系列關懷生命課程內容多元，包括解說關懷的學理與技巧，並搭配臨床實例及影片，開闊了學員的臨終關懷視野，也深化生命實踐。

●03.28起

聖嚴書院「福田班」義工培訓開課
帶領義工開展奉獻服務的福慧人生

3月28日至12月26日期間，普化中心在每月最後一週週日於北投雲來寺首度舉辦聖嚴書院「福田班」義工培訓課程，內容包括法鼓山的理念、組織以及各

項修行法門、關懷服務等介紹，共有兩百六十多位義工參加。

聖嚴書院開辦的福田班，是法鼓山首度整合義工培訓課程所建立的通識課程。普化中心副都監果毅法師說明，福田班的課

聖嚴書院「福田班」讓義工不只有服務奉獻的熱忱，還能認識、實踐並運用法鼓山的理念。

程內容解行並重，且側重實務體驗，共計十次的課程，完整內容包含法鼓山的理念、觀念、組織、運作等，簡介禪修、念佛等修行法門，還有書籍、教育課程、關懷服務等介紹，以及基礎的佛法概述，總計近五十門的課程。這套完整培訓，不但提供對法鼓山全盤的認識，更是實用的自我成長課程。

課程並結合義工的實際作業，不僅上課期間必須輪流出坡，協助齋清與善後，每次課後也將安排學員前往各分支道場觀摩或參與活動，形成一個完整的法鼓山義工教育系統，讓義工不只有服務奉獻的熱忱，還能認識、實踐並運用法鼓山的理念，將佛法落實於日常生活中。

福田班的第一堂課，以「相約‧法鼓山」為主題，引領學員認識法鼓山的歷史、聖嚴師父的生平與行誼風範，以及「心靈環保」的理念，搭配學佛行儀、佛曲教唱，以及資深悅眾的現身說法；活潑且強調互動的課程，讓學員可以隨時運用佛法觀念，體現即知即行的修學精神。

由於課程深受義工歡迎，普化中心在8月28日至2011年5月14日，於雲來寺舉辦第二梯次的「福田班」；另一方面，臺北安和分院、臺南分院也分別於9月11日、11月13日開辦，每期共有十堂課，引領學員開展服務奉獻的義工生涯。

2010聖嚴書院「福田班」開班一覽表

梯次	時間	主辦單位	地點
第一梯次	2010年3月28日至2010年12月26日	普化中心	北投雲來寺
第二梯次	2010年8月28日至2011年5月14日		
第三梯次	2010年9月11日至2011年6月11日	臺北安和分院	臺北安和分院
第四梯次	2010年11月13日至2011年8月13日	臺南分院	臺南分院

特別報導

萬行菩薩的搖籃
「福田班」開辦

法鼓山普化教育新里程

　　繼以聖嚴師父的思想及著作為核心，開展出具有次第性、系統性的聖嚴書院佛學班之後，承續師父分享佛法的願心，2010年開辦「福田班」，這是法鼓山首度整合義工培訓課程所建立的通識教育。歷經一年多的規畫與籌備，兩百六十多位來自全臺各地的義工，於3月28日齊聚北投雲來寺，展開系列培訓課程。

強調解行並重　內容完整

　　「福田班」主要培訓對象為法鼓山的義工，法鼓山的義工又稱「萬行菩薩」，以學習萬種修行法門，來護持佛法、建設人間淨土。福田班課程，即是以「解」、「行」為主軸，結合資深義工的心得「分享」等三個部分所組成，強調解行並重，在活潑、互動的課堂中，學習將佛法觀念更深刻融入義工的服務奉獻中。

義工學員於福田班課程上，熱烈討論並分享在法鼓山培福與種福的心得。

　　「解門」方面，以認識法鼓山為主，包括法鼓山的理念、義工心態、基礎佛法，以及中華禪法鼓宗，內容涵蓋心靈環保、三大教育、四種環保、心五四及心六倫等；而因果因緣、八正道、十善等基礎佛法的認識，則幫助學員建立正知見。

　　「行門」方面，除了學佛行儀、實務體驗，更側重禪法觀念的學習及應用，讓義工工作更得心應手，還有佛曲教唱，讓學員在輕鬆活潑的氛圍中

快樂學習。至於「分享」的部分，則是每堂課邀請一位資深義工分享學佛歷程或擔任義工的心得。

「福田班」課程以帶狀方式呈現，每期共有十次課程，近五十門課系統而完整地介紹法鼓山的理念、組織、運作，以及禪修、念佛等修行法門，課後並安排學員前往各分支道場觀摩或參與共修。透過系列課程，帶領學員認識並實踐法鼓山的理念，奠定學佛的基礎，進而在奉獻服務的過程中，增長智慧福德、自利利他。

拓展普化教育的深度

「福田班」的開辦，是法鼓山義工培訓系統的新起點，更是普化教育的重要里程碑。囊括解門、行門完整課程的福田班，提供學員一個綜觀的視野，認識法鼓山的理念及各項弘化工作，並透過對理念、佛法的實修實踐，將佛法活用於生活、內化於生命，體現萬行菩薩充滿熱忱、即知即行的修學精神，從而豐碩法鼓山普化教育的內涵，拓展普化教育的深度與廣度。

許多參與福田班的學員都已親近法鼓山許久、當義工也有一段時間，他們分享在福田班不僅能夠聽聞其他資深義工的學佛歷程及擔任義工的心得，更能產生共鳴、彼此勉勵學習，互為善知識；同時更讓自己有機會歸零，以一顆歡喜、開放的心換個角度重新學習。

福田班自3月開課後，於8月在雲來寺舉辦第二梯次，臺北安和分院、臺

果毅法師在福田班第一班開課上，說明福田班培訓課程，提供對法鼓山理念的完整認識，也是實用的自我成長指南。

南分院也分別於9月及11月接續開辦，每班平均都有三百人上課，成員從青少年到八十多歲的資深悅眾都有；除了在臺灣各地分院，觸角也將延伸到香港、舊金山、洛杉磯、溫哥華等地，展現了萬行菩薩的蓬勃生氣。

統籌信眾教育課程的普化中心副都監果毅法師表示，「福田班，不僅是大普化教育的基礎，也是法鼓山萬行菩薩的搖籃！」不論是資深悅眾或新進義工，福田班期許每一位學員，都能在奉獻服務的過程中，修福修慧；並時時抱以歡喜、開放的心，學習運用法鼓山的理念，實踐自安安人、自利利人的萬行菩薩精神。

福田班課程表

次	主題	解門	行門	實務體驗
1	相約法鼓山	‧福田班的緣起及意義 ‧認識法鼓山創辦人 ‧概述法鼓山	‧學佛行儀：寺院禮儀 ‧佛曲教唱：法鼓頌	‧我所認識的法鼓山與聖嚴師父
2	福慧人生導航儀	‧學佛學活：心靈環保 ‧學佛學活：四眾佛子共勉語 ‧義工心態：萬行菩薩	‧禪修指引：禪修入門、禪坐會 ‧佛曲教唱：四眾佛子共勉語	‧如何於生活中運用心靈環保、四眾佛子共勉語
3	心靈法寶無盡藏	‧學佛學活：四種環保 ‧學佛學活：心五四 ‧義工心態：威儀形象	‧學佛行儀：在寺院用餐、吃飯禪 ‧佛曲教唱：我為你祝福	‧發掘四種環保與心五四的實踐方法
4	萬行菩薩在人間	‧法鼓山的共識 ‧學佛學活：心六倫 ‧萬行菩薩的精神：菩薩行	‧禪修指引：立姿八式動禪、出坡禪、走路禪	‧如何在義工工作中修行
5	甘露遍灑大關懷	‧法鼓山的教育事業：三大教育 ‧大關懷教育 ‧大事關懷的觀念和作法	‧學佛行儀：法會共修與念佛	‧分享大關懷資源
6	體驗法鼓山	‧法鼓山的建設理念 ‧法鼓山巡禮：禪悅境教	‧佛曲教唱：法鼓山	‧我心中的法鼓山
7	心的教育大普化	‧大普化教育 ‧學佛學活：八正道 ‧義工心態：三不原則	‧法鼓山學習資源 ‧廣種福田做義工	‧善用法鼓山修行與學習資源
8	百年樹人大學院	‧大學院教育 ‧學佛學活：《法鼓全集》簡介 ‧學佛學活：因果因緣 ‧義工心態：義工使命	‧禪修指引：坐姿八式動禪	‧朋友眼中的法鼓山
9	中華禪法鼓宗	‧法鼓山的四種堅持 ‧學佛學活：十善 ‧中華禪法鼓宗	‧勸募與善用	‧分享我的學佛之路
10	分享法鼓山	‧結業式	‧會團簡介	

● 03.29～05.22期間

全球分支單位舉辦清明報恩法會

民眾虔誠共修 以「心香」傳達感恩

3月29日至5月22日期間，法鼓山全球各分院道場分別舉辦清明報恩法會，內容包括佛七、地藏法會、三時繫念法會、觀音法會等，表達慎終追遠，念祖思恩的感念，共有逾萬人次參加。

數百位信眾參加紫雲寺「報恩地藏法會」，恭誦《地藏經》。

在臺灣，北部地區的桃園齋明寺，首先於3月29日至4月4日，舉辦清明報恩地藏七永日，每天禮拜《慈悲地藏寶懺》，4月4日圓滿日持誦《地藏經》，由監院果啟法師帶領，共有一千三百多人次參加；除此，4月24日接著舉辦春季報恩法會，進行持誦《地藏經》共修、禮拜《慈悲地藏寶懺》，以及三時繫念法會等。

中部地區的臺中分院，在4月4至10日於逢甲大學體育館啟建「清明祈福報恩暨籌建寶雲寺梁皇寶懺法會」；南部地區的臺南分院於3月29日至4月5日舉辦清明報恩地藏法會；高雄紫雲寺於4月3至4日舉辦報恩地藏法會，監院果耀法師開示《地藏經》殊勝之處，說明持誦《地藏經》除了使歷代祖先、娑婆眾生聽聞佛法、心開意解，得其利益，而地藏王菩薩的大願「地獄不空，誓不成佛」，更是大眾要努力學習之處。

另一方面，北投農禪寺、臺東信行寺分別舉辦

東初禪寺舉辦清明地藏法會，眾人虔誠誦念。

佛七、佛三法會，以精進念佛共修來報恩，其中農禪寺的佛七，共有近六千人次參加。

海外地區方面，美國紐約東初禪寺於4月3日舉辦清明報恩法會，上午為地藏法會，下午為三時繫念法會，皆由住持果醒法師主法，法師勉眾虔誠誦念，將功德迴向給眾生，共有近兩百人次參加。

4月3日（農曆2月19日）適逢觀世音菩薩聖誕，馬來西亞道場晚上舉辦「清明報恩觀音祈福法會」，監院常慧法師開示修行觀音法門的四個層次，並勉勵眾人在日常生活中，時時念觀音、拜觀音，心中恆常有觀音，即能減少煩惱，心安平安。

各地法會皆以素果鮮花供佛，邀請民眾以「心香」落實環保精神，傳達感恩的孝思。

2010海內外「清明報恩法會」一覽表

地區		地點	時間	活動內容
臺灣	北部	北投農禪寺	3月30日至4月5日	佛七
		北投文化館	4月4日至5月22日	《地藏經》共修
		桃園齋明寺	3月29日至4月4日	地藏七永日：禮拜《地藏寶懺》、誦《地藏經》
			4月24至25日	春季報恩法會：誦《地藏經》、禮拜《地藏寶懺》，三時繫念法會
	中部	臺中分院	4月4至10日	清明祈福報恩暨籌建寶雲寺梁皇寶懺法會
	南部	臺南分院	3月29日至4月5日	地藏法會
		高雄紫雲寺	4月3至4日	地藏法會
	東部	臺東信行寺	4月9至11日	佛三
海外	美洲	美國紐約東初禪寺	4月3日	地藏法會、三時繫念法會
		美國護法會華盛頓州西雅圖分會	4月4日	大悲懺法會
	亞洲	馬來西亞道場	4月3日	觀音法會

● 03.31

國防部後備司令部心輔官參訪法鼓山
體驗法鼓山境教 學習「心六倫」

3月31日，國防部後備司令部心輔官與義工一行兩百餘人，在司令部政戰副主任吳坤德將軍帶領下，參訪法鼓山園區，方丈和尚果東法師出席關懷。

由於參訪成員多是從事心理輔導及諮商工作，方丈和尚出席時勉勵成員，善用心輔技巧幫助需要關懷的人，往往一句話即能發揮極大的正向能量，改變人的一生。

李伸一祕書長為國防部心輔官講授「心六倫」。

法鼓山人基會祕書長李伸一特別為團員講授「實踐心六倫，創造臺灣新形象」，眾人表示對「心六倫」提昇人品的功能，有更深刻的認識。

下午，一行人在參學室導覽人員引領下，分組至大殿、祈願觀音殿禮佛，並參觀開山紀念館。吳坤德將軍表示，法鼓山的境教猶如心靈良藥，能夠讓人身心沉澱並獲得心理上的寧靜。

● 04.02　04.30

人基會兩場人文藝術講座
邀請張世、魏海敏分享佛法蛻變人生

4月2日、30日晚上，人基會於德貴學苑舉辦兩場「心劇團人文藝術講座」，分別邀請表演工作者張世、魏海敏主講，在心劇團團長蔡旻霓的提問下，分享自己人生的蛻變，以及親近佛法的因緣，共有一百多人次參加。

在2日的「法鼓山的壞痞子」講座中，張世分享當自己小有名氣之後，就一味追逐名利，挫折也愈來愈大，在一次偶然的機會下，報名參加了法鼓山菁英禪三，第一天覺得很痛苦，隨時想離開，三天禪修快結束時，聆聽聖嚴師父的開示，卻有如當頭棒喝，走出禪堂後即決定戒酒，展開新的生活。

張世在人基會心劇團的「人文藝術講座」上，感恩聖嚴師父的開示，使他學會懺悔和感恩。

張世表示，是佛法和禪修改變了自己的人生，聖嚴師父的開示使他學會懺悔和感恩；而佛法能夠提昇藝術層次，把心觀照好，自然能體悟自在、不做刻意

設計的表演，才是最高境界。

30日的講座，主題是「魏海敏的戲曲歌夢」，魏海敏分享以佛法的「無常觀」，詮釋不同的角色扮演，並且將每次的演出，都視為全新的開始。

人基會期盼人文藝術講座的舉辦，引領大眾接觸藝術領域，並涵養人文關懷情操。

● 04.04～10

臺中分院啟建梁皇寶懺法會
同步邀請大眾護持寶雲寺籌建

臺中分院啟建梁皇寶懺法會當日，方丈和尚（左）在監院果理法師（右）陪同下至會場關懷，期勉大眾運用佛法，帶給身邊的人平安幸福與快樂。

臺中分院於4月4至10日在逢甲大學體育館啟建「清明祈福報恩暨籌建寶雲寺梁皇寶懺法會」，由僧團果興、果器、常寬、常持、常智五位法師主法，共有五千三百多人次參加。會場並啟動「為眾生祈福，為子孫建寺」籌建臺中寶雲寺活動，七天共募集一千八百六十五句好話，為親友、眾生以及寶雲寺祝福。

4日法會啟建當日，方丈和尚果東法師親臨壇場關懷，除了感恩信眾們一同成就寶雲寺的籌建工程，並為大眾開示。方丈和尚表示，法鼓山不是一座山、也不是一座寺，而是以「心靈環保」為中心，透過教育與關懷來利益眾生，並期勉眾人「開啟心中寶山、開啟心中智慧」，運用佛法帶給身邊的人平安、健康、幸福、快樂。

為建設寶雲寺，臺中分院於法會中推動「為眾生祈福，為子孫建寺」籌建專案，方丈和尚在參與「十元建寺OR一句好話」活動時，以「寶雲加持，福慧圓滿，安和豐富」祝福籌建圓滿；擔任梁皇寶懺主法法師的常持法師，也以「寶剎現臺中，雲端振宗風」祝福寶雲寺，法師並於法會中說明「振宗風」的意涵，不僅是指中華禪法鼓宗，更是振「自性」宗風，期勉眾人往內心探尋如來本性。

七天的法會，信眾與義工們以清淨、精進、少欲、無諍的心，共同成就。此外，法會的善款將贊助籌建寶雲寺，提供中部地區民眾心靈淨化的修行場所。

● 04.05～30

農禪寺進行改建前拆除工程
期能續展佛法弘化的力量

1975年落成啟用的北投農禪寺即將改建，在2010年4月5日圓滿清明佛七之後，於5至30日進行改建前拆除工程，包括舊大殿、齋堂、辦公室、大寮等在內的鐵皮屋建物全數拆除，僅保留了二層樓開山農舍及入慈悲門等歷史建築，以及東初老人親手種植的十棵大王椰子樹、廣場前的八角亭。

農禪寺從農曆年前即展開搬遷作業，包括舊大殿玉佛、

農禪寺昔日層層疊疊的鐵皮屋已經拆除，示現著因緣流轉的實相。

西方三聖像等重要文物陸續遷移，戶外庭園所有的植栽如桂花、柏樹、菩提樹等，也請來專業人員一一小心地移置到臨時假植區。

4月17日方丈和尚果東法師前往關心拆遷進度。看著消失中的舊大殿，方丈和尚開示，在不斷生滅的因緣中，要時時提醒自己入「慈悲門」後，以「應無所住而生其心」的智慧，觀照自我與環境，安住當下。

農禪寺是許多信眾心靈的家，有資深悅眾表示，自己在這裡找到佛法和安身立命的地方；雖然農禪寺拆除讓人不捨，但改建是為了佛法的弘化，期待改建後的水月道場，能接引更多人來認識法鼓山、親近佛法。

● 04.11

佳里雲集寺落成啟用
嘉南地區推廣「心靈環保」新道場

坐落於臺南縣佳里鎮的法鼓山新道場——雲集寺，4月11日舉辦落成開光啟用典禮。由方丈和尚果東法師主持，教育部部長吳清基、臺南市市長許添財、

方丈和尚與來賓，共同為雲集寺大殿佛像揭下佛幔。（左起依序為徐正男鎮長、陳嘉男總會長、蘇煥智縣長、吳清基部長、方丈和尚、許添財市長、捐地的黃福昌、黃國鈞父子）

臺南縣縣長蘇煥智、佳里鎮鎮長徐正男等各界來賓，以及護法總會總會長陳嘉男，共同為大殿佛像揭下佛幔，共有兩千多人參加。

方丈和尚致詞時，首先對黃福昌居士奉獻捐地，籌建委員會召集人姚雅文、室內設計師張宏逸等人發心成就，以及所有護法信眾的全力護持，表達讚歎與感恩。方丈和尚並以「這是我們承繼師恩的具體實現，就像聖嚴師父命名『雲集』的精神，象徵此處是一座佛陀說法、海會雲集的道場。」期許雲集寺成為法鼓山另一個教育、禪修中心，接引更多民眾加入建設人間淨土的行列。

吳清基部長致詞時，肯定法鼓山推動「心六倫」等淨化人心的運動，充分發揮安定社會的功能；蘇煥智縣長則表示相當歡喜，看到南臺灣新添一處推廣心靈環保的重鎮。贈地的黃福昌居士則感恩雲集寺的落成，不但解決臺南分院不敷使用的問題，更增加臺南民眾學佛的因緣。

當天下午，雲集寺接續舉辦皈依祈福大典，踏出推動大普化教育的第一步，這也是繼2005年聖嚴師父在佳里北門高中親授皈依後，法鼓山於佳里第二次舉行皈依大典，共有三百四十二位信眾由方丈和尚親授三皈五戒，成為正信的三寶弟子，展開學佛修行的道路。

雲集寺舉行皈依祈福大典，由方丈和尚果東法師主持。

特別報導

佛陀說法　海會「雲集」
南臺灣新道場雲集寺落成

　　歷經四年多的建設，坐落於臺南縣佳里鎮的法鼓山新道場──雲集寺，4月11日正式落成啟用。當天，有從嘉義、臺南、高雄等地而來的信眾，更有遠從北部南下支援的法師、義工，各地僧俗四眾匯聚的場景，正與聖嚴師父為新道場命名「雲集」相輝映，象徵此處是一座佛陀說法、海會雲集的道場。

　　教育部部長吳清基、臺南市市長許添財、臺南縣縣長蘇煥智、佳里鎮鎮長徐正男，以及護法總會總會長陳嘉男都蒞臨啟用大典，共同為大殿佛像揭佛幔，也象徵揭開法鼓山在南臺灣推動「心靈環保」的新頁。除了嘉賓到場祝福，兩千多名護法信眾更是滿心歡喜，迎接這個接引民眾體驗「心靈環保」的新家園。

讓佛法在南臺灣扎根深植

　　新落成的雲集寺，可說是在地信眾「深深的願望」，那是一處心靈的新家。「我只是代管土地，並把如來的地還給如來，這是因緣的安排。」看

雲集寺的自然環境、建築景觀，十分適宜禪修、體驗心靈環保，將成為南臺灣的一方心靈新家。

著當初一塊種滿釋迦樹的
地，成為眾人一起灌溉、
耕耘的福田，如今結出
「雲集寺」的果，捐地的
黃福昌居士滿心歡喜地
說，並且感恩雲集寺的落
成，解決了臺南分院不敷
使用的問題，也增加臺南
民眾學佛的因緣。而雲集
寺附近民眾也主動投入義
工行列，感恩雲集寺的啟
用，不僅提昇當地文化氣
息，也讓孩子有親近佛法
的機會。

雲集寺落成啟用典禮上，方丈和尚代表法鼓山感恩黃福昌居士（左）捐贈土地。

五年前，在臺南分院前
任監院果舟法師接引下，
黃福昌捐出了雲集寺現址土地，果舟法師接著邀請姚雅雯居士擔任雲集寺
籌備召集人，組成十四人的籌備委員會，讓許多有共同理念、與關心新道
場設立的信眾們，一起推動建寺。雲集寺的籌建，就像臺南分院監院果謙
法師所說，是「善知識如雲來集」。

雲集寺是繼臺南分院、安平精舍之後，法鼓山在臺南地區的第三個修行
道場，面對著佳里中山公園與圖書館，鄰近北門高中與北門農工，與臺南
蕭壠文化園區（原臺南糖廠）相距不遠，不僅具地利之便，還浸潤了在地
純樸的教育、人文氣息。承繼聖嚴師父弘揚漢傳佛教的願心，未來雲集寺
將結合臺南分院、安平精舍之力，合力將佛法在南臺灣扎根深植，增廣學
童、年輕人學習佛法的管道，將法鼓山的禪修擴展至嘉南地區。

體驗心靈環保的修行處所

依循法鼓山的環保精神，雲集寺的建物力求能與當地環境融合一體，彷
彿從地上長出來一般。建築共分四個樓層，一樓是知客處、文物紀念品
館、辦公區；二樓是大殿與小參室，可容納一百一十人禪修、二百五十人
法會共修；三樓是寮房；地下一樓是齋堂、廚房，整體設計清淨高雅。果
謙法師表示，雲集寺的自然環境、建築景觀，猶如法鼓山園區，是十分適
宜禪修、體驗心靈環保的修行處所。

未來，這個由十方願心所成的雲集寺，將成為接引南部民眾體驗「心靈
環保」的一方淨土，讓大眾能時時回到如來家裡精進共修、廣種福田，共
同凝聚起南臺灣民眾建設人間淨土的力量。

● 04.17～18

法鼓山參與守護地球活動

推動從「心」出發　落實簡單生活

4月17至18日，法鼓山應教育部、臺北市政府環保局之邀，參與在中正紀念堂廣場舉辦的「守護地球，珍愛家園──蔬食抗暖化」活動。

活動內容包括蔬食料理分享、綠色生活展示、親子溫馨活動、抗暖化影片放映及星空守夜祈福等。法鼓山在現場除了展示心靈環保理念的相關出版品，和民眾結緣之外，也安排義工講解四環理念與在生活中的實踐，並引導民眾體驗身心放鬆，感受佛法的清涼。

藉由理念分享與實際行動，法鼓山希望喚起社會大眾共同響應節能減碳，落實簡單生活，從「心」出發愛地球。

● 04.22

佛基會、文基會獲環保署表揚

全方位的關懷與教育獲肯定

行政院環保署於4月22日下午，在行政院大禮堂舉辦「99年推動環境保護有功團體、人員暨全國環保公僕創意王聯合頒獎及旅館業環保標章授證典禮」，法鼓山共佛基會、文基會兩個單位，分別獲頒「環境保護有功團體」特優及甲等獎項，由關懷中心副都監果器法師代表出席，接受環保署長沈世宏頒獎。

果器法師代表受獎時，首先感謝環保署給予法鼓山的鼓勵，並強調社會尚有許多奉獻心力，致力於環境保育的人士及團體值得肯定，而法鼓山也會持續向這些團體、個人的用心和創新學習。

由於法鼓山佛基會、文基會長期推動「四種環保」，包括佛化婚

法鼓山獲頒「環境保護有功團體」特優及甲等獎項，由果器法師代表接受沈世宏署長（左）頒獎。

禮、佛化奠祭、環保自然葬、復育原生百合與原生植物等活動，展現全方位的關懷與教育，因而受到肯定。

此次獲獎及授證的團體、個人，共計有十八個營造美麗家園的環保模範社區、十一個運用當地資源進行環保工作的團體、十九位熱誠奉獻環保的義工、五位環保公僕創意王及兩家首批通過環保標章驗證的環保旅館。

● 04.24

國際專案管理學會臺北分會參訪法鼓山
一百三十八位企業人士體驗禪修

企業團體國際專案管理學會臺北分會共一百三十八人，於4月24日前往法鼓山園區，進行一天的參訪、禪修行程，由僧團常詵法師代表接待。

一行人首先在大殿體驗坐禪，常詵法師說明禪修是從放鬆身心、體驗呼吸開始，學習享受一呼一吸之間的自然與放鬆；在法師的指導下，學員練習數息、觀照呼吸，讓心安定下來。

午齋後，在常詵法師及導覽人員的引領下，學員於園區進行走路禪及戶外禪，法師提醒在步履行進間，要把每一步都當成第一步，也要拉開眼、耳、鼻等感官天線，體驗身心的安定與放鬆的自在。

心得分享時，有學員表示對戶外的聽溪禪印象深刻，也體會到放鬆身心的益處。

● 05.01

狼山廣教寺成立「聖嚴法師佛學成就展示館」
分享師父的佛法智慧

中國大陸江蘇省南通市民族宗教事務局、市佛教協會籌辦「聖嚴法師佛學成就展示館」，5月1日起於南通狼山廣教寺正式對外開放。

1943年，未滿十三歲的聖嚴師父在狼山廣教寺出家，為讓世人了解師父留給世間的珍貴佛法智慧，展示館以師父的生平為主軸，以照片、墨寶作品、著作、影片等方式，呈現師父在世界各地的弘法歷程，以及提倡「心靈環保」等提昇人品、淨化社會的理念。

為了展示館的開辦，主辦單位多次與法鼓山進行聯繫磋商，得到授權和大力支持，並提供展示館中《法鼓全集》等多項展示資料。展示館的啟用，不僅讓大眾對聖嚴師父深深的緬懷有了寄託之處，更是再續南通狼山與臺灣法鼓山的法緣。

● 05.01～22

全臺各分支單位展開浴佛
感念佛恩與母恩

5月1至22日期間，法鼓山全臺北、中、南、東各地區分支單位分別在週末假期，舉辦感恩佛陀、母親的浴佛活動。

北部地區，包括北投文化館、農禪寺，臺北安和分院、三峽天南寺、桃園齋明寺，分別舉辦浴佛法會。其中，即將改建的農禪寺進行「水月道場動土大典暨浴佛法會」及感恩園遊會，此為改建前最後一場浴佛活動，內容結合展覽、禪修與環保素食等元素，推廣禪修與環保理念；齋明寺則於法會前舉辦朝山，藉此憶念三寶功德、感恩大地。

中部地區，有臺中分院、南投德華寺舉辦浴佛法會，為每年的重要活動。

南部地區，包括臺南分院、安平精舍、雲集寺、高雄紫雲寺均舉辦浴佛活動。其中臺南分院、安平精舍同於5月9日分別舉行，臺南分院法會由僧團男眾副都監常寬法師前往主法，法師並勉眾以虔敬

在臺南分院「浴佛感恩法會」上，子女陪同老菩薩、母親帶著年幼孩子，歡喜地以香湯浴佛。

心浴佛，同霑法喜、共沐佛恩；而新落成的雲集寺，進行「浴佛法會暨環保園遊會」活動，推廣四環理念；紫雲寺除舉辦浴佛法會，並同步舉行皈依祈福大典，方丈和尚果東法師親臨為新皈依的六百多位弟子授三皈依，當天共有兩千多位民眾參加。

東部地區的臺東信行寺，2010年除了浴佛法會，特別舉辦「心六倫」親子園遊會，在系列親子活動中，讓民眾透過「茶禪」的奉茶過程，體驗「家庭倫理」的意涵。

各地的浴佛活動，引領民眾闔家以香湯清淨身、口、意，以此表達報佛恩、報母恩之意；在誦念浴佛的發願文中，並祈願人人得到清淨智慧。

2010全臺「浴佛節暨母親節」活動

地區	主辦單位	時間	活動內容
北部	北投文化館	5月1日	浴佛法會
	桃園齋明寺	5月8日	浴佛法會暨感恩活動
	臺北安和分院	5月15日	浴佛法會
	北投農禪寺	5月22日	水月道場動土大典暨浴佛法會
	三峽天南寺	5月22日	浴佛法會
中部	臺中分院	5月9日	浴佛法會
	南投德華寺	5月16日	浴佛法會
南部	臺南分院	5月9日	浴佛法會
	臺南安平精舍	5月9日	浴佛法會
	高雄紫雲寺	5月9日	浴佛法會暨皈依祈福大典
	臺南雲集寺	5月16日	浴佛法會暨環保園遊會
東部	臺東信行寺	5月22日	浴佛法會及「心六倫」親子園遊會

● 05.02

「簡單享受，綠生活」舉辦
從心靈環保出發　讓大地再展綠顏

　　由法鼓山主辦的「安和豐富──簡單享受，綠生活」活動，5月2日在臺北國父紀念館舉行，活動以「大地心‧菩薩情」為主軸，透過現場的示範、體驗與學習，讓民眾了解原來生活可以很簡單，只要從心出發，在食衣住行中節能減碳，就能落實心靈環保的理念，讓地球再展綠顏。副總統蕭萬長、方丈和尚果東法師等均出席參加。

　　方丈和尚致詞時表示，當今環境問題的主因，在於人類為滿足無止盡的欲望，過度開採資源、破壞生態，讓地球失去原有平衡。「只要能轉變生活態度和消費習慣，便能紓緩危機。」方丈

蕭萬長副總統（左二）、方丈和尚（左一）、工業技術研究院董事長蔡清彥（左三）在「簡單享受，綠生活」活動中，聆聽專家解說各種節能減碳的生活資訊。

和尚引用「心靈環保」的理念，呼籲大眾運用「四要」、「四福」的觀念，體會心只要知足，即使簡單生活也會感到很豐富。

蕭萬長副總統十分肯定法鼓山推動綠生活的行動，並指出永續發展、節能減碳是政府的施政重點，但更希望民眾從自身開始做起，回歸簡單、享受簡樸，人人都有綠生活的觀念，必能從容改善氣候暖化的現象。

活動由工業技術研究院、經濟部能源局、林務局、廣達文教基金會等十多個團體共同協辦，現場設置低碳生活館、感恩生活館、新蔬食生活館、雨林咖啡區等，除了展現「簡單」、「綠生活」的內容，並安排專家現場示範、解說如何從素食飲食、生活家電、消費習慣等方面來實踐節能減碳。

除了有象徵因暖化而逐漸消失的冰雕北極熊，現場民眾並以兩千七百五十盆花卉，接力拼組出「微笑花卉熊」圖案，活動後帶回家中栽種，展現集合眾人力量來落實綠生活，期能讓即將消失的北極熊再度微笑。

● 05.15～16

法鼓山園區展開「朝山・浴佛・禮觀音」活動
在浴佛、朝山中感念佛恩與母恩

為感恩佛恩、母親，法鼓山園區於5月15、16日展開「朝山・浴佛・禮觀音」活動，內容包括日夜間朝山、浴佛、展覽及園遊會等，共有六千六百多人次上山參與。

這次活動，進行多場浴佛法會，開放多條步道，方便民眾闔家朝山。另外並舉辦「四福園遊會」，

法鼓山園區舉辦浴佛法會，民眾闔家參與，體驗洗滌身心的清涼。

結合金山鄰近鄉鎮特產，提供在地健康蔬食；此外還有惜福市場、感恩奉茶、植物拓染、輕質土捏塑等活動，讓民眾實地感受「四福」、「四感」的精神，體驗低碳環保的綠生活。

許多民眾在大殿參與浴佛，體驗洗滌身心的清涼後，前往彌陀殿靜心抄寫〈四眾佛子共勉語〉及〈浴佛偈〉，體會放鬆、專注的感受。第一大樓也設置「穿越時空與佛相應」特展，讓民眾藉此認識悉達多太子成佛的故事。

● 05.15～12.18期間

「Young世代禪式工作學」開課
善用禪法提昇工作效能

青年朋友在禪式工作學課程中，學習改變溝通習慣，讓自己變得更好。

法青會「禪式工作學」講座於2009年開辦後，獲得許多回響，2010年5月15日至12月18日期間，繼而展開「Young世代禪式工作學」系列課程，邀請六位企業高階經理人和僧團法師，與青年朋友進一步分享如何善用禪修觀念、方法，培養精進的專業工作態度。

這項系列課程，共分為六大主題，包括人際關係、領導方法、領導思維、團隊管理方法，以及個人生涯規畫、國際觀的培養。每場課程除了說明職場上所重視的人際、管理等心態、觀念、技巧的學習，並分享融入禪修觀念的做事態度，使工作效率提高，並發展出一套優質成效的做事方法。

例如：連續兩年受邀主講的企業管理專家戴萬成，以自身經歷及體悟，破除了一般人對於學佛會降低個人競爭力的迷思，並進一步說明學佛能加深自我的了解，增進自信，同時增長待人處世的智慧，提昇工作效能，進而達成超越卓群的績效目標。

課程最後，講師們多鼓勵學員運用在課程中學習到的觀念和工具，改變原有溝通、處事習慣，從而不斷提昇自己的工作成效與能力。

2010法青會「Young世代禪式工作學」講座一覽表

時間	主題	主講人
5月15至16日	人際一路通——禪悅的善巧溝通應對法則	黃翠華（英豐瑪股份有限公司訓練顧問） 果理法師（法鼓山臺中分院監院）
6月12至13日	聰明管理法——啟動清明禪心管理的金鑰匙	戴萬成（企業管理專家） 常齊法師（法鼓山行政中心財會處監院）
9月18至19日	領導面面觀——澄淨清明的領導思惟	張震球（凱創管理顧問公司首席顧問） 果廣法師（法鼓山僧團都監）
10月16至17日	團隊管理術——群策群力的禪式管理	王杰希（杰希視野企管顧問公司策略長） 果謙法師（法鼓山臺南分院監院）
11月13至14日	職涯航海圖——許自己一個朗朗自在的未來	陳若玲（標竿學院常駐資深顧問） 常隨法師（法鼓山僧大男眾學務長）
12月18至19日	培養國際觀——禪遊國際村的宏觀行旅	莊振家（育群創企管顧問股份公司顧問） 常悟法師（法鼓山文化中心國際翻譯組組長）

● 05.22

農禪寺水月道場動土大典
近萬人滿懷感恩與祝福觀禮

　　創建於1975年的北投農禪寺，於2010年5月22日舉行「水月道場動土大典暨浴佛法會」，聖靈寺住持今能長老、北投文化館住持鑑心長老尼、臺北市議員賴素如、太子建設董事長莊南田、福住營造建設董事長簡德耀、建築師姚仁喜，以及副住持果暉法師、護法總會總會長陳嘉男等共同執鏟，共有近萬名信眾參加觀禮。

　　當天農禪寺也舉辦浴佛法會及感恩園遊會。浴佛法會中，民眾虔敬浴佛、體驗動禪，井然有序、和喜自在的景象，讓人印象深刻。監院果燦法師表示，這是四眾弟子一起耕耘的成果，徹底落實法鼓山的理念，正是身為弟子回報師恩、傳承聖嚴師父理念的具體行動。

　　園遊會則結合展覽、禪修與環保素食等元素，規畫農禪生活展、茶禪、惜福義賣、動中禪體驗、蔬食餐飲等一百多個攤位。活動更力行共乘、自備餐具等環保理念，落實綠生活的環保行動，不僅獲得廣泛回響與好評，更是法鼓山心靈環保的生活實踐。

　　從過去一塊菜圃、一棟二樓農舍、一層層鐵皮屋，到未來的景觀道場，走過三十餘年的歲月，農禪寺在眾多因緣促成下重新出發，正是隨緣應化、隨處度眾的體現，未來也將繼續在弘法度眾的路上前行。

農禪寺「水月道場」動土大典，由今能長老、鑑心長老尼、果暉法師等八人執鏟。

水月道場動土大典

農禪寺將以「景觀道場」乘願再來

「開地平安、動土順利、工程圓滿!」2010年5月22日,創建於1975年的北投農禪寺舉行「水月道場動土大典暨浴佛法會」,在近萬名信眾的見證祝福下,祈願水月道場興建工程順利,讓農禪寺能以嶄新的景觀道場再現,接引更多民眾學法護法。

「水月道場」——凝造寺院特有空間氛圍

果暉法師在致詞時回憶,農禪寺創建三十多年來,從東初老人「一日不做、一日不食」的農禪生活,到聖嚴師父接引大專青年學佛、禪修,逐漸開展成為臺北地區修學佛法的重鎮,而今在眾多因緣促成下重新出發,正是「水月道場」隨緣應化、隨處度眾的體現。

什麼是水月道場?負責設計案的建築師姚仁喜在接受《人生》雜誌第324期的專訪中,回顧與聖嚴師父在五年前的談話,師父說:「我在定中看到了這個寺廟未來的樣子。」他請師父描述,得到了「水中月,空中花」六個字,師父並取名為「水月道場」。

姚仁喜說,聖嚴師父提到由於農禪寺土地不大,加上看到臺灣許多寺廟逐漸變成專辦法會的場所,因此希望把農禪寺改建成一座「景觀道場」,讓大眾來到這裡就能感受到專屬於寺院的特別空間氛圍,也因此能啟發正念,親近佛法;改建後的農禪寺建築將能和諧地融攝在水、倒影和大屯山景間。

菜圃、農舍、鐵皮屋,僧俗四眾成長的記憶

農禪寺是由文化館開山東初老人於1975年,在北投購地一甲所初建,本來為文化館的下院。創建之初,老人為了效法唐代百丈禪師創立的叢林制度,期許弟子以務農、禪修生活為家風,故名「農禪寺」。

1977年聖嚴師父接掌寺務,當時農禪寺只是植種菜蔬、採收竹筍的農舍,全寺不過一百坪,一樓為客堂、二樓供奉文殊師利菩薩,稱為文殊殿,常住眾僅四人。

聖嚴師父為了在此培養住持三寶的青年僧眾人才,1979年成立了「三學研修院」,之後又發展為「僧團」,成為推動法鼓山佛教事業體的核心;

接著於寺中舉辦週日講經法會，並先後成立禪坐會、念佛會，透過弘講、禪修、法會等活動，農禪寺的弘化工作以穩定而有系統的形式，循序漸進地拓展開來。

在法鼓山尚未落成啟用前，農禪寺扮演了「火車頭」角色，不僅會團活動、大型法會在此舉行，並在建立運作模式藍本後，推展至各地分院；三十多年來，結合禪修、文教、慈善工作的法鼓山佛教事業體系，都在農禪寺逐步成立、成長。

走過三十餘年的歲月，農禪寺從過去一塊菜圃、一棟二樓農舍、一層層鐵皮屋，到未來的景觀道場，不管面貌如何幻變，農禪寺不只是一方農舍、法鼓山的分支道場，它更是法鼓山的源頭。

農禪寺蘊藏了僧俗四眾共同成長的記憶，動土之後才是承擔的開始，祈願這一方水月道場早日成就，落實聖嚴師父「做空花佛事，建水月道場」利益眾生的悲願。

農禪寺新建工程動土大典舉辦，簡德耀董事長（左起）、莊南田董事長、陳嘉男總會長、果暉法師、今能長老、鑑心長老尼、果燦法師、賴素如議員、姚仁喜建築師等九人，與大眾一起祈願工程順利。

●05.23

法青會舉辦考生祈福活動
用禪法化解考試壓力

考生們練習茶禪、咖啡禪及花草禪,體驗身心放鬆的感覺,讓自己的心處於平穩狀態。

5月23日下午,法青會於德貴學苑舉辦「考生祈福‧考試順利」活動,內容規畫六場祈福活動,為考生加油,並帶領考生體驗禪修,消弭考試帶來的焦慮和緊張,同時增加對考試的信心,共有八十多位考生與家長參加。

二樓祈福法會現場,法師們帶領考生恭誦〈觀音偈〉、「觀世音菩薩」聖號,並說明持念聖號是安定身心的妙方。有考生提及,自己很容易在考試前因看到考試的錄取機率低、名額少而產生焦慮感。法師則勉勵考生們,與其持著和別人比較的心,讓自己陷入焦慮,不如專注練習放下比較心,如此才能讓自己的情緒不受他人影響,就不會產生不安或恐懼。

祈福法會圓滿後,考生們及陪同親友前往三、四樓進行各項祈福活動,包括在祈願卡上寫下願望、於佛前供奉光明燈、撞響小法華鐘,以及體驗茶禪、咖啡禪及花草禪等。考生們紛紛表示,參與活動最大收穫就是體驗放鬆的感覺,了解到專注當下的力量,以及放鬆身心讓心處於平穩狀態的重要。

●05.23～24　05.29～30　06.05～06　07.24～25

水陸說明會宣講員培訓
推廣正信正見的法會修行觀

法鼓山舉辦水陸法會地區說明會宣講員培訓,首場於5月23至24日在臺中分院舉辦中區課程,29至30日於高雄三民精舍進行南區課程;北區課程有兩場,一場於6月5至6日在北投雲來寺、德貴學苑進行,一場於7月24至25日於雲來寺進行,各場皆由水陸法會籌備小組召集人果慨法師帶領。

課堂上,果慨法師引領學員們回到2009年於宣講員培訓中所發的願心——願用十年時間,將法鼓山水陸法會的精神推廣出去,扭轉一般民眾對參與法會的錯誤認知,建立正信正見的法會修行觀念。

除了果慨法師提點宣講員的使命與願景,僧團果傳法師、果樞法師、常戒法

師分別就水陸法會的精神與特色、法鼓八式動禪的練習與帶領技巧、法鼓山如何從無到有地籌辦水陸法會等主題,詳細解說。

培訓課程中,果慨法師提點宣講員的使命與願景。

果慨法師並說明2010年水陸法會的兩項重要特色,一是網路無國界,家家是道場;二是用《大悲心修行自知錄》落實修行功課。以此,鼓勵無法全程參與的民眾,透過法鼓山網路電視參加線上共修,落實人人念佛,世界是淨土;而印贈《自知錄》則協助信眾清楚自己每天的修行狀況,實踐自利利他的菩薩行。

透過培訓課程,學員們再次釐清對經懺佛事的觀念,更發願以同心共願的力量,完成宣講任務。

● 05.24

齋明寺「桃園禪修中心」灑淨動土
將成為法鼓山桃園地區弘法新據點

位於桃園市大業路和雙峰路口、齋明寺第二項新建工程「桃園禪修中心」,於5月24日下午舉行灑淨動土儀式,共有三百九十多位來自桃園、中壢、新竹的信眾參加。

法會開始前,齋明寺監院果啟法師首先向大家細述聖嚴師父與大德們弘法的用心,接著帶領眾人以立禪、持誦「觀世音菩薩」聖號來收攝身心。灑淨儀式由關懷中心副都監果器法師主持,眾人在法師們的引領下,繞場進行灑淨儀式。

未來,禪修中心將是繼齋明寺、三峽天南寺之後,法鼓山在桃園地區的

齋明寺「桃園禪修中心」灑淨動土。

弘法新據點，與會大眾無不共同祈願能早日落成啟用，讓法鼓山「提昇人的品質，建設人間淨土」的理念種子，在桃園遍灑並扎根茁壯。

● 05.27～29

「心六倫」種子教師在金門巡迴演講
當地學子與民眾回響熱烈

5月27至29日，法鼓山人基會應金門縣政府教育局之邀，與家庭教育中心共同在金門地區舉辦三場「心六倫——把心拉近」學校巡迴演講，以及一場針對民眾舉辦的心六倫講座，主題為「闔家逗陣來，用心搏感情」。

此次校園巡迴演講，是「心六倫」種子教師首度遠赴外島展開推廣，不僅受到當地民眾

「心六倫——把心拉近」在金門當地學校巡迴演講，融入戲劇、舞蹈、音樂等元素，受到學童喜愛。

熱情歡迎，《金門日報》並對「心六倫」種子教師的演講進行報導。

「心六倫」種子教師第一場演講在金門縣金鼎國小展開，為了讓學童認識「心六倫」的內涵、範疇及實踐方法，種子教師們以「體驗」為教案設計主軸，融入戲劇、舞蹈、音樂等元素，讓學生了解自己在六倫中，同時扮演著多重角色，不論哪些角色，都要有正確實踐的觀念，在自利的同時，更要尊重關心他人。29日舉辦的社區講座，金門縣政府教育局局長李再杭更親臨現場，勉勵大家一起推動心六倫、實踐心六倫。

「心六倫」種子教師的金門之行，所到之處充滿了笑聲與掌聲，種子教師們除了感受到金門人的熱情，更體認到推動「心六倫」的重要。

● 06.10～08.26期間

水陸講座網路電視線上直播
無遠弗屆弘傳水陸利益眾生精神

法鼓山舉辦年度共修勝會「大悲心水陸法會」第一階段水陸講座，於6月10日至8月26日每週四晚上在德貴學苑進行，共有十二場，共邀請十二位法師依

次解說各壇場殊勝處，分享如何尋得相應的修行法門，並認識理想佛事的作法；講座同時透過網路電視台（http://ddmtv.ddm.org.tw）進行全程直播。

第一場水陸講座由果慨法師主講，帶領大家認識法鼓山水陸法會的革新意義與教育功能；法鼓山網路電視台同步進行直播。

2010年，水陸講座結合了法鼓山網路電視台，首度進行網路直播，讓全球信眾跨越時空距離，同步於線上參與講座，將水陸法會利益眾生的觀念與精神，無遠弗屆地弘傳出去，每場講座線上收視人數達一千五百人。

首場講座，由水陸法會籌備小組召集人果慨法師主講水陸總說。法師從漢傳佛教的特色「經懺佛事的源流」切入，帶領聽眾了解經懺佛事的演變、聖嚴師父對經懺佛事的體驗，以及面對社會變遷，師父發願修訂水陸儀軌，讓水陸結合時代腳步、回歸佛法精神的願心。

「在二十一世紀的今天，法鼓山舉辦水陸法會的作法，具有革新的意義，也是對僧俗四眾的一種重新教育。」講座中，果慨法師引用聖嚴師父為《大悲心水陸儀軌》撰寫的序文，說明水陸法會的舉辦，不僅為今日漢傳佛教宣揚正信與正行，舉行佛事的過程中，從僧眾與義工的培訓、水陸講座與海內外說明會的推廣、學術論壇的舉辦，到本年印贈《大悲心修行自知錄》，鼓勵信眾將水陸法會的精神落實在生活中。種種創新作法，都是僧俗四眾自我成長、精進修行的實踐。

2010「大悲心水陸法會」第一階段水陸講座

日期	壇別	主講人	日期	壇別	主講人
6月10日	總說	果慨法師	7月22日	法華壇	果理法師
6月17日	禪壇	常慧法師	7月29日	藥師壇	果謙法師
6月24日	祈願壇	果竣法師	8月5日	大壇	果傳法師
7月1日	地藏壇	果高法師	8月12日	華嚴壇	大常法師
7月8日	淨土壇	果舫法師	8月19日	總壇	果毅法師
7月15日	楞嚴壇	果鏡法師	8月26日	萬行壇	果光法師

● 06.26

普化中心首次辦「兒童營教案師資講習會」
增進兒童營老師對教案的了解

為了讓法鼓山各地兒童營的帶領老師更熟悉教案內容，普化中心首次舉辦「兒童營教案師資講習會」活動，6月26日於德貴學苑進行，共有八十四位老師、營隊負責人參加。此次教案規畫及講習會籌辦，皆與教聯會十多位老師共同合作。

2010年法鼓山兒童營的主題是「綠色地球小主人，是我！」，指定教案包括生活教育、佛法、禪修等內容，以及「環保自然的特色」相關介紹，總計十六門課程。所有課程皆以「心靈環保」為主軸，結合繪本、音樂、手語、團康等

首次「兒童營教案師資講習會」於德貴學苑舉辦。

輕鬆有趣的遊戲方式，啟發孩子們的學習動力。講習會的舉辦，同時增進參與老師們彼此的團隊默契，形成最佳合作夥伴。

當天參與成員，除來自各地分寺院及地區辦事處，還有來自八八水災後成立的林邊、甲仙、六龜三個安心站的成員，他們均希望以兒童營推動法鼓山理念，讓孩童從小接受積極正向的生命教育。

● 07.01　07.02～04

新版法鼓八式動禪教學光碟問世
「緊」、「鬆」練習幫助現代人觀照身心

歷時兩年多的籌備製作，傳燈院於7月1日出版「法鼓八式動禪示範教學光碟」，內容包括「動禪示範教學DVD」、「心法體驗引導CD」和《學習手冊》，完整涵括八個動作的圖解與心法引導。

傳燈院監院常源法師表

「法鼓八式動禪示範教學光碟」增加坐姿動禪的示範及全新的引導口訣。

示，以往的教學光碟只有立姿動禪，而且僅供義工講師參考使用，在知名導演柯一正的協助下，重新錄製示範影片，並提供社會大眾及海外人士索取，讓更多人有機會一起來學習「身在哪裡，心在哪裡」的動中禪法。

新版內容除了調整引導口訣，讓每一式的步驟與動作更為清楚、細膩外，

在「八式動禪師資研習營」上，一百四十八位義工講師體驗新版示範教學光碟，重新領略動禪心法。

考量現代人久坐電腦前，還增加了坐姿動禪的示範，讓動禪教學更為完備。

新版「法鼓八式動禪示範教學光碟」出版後，傳燈院在7月2至4日，於三義DIY心靈環保教育中心舉辦「法鼓八式動禪師資研習營」，由常源法師帶領，共有一百四十八位來自全臺各地的義工講師率先體驗，隨著全新的引導口訣，重新領略動禪心法，享受身心合一的輕鬆自在。

法鼓山自2003年推廣八式動禪以來，廣受社會各界好評，除了接受公司行號申請教學，目前在全臺各地公園、學校、運動場等一百多個地點，皆有定點教學和練習。隨著新版教學光碟的出版，這套糅合禪修心法的簡易動作，將成為更多人練習身心放鬆、培養安身安心的第一步。

● 07.02

方丈和尚應邀至國安局演講
分享紓解壓力、放鬆身心之道

方丈和尚果東法師應國家安全局之邀，於7月2日上午至該局，以「安和豐富，你就是力量」為題進行演說。方丈和尚以國安局局徽上所題「安如磐石」，期勉所有負責維護國家安全的工作人員要忍辱、安定，保持內心堅固如石、牢不可破，共有四百多位國安局工作人員到場聆聽。

當天演講由國安局局長蔡得勝引言介紹，他表示，國安局與法鼓山的法緣深厚，不但2002年曾邀請聖嚴師父演講「心靈環保」，法鼓山近年推動的「心六倫」運動，國安局也熱烈響應；鑑於國安局人員平日工作繁忙，特邀請方丈和尚以佛法的清涼智慧，提供眾人紓解壓力、放鬆身心的方法。

方丈和尚表示，唯有內心安定，隨時保持樂觀積極的態度，從安心、安身、安家、安業的利己實踐，進而影響整體家園，方能夠達到安國與安天下的境界。

談到工作壓力，方丈和尚以2009年9月莫拉克風災後，國安局發起「把愛傳出去，溫暖送茶山」活動，協助嘉義茶山部落兒童就學為例，一方面說明這項行動體現佛法「無緣大慈、同體大

方丈和尚應國家安全局的邀請，以「安和豐富，你就是力量」為題進行演說。

悲」的精神，一方面也藉此說明，當工作之餘還能付出，壓力就能釋放。

方丈和尚隨後進一步指出，當我們會去關心別人，壓力自然就會轉化為助力。人生的目的是來還願，把生命當做一種承諾、責任，儘管世間一切是因緣和合，但只要主動積極，即使遇到挫折與壓力，也必能知足常樂。最後並以聖嚴師父對僧團的開示：「堅守原則、充分授權、尊重他人、關懷對方、主動溝通、隨時檢討」等六點，勉勵眾人在團隊中建立和諧關係，進而共同為國家安全、世界和平而努力。

● 07.03～08.07期間

紫雲寺暑期開辦「實用生死學」
認識佛法對臨終關懷的安心之道

7月3日至8月7日期間，高雄紫雲寺每週六晚上舉辦「實用生死學」佛學課程，由聖嚴書院講師郭惠芯講授，共有九十多人參加。

「佛法對『人生三問──生從何處來？死往何處去？活著是為了什麼？』的回應為何？」郭惠芯老師以一連串問號，展開實用生死學的第一講。郭老師指出，

紫雲寺開辦「實用生死學」課程，引導大眾認識佛法對臨終關懷的安心之道。

聖嚴師父曾提及「佛法是一門最完整的生死學」，學習生死課題，我們必須適當地做生命回顧、適時修正自己的生活態度，隨時覺察自己的身、口、意，護念自己的初發心，並依初發心做出對生命有價值、有意義的選擇。

課程中，郭老師以無常的概念，引導學員檢視在生命旅途中，是否活在當下？要如何練習，在臨終時才會踏實、與解脫相應？也鼓勵眾人，要練習「人在現場」，做任何事都全力以赴，要練習不辜負於人，努力做到不傷害並關懷別人，用良善的心回應周遭的人。

● 07.04

讀書會帶領人進階培訓「由心出發」
深度學習讀書會帶領的心態與涵養

信眾教育院於7月4日，在德貴學苑舉辦「心靈環保讀書會帶領人進階培訓」課程，以「由心出發、從心帶領」為主題，由常用法師帶領，邀請洪建全教育文化基金會董事長、臺灣PHP素直友會總會長簡靜惠、資深讀書會帶領人方隆彰與僧團果幸

各地讀書會帶領人學員藉由「World café」的討論方式，一起尋找經營讀書會的竅門。

法師主講，共有六十位各地區讀書會帶領人參加。

簡靜惠總會長在演講中，分享「如何與人快樂讀書，感動分享？」第一件事就是要先了解自己，所謂「知己才能知彼，無我之前要先有我」，真誠地去認知自我，明白自己的能力、時間和願力在何處，才能專注歡喜地幫助自己和別人一起學習、一起成長。

在方隆彰老師帶領的「讀書會診『聊』室」課程中，學員藉由「World café」的討論方式，一起尋找經營讀書會的竅門。從經營讀書會時面臨到的問題出發，所有學員們群體腦力激盪，提出種種具體可行的解決方法。

甫完成碩士學位的果幸法師，則分享自己「願力無窮、歡喜延續」的生命故事。法師將讀書會與學佛修行結合，讓學員了解經營讀書會是「學法、護法、弘法」一體三用的最佳學習途徑，法師更勉勵學員們，以佛法的觀念，帶動推廣讀書會的使命感，實踐讀書會帶領人的承擔與願力。

● 07.04～08.15

兒童心靈環保體驗營全臺展開
近兩千五百位學童學做綠色地球小主人

7月4日至8月15日暑假期間，由普化中心統籌規畫，於法鼓山北、中、南、東各地分院道場及護法會多處辦事處及社會大學等，全臺共十九個分支單位，總計舉辦三十梯次的「兒童心靈環保體驗營」，共有近兩千五百位學員參加。

2010年的「兒童心靈環保體驗營」以「綠色地球小主人是我」為主題，各地區舉辦的營隊均以「心靈環保」為目標，規畫了活潑豐富的營隊課程，帶領學習感恩知足、愛護生命，以及珍惜身邊的環境，並在營隊活動中體驗生活、禮儀及自然環保等理念，學會做一個珍愛地球、真正落實環保生活的主人翁。

法鼓山園區的體驗活動，特別設計「和地球心心相印」、「與大自然共舞」等課程，透過故事分享、團康遊戲及手工藝創作，引導小朋友認識臺灣的生態、人文特色，並反思如何在生活中做環保，讓愛地球從自己開始。同時也搭配「走路禪」和「朝山」，讓孩子在草地上赤腳慢步，感受自然界的生態之美，並以朝山禮拜的方式練習感恩大地的包容與豐厚。

各地區的營隊活動也有特色，如臺北安和分院規畫了學佛行儀、禪坐、法鼓八式動禪、吃飯禪、「心五四」故事繪本等活動；桃園齋明寺安排「樂在自然」、「禪的生活」、「感恩茶禪」等課程，讓小學員快樂體驗法鼓山各項理念；臺中寶雲別苑藉由生動的小故事，讓小學員認識聖嚴師父的行誼；高雄紫雲寺的課程，在法師與義工言教身教的引導下，小朋友學習「有禮走天下」，於「家族相框」製作單元時，則在材料分配、剪刀使用上，學習無爭與共享。

農禪寺兒童營於「愛心魔術箱」遊戲中，引導小學員虔誠祈願，讓每個願都傳送出善的力量。

臺東信行寺並以多元活潑的課程，包括以故事問答介紹淨土法門、以觀世音菩薩隨機變化度眾生來講解「行門」，還有「法鼓小禪師」講解七支坐法、放鬆數息的技巧等，接引學童體驗禪法。

2010年兒童營隊活動，強調實際體驗與參與，課程豐富，涵蓋人文、禪修、環保體驗等，讓小朋友在快樂、輕鬆的氣氛中學習成長，展現了「心靈環保」在現代生活的應用與實踐。

2010全臺暑期「兒童心靈環保體驗營」一覽表

地區	活動地點	舉辦日期	梯次／培訓	主要參加對象
北部	法鼓山園區	7月26至27日	培訓小隊輔導員	18至35歲
		7月28日至8月1日	第一梯次	國小三至六年級（第三梯以三芝、石門、金山、萬里、基隆地區學童為優先）
		8月4至8日	第二梯次	
		8月11至15日	第三梯次	
	北投農禪寺	7月5至8日	第一梯次	國小三至五年級
		7月12日	第二梯次	國小五至六年級
	北投雲來寺	7月18日	共一梯次	國小三至六年級
	臺北安和分院	7月9至10日	第一梯次	國小三至五年級
		7月19至21日	第二梯次	
		7月24至25日	第三梯次	升國中一至二年級
	桃園齋明寺	7月12日	培訓小隊輔導員及義工	18至35歲
		7月13至14日	第一梯次	國小二至三年級（親子）
		7月15至16日	第二梯次	國小三至四年級（親子）
		7月17至18日	第三梯次	國小五至國中一年級（親子）
	臺北中山精舍	7月6至7日、7月10日	第一梯次	國小三至六年級
		7月8至9日、7月10日	第二梯次	國小三至六年級
	護法會淡水辦事處	7月4日	第一梯次	國小三至六年級
		7月11日	第二梯次	
	護法會基隆辦事處	7月12至16日	第一梯次	國小三至六年級
		7月19至23日	第二梯次	
	護法會新莊辦事處	7月17至18日	共一梯次	國小三至六年級
	護法會新店辦事處	7月5至7日	共一梯次	國小二至五年級
	護法會海山辦事處	7月31日至8月1日	共一梯次	國小三至六年級
	護法會中永和辦事處	7月17日	共一梯次	國小三至六年級
	金山法鼓山社大	8月21日	共一梯次	國小三至六年級
中部	臺中寶雲別苑	7月31日	第一梯次	國小三至四年級
		8月1日	第二梯次	國小五至六年級
	護法會員林辦事處	8月7日	共一梯次	國小三至六年級
南部	臺南雲集寺	7月31日至8月1日	共一梯次	國小三至六年級
	臺南安平精舍	7月10日	第一梯次	國小三至六年級
		7月11日	第二梯次	
	高雄紫雲寺	7月26日	培訓小隊輔導員	18至35歲
		7月27至29日	共一梯次	國小四至六年級
東部	臺東信行寺	7月18至20日	培訓小隊輔導員	18至35歲
		7月21至25日	共一梯次	國小三至六年級

● 07.06～11

法青會舉辦青年禪修營
引領學員用禪法開拓美好人生

7月6至11日，法青會於三義DIY心靈環保教育中心舉辦青年禪修營，由監院常宏法師、常參法師等帶領，有近一百五十人參加。

這次營隊以動態、靜態的禪修方式，讓學員從體驗放鬆、專注，到認識自己、與自己相處。在動態禪修上，常宏法師帶領「托珍珠奶茶禪」，讓學員運用專注力，闖越各種關卡；教導法鼓八式動禪時，則引導學員體驗「身在哪裡，心在哪裡；清楚放鬆，全身放鬆」的心法。

常參法師帶領的「出坡禪」，將禪修方法融入勞動作務之中，學員更能隨時觀照身心的反應；常雲法師讓學員透過「畫畫禪」練習專注，並觀察過程中自心心境的變化；常嗣法師則引導學員練習「聆聽與表達」，學習「如實聽、如實說」。

在靜態禪修方面，常宏法師帶領學員體驗打坐，透過聖嚴師父的開示影片說明，練習「不管妄念，回到方法」、「放鬆身心，放下身心」等禪修方法。此外，也引導學員藉由發起菩提心、出離心、慚愧心、懺悔心、感恩心、迴向心，學習認識自我、肯定自我、成長自我及自我消融的過程。

學員於小組及大堂分享時，紛紛表示自己透過豐富多元的禪修課程，學習體驗清楚放鬆、安定身心，同時也過了一個充實又有意義的暑假生活。

透過法師的引導，年輕學員們隨時觀照身心的反應，學習與自己相處。

● 07.10～11　07.14～25期間

人基會成立「心劇團」
徵選首期團員、展開培訓

為推廣「心六倫」，由人基會成立的「心劇團」於7月10至11日，於德貴學苑舉辦第一期劇團成員徵選活動，由祕書長李伸一、董事許薰瑩、鍾明秋，

導演瞿友寧、溫耀庭及表演工作者張世等擔任甄試委員，共有五十一人報名參加，共錄取二十五位團員；並於14至25日，每週三、四、日晚上與每週六下午，展開培訓課程。

7月14日第一堂培訓課，由張世、溫耀庭帶領第一期團員「破解表演技巧的密碼」，課程從「我是誰」主題著手，藉由自我介紹和起床十分鐘，引導團員們坦然地面對自己。溫耀庭強調，一個演員最基本的條件就是要誠實，沒有虛假才會有好的演出。

有別於一般的表演訓練課，兩位講師讓團員們直接站上舞台演出，找出屬於個人化的戲劇頻率和特質。課程中，張世巧妙地將佛法融合表演中，說明一個好演員要把自己的眼、耳、鼻、舌、身、意都打開，然後去觀照、去覺察，進而達至「從有我演到忘我，從忘我演到無我」的境界。

在「心劇團」培訓課中，張世（右二）分享將佛法融合表演，期許團員們「從有我演到忘我，從忘我演到無我。」

有團員表示，每次上課，都有滿滿的收穫，經過豐厚的學習累積，希望未來正式演出時，能演出「心」力量，以戲劇表演方式，推廣心六倫。

● 07.14～12.29

信眾教育院開辦「法鼓講堂」佛學課程
數位學習網線上直播　在家學佛更輕鬆

普化中心信眾教育院於7月14日起，在法鼓山數位學習網開設線上直播佛學課程「法鼓講堂」（http://www.dharmaschool.com），提供全球學員上網聽講，並參與課堂討論。2010年課程於7月14日至12月29日期間，每週三晚上在北投雲來寺開講並進行線上直播，由僧團法師主講。

2010年「法鼓講堂」佛學課程，包括「〈普賢菩薩行願讚〉的修行法要」、「《金剛經》略解」、「《聖嚴法師教淨土法門》導讀」、「《維摩經與福慧雙修》導讀」、「絕妙說法——《法華經》概說」等四門課，分別由僧團常持法師、國際發展處監院果見法師、女眾副都監果舫法師、僧大專任講師常延法師、法鼓山弘講法師果傳法師主講。

7月14日第一堂課，由常持法師主講「〈普賢菩薩行願讚〉的修行法要」。除了現場的學員，線上還有位在美國、澳洲、新加坡、馬來西亞、中國大陸以

及臺灣各地學員一起聽講。常持法師以聖嚴師父的《普賢菩薩行願讚講記》為主軸,深入普賢菩薩的深心願行,鼓勵大眾在修學期間,能從〈普賢菩薩行願讚〉的念誦、背誦,轉化為實踐和分享,以願導行,以行踐願,體現大乘菩薩的精神。

參與課程的學員雖分散世界各地,透過無遠弗屆的網路,眾人可直接在線上用鍵盤輸入想法或提問,由法師當場解惑,因此課堂的討論與互動十分熱烈。

數位學習網線上直播「法鼓講堂」系列佛學課程,各地學員可上網聽課,並參與課堂討論。

普化中心副都監果毅法師表示,佛學課程不應只限制在課堂上、教室裡,而是隨時隨地都能學習成就;開辦線上直播課程,便是希望運用法鼓山既有的數位學習平台,讓大眾能不受時空限制地聽經聞法,尤其開放線上即時問答,讓學員不只是單向接收資訊,也能留言發問,即時達到雙向交流的效果。

每場系列課程結束後,普化中心也將課程內容製作為數位學習影片,讓無法參與直播課程的民眾,日後也能上線自修,充分展現數位弘法的活潑與實用。

2010「法鼓講堂」系列佛學課程一覽表

課程名稱	時間	授課講師
〈普賢菩薩行願讚〉的修行法要	7月14日至8月4日	常持法師（僧團法師）
《金剛經》略解	8月11日至9月1日	果見法師（國際發展處監院）
《聖嚴法師教淨土法門》導讀	10月6至29日	果舫法師（僧團女眾副都監）
《維摩經與福慧雙修》導讀	11月3至24日	常延法師（僧大專任講師）
絕妙說法──《法華經》概說	12月8至29日	果傳法師（法鼓山弘講法師）

● 07.20～10.04期間

人基會受邀承辦北市生活禮儀研習
推廣「心六倫」獲肯定

7月20日至10月4日期間,法鼓山人基會受臺北市民政局之邀,分別於大同、信義、文山、士林等地區承辦「生活禮儀研習課程」,由心六倫種子教師帶領,就幸福人生的三Q、掌握幸福的密碼、幸福的法則、有禮的基礎及日常禮儀範例等主題,與民眾分享幸福的密碼,每場有一百多人參加。

10月4日於萬華區行政中心舉辦的最後一場課程中，民政局副局長陳其墉頒發感謝狀給人基會祕書長李伸一，感謝人基會和心六倫種子教師群長期推廣心倫理，讓臺北成為一個知禮、有禮、好禮的城市。

當天，李伸一祕書長以「幸福密碼」為題，與來自各區一百三十多位市民分享如何擁抱幸福。他表示，一個小小決定就能讓生命改觀，因此只要隨時心存感恩、轉念思考，便能擁有幸福和諧的生活，而這也正是實踐心六倫的基礎。

蔡旻霓團長（左立者）於「生活禮儀研習課程」中，透過拼貼彩繪，帶領學員思考如何打造屬於彼此的幸福社區。

課程中，由心六倫種子教師許新凰主講的「有禮走遍天下——生活禮儀go go go」，則帶領學員思考群我關係，並將禪修中認識自我、肯定自我、成長自我、消融自我的觀念融入倫理的實踐，肯定清淨自心、調柔自我是促進社會和諧成長的重要因素。

七場研習課程中，「心劇團」團長蔡旻霓帶領進行〈把心拉近〉帶動唱，還透過小組討論、拼貼彩繪的方式，讓來自不同地區的里民、義工和家庭主婦們交流生活體驗、學習傾聽，並思考如何打造屬於彼此的幸福社區。

許多學員表示，心六倫研習課程就像為生活充電一般，活力十足，今後將扮演種子的角色，將心六倫分享給更多人。

2010人基會承辦「生活禮儀研習課程」一覽表

時間	地點	時間	地點
7月20日	大同區公民會館	9月14日	中山區公民會館
7月22日	信義區公民會館	9月30日	中正區公民會館
8月11日	文山區公民會館	10月4日	萬華區行政中心
8月17日	士林區公民會館		

● 07.25　08.08　09.26　11.21

臺中分院舉辦「生命之河系列學習坊」課程
引領民眾了解生命與臨終的真義

7月25日至11月21日期間，臺中分院舉辦「生命之河系列學習坊」課程，該項課程由聖嚴書院講師郭惠芯策畫，藉由影片賞析與專題演講，引領民眾建立正面的生命價值觀與臨終的正知見，共有六百多人次參加。

7月25日首場「臨終有光明」課程，上午播放影片《生命最後一個月的花

臺中分院舉辦「生命之河系列學習坊」課程，由郭惠芯老師帶領。圖為9月26日進行主題「生病的藝術」。

嫁》，郭惠芯老師說明色身雖然逐漸衰敗，心識卻能無止盡地記憶發展，隨著善惡行為造作變化，生命不斷更新，若常存善念，積極善行，業習將於臨終時反饋；下午，邀請臺中榮民總醫院安寧病房志工隊大隊長張寶方主講「臨終者的醫療權」，分享多年安寧志工經驗及病房中人生百態，並介紹器官捐贈與放棄最後急救的施行現況。由於民眾反應熱烈，臺中分院特於8月8日增辦一場，共有近三百人參加。

9月「生病的藝術」講座中，郭惠芯老師帶領賞析影片《生命終樂章》，說明片中傳達「全人、全家、全程、全隊」的臨終照顧觀念，提醒大家平日就要練習以開放的心，去看待不完美的世界；資深花藝老師蔣麗麗傳授「送花的藝術」，教導眾人如何帶著親手準備的花束去探病。

11月最後一場講座，主題是「請愛我，由始至終」，邀請張寶方大隊長導讀影片《在那之前我愛你》，說明「安寧照護」的意義，強調「安寧照護」不是放棄生命，而是尊重生命。

參與課程的學員表示，深刻實用的課程，讓人反思生命的真義，獲益甚多。

2010臺中分院「生命之河系列學習坊」課程一覽表

時間	課程主題	內容	帶領人	地點
7月25日	臨終有光明	影片賞析 專題講座	郭惠芯（聖嚴書院講師） 張寶方（臺中榮民總醫院安寧病房志工隊大隊長）	臺中市維他露基金會
8月8日				臺中分院
9月26日	生病的藝術	影片賞析 專題講座	郭惠芯（聖嚴書院講師） 蔣麗麗（資深花藝老師）	臺中分院
11月21日	請愛我，由始至終	影片賞析	張寶方（臺中榮民總醫院安寧病房志工隊大隊長）	臺中寶雲別苑

● 07.31

聖嚴書院福田班關懷員聯合培訓
期許與學員共同成長

「聖嚴書院福田班」開辦第一梯次課程後，受到許多學員的喜愛，普化中心再規畫第二梯次「雲來班」及第三梯次「安和班」；為了培訓兩個梯次的關懷員，普化中心於7月31日在北投雲來寺舉辦關懷員聯合培訓，共有七十三位學員參加。

分別擔任「雲來班」及「安和班」召集人的普化中心副都監果毅法師、安和分院監院果旭法師，當天均到場關懷。果毅法師並與「雲來班」導師常用法師，講述「認識福田班」課程，對福田班的緣起、開班狀況、未來展望等，進行整體介紹。

於雲來寺舉辦的福田班關懷員培訓課程，共有七十三位學員參加。

此外，常用法師並講解「關懷員的角色與任務」，藉由聖嚴師父在日本求學、受到許多同學照顧的例子，鼓勵關懷員學習親切、溫暖的態度，照顧每一位學員。

課程也邀請國軍北投醫院社工師楊美惠主講「如何扮演好關懷員的角色」，楊老師剖析認識自我價值、關懷技巧的重要性，並藉由各種預設狀況，引領學員討論應變方式。

最後的「班級時間」，眾人期許在未來參與福田班的十個月中，扮演好關懷員的角色，與學員一起成長。

● 07.31～08.01　08.08

人基會「心劇團」推廣「心六倫」
首齣作品《餅乾冒險》巡演受好評

法鼓山人基會成立的「心劇團」，於7月31日至8月1日受邀至屏東「2010六堆客家兒童藝文嘉年華」戶外演出，8月8日並於臺北捷運東區地下街表演，以結合戲劇、雜耍與踢踏舞等表演藝術，推廣心六倫。

「心劇團」首齣作品《餅乾冒險Rock & Roll——兒童搖滾音樂劇》，團長身兼導演的蔡旻霓融入環境劇場的

人基會心劇團在屏東內埔「2010六堆客家兒童藝文嘉年華」演出，初試啼聲即備受好評。

概念，讓演員、布景走入觀眾，帶動現場互動效果，不少小朋友融入劇中，接二連三跑上舞台，只為把手上的衛生紙分享給劇中角色「小蝸」。蔡旻霓團長讚歎看起來什麼都不懂的小小孩，都能說出「吸氣、吐氣、放輕鬆！」

編劇陳亮君說明，《餅乾冒險》全齣戲隻字不提佛法，卻處處充滿禪機智趣，心劇團將在創作上繼續努力，做出更多好作品，將佛法蘊涵的人文關懷，帶到各個角落，為人間建設淨土。

● 07.31～12.25期間

人基會「親子體驗遊樂園」舉辦
親子在創新活動中學「心六倫」

7月31日至12月25日，人基會「心劇團」於每個月最後一週週六下午，於德貴學苑舉辦一系列的「親子體驗遊樂園」活動，透過故事的引導、勞作的過程與遊戲的啟發，引導幼稚園、國小學童及家長，體會「心六倫」的重要，在日常生活中運用「心六倫」。

「親子體驗遊樂園」中，小朋友們開心地參與互動遊戲。

7月31日首場活動，以「禮貌好好玩」為主題，邀請「故事島」執行長林宗憲帶領，以演、說合一的說故事方式，搭配生動的動畫，從「生活倫理」的角度詮釋耳熟能詳的《西遊記》，引導小朋友對禮貌的重視與興趣，並讓小朋友運用象徵「我愛你」、「請」、「謝謝」的巧克力、棉花糖、彩色糖米，裝飾在香蕉上，製作「禮貌香蕉」請爸爸媽媽享用，共有五十二位幼稚園小朋友和家長參加。

9月25日的「友愛甜甜圈」，則由多位心劇團團員以團康遊戲、帶動唱及戲劇演出，引領小一至小三學童學習校園倫理。

最後一場活動於12月25日進行，三十位國小學童在心劇團團員帶領下，藉由戲劇演出、闖關遊戲，認識職場倫理。

人基會「親子體驗遊樂園」藉由寓教於樂的趣味演出與遊戲方式，希望讓心六倫的理念、實踐，向下扎根。

2010人基會「親子體驗遊樂園」一覽表

時間	主題	課程名稱	主要參與學童
7月31日	生活倫理	禮貌好好玩	幼稚園
8月28日	自然倫理	環保接力賽	國小一至三年級
9月25日	校園倫理	友愛甜甜圈	國小一至三年級
10月30日	家庭倫理	和諧High翻天	國小一至三年級
11月27日	族群倫理	尊重蹺蹺板	國小四至六年級
12月25日	職場倫理	感恩小學堂	國小四至六年級

●08.03～06

天南寺首次舉辦國際禪修
歐美學者、官員體驗清楚與放鬆

8月3至6日，三峽天南寺舉辦「國際自然保育禪三」，共有二十位臺灣以及來自美國、加拿大、奧地利、芬蘭、澳洲等國的環境保育學者及政府官員，在禪修中心副都監果元法師引導下，體驗清楚與放鬆，並透過禪修方法，檢視自我與外在環境的關係。

「國際自然保育禪三」是天南寺自2月底落成啟用以來，首度舉辦的國際禪修活動。活動發起人、東華大學運動與休閒學系系主任許義忠曾於2009年參加法鼓山第一屆自我超越成長營，深感禪法在日常生活的活潑實用，因而藉著主辦「世界國家公園視野與策略國際研討會」的因緣，與天南寺在會後合辦禪三，讓與會學者體驗如何將主觀的內心世界，與客觀的生活環境合而為一。

由於參與禪三學員多是初次接觸禪修，除了安排打坐、講解禪修的基本觀念與方法，果元法師也帶領學員練習法鼓八式動禪、慢步經行。學員中，美國德州農工大學（Texas A&M University）教授凱爾（Gerard Kyle）表示，四十年來自己不斷計畫未來、回想過去，卻從沒想過「活在當下」，而練習回到此刻、當下，讓他開始覺察自己與整體環境的連結，以及彼此間的相互影響。

奧地利學者普勒布斯特爾（Ulrike Pröbstl）則分享從打坐中，觀照自己缺乏耐性、講

方丈和尚果東法師（左三）、果元法師（右三）在天南寺「國際自然保育禪三」圓滿後，與各國環境保育學者合影。

求速效的習氣,並表示禪坐是自我探索的良方,如果結合自然遊憩,將可進一步領會自己和大自然其實是一體的。許多外國學員也把握機會,向果元法師請教禪法的實踐與應用,熱烈的討論,也將漢傳禪法與自然環境相融互用的一面,延伸至學術領域。

● 08.03～09.12期間

全球分支單位舉辦中元法會
以精進共修表達孝親報恩

農禪寺啟建梁皇寶懺法會,每天有上千人參與共修。

農曆7月是佛教的報恩月,8月3日至9月12日期間,法鼓山全球各分支單位,分別舉辦一年一度的中元報恩普度相關法會,共有逾萬人次參加。

各地舉辦的中元普度活動多以地藏法會為主,包括臺灣北部的北投農禪寺、文化館,臺北安和分院、桃園齋明寺,中部的臺中分院、南投的德華寺,南部的臺南

分院、臺南雲集寺、高雄紫雲寺,臺東信行寺等,以及海外的加拿大溫哥華道場、馬來西亞道場與美國護法會新澤西州分會、泰國護法會等。

其中,泰國護法會於9月4日舉辦「孝親報恩地藏法會」,由僧團果傳法師主法。法會開始前,果傳法師引用《地藏菩薩本願經》經文「布施供養、讚歎瞻禮,得二十八種利益」,說明參加法會的功德不可思議,期許大眾學習地藏菩薩的願力,共有來自大曼谷地區五十多位信眾參加。

除了地藏法會,農禪寺啟建梁皇寶懺法會,七天共約有四萬六千多人次參加;紫雲寺、信行寺另舉行三時繫念法會;甫於4月落成啟用的雲集寺,於8月20至22日舉辦「慈悲三昧水懺暨三時繫念法會」,首度運用數位投影科技,以數位牌位取代燒化儀式,落實環保精神,共有一千多人次參加。

2010海內外「中元報恩普度法會」一覽表

區域		地點	時間	內容
臺灣	北部	北投農禪寺	8月14至20日	梁皇寶懺法會
			8月24日	地藏懺法會
		北投文化館	8月3日至9月7日	《地藏經》持誦共修
			8月6至8日	地藏法會
		臺北安和分院	8月22日至9月12日	《地藏經》每日持誦共修、地藏法會、地藏懺法會
		桃園齋明寺	8月16至22日	地藏懺法會、地藏法會

區域		地點	時間	內容
臺灣	中部	臺中分院	8月21至22日	地藏懺法會、地藏法會
		南投德華寺	8月15日	地藏法會
	南部	臺南分院	8月29日至9月4日	地藏法會
		臺南雲集寺	8月20至22日	三昧水懺法會、三時繫念法會
		高雄紫雲寺	8月26至28日	地藏法會、三時繫念法會
	東部	臺東信行寺	8月27至29日	地藏法會、三時繫念法會
海外	北美	加拿大溫哥華道場	9月4至6日	地藏法會
		美國護法會新澤西州分會	8月14日	地藏法會
		美國護法會伊利諾州芝加哥分會	8月28日	地藏法會
	亞洲	馬來西亞道場	8月31日	地藏法會
		泰國護法會	9月4日	地藏法會

● 08.03

法鼓山四單位獲頒績優宗教團體獎

公益慈善與社教事業獲肯定

由內政部舉辦的98年度興辦公益慈善及社會教化事業績優宗教團體表揚大會，8月3日於臺大醫院國際會議中心進行，法鼓山佛教基金會、北投中華佛教文化館、農禪寺以及雲來寺，獲頒「施仁布澤」題詞獎座，由政務次長簡太郎頒發，鑑心長老尼、果悅法師、常穎法師及常

法鼓山四單位獲頒績優宗教團體獎，多年致力公益慈善與社教事業獲各界肯定。（左起果悅法師、鑑心長老尼、常貫法師、常穎法師）

貫法師代表受獎。其中，佛基會為第八次獲此殊榮，雲來寺是首度獲頒。

這次獲得表揚的宗教團體，均在急難救濟、照顧弱勢、端正社會風俗等方面，投注相當多的資源，展現高度人文關懷。而在得獎的兩百五十八個團體中，法鼓山獲得四個獎項，顯見法鼓山在公益慈善與社會教化事業的推動，備受政府及社會各界肯定。

代表受獎的果悅法師表示，法鼓山能夠多次獲此殊榮，是因為秉持聖嚴師父提昇人的品質，建設人間淨土理念，並以三大教育來落實，今後也將持續落實社會公益事業，提供安定人心的力量。

● 08.07

《傳家──中國人生活智慧》新書發表
編者任祥將臺灣發行所得捐贈法鼓大學

財團法人大元教育基金會舉辦《傳家──中國人的生活智慧》新書發表會，方丈和尚果東法師應邀出席。會中，編著者同時也是建築師姚仁喜的妻子任祥表示，為感念聖嚴師父的興學悲願，此套書在臺灣的發行所得，將全數捐贈給法鼓大學。

發表會上，方丈和尚以「感恩、感佩、感動」，表達對任祥與各界護持法鼓大學的感謝。方丈和尚說明，聖嚴師父創辦的法鼓大學，是一所以心靈環保為核心，培養兼具智慧慈悲人才的大學；也以「春有百花秋有月，夏有涼風冬有雪，若無閒事掛心頭，便是人間好時節」的禪詩，呼應《傳家》四季的生活智慧，並勉勵大眾以佛法為指引，體會「無事於心，日日好日」的生命智慧。

任祥表示，聖嚴師父多年前曾造訪她的工作室，說起建設法鼓大學的宏願，邀請協助募款，任祥當下允諾；2009年師父圓寂後，更謹記這項承諾，發願完成《傳家》套書，並將發行所得捐給法鼓大學。任祥進一步說明，當她發願以後，許多意想不道的因緣常常在需要的時刻，給予助力；因此鼓勵所有的人發願，哪怕一個小小的願望，都需要期許、實踐，而在過程中的特殊經驗，都將會潤澤與成就人生。

● 08.11～15

2010青年卓越營於法鼓山園區舉辦
學習從「心」改變自己

8月11至15日，法青會於法鼓山園區舉辦「2010青年卓越營」，以「改變自己，做自己心的主人」為主題，並舉辦三場「名人有約」座談，方丈和尚果東法師、中央大學認知神經科學研究所所長洪蘭、媒體工作者沈春華、表演工作者修杰楷等應邀與學員分享如何擺脫習

方丈和尚（中）、沈春華（右）在卓越營中，與青年朋友分享如何「擺脫習性、改變自己」。

性、從心出發，開創屬於自己的新生活，共有近兩百位青年參加。

營隊的活動內容，包括「法鼓有約」引領學員認識園區建築、生態的境教氛圍；「達摩有約」安排學佛行儀和禪修體驗等入門；「法師有約」讓學員與法師在問答討論中感受清涼法味；以及「名人有約」座談單元等。

14日的「名人有約」，由方丈和尚與沈春華以「改變自己」為主題，分享彼此生命中的轉捩點。方丈和尚提到自己出家前，面對職場上種種的人事、財務問題，讓他反思需要改變的，是外境？還是自己的心？於是從中轉變自己，學習以積極、熱情、踏實的態度，面對生命中的挑戰；沈春華則說明改變的契機，是不斷向內觀照才能產生，鼓勵青年朋友學習為自己的人生掌舵，誠實面對自己的不足，才能超越自己。

另外兩場「名人有約」分別由洪蘭教授、修杰楷主講。洪蘭教授從腦神經科學的觀點談「如何讓天賦自由」，指出後天的學習和經驗，能刺激腦神經連結，勉勵學員多接觸大自然、多閱讀。學生時代便踏入演藝圈的修杰楷，則主講「尋找自我價值的定位」，分享用心生活、真心與人相處的人生態度。

五天卓越營的內容豐富，不少學員表示，參加營隊活動因而開啟了新的視野，並且引領自己找到轉變內在的力量。

● 08.14　09.25　10.23　11.20　12.25

臺中分院寶雲講談舉辦「夢‧實踐」系列講座
邀請各界人士分享築夢踏實

8月14日至12月25日期間，臺中分院舉辦寶雲講談「夢‧實踐」系列講座，透過每月一場主題講座，引領大眾親近佛法，建立築夢踏實的人生觀，五場講談共有近千人次參加。

8月的首場講談，邀請屏東市屏安醫院院長黃文翔主講「心的療癒──小鎮醫師築大夢」，分享將佛法與禪修觀念運用在精神醫學的全人關懷，而在行醫過程中面臨的生老病死，也讓自己體悟苦集滅道的真義；9月25日第二場講談，邀請台糖長榮桂冠酒店總經理鄭東波分享個人中學輟學，從外科診所助手、廚房學徒、主廚至高階主管的歷程，說明只要隨時抱持「感恩、感謝、感化、感動」之心，就能讓生命更寬廣。

佛教學院校長惠敏法師在10月23日的第三場講談中，以「僧侶‧大學校長的任意門」為題，分享了四個學習夢：「晴耕雨讀」、「出家」、「佛典語言」、「出國留學」，以及四個教學夢：「佛學資訊」、「佛教學院」、「社區淨土」、「健康助人」，肯定每一個挫折都是進步的關鍵；此外，還提出

惠敏法師在寶雲講談「夢・實踐」系列中，幽默地與聽眾分享人生的八個夢想。

「三願六行」的夢想，三願是慈悲關懷、智慧無礙、方便善巧；六行則是利人利己、維護環境的意樂、聞思修慧、身心健康的習性、音像紀錄、佛學資訊的運用，希望直到生命最後一刻，都可以幫助別人，並勉勵眾人勇敢追夢築夢。這場講座，共有三百多人參加。

11月20日的講談，由聖基會董事傅佩芳主講「得遇名師：一個女性學佛者的驚奇之旅」，分享個人從經營事業到親近聖嚴師父，學習佛法的心路歷程。

最後一場講談於12月25日進行，由臺中分院監院果理法師分享親近聖嚴師父與出家的因緣，也提到自己自2002年於臺中分院承擔法務，一直到目前籌建寶雲寺，雖然感到任務龐重，卻在過程中深刻體會菩薩道的意義與實踐。

2010臺中分院寶雲講談「夢・實踐」系列講座一覽表

時間	講題	講談人
8月14日	心的療癒──小鎮醫師築大夢	黃文翔（屏安醫院院長）
9月25日	從洗碗工到飯店總經理	鄭東波（台糖長榮桂冠酒店總經理）
10月23日	僧侶・大學校長的任意門	惠敏法師（法鼓佛教學院校長）
11月20日	得遇名師：一個女性學佛者的驚奇之旅	傅佩芳（聖嚴教育基金會董事）
12月25日	出家入家──不一樣的人生旅途	果理法師（法鼓山臺中分院監院）

● 08.20～22

雲集寺首度舉辦三昧水懺暨三時繫念法會
以數位牌位取代燒化儀式　體現環保

8月20至22日，臺南雲集寺首度舉辦「慈悲三昧水懺暨三時繫念法會」，每日有三百多人參加。20至21日的水懺法會，由僧團男眾副都監果興法師主法；22日的三時繫念法會，由關懷中心副都監果器法師主法。

方丈和尚果東法師於22日到場關懷，開示時勉勵眾人以至誠心，體驗懺法中不可思議的「洗滌」與「淨化」、「悔罪」與「拔贖」的力量，以懺悔、感恩的心，如實修行懺悔法門。

法會中，雲集寺首次運用數位投影科技，以數位牌位取代焚燒紙製牌位的儀

式，充分實踐心靈環保、生活環保的理念。許多信眾在螢幕上看到數位牌位與現場佛像結合，彷彿一切眾生都有諸佛的慈悲守護，內心充滿感動。

● 08.29

臺中寶雲寺啟建說明會
感恩大眾共同發願成就

位於臺中的寶雲寺，計畫於2011年1月開工啟建，為了感恩中部地區護持建設的信眾，臺中分院於8月29日舉辦「再次貼近聖嚴師父的心——中部啟建法鼓山寶雲寺說明會」，方丈和尚果東法師出席關懷，包括護法總會副總會長黃楚琪、榮譽董事會會長劉偉剛、法鼓大學籌備處校長劉安之、法行會中區分會會長蔡瑞榮，以及中國醫藥大學董事長蔡長海、興農集團總裁楊天發等中部教育界、企業界人士，共有兩百多人參加。

會中播放臺中分院歷年活動的回顧影片，片中節錄2003年聖嚴師父至臺中關懷時的一段話「法鼓山的具體建設，在臺北；但是，法鼓山的精神，在臺中」。師父娓娓道出當年為建設法鼓山，在金山找到地，但購地經費沒有著落，是臺中的信眾謝淑琴率先將自己的土地變賣，捐款給法鼓山；此外，提供三義DIY心靈環保教育中心的何周瑜芬，也一直是臺中的護法悅眾。

說明會中，籌建小組成員林嘉琪也分享與聖嚴師父開籌建會議的故事，賴忠星則說明未來寶雲寺將具備藝術、文化、教育、弘化等全方位的功能。

1988年，謝淑琴邀請聖嚴師父至臺中弘法，促成了臺中分院成立的起始因緣；2006年，臺中分院順利取得土地，師父已預為命名「寶雲寺」。寶雲寺預計於2013年完工啟用，於臺中分院原地重建期間，臨時分院將設於臺中市府會園道一六九號。

寶雲寺啟建說明會後，方丈和尚果東法師（中左）、臺中分院監院果理法師（中右）與來賓、義工們合影。

● 09.01起

大悲心水陸法會首創「網路精進共修」
與法會現場同步禮懺、誦經

法鼓山大悲心水陸法會本
年首創「網路精進共修」，
設置專屬的「網路共修」網
站，自9月起開始提供服務。

登入大悲心水陸法會「網
路共修」網站，網友可以在
線上「大悲心修行自知錄」
單元中做前行功課、或是進
行「網路佛國巡禮」。法會
啟建前，可依照線上指引，

大悲心水陸法會共修網站，提供線上共修。

設定所選壇別的前行功課；若上網記錄每日功課與心得，則有法師批閱回覆、
給予勉勵。此外，網站設有「功德迴向」功能，不論是聽法或是共修，迴向內
容可直接以電子郵件寄給被迴向祝福者，也可以邀請他們上網共修。

法會期間，也能透過網路視訊，和線上提供的各壇經文、懺本，與法會現場
同步禮懺、誦經、持咒，進而凝聚世界各地的善心善緣，共同成就安定和諧的
力量。

水陸法會召集人果慨法師表示，網路精進共修是時代趨勢，法鼓山提出適應
當代的修行觀，讓無法親自參加法會的信眾，透過網路精進用功，延伸實體共
修道場，體現「家家是道場，世界成淨土」的精神。

大悲心水陸法會共修網站：http://shuiluonline.ddm.org.tw

● 09.04～10.31期間

紫雲寺開辦《六祖壇經》經典講座
果祥法師講述禪宗心法

高雄紫雲寺開辦《六祖壇經》系列經典講座，於9月4日至10月底，9月每週
一次、10月每週兩次進行，由僧團果祥法師主講，共有九百一十八人次參加。

「禪宗」，尤其是南禪，首重開悟。何謂「開悟」？果祥法師於第一堂課
中，以聖嚴師父二十八歲時，聽到靈源長老一句「放下」的故事，引述出「看
清楚我只是妄想而已，因而拔除自我中心」一語，道出了禪宗心法。

課程中，果祥法師主要講解《六祖壇經》的綱目，包括：禪宗對中國的重要性、中國禪宗的特色——勞作與修持結合、本經宗旨——見性成佛、本經特色、六祖惠能的影響、六祖惠能與中華禪法鼓宗之關係、本經版本、本經結構——主體為「悟法傳衣第一」等。內容精彩易懂，也讓眾人領略《六祖壇經》的要旨。

果祥法師於紫雲寺主講《六祖壇經》經典講座。

● 09.07

法鼓山2010剃度大典

二十二位僧大學僧剃度　承擔如來家業

法鼓山於9月7日地藏菩薩聖誕日在法鼓山園區舉行剃度大典。由方丈和尚果東法師擔任得戒和尚，副住持果暉法師擔任教授阿闍黎，與二十位執剃阿闍黎，一起為法鼓山僧大二十二位新戒法師剃度。另外，尚有二十九位僧大學僧參與受行同沙彌（尼）戒，展現法脈恆傳、僧僧不息的氣象。

新戒法師發願承擔如來家業。

方丈和尚開示時，勉勵新戒法師應時時刻刻感念、維繫聖嚴師父所創建的清淨僧團，以及俗家父母親長的恩慈；以虔誠心、恭敬心、感恩心、菩提心積極入世，為淨化人間奉獻心力。方丈和尚並強調，出家後應放下俗事與一切紛擾，勤修戒、定、慧，斷絕貪、瞋、癡，依佛法修行來安定自身。

果暉法師則用「以慈悲關懷人、以智慧處理事、以和樂同生活、以尊敬相對待」的精神，及「身和、口和、意和、戒和、見和、利和」等六種和同愛敬，做為對新戒法師們的祝福與期許。

二十二位受度學僧經過一年以上的適應與學習後，決定披剃受戒，學習僧眾

的威儀，奉獻自己以成就他人；發願從此承擔如來家業，傳承、弘揚聖嚴師父的法脈。

●09.09

農禪寺舉辦「幸福久久」法會
響應臺北市民政局齊禱國泰民安

法師們於幸福久久法會中，為國家及全市市民祈福。

民國99年9月9日9點9分，北投農禪寺響應臺北市民政局「齊心祈禱國泰民安‧市民幸福久久」活動，由法師引領百餘位民眾舉行持誦〈大悲咒〉九分鐘的祈福儀式，為國家及全市市民祈福。

在帶領與會民眾，齊心將法會功德迴向十方眾生，祈求國道遐昌、法輪常轉，願佛力加被各地風調雨順之後；農禪寺監院果燦法師隨後開示指出，以佛教的觀點，日日都是好日、時時都是好時，希望世界和平，深刻體認天長地久、幸福久久的道理，在平常就必須要發好願、做好事，以感恩的心對待一切事物，凡是懂得知福、惜福、培福、種福的人，才能在知足中獲得常樂的生活。

●09.18　09.19　09.25　09.26　10.02　10.03

第二期心六倫種子教師培訓
持續推廣「心六倫」

　　為積極推動「心六倫」運動，人基會繼2008年12月舉辦「第一期心六倫種子教師培訓」後，2010年9月18日接續展開第二期培訓，報名情況踴躍，由原本預計招收的六十位學員，增額錄取為一百二十位，培訓課程分兩梯次，分別於9月18、19、25、26日及10月2、3日進行。

　　第二期種子教師培訓學員，包括目前在大學、高中、國中任教的教師，以及金融界、科技界、公務機關等各界人士。本期初階培訓課程，邀請僧團都監果廣法師、人基會顧問黃石城、中研院生物多樣性研究中心研究員陳章波、導演吳念真、生命教育協會董事孫效智、作家鄭栗兒等人，主講法鼓山的精神以及「心六倫」的內涵。

培訓過程中，多位第一期的心六倫種子教師於課程中在旁協助與服務，隨時解答第二期學員提出的問題，展現種子教師團一棒接一棒的傳承精神。

法鼓山自推動「心六倫」運動以來，透過文宣手冊、活動及媒體報導，引起各界廣泛回響，包括國安局、國防部、教育部、統一超商等公私機構與教育單位均曾提出授課需求。

「第二期心六倫種子教師培訓」學員回響熱烈。圖為學員們與主講「族群倫理」的導演吳念真於課後合影。

● 09.21　09.22

「千江秋月，法鼓心圓」中秋活動展開
海內外禪悅過中秋

法鼓山園區「千江秋月，法鼓心圓」中秋活動，進行趣味表演。

迎接中秋佳節，法鼓山各分院道場舉辦慶讚中秋活動，包括9月21日於美國紐約東初禪寺，9月22日在法鼓山園區、北投農禪寺及加拿大溫哥華道場，分別安排各式說唱表演及音樂欣賞，讓大眾感受一個安和豐富的秋節古月。

法鼓山園區在祈願觀音殿前廣場展開「千江秋月，法鼓心圓」的中秋活動，邀請金山及宜蘭地區的藝文團體演出，方丈和尚果東法師、僧團法師、義工菩薩與各地民眾，一起聆聽小太鼓、陶笛、古箏、二胡等多樣的悠揚樂聲，以及觀賞趣味的故事表演，體驗充滿耳根覺受與青春活力的中秋夜。

農禪寺則在臨時大殿舉辦慶祝活動，包括揚琴獨奏、國樂演出、嫦娥奔月話劇，以及義工菩薩的鼓隊表演等，共有近六百人參加。

於海外地區，東初禪寺舉辦「千江秋月，法鼓心圓」中秋活動，進行輕鬆、

有趣的團康,共有一百人參加。溫哥華道場則舉辦中秋節悅眾聯誼晚會,由監院果舟法師、晚會總幹事倪萬福邀集悅眾、禪眾、法青會員、各組義工,同心協力籌辦活動,讓海外華僑與各族裔信眾共一百一十人,回道場共度中秋夜。首先,七位本地知名樂手組成的爵藝樂團,以輕快的爵士樂為晚會開場;之後進行帶動排舞、猜謎,以及法青組女高音聲樂演唱,多首不同語言的爵士樂和藍調歌曲,象徵了溫哥華道場與本地多元文化的相互融合。

眾人在歡欣而富含禪悅的活動中,共度中秋,充滿溫馨與自在。

● 09.24～26

坐姿八式動禪義工講師培訓
91位學員成為推廣坐姿動禪生力軍

「坐姿八式動禪義工講師培訓」引導坐姿動禪技巧。

9月24至26日傳燈院於三義DIY心靈環保教育中心舉辦「坐姿八式動禪義工講師培訓」,由禪修中心副都監果元法師、傳燈院常源、常緣、常乘三位法師,以及多位資深動禪講師帶領,共有九十一位學員參加。

「身在哪裡,心在哪裡,清楚放鬆,全身放鬆。」除了運用十六字心法,深入每個動作,這次課程中新增許多提問時間,期望學員們在法師與資深講師協助下,能深入了解學習內容,解決當下疑問。學員們並以講師的角色,實際演練如何引導一般民眾練習坐姿動禪。

培訓結束後,這群學員將到各地擔任義工講師,為現代人提供紓壓放鬆、安定身心的一帖清涼方。

● 10.01　11.01

法鼓文化出版「禪味廚房」系列食譜
以「純素、環保、健康、惜福」為料理原則

法鼓文化規畫多年的「禪味廚房」系列食譜,10月、11月分別出版《四季禪食》、《媽媽味米料理》。秉持聖嚴師父的素食理念,禪味廚房食譜落實「純素、環保、健康、惜福」等料理原則,除了推廣純素素食,還特別著重簡單的

作法與食材，從烹飪到品嘗，回歸食物原味，帶領讀者用心吃出「禪味」。

市面上的素食食譜，雖標榜「素食」，不過大多使用豆類加工品，或含有奶、蛋，或是從葷食食材改成素食食材。因此，從尋找主廚開始，法鼓文化即以不含蛋奶、使用在地天然食材、料理方式少油、少鹽、少糖、善用食材等原則，希望提供讀者安心、無負擔，而且是有助修行的素食。

法鼓文化出版落實「純素、環保、健康、惜福」的「禪味廚房」系列食譜。

已出版的兩本食譜中，無論是《四季禪食》主廚林孝雲，或是《媽媽味米料理》主廚陳滿花，在食譜中處處用心，例如：《四季禪食》的「健康小叮嚀」，提醒食材對禪修時的幫助；《媽媽味米料理》的「媽媽私房話」，則分享做菜時的自我覺察，料理也要不忘修行，謹遵聖嚴師父對素食料理者的期許，用歡喜心、感恩心、奉獻心去烹煮每道食物，因為有機會以烹飪供養大眾，與人結善緣，轉動食輪一樣是法布施的修行。

● 10.01～11.27

法鼓山首辦「水陸季」體驗活動
結合參學導覽、感受水陸共修勝會的莊嚴

配合11月28日展開的大悲心水陸法會，法鼓山園區從10月起至法會啟建前，首度舉辦「水陸季體驗活動」，包括10月1日至11月18日的體驗期、11月19日至11月27日的巡禮期，內容結合園區各殿堂的參學導覽行程，透過佛典故事、修行法門、特色活動等項目，引導大眾感受水陸法會的大悲精神與修行利益。

法鼓山首辦「水陸季」，結合參學、導覽行程，許多團體、民眾闔家前往體驗。

　　「佛法這麼好，邀你一起來體驗。」是2010年水陸季的核心精神。在體驗期上山參訪的團體或個人，安排在第二大樓簡介館觀看水陸影片，建立對水陸法會的初步認識，接著前往布置成水陸壇場的活動大廳，感受法鼓山清淨、簡約、莊嚴的法會氛圍，並透過貧女點燈影片及「供燈」儀式，了解布施的意義與功德。隨後，大眾可依參訪時間選擇室內殿堂、戶外景點的體驗行程。

　　此外，呼應水陸法會「萬行壇」的精神，「水陸季」期間也歡迎大眾上山當義工，從實際的出坡中，體會四種環保與法鼓山理念的真義。

　　而後的巡禮期，水陸各壇壇場多已布置完成，大眾可藉由各壇壇場境教與參學導覽解說，感受宛如置身佛國淨土的殊勝與莊嚴，充分體驗水陸法會的的殊勝內涵。

● 10.02　11.06　12.11　2011.01.08

「Pureland@電影工作坊」於德貴學苑舉辦
法鼓大學四學院聯合推薦影片並探討內涵

「Pureland@電影工作坊」帶領學員剖析影片內涵，展開探索自我的歷程。本圖場次是由辜琮瑜老師賞析影片《在天堂遇見的五個人》。

　　由法鼓山佛教基金會、法鼓大學主辦，法青會承辦的「Pureland@電影工作坊」，分別於2010年10月2日、11月6日、12月11日及2011年1月8日在德貴學苑舉辦四場。

　　本系列工作坊由法鼓大學四個學院聯合推薦四部風格迥異的影片，以電影為素材，從多元的主題，領略生命、環境、藝術與公益等四個面向，並透過觀察、省思、討論與分享，一起關懷、參與實踐淨土在人間的可能性。活動進行由觀賞電影開始，影片結束後安排法鼓大學各學院老師詮釋意涵並深入評析，提出探討的議題，帶領大家進行分組討論。

　　首場由法鼓大學人生學院推薦影片《在天堂遇見的五個人》（*The Five People You Meet In Heaven*），本片是由同名小說改編的電影，描述一位遊樂場的老修理工艾迪一生的故事。艾迪因為退伍後腳傷、父喪而被困在家鄉，每天重複著維護遊樂場安全的工作，他認為自己是被命運綁住，因而怨嘆以終。影片後，由法鼓大學籌備處人生學院助理教授辜琮瑜帶領大家探討這部電影所引發的議題，包括：個人自我探索、生涯探索、人我關係和生命的意義與價值。

「Pureland@電影工作坊」之後三場影片，第二部由公益學院推薦探討全球化與公平貿易議題的影片《咖啡正義》（*Black Gold*）；第三部由環境學院推薦的影片《愚蠢的年代》（*The Age of Stupid-trailer*），探討當今現代人濫用科技毀壞人類生存空間，在未來世界被視為愚蠢年代的故事；第四部則是由藝術與文化學院推薦的電影《小淘氣尼古拉》（*Little Nicholas*），該片為同名的法國繪本改編，以童心的角度看世界，探索親子關係與社群經營。這三場工作坊亦於影片欣賞結束後，由各學院老師帶領大家一起探索與討論。

「PureLand@電影工作坊」場次一覽表

時間	觀賞電影	授課老師	探討面向
2010年10月2日	《在天堂遇見的五個人》（*The Five People You Meet In Heaven*）	辜琮瑜（法鼓大學籌備處人生學院助理教授）	個人自我探索、生涯探索、人我關係、生命的意義與價值
2010年11月6日	《咖啡正義》（*Black Gold*）	吳正中（法鼓大學籌備處公益學院助理研究員）	全球化、公平貿易、企業社會責任
2010年12月11日	《愚蠢的年代》（*The Age of Stupid-trailer*）	商能洲（臺灣大學環境工程學研究所博士）	氣候變遷、全球暖化、節能減碳
2011年1月8日	《小淘氣尼古拉》（*Little Nicholas*）	邱明民（法鼓大學籌備處藝術與文化學院研究員）	親子關係與社群經營、正向思考的人生智慧、童趣之心看世界

● 10.03

法鼓山社大四校區於天南寺聯合開學
鼓勵學員開發自己的無盡寶藏

法鼓山社大金山、大溪、新莊及北投四校區，10月3日於三峽天南寺舉行「2010年秋季班聯合開學典禮」，三百多位師生齊聚一堂，方丈和尚果東法師出席關懷。

方丈和尚致詞時，勉勵學員們保持開放、開闊的心來社大學習，開發自己的無盡寶藏；而社大也會持續服務社會大眾。

本學年春季班共有一千六百多位學員結業，秋季班有一千七百多位學員報名，學員人數持續增加。社大校長

開學典禮上，金山法鼓山社大的二胡班師生演出，與眾人分享學習的快樂。

曾濟群致詞時，再一次分享社大的課程特色，除了有讓大家提昇生活技能的課程，更有關懷人品、提昇人文精神的內容，也歡迎學員們加入推廣的行列。

法鼓山社大自2003年創立至今，已有一萬多位學員參加，並相互分享參與服務，藉由學習生活技能、發展人文精神，達到關懷和提昇人品的目標。

● 10.09

大悲心水陸法會「全球網路說明會」舉辦
超越時空 精進共修零距離

「全球網路說明會」以實體說明會，結合全球網友共同參與法會。

大悲心水陸法會「全球網路說明會」於10月9日舉辦，由水陸法會召集人果慨法師主講，透過法鼓山網路電視台、水陸法會網路共修專網現場直播，向世界各地的網友講說法鼓山舉辦水陸法會的修行意義與法會特色，並介紹2010年首創的「網路精進共修」。

果慨法師表示，隨著現代科技的日新月異，網路共修專網的設置，正是呼應聖嚴師父所開示「利他為第一」的菩薩行，與普賢菩薩十大願的精神，具有普願、普供、普施，普遍利益一切眾生的意義，也彰顯大乘佛教精神。

根據統計，共修專網在全球有超過四十個國家的網友連結點閱，並有五百多位信眾參與線上「大悲心修行自知錄」單元，每天上網做前行功課；其中以具有互動功能的線上「大悲心修行自知錄」，可以迴向祝福的網路佛國巡禮，最受網友歡迎，此外，線上經書也在水陸法會前建置完成。

● 10.09

傳燈院開辦「動禪指引」課程
練習在動中調心、體驗放鬆

動禪指引課程帶領學員體驗放鬆，調合身心。

傳燈院2010年年度新課程「動禪指引」，10月9日於北投雲來寺開課，全程兩個半小時的課程中，共有四十一位學員參加。

課程中，義工講師引導學員們在了解動禪心法時，也同步練習在動中調心，

實地體驗每一個當下及動禪帶給身心的感覺，將原本躁動不安的心慢慢調和，逐步獲得安定。

傳燈院表示，此次舉辦動禪指引的目的，是希望提供對禪修有興趣、但不便盤腿打坐，或時間有限的民眾，另一種親近禪修的方式。2011年起將持續開課，內容分為立姿與坐姿課程，期許與更多人分享動禪的益處。

● 11.07

讀書會帶領人充電課程舉辦
學習「讀懂您的心‧聽懂我的話」帶領技巧

11月7日，信眾教育院於北投雲來寺舉辦「心靈環保讀書會帶領人」充電課程，由常用法師、佛學課程專任講師戴良義、法鼓大學籌備處人生學院助理教授辜琮瑜帶領，有近八十人參加。

此次課程以「讀懂您的心‧聽懂我的話」為主題。課程開始，由戴良義老師講授「如何在讀書會實踐四攝法？」說明十二因緣如何流轉，讓學員了解無我、無常等

在讀書會帶領人充電課程中，學員進行分組討論。

概念，並分析由於記憶會判別對錯，因而讓人產生煩惱，運用四攝法的「布施」，練習捨棄自我的習性，才能將心打開，進而與人分享並欣賞別人。

於「聽‧說，在心的深處相遇」課程上，辜琮瑜老師以「語言是窗，否則是牆」的詩句，點出傾聽的重要。辜老師強調，「傾聽」首先要了解對話的主題為何，找出一些關鍵字，再從對方的價值、信念，釐清想法與問題，讓自己真正地在聽，不再是聽到都是自己所想的，並站在對方的立場與需要，以不同角度去回應。

常用法師向學員介紹心靈環保讀書會新成立的臉書（facebook）官網，說明部落格有「聖嚴師父著作大綱」可供下載使用；法師以普賢十大願中「請轉法輪」勉勵學員，繼續帶領及參與讀書會。

課程中，透過分組個案討論，學員們實地透過對話，練習以溫暖、同理、關懷的心，陪伴讀書會的成員。

● 11.28～12.05

法鼓山舉辦第四屆水陸法會
逾十六萬人次提昇自心　自利利人

11月28日至12月5日，法
鼓山於園區啟建「第四屆
大悲心水陸法會」，共有
十一個壇場，八天七夜的
法會，每天皆有六千多人
在園區共修，參與人數為
歷年之最；法會期間每日
並透過網路電視台現場直
播壇場佛事，以及焰口法
會，讓海內外信眾可在線
上參與共修，累計達十二
萬多人次參加。

「大悲心水陸法會」四年有成，圖為方丈和尚帶領僧俗四眾參加送聖儀式。

第四屆水陸法會除了延續往年舉辦水陸講座、說明會，因應數位弘法時代的
需求，更提出多項創舉，例如：出版《大悲心修行自知錄》手冊，架設水陸專
屬網站、首度規畫「網路精進共修」，辦理「水陸季」體驗活動等，期能接引
大眾深入法會內涵及修行精神。

方丈和尚果東法師在12月5日的送聖儀式上致詞表示，僧團秉持創辦人聖嚴
師父的理念，以「心靈環保」為核心，透過三大教育推動建設人間淨土的各項
活動，即是寄望人人都能擁有一把開啟心中寶山的鑰匙，用佛法來轉化生命，
讓人間處處充滿幸福；大悲心水陸法會在實踐突破時空藩籬的弘法過程中，已
開創了今後佛教推動契機、契理的新時代修行風貌。

送聖儀式上，播放「給聖嚴師父的一封信」影片，師父身影出現在大螢幕
上，方丈和尚帶著全體僧俗四眾回顧法鼓山2010年的弘化活動，藉此勉勵眾人
繼續傳承師父的願心，推動漢傳佛教的弘化事業，透過參與法會、禪修等活
動，學習隨時運用佛法安住身心、轉化生命、和諧社會。最後，方丈和尚也領
眾合掌發願，願永遠廣度眾生、永遠弘揚佛法，為成就娑婆世界、成就人間淨
土而努力。

2010年水陸法會共有十一壇，其中的「萬行壇」，是法會得以圓滿的重要力
量。送聖儀式中，方丈和尚特別邀請參與萬行壇的三百多位義工代表上台，表
達僧團的感恩，並接受大眾的掌聲感謝。

將聖嚴師父的願心傳承下去

12月5日講於法鼓山園區「水陸法會送聖開示」

◎果東法師

相信大家在這八天的共修中，是處處身在佛國淨土之中，時時以佛法來長養自心中的慈悲與智慧，以清淨的身、口、意來供養諸佛菩薩、供養大眾，這應該是一件最殊勝、也最幸福的事了。

邁入第四年的「法鼓山大悲心水陸法會」，參加的人數一年比一年成長，2010年每壇報名人數都是額滿的，若包括網路線上共修、網路直播等，更是不計其數。這是因為大悲心水陸法會，不僅開創新時代風貌，同時提供當代修行一個契理契機的共修法會。

契理契機的當代共修法會

法鼓山的水陸法會，有多項非常殊勝之處，這八天以來，我幾乎每天都到各壇關懷，宛如置身在佛國淨土中，尤其各壇有持誦經文、唱誦觀音菩薩、地藏菩薩、藥師佛、阿彌陀佛聖號，就是諸佛菩薩和諸上善人聚會一處，可說是靈山勝境。

方丈和尚於水陸法會期間，關懷壇場共修信眾。

這一點，可說是我們法鼓山具有的特色，因為我們有這麼好的教育園區，才能將十一壇佛事共聚一處，法師、義工、護法居士們將每個空間充分運用，不管是在壇場的設計，或是住宿空間的規畫，都見到很多巧思。

我們的水陸法會籌備小組，在聖嚴師父的指示和理念下，不斷地開創，所以，幾乎法會還沒結束，又開始在規畫明年度的

於眾生中
起大慈悲
不捨一切眾生

僧團法師在第四屆「大悲心水陸法會」送聖儀式上感恩大眾的精進、奉獻，成就了殊勝的無上菩提。

法會，像2010年的多項創新，幾乎是花費一年多時間的努力，而且半年前都已在推動了。這些，都是我們要特別感謝的。

感恩所有人的護持與參與

任何活動能順利完成，背後最主要的力量，便是所有義工菩薩盡心盡力地投入。水陸法會這麼一場莊嚴殊勝的法會，是由無數人一起來成就的，這段時間，他們辛苦了！在此我謹代表僧團，感恩所有義工菩薩的護持與參與，讓水陸法會得以順利圓滿。

一場水陸法會，不但是僧團在推動漢傳佛教，各位來參與水陸法會，不僅是來修行的，也是在接受佛法的、心靈環保的教育。各位的與會，就是在護持山上的運作，就能成就更多人來修學佛法，繼而護持佛法、弘揚佛法，如此生生不息、願願相續，人間也因此精彩與充滿希望。

「虛空有盡，我願無窮」，聖嚴師父說：「未來世還要再來人間、來推動人間淨土，遺憾沒有，心願永遠是無窮的！」讓我們學習師父的悲願，將這份願心傳承下去，勸請更多人來加入推動的行列，讓人間淨土得以早日實現。（摘錄）

特別報導

跨時空共修
串聯無量大悲願心

2010年第四屆大悲心水陸法會

「願永遠廣度眾生、永遠弘揚佛法,為成就娑婆世界、成就人間淨土而努力。」2010年12月5日大悲心水陸法會送聖儀式上,方丈和尚果東法師帶領僧俗四眾共同發願,接續聖嚴師父弘揚漢傳禪佛教、開創水陸法會新時代意義的悲心願行,圓滿了第四屆大悲心水陸法會。

水陸法會邁入第四年,十一個壇場、八天七夜的法會,每天皆有六千多人在法鼓山園區各壇場共修,參與人數為歷年之最。此外,2010年也首度開辦「網路精進共修」,共有來自臺灣各地,以及歐美、東南亞、澳洲、中國大陸等五十一個國家、十二多萬人次同步精進,而每晚藉由法鼓山網路電視台線上直播參與焰口法會者,累計也多達八萬八千餘人次。

第四屆水陸法會除了延續往年舉辦水陸講座、說明會,也積極回應數位弘法時代的需求,提出多項創舉,例如:出版《大悲心修行自知錄》手冊,架設水陸專屬網站、規畫「網路精進共修」,辦理「水陸季」體驗活動等,在在都是接引大眾深入了解水陸法會內涵及修行精神的方便法門。

《自知錄》 修行離不開生活

2010年,水陸法會首度出版《大悲心修行自知錄》手冊,將「大悲心」水陸法會自利、利他的菩薩行延伸到日常生活中,期勉眾人學習佛法、修行不離生活日用。

《大悲心修行自知錄》的概念緣起於天台智者大師對懺儀修持的要求,智者大師認為,修持任何法門都需要做前行功課,藉此嚴淨身心、做好參加法會的準備工作,否則匆忙進入壇場,不但身心不易安定、行持不易如法,修行也難有所成。

不少信眾在6月底請領到《大悲心修行自知錄》後便開始做前行功課,法會前身心即安定攝受,進入壇場後行禮如儀,透過儀軌及每日定課,更深切感受僧俗四眾精進用功,共同成就莊嚴佛事的大悲心行。

水陸法會召集人果慨法師指出,水陸法會圓滿後,《大悲心修行自知錄》的修行定課仍應持續,將修行精神延續到日常生活中,提醒自己修行是隨時隨地的。藉由每天的定課安頓自我身心之後,自然而然會影響身邊

周遭的親朋好友，將善念與安定的力量層層落實到生命中的每一刻，也就是實踐利他、建設淨土的菩薩行。

網路共修 精進用功零距離

為回應當前社會的需求，水陸法會籌備小組運用網路科技突破空間藩籬，架設水陸專屬網站。從9月開始，只要連上水陸共修網站，就可以登入線上《大悲心修行自知錄》做前行功課，或者進行「網路佛國巡禮」，了解各壇修持意義與精神。

法會期間，十個壇場的佛事內容、音聲梵唄同步上線，讓社會大眾可依個人修持法門點選相應的壇場來修行，而線上電子經書及壇場實境的介面設計，讓在家共修的人也能領略法會現場安定攝受的氛圍。

線上共修，不但讓無法前來法鼓山的民眾也可以在家用功，更把實體道場延伸到每個人的家裡，讓佛法在更多人心中生根發芽。透過網路科技串連起全球各地精進修行的善心願力，水陸法會不再局限一時一地，實現了「家家是道場、處處成淨土」的弘化目標。

水陸季 體驗漢傳佛教最大共修盛會

首度舉辦的「水陸季」體驗活動，於10月起至法會啟建前舉辦，結合園區各殿堂的參學導覽行程，透過各壇場境教與參學導覽解說，引導大眾虔誠禮敬與供養，體驗漢傳佛教共修勝會的殊勝內涵。

另一方面，將水陸法會自利利他精神落實到生活中的，還有為義工設立的「萬行壇」。「萬行壇」遍布在法鼓山的每一個角落，當義工們穿上圍裙、戴上口罩，隨順因緣隨處奉獻時，處處都是壇場、時時都在修行，不論參與的是香積、交通、引禮、醫護或環境維護，只要把握當下、提起方法，便是在成就大眾和自己的修行。

2010年萬行壇邁入第二年之際，法鼓山特別規畫早、中、晚三個時段的開示，晚間並安排禪坐共修，透過法師說法及禪修，協助萬行菩薩安住身心。法會期間「萬行壇」的開示，並以六度、四攝為主軸，加上佛典故事及日常生活的故事來引導大眾思惟法義。

大悲心水陸法會 新時代的悲心願行

從實體壇場到線上共修，從《大悲心修行自知錄》到日常修行，從寺院到家中，法鼓山水陸法會的共修形態，隨著時空變遷與時俱進，不僅開創了漢傳佛教經懺事業新風貌，也顯示法鼓山的弘法事業不斷與時俱進，為當代佛教開創了契機、契理的新時代修行觀。

2010大悲心水陸法會各壇

總壇

藥師壇

楞嚴壇

禪壇

大壇・焰口壇

淨土壇

地藏壇

祈願壇

法華壇

華嚴壇

萬行壇

● 12.07

法鼓山園區網站獲「2010網際營活獎」
推廣資訊網路電子化　落實環保

　　行政院研究發展考核委員會舉辦2010年優質民間網站補助計畫之網際營活獎評選，法鼓山園區網站獲「2010網際營活獎」生活資訊類組第二名，以及網路票選最佳人氣獎第三名，頒獎典禮於12月7日下午在中央聯合辦公大樓北側一樓會場舉行。

　　法鼓山園區網站的特色，在於採用最新虛擬實境三百六十度展示，大眾可以透過動態flash搭配圖文並茂的解說方式，滿足視覺上的體驗；有意願參加法會或活動的民眾，可以透過線上預約、活動報名、系統報名，簡化了作

法鼓山園區網站因內容深具教育意涵而獲「營活獎」肯定。

業系統與人力成本，並將環保理念落實在實際運用上。

　　行政院為了推廣資訊網路電子化，特別舉辦非營利組織優質網站徵選活動，希望透過競賽評選的方式，持續讓民間網站內容能夠提昇品質，2010年共有三百四十七個非營利團體報名參加。法鼓山園區網站因長期以來用心經營，內容深具教育意涵而獲肯定。

● 12.26

聖嚴書院「福田班」第一班結業
學員互勉繼續做義工、種福田

　　普化中心於北投雲來寺舉辦聖嚴書院首梯「福田班」義工培訓課程最後一堂課，並舉行結業式，方丈和尚果東法師、僧團都監果廣法師、關懷中心副都監果器法師、普化中心副都監果毅法師到場關懷，共有兩百二十一位學員圓滿十個月的課程，獲頒結業證書。

　　福田班最後一堂課「分享法鼓山」，學員分享十個月來的所學與蛻變，有學員分享，將班導師的問候語「今天少煩少惱否？身心安定否？」當作觀照自心的法語；也有學員表示，因為在福田班學習，因此在服務奉獻的過程中，更能

體會「順緣逆緣，無非佛事」；還有學員分享福田班拉近了義工之間的距離，尤其執勤遇到「同班同學」時更多了一份親切感，感受到學員間相互提攜的力量。

果毅法師說明，福田班的每一堂課，都是法師、學員和義工們相互成就，

首梯福田班課程圓滿後，學員開心合照，臉上洋溢喜悅。

每個人在自己的角色上，發揮創意和心力。班導師常用法師則勉勵學員，結業不代表結束，而是另一個奉獻、學習的開始。

福田班規畫的用心與創意，讓課程廣受回響，例如：重新分組的「大風吹」、上法鼓山參學，乃至最後一堂課的「福田大歌王」單元，都讓學員們在活潑、輕鬆的課堂氛圍中，融入佛法的體驗和學習。

● 12.29

第二期「心六倫種子教師」結業授證
43位學員正式成為心六倫推手

人基會於12月29日晚上，在德貴學苑舉辦第二期「心六倫種子教師培訓」結業授證典禮，方丈和尚果東法師、祕書長李伸一、副祕書長陳錦宗到場關懷與祝福，共有四十三

第二期「心六倫種子教師」於授證典禮後，與方丈和尚（中左）、李伸一祕書長（中）合影留念。

位學員獲頒證書，正式成為法鼓山「心六倫」運動的種子教師。

授證典禮上，方丈和尚為結業學員授證，並鼓勵眾人持續耐心、毅力與恆心，共同為淨化人心努力。李伸一祕書長也說明，聖嚴師父推動心五四、心六

倫，希望能讓大家幸福，人基會以此為目標，也感恩眾人在參與過程中，發揮即知即行的行動力。

持續三個月的課程中，學員們除熟習法鼓山的各項理念，並透過實作練習講演和表達技巧。未來，種子學員將接受社會各界邀約，講授家庭、生活、校園、自然、職場、族群等六項倫理，透過生動的方式與民眾分享心六倫的理念與實踐。

● 12.31

法鼓文化《四季禪食》新書講座
馬來西亞主廚林孝雲分享「禪食」觀念

12月31日跨年夜，法鼓文化於德貴學苑舉辦《四季禪食》新書講座，邀請推廣禪食多年的馬來西亞知名主廚，亦是該書作者林孝雲主講「禪食，吃出人與自然的生命力」，分享「禪食」觀念與料理心法，共有三十多人參加。

林孝雲首先解說「禪食」的觀念，就是用禪修的態度來飲食與料理，用心觀照身體與食物之間的關係，為自己的身心健康負責。林孝雲說明，禪食的精神強調自然、簡單與均衡，運用在料理食材的選擇上，就是身土不二、醫食同源、一物全體、營養均衡，這些也正是環保的低碳素食觀。她也強調，人是吃下的食物所形成的（We are what we eat），吃對了，使身體健康，即

《四季禪食》作者林孝雲，與讀者分享「禪食」觀念與料理心法。

有助修行；吃得不對，不僅病可能從口入，修行也無法得力。

在開放問答的時間，許多聽眾針對食療與營養調和的提問十分踴躍。林孝雲強調，健康正確的飲食注重均衡的宇宙觀，唯有先認識自己的體質，選擇適合自己的食物，也就是應時應節的食材，並讓自己生活簡單，當思「一滴水、一粒米、一葉菜」都得之不易，所以要心懷感恩，飲食自然會有所節制；同時以天地人和諧的生活方式，來為環保、護生奉獻一份心力。

貳【大關懷教育】

從生命初始到生命終了，
以「心靈環保」出發，
落實各階段、各層面的整體關懷，
安頓身心、圓滿人生，
實現法鼓山入世化世的菩薩願行。

深入校園、經營社區、參與世界

2010年的大關懷教育，不論是協助海內外的災難救援，
或是在信眾、社會、慈善、生命教育的關懷上，
都能跨越有形的國界、宗教、種族等藩籬，
走向國際社會，並拓展國際人道援助的合作網絡，
從而強化佛法慈悲力量的落實，開展對生命關懷的新猷；
關懷的內涵從生命初始到終了，
以心靈環保為核心，涵融教育的整體關懷，
協助大眾從心靈重建安和豐富的生活。
大關懷教育，在2010年以穩健步伐，
持續深入校園、經營社區，並參與世界。

秉承創辦人聖嚴師父「以關懷完成教育的功能，又以教育達成關懷的任務」的叮嚀，2010年法鼓山推動的大關懷教育，以對整個社會的關懷為著力點，跨越國界、宗教、種族等有形藩籬，「深入校園，走入社區，參與世界。」關懷中心副都監果器法師表示，在校園的深耕勤耘，能讓善的種子播灑在青年學子的心田；經營社區，讓生活佛法更能活活潑潑地運用在日常生活中；而以心靈環保為核心主軸的生命教育、大事關懷，更開啟大關懷教育的腳步，帶領大眾以「參與」，跟世界接軌。

深入校園 安心工程讓愛生根發芽

在2010年，大關懷教育以深耕校園，強化法鼓山做為教育團體的使命。「雖然資源有限，但在急難救助、賑災慰訪等慈善救濟方面，法鼓山仍展現了持續力最強、投注時間最長的特色，正是因為落實聖嚴師父三分救災、七分教育的理念，在災區進行的安心工程，總能帶領大眾走出災難陰霾，為當地帶來新氣象。」果器法師以進行十餘年的百年樹人獎助學金為例指出，走進校園對年輕學子進行關懷，讓他們感受、認同大眾的關懷與祝福，更加珍惜受助資源，進而

努力學習，孩子們就會自己築構出願景，這樣的願力也會感染給家人，期能「讓善的種子在學子心中發芽，有信心，有希望，就會有未來。」

法師表示，安心工程以「人心重建，安定人心」為主要工作，2010年不論是在臺灣各地、

四川秀水第一中小學落成，孩子們在校園裡綻放開心的笑容，象徵迎向「心安」的開始。

海地及中國四川震災區、菲律賓凱莎納颱風災區，以及南亞海嘯受災區印尼、斯里蘭卡等地，除興建房舍、組織醫療團隊、捐助醫療設備之外，也在當地設立幼稚園、學校以照顧失學、失怙的學童，用愛灌溉希望的種子；而「十年之計，莫如樹木；終身之計，莫如樹人」，關懷院在本年度也應邀參加由教育部舉辦的「生命教育種子講師」培訓課程，期能在校園中推廣生命教育。

經營社區 看見希望 擁抱幸福

除了校園，與社區更緊密的結合也是2010年大關懷教育的推廣指標。「走入社區可說是因緣和合，也是因勢利導，因為在八八水災過後，法鼓山參與紅十字會總會的策略聯盟，我們的資源雖然不多，但都能用在最需要的地方，達到最大的效益。」果器法師表示，分別在6月、8月、11月落成啟用的中國四川秀水第一中心小學，及秀水中心衛生院、高雄縣荖濃防災暨社區教育中心、嘉義縣日安社區活動中心等，除提供校園學子、社區民眾充足的活動空間來參與公共事務，更展現了心靈環保的境教氛圍。

對於社區的經營，行之有年的就是安心服務站的設立，果器法師以林邊、六龜、甲仙三個安心站為例說明，除了積極推動各項生命教育、慰訪關懷、落實防災教育之外，2010年特別在安心站舉辦了除夕圍爐及新春關懷活動，陪伴災區民眾迎接風災後的第一個新年，讓笑容再度回到當地居民們的臉龐；另一方面，有鑑於

2009年莫拉克颱風破壞南臺灣原有的自然地貌，讓人與土地失去連結，慈基會在甲仙與當地社區組織共同規畫生態營，安排了河川觀察、綠色園藝等與「自然環保」理念相符的活動，讓大、小朋友重新認識家鄉的自然、人文

護法總會於法鼓山園區禪堂舉辦「正副會團長、轄召、召委成長營」，方丈和尚果東法師開示「一燈照亮千家，燈燈相傳」。

環境，不僅讓在地文化永續傳承，環保理念、自然倫理的種子，也在參與者的心中發芽孕育。

此外，並在六龜荖濃舉辦攝影營，引領民眾透過鏡頭關心、記錄災後的家園；在屏東林邊、萬丹、高樹等地推廣生命教育課程、心六倫劇場、兒童營，讓品格教育扎根。災難的陰影會隨著時間而淡化，同時在「四安」重建的過程中，法鼓山協助社區大眾找到相互扶持、歡喜付出、愛鄉護鄉的「心」力量，並從中看見希望、創造快樂、擁抱幸福。

參與世界　分享心安理念

「我們要在從事關懷他人的行動之中，感化自己、奉獻自己、成長自己、成熟眾生、莊嚴人間淨土。」對於大關懷教育的推動，聖嚴師父總是

如此念茲在茲地提醒，因此除了以例行性的全臺悅眾聯席會議、勸募會員成長營及授證典禮、正副會團長、轄召、召委成長營等活動，凝聚前進動力，期許法鼓山的鼓手們，能在佛法的修持、體用與弘揚上更與日精進外，關懷院更結合長期以來在生命教育、佛化奠祭、環保自然葬推廣的經驗，於2010年延續在2009年開辦「大事關懷」的初階及進階課程，由擔任主講的法師與義工分別透過繪本故事與實例，引導學員一起思惟死亡，並學習把握在一口氣猶存的當下，領略生命的奧妙，溫和、自然地向人世間告別。「大事關懷」課程以溫馨而不畏懼的方式探討生死大事，引起社會廣大回響。

針對環保自然葬的推廣，果器法師指出，法鼓山是率先響應政府多元葬

法政策，第一個推動環保自然葬並參與規畫、協助管理維護的宗教團體。經過十多年努力，於2007年成立金山環保生命園區，因為聖嚴師父的以身示教，在社會上引起許多共鳴。來自桃園、新竹、雲林、高雄，甚至中國大陸南京等地的相關單位，都在本年度派員前來取法，進行研討與觀摩；基於對生死教育內涵、莊嚴的佛化奠祭的肯定，也讓醫學院師生、政府公部門特地前來學習與交流。

果器法師說明，全球化的二十一世紀，「參與」是每一個世界公民的責任與義務，大關懷教育配合世界脈動，不僅「大事關懷」的課程獲得社會大眾的參與、肯定；應外交部之邀，慈基會於7月首度參加在美國首府華盛頓會議中心召開的第二屆「援助與國際發展論壇」，及9月25日由法鼓山主辦、首次展開的「國際慈善與人道關懷論壇」，也以「參與」的行動和世界接軌，開展了大關懷教育的新猷。

在與各國非政府組織分享法鼓山多年來在全球賑災救援的經驗中，聖嚴師父所提出的「心靈環保」、「心安就有平安」理念，總是一再被提及與肯定；基於對生命教育的關懷而舉辦的

第三屆「2010年關懷生命獎」，總統馬英九、行政院院長吳敦義均蒞臨頒獎，以行動肯定法鼓山參與社會關懷生命的用心。

「對於人，法鼓山有從生到死的關懷，把關懷工作做好是法鼓山的一大課題。」果器法師說明，在2010年，大關懷教育對外除了參與社會上其它公益團體、非營利組織的策略性聯盟，讓關懷的觸角廣延到世界各地外，在內部也有諸如法鼓大學各學院學程配合開設以生命、生死關懷為主題的課程，及佛教學院師生在10月梅姬颱風重創宜蘭後，動員協助災區民眾清理家園等，各種積極參與。

2010年的大關懷教育，腳步跨洋越海，內涵悲智雙運，以長期關懷啟建安心工程，持續以佛法潤澤澆灌，協助大眾找回生命的安定與希望，進而安頓身心，獲致圓滿人生。

慈基會動員救災義工前往災區協助清理家園，給予民眾安心的力量。

● 01.04～03.05　03.30　05.21

生命園區環境藝術設置徵選
王文心作品「自然‧光」獲首獎

金山環保生命園區舉辦環境藝術設置
徵選。

為強化「臺北縣立金山環保生命園區」空間與人的互動性，並提昇園區環境藝術與人文景觀，1月4日至3月5日，法鼓山舉辦環境藝術設置徵選活動，並於1月28日在法鼓山園區辦理設置說明會及基地現勘；3月30日、5月21日於北投雲來寺分別進行初選與決選。

此一活動以「生命的永恆」為主題，甄選條件為須符合園區戶外環境需求、作品本身不含有任何宗教信仰的意象，在國內公共藝術界及雕塑界引起廣大回響，共有四十五件作品參與徵選。

5月21日於雲來寺舉辦的決選中，由王文心創作的「自然‧光」，獲得大多數評審的肯定拿下首獎；鄭培絢、陳佳慧、陳逸帆、林劭漢等人共同創作的「生生」，以及林信榮設計的「活水」，則分別獲得二、三名。

首獎作品「自然‧光」，以「傳承」、「淨化簡約」為指標，沒有主題的設限，將有裂紋的石板、泥土牆以及園區既有的樹木等取自大自然的元素，做為裝飾擺設，並藉由柔軟似水的自然光線，隨著參訪者每次參觀的時間、角度的不同，呈現無限、不同的當下風光，與民眾做最直接的溝通。

參與決選的評審，包括佛教學院校長惠敏法師、僧團都監果廣法師、營建院監院果懋法師、聖基會董事長施建昌，與建築師陳邁、姚仁喜，以及藝術家張子隆、李光裕、蔡根等多位專家學者，採匿名方式進行投票決選。

法鼓山期望藉由現代藝術品來傳達「環保生命園區」設置的精神與理念，引領大眾體驗環保自然葬的環保、生命教育精神。

● 01.10～02.07

98年度歲末大關懷全臺展開
合計關懷兩千四百餘戶家庭

慈基會舉辦98年度「法鼓山歲末大關懷」系列活動，自2009年12月12日起至2010年2月7日期間，陸續於全臺北、南、中部各地區展開。北部地區及臺南分

院的關懷活動於2009年底舉行，中南部地區則於1月10日起在臺中分院展開，接著依序於南投、竹山、東勢三處安心站，高雄紫雲寺、埔里德華寺以及護法會嘉義、員林、豐原三地辦事處等地舉辦，關懷對象包括清寒低收入戶、獨居老人、急難貧病者等。合計十五個關懷據

慈基會透過物質與精神上的扶持，給予關懷戶安定身心的力量。

點，共關懷兩千四百四十一戶家庭。

　　秉持法鼓山「大關懷教育」理念，慈基會在各地進行慰問金及物資提供之餘，許多關懷點均同步舉辦祈福法會或念佛共修，藉此傳達給關懷戶安定身心的力量。

　　除此，各地的關懷活動也結合在地特色多元呈現，例如：竹山安心站提供義剪服務，並由當地衛生單位進行健檢活動，讓關懷戶備感溫馨；臺中分院、南投安心站規畫園遊會，並設有惜福市場，推動資源再利用，與大眾分享惜福觀念。而紫雲寺及東勢安心站則規畫活潑的表演節目，如紫雲寺的「心靈環保有獎問答」等趣味活動，現場充滿溫馨氣息；高雄縣縣長楊秋興也出席關懷，祝福大眾心安平安。

　　慈基會希望藉由每年的歲末關懷，透過物質與精神上的扶持，讓關懷戶感受到佛法與社會的溫暖。

98年度「法鼓山歲末大關懷」活動一覽表

區域	時間	活動地點	活動內容	關懷地區（對象）	關懷戶數
北區	2009年12月12日	北投農禪寺	念佛、節目表演、園遊會、致贈禮金及物資	臺北縣市個案	445
	2009年12月19日	北投文化館	念佛、義剪、致贈禮金及物資	北投低收入戶、北投社福中心個案、恩加貧困家庭、學校提報個案、善牧基金會與陽明養護院個案	458
	2009年12月20日	桃園齋明寺	法會、節目表演、致贈禮金及物資	桃園縣大溪、中壢、龍潭、新竹縣湖口個案	255
		法鼓山園區	念佛、節目表演、致贈禮金及物資	北海四鄉鎮低收入戶、基隆個案	237

區域	時間	活動地點	活動內容	關懷地區（對象）	關懷戶數
中區	2010年1月10日	臺中分院	音樂會	臺中市清寒、弱勢家庭	111
	2010年1月14日至21日	護法會彰化辦事處	關懷送到家	彰化縣清寒、弱勢家庭	26
	2010年1月16日	南投安心站	影片觀賞、祈福摸彩、園遊會	南投縣草屯、中寮、名間、水里關懷戶	120
		竹山安心站	健檢、義剪	南投縣竹山、集集、鹿谷、臺中縣大里、雲林縣關懷戶	97
		東勢安心站	影片觀賞、才藝表演、義剪	臺中縣東勢清寒、弱勢家庭	98
	2010年1月17日	護法會嘉義辦事處	燃燈供佛、致贈物資	嘉義縣清寒、弱勢家庭	186
	2010年1月26日至2月7日	護法會員林辦事處	關懷送到家	彰化縣員林清寒、弱勢家庭	53
	2010年1月31日至2月7日	護法會豐原辦事處	關懷送到家	臺中縣豐原清寒、弱勢家庭	24
	2010年1月31日至2月7日	南投德華寺	關懷送到家	南投縣埔里清寒、弱勢家庭	160
南區	2009年12月19日	臺南分院	念佛、影片觀賞、致贈禮金及物資	臺南市獨居長者及低收入戶	55
	2010年1月17日	高雄紫雲寺	祈福法會、藝文表演、贈慰問金與物資	高雄縣清寒、弱勢家庭	116
合計					2,441

● 01.10～12.26期間

關懷中心大事關懷課程全臺展開
培訓助念團員佛教生死觀

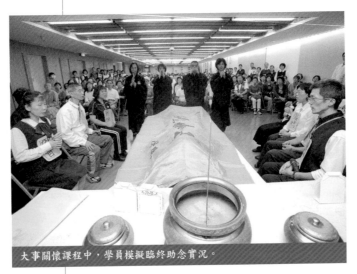
大事關懷課程中，學員模擬臨終助念實況。

為提昇助念團成員及社會大眾了解大事關懷的深層意涵，關懷院、助念團於1月10日至12月26日期間，在全臺共舉辦二十三場大事關懷課程，其中初階十二場、進階十一場，由關懷院果選法師、常健法師、常實法師及各地區悅眾帶領，共有四千多人參加。

初階課程中，藉由《一片

葉子落下來》、《豬奶奶說再見》、《獾的禮物》等三本繪本故事的閱讀，引領學員認識人生大事，思考生命的意義與價值；並進行分組討論，讓學員們彼此分享個人生命中的生死體驗。

進階課程方面，探討主題包括世俗禮儀、佛教生死觀、法鼓山大事關懷的願景等，由法師及悅眾帶領認識一般民間喪葬禮俗，以及了解佛教的因果、往生觀念等。

初階、進階課程中，並以活潑的戲劇演出，呈現亡者的告別式過程，讓學員體會一場展現生命的價值與尊嚴的莊嚴佛事，而不是流俗的喪事。

2010大事關懷課程一覽表

課程	地區	時間	舉辦地點
初階	北區	5月2日	法鼓山園區
		5月23日	北投雲來寺
		6月6日	北投雲來寺
		6月26日	臺北市松山區公所
		10月24日	臺北縣厚德體操館
	中區	1月10日	護法會彰化辦事處
		3月7日	護法會員林辦事處
		8月1日	慈基會南投安心站
		12月26日	護法會豐原辦事處
	南區	10月16日	護法會屏東辦事處
	東區	11月13日	臺東信行寺
進階	北區	3月21日	桃園齋明寺
		4月10日	臺北市中山區公所
		5月30日	法鼓山園區
		6月13日	臺北市萬興圖書館
		6月19日	北投雲來寺
		7月10日	臺北市松山區公所
		7月11日	基隆市仁愛國小
		11月7日	臺北縣厚德體操館
	中區	1月17日	護法會彰化辦事處
		3月27日	護法會員林辦事處
		9月5日	慈基會南投安心站

● 01.18　02.05

慈基會關懷海地震災
集結首批醫療物資進災區

中美洲國家海地首都太子港（Port-Au-Prince）於1月13日發生芮氏規模六·一的強烈地震，造成數十萬人傷亡、兩百多萬人受災。慈基會於第一時間內啟

海地地震後，慈基會迅速募集物資，投入救援工作。

動緊急救援系統，迅速募集醫療衛材、生活用品及乾糧等約六噸物資，送往桃園臨時倉儲中心，並於18日下午，由外交部集結第一批民間救援物資，在當晚以貨運專機運往我駐多明尼加大使館，再轉往海地。

13日海地大地震災情傳來，慈基會立刻聯繫外交部及海地駐臺大使館，表達關心災情及援助救災之意。15日並成立賑災專戶，方丈和尚果東法師呼籲社會各界踴躍捐輸，以慈悲心奉獻一己之力，也可以替海地災區民眾祈福，祈求佛菩薩的護佑，對受苦受難的民眾，給予實質的幫助與祝福。

2月5日，慈基會與跨國醫療組織NPH（Nuestros Pequeños Hermanos）簽署「合作備忘錄」，直接提供海地災區民眾所需的各項醫療服務及用品。NPH組織在海地已有二十多年的工作經驗，並設有當地唯一不收費的現代化兒童醫院聖達明醫院（Saint Damien Hospital），這也是目前災區唯一仍持續運作的醫院。地震發生後，慈基會主動與NPH取得聯繫、建立合作平台。

慈基會祕書長果器法師表示，法鼓山將隨時掌握災區民眾的實際需求，發揮力量幫助海地民眾，落實「安心、安身、安家、安業」的四安救援。

● 01.23

歲末感恩分享會全臺連線進行
信眾感念師恩　發願奉獻

1月23日下午，由護法總會及各地分院聯合舉辦的「心安平安‧願願相續——2009年歲末感恩分享會」於法鼓山園區、北投農禪寺、桃園齋明寺、臺中分院、臺南分院、高雄紫雲寺、臺東信行寺以及花蓮辦事處等八處同時展開，方丈和尚果東法師與護法總會副總會長楊正雄、周文進、黃楚琪等出席農禪寺主現場，透過視訊連線對全臺參與信眾表達關懷與祝福，共有近五千人參加。

方丈和尚開示時指出，2009年聖嚴師父圓寂，讓法鼓山頓失依靠，但回顧這一年來的點點滴滴，大家都能運用佛法轉念安於當下，並持續推動各項弘化工作，這就是傳承佛法、體現安己安人的力量。展望新的一年，方丈和尚勉勵大眾，2010年的主題「安和豐富」，不在追求物質的快樂，而是要以「知福、惜福、培福、種福」的態度來豐富自己的心靈與生命。

　　歲末感恩分享會中並播放「師父三願」開示影帶，帶領信眾憶念聖嚴師父的言教、身教，讓大眾再次領受師父的慈悲與智慧。

　　此外，藉著團聚的因緣，各地分院也安排了創意溫馨的活動，展現地區特色與活力。例如：法鼓山園區由香積組義工組成「千歲鼓隊」敲響新年新希望，僧團法師錄製《有你真好》短片，感恩護法信眾一路的陪伴與支持；臺中分院設計「法鼓小學堂」趣味問答，來認識聖嚴師父和法鼓山理念，並自製影片回顧籌建寶雲寺的過程；而農禪寺則以象徵豐收的稻米來「捻米發願」，以願供養師父，並感恩大地成就眾生。

護法信眾回到農禪寺，在歲末感恩分享會中，與方丈和尚果東法師、僧團法師一起迎接「安和豐富」年。

　　歲末感恩分享會的舉辦，讓全臺護法信眾透過視訊，共同聆聽方丈和尚的開示、合唱〈安和豐富之歌〉，不僅凝聚了僧俗四眾的向心力，也讓人深刻感受彼此「同在正法門中互為眷屬」的真義。

● 01.24

法鼓山舉辦第十五屆佛化聯合婚禮
六十五對新人共結菩提良緣

　　第十五屆佛化聯合婚禮於1月24日上午在法鼓山園區大殿舉行，在簡約、惜福、莊嚴的精神理念下，共有六十五對新人參加。

　　婚禮由方丈和尚果東法師擔任祝福人，伯仲文教基金會董事長吳伯雄擔任證婚人，副總統蕭萬長伉儷、法鼓山護法總會副總會長黃楚

參加佛化婚禮的六十五對新人在三寶前，共結菩提良緣。

琪伉儷,分別擔任主婚人、介紹人。方丈和尚並為新人授三皈五戒,期許新人「以和樂同生活、以尊敬相對待」,懷抱感恩修福的心,用佛法彼此扶持,建立美好佛化家庭。

連續十五年為新人證婚的吳伯雄,現場獻唱一曲〈你儂我儂〉做為祝福;蕭萬長副總統則期勉新人在責任與承諾中,發揮家庭「眷顧」、「關愛」的核心力量,實踐佛化婚禮的目的。

法鼓山自1994年起為推動禮儀環保所舉辦的佛化婚禮,至2010年共有七百五十二對新人響應理念,共組佛化家庭。

● 01.24　01.30　01.31　02.14

慈基會於八八災區舉辦歲末關懷
各安心站歲末送暖

慈基會在六龜鄉六龜高中舉辦「歲末安和‧新春豐富」歲末大關懷活動,祝福關懷八八災區民眾。

法鼓山持續關懷八八水患受災地區,慈基會於1月24、30、31日分別在屏東縣林邊鄉仁和國小、高雄縣六龜鄉六龜高中、甲仙和安社區活動中心,各舉辦一場「歲末安和‧新春豐富」歲末大關懷活動,共有三百五十七戶關懷戶、一千六百多人參加。2月14日並於高雄紫雲寺進行祈福法會,為八八災區民眾祈福。

1月31日在甲仙鄉舉辦的活動中,慈基會祕書長果器法師出席關懷,並表示感恩社會大眾的善心願力和義工長期的支援,也鼓勵災區民眾轉化悲傷,以樂觀、感恩的態度來面對生命中的逆境,定能重建家園、活出希望。

各活動現場,除了安排義剪、經絡紓壓、春聯揮毫、托水鉢體驗、手工藝、祈願樹、健康飲食等園遊會攤位,各地安心站也結合當地社團與學校,展現地方特色,例如:甲仙國中帶來太鼓演出、大田社區學童吟詠詩詞;林邊安心站則有社區媽媽表演舞蹈、拉小提琴;而「心六倫劇場」也演出親子體驗互動劇,以活潑逗趣的方式,傳達心六倫的核心價值。

2月14日於紫雲寺舉辦祈福法會,共有一百五十位來自林邊、六龜、甲仙等民眾參加,監院果耀法師、高雄縣縣長楊秋興出席祝福。果器法師、楊秋興縣長共同讀誦〈平安祈願文〉並燃燈祈福,祝願大眾新的一年心安平安。

八八水患災區「歲末安和‧新春豐富」歲末大關懷活動一覽表

時間	活動單位	活動地點	活動內容
1月24日	林邊安心站	林邊鄉仁和國小	園遊會、心六倫劇場表演、藝文表演、義剪等
1月30日	六龜安心站	六龜高中	園遊會、心六倫劇場表演、藝文表演、歷史再現——新開部落攝影展
1月31日	甲仙安心站	和安社區活動中心	園遊會、心六倫劇場表演、藝文表演
2月14日	高雄紫雲寺	高雄紫雲寺	祈福法會

● 02.01～10

甲仙安心站舉辦生態營
自然倫理的種子在學童心中發芽

2月1至10日，慈基會甲仙安心站與甲仙鄉愛鄉協會，共同舉辦甲仙兒童生態體驗成長營，每日皆有三十位甲仙鄉國小四至六年級學童參加。

這次生態營安排了農事體驗、河川觀察、綠色園藝、漂流木創作等實作活動；而營隊裡的講師、小隊輔、義工，多半是在地居民。透過社區共同參與，不僅讓在地文化永續傳承，環保理念、自然倫理的種子，也在大、小朋友的心中孕育發芽。

參與甲仙兒童生態體驗成長營的學童，以漂流木創作作品。

慈基會副祕書長常法法師表示，去年（2009年）莫拉克颱風破壞南臺灣原有的自然地貌，讓人與土地失去了連結，法鼓山在受災地區成立的安心站，結合在地社團，希望藉生態營引領孩童學習尊重、愛護大自然，了解人與土地和合共生的重要性。

● 02.05　03.10　03.24

慈基會舉辦心六倫師資培訓
落實「安心」心靈重建工程

法鼓山持續關懷八八水災受災地區「四安」重建工作，2月5日、3月10日及24日於屏東縣林邊鄉仁和國小，舉辦三場心六倫師資培訓課程，共有二十三位

該校教師參加。

2月5日的首場課程,由慈基會副祕書長常法法師主講「法鼓山的基本精神——心五四與心六倫」,法師說明「心靈環保」、「心五四」、「心六倫」是法鼓山長期推動的理念,並介紹其內涵與具體實踐項目,鼓勵學員運用「心五四」、「心六倫」的觀念,引導學童認識基本的人類價值,培養成為一個自律以及負責的成人。

3月10日的課程,由人基會心六倫種子教師方麗雲介紹「心五四」與「心六倫」的精神與內涵;最後一場課程,於24日進行,由法鼓大學籌備處助理教授辜琮瑜分享如何在學校課程及日常生活中落實「心六倫」生命教育的理念。

為發揮「關懷」與「教育」並重的功能,慈基會特別規畫以「心五四」、「心六倫」為主軸的生命教育課程,期盼提昇災區學子對生命的熱忱以及對自他生命的關懷與尊重,找到安頓身心的力量與方法。

● 02.05～06　04.06～20　10.18～22

法鼓山持續在四川提供獎助學金
2010年嘉惠近六百位學子

法鼓山持續於四川進行獎助學金頒發活動。圖為綿陽市南山中學獲得獎助的學生與果品法師(第一排中)合影。

中國大陸四川於2008年5月發生芮氏規模七‧八強震,法鼓山展開長期救援,並提供災區學子獎助學金,2010年共舉辦三梯次獎助學金頒發活動,共有近六百名學子受惠。

慈基會首先於2月5至6日,在四川省綿陽市綿陽中學舉辦兩天一夜的首屆「512汶川大地震——貧困續優大學生」聯合獎助學金頒發活動,由僧團副住持果品法師主持,法師帶領眾人「發願傳燈」,期勉將內心的感謝化為祝福,更要將祝福化為行動;僧大學務長常惺法師也主持「World Café」,引導學生區別人生的「方向」及「目標」,再討論「人生的方向」,共有安縣、北川、綿陽、什邡、雍城、平武等六所中學六十七位應屆考取大學的優異畢業生參加。

4月6至20日,陸續於綿陽中學、北川中學、安縣中學、秀水一小、民興中

學、什邡中學、雍城中學等十所學校舉行頒發儀式，由果品法師、經營規畫處常悅法師分別前往各地主持頒獎，受獎學生共有三百五十四人。果品法師鼓勵學子成為善循環的推手，做一位可以關懷、照顧他人的人；常悅法師則分享自己對生命探索的經驗，提醒學子們除了感恩善的力量，也要感恩讓我們學習更多的挫折力量。

下半年的頒發活動，於10月18至22日在各校進行，果品法師勉勵大眾運用「智慧」處理好自己的煩惱，以「慈悲心」關懷他人，朝著做「好人」的大方向邁進。活動中並進行生命教育課程，由法青學員及安心站義工引導同學運用「四它」來化解煩惱與困境。

另一方面，法師和安心站成員在當地老師、大學生、志願者的支援下，每學期開學前都會前往散居各鄉鎮的學生家中進行慰訪，了解實際生活狀況與需要，讓學生與家長得到更多的關懷。

● 02.24　02.25

榮董會辦我願無窮感恩音樂會
以樂音勉眾承續聖嚴師父的悲願

為感恩聖嚴師父教誨，在師父圓寂週年的2月24、25日晚間，榮譽董事會於臺北國父紀念館舉辦兩場「我願無窮感恩音樂會」，方丈和尚果東法師、副總統蕭萬長、行政院農業委員會主任委員陳武雄、行政院大陸委員會主任委員賴幸媛、廣達企業董事長林百里等出席25日的音樂會，共有四千五百多位榮譽董事、護法信眾參加。

曾任法行會會長的蕭萬長副總統，特別代表馬英九總統以及曾親炙聖嚴師父教法的各界弟子，表達對師恩的懷念。方丈和尚則代表法鼓山，向關心法鼓山的社會大眾致上感恩與祝福，並強調值逢師父圓寂週年，此時正是報師恩、續師願，與師父同心同願，成就大眾的好機會。

音樂會的序曲，以真人舊影交相疊錯的虛擬光影，引領全場重溫與聖嚴師父胼手胝足的軌跡。緊接著兩小時的悠揚樂聲，分別由葉樹涵、歐陽伶宜、張杏月、牛牛（張勝量）、鄧吉龍、蕭煌奇等人，以小喇叭、大提琴、鋼琴、獨唱，交響樂及合唱等方式，交織出「師恩浩浩」、「無盡身教」、「大悲心起」、「我願無窮」等六部樂章，呈現磅礡宏偉的法鼓史詩，繞梁不絕的餘韻，恰如師父以生命擊法鼓，勸請眾人發願、還願的慈悲法音。

四年多前，為法鼓山開山音樂會表演鋼琴獨奏的音樂神童牛牛，此次再度以樂曲〈大悲心起·永懷師父〉做為對聖嚴師父的供養，寄望藉由這首體現「寂

感恩音樂會以壯闊磅礡的樂章,傳揚四眾弟子的願心與承擔。

滅為樂」的曲子,提醒大家懷持快樂、智慧的心,常發善願,仿若聖嚴師父仍在眼前殷切關懷。

音樂會最後,以大合唱方式演繹聖嚴師父親自填詞的〈法鼓山〉、〈慈悲〉和〈法鼓頌〉,渾厚動人的合聲,不僅傳唱出師父的交付與叮嚀,台上台下唱和相應之間,更象徵了眾人擊大法鼓,傳演「我願無窮」的信心與願力。

● 03.04

慈基會關懷甲仙鄉地震災情
法師、義工提供物資與心靈關懷

高雄縣甲仙鄉於3月4日上午發生芮氏規模六‧四強震,慈基會啟動緊急救援系統,臺南分院監院果謙法師、副祕書長常法法師和各地總指揮、義工,於第一時間同步展開勘災和關懷,並對部分房舍受損嚴重的民眾致送慰問金、墊被、民生物品等。

地震發生後,法鼓山義工們分成

法鼓山致贈慰問金予房舍受損嚴重的民眾。

小組，分別多次慰訪內門鄉、六龜鄉的民眾，同時轉達方丈和尚果東法師的關懷之意。除致贈重災戶慰問金外，並給予精神上的支持和鼓勵，協助經濟困窘家庭的學子申請「百年樹人獎助學金」。對於法鼓山及時的關懷與協助，居民們都表達由衷地感謝。

● 03.07

法行會中區分會大會臺中分院舉行
方丈和尚勉勵出離煩惱、發願奉獻

法行會中區分會3月7日上午於臺中分院舉辦第四屆第一次會員大會，並改選新會長，方丈和尚果東法師、彰化縣縣長卓伯源出席關懷，共有六十人參加。

方丈和尚開示時說明，生命中有許多無常變化，一般人又有太多

方丈和尚（中）、蔡瑞榮會長（第一排左四）與中區法行會會員合影。

自我中心執著，應學習應用佛法來轉化，才能讓散亂的心集中、統一；並勉勵大眾出離煩惱、發願奉獻。

法行會中區分會會長蔡瑞榮則分享閱讀聖嚴師父著作《美好的晚年》的心得，表示閱讀此書讓自己更深入師父的內心世界，並體會到師父的用心與願心。卓伯源縣長也於會中祝福臺中寶雲寺的籌建能早日完成，提供中部地區民眾寧靜祥和的修行道場。

會中，除進行會務報告，並改選新任會長，連任會長的蔡瑞榮，期許會員們承續聖嚴師父的悲願，將護持法鼓山當作生命中的一項重要使命。

● 03.13～14

慈基會舉辦兒少學習輔導研討會
持續安心家庭關懷工作

由慈基會推動的「兒童暨青少年學習輔導專案」，3月13至14日於東勢安心站舉辦「2009成果分享研討會」，內容包括參訪文物館、舉辦專題講座等，共

兒少學習輔導專案成果分享研討會中，學員進行分組討論。

有三十八位義工與專職參加。

第一天進行參訪東勢鎮客家文物館及石岡社區營造，讓參與學員在輕鬆又知性的過程中，了解東勢地區客家庄的歷史、文化與生活習俗，以及石岡社區自臺灣921大地震後的社區總體營造成果，提昇鄉土情懷。

第二天課程，邀請彰化師範大學心理諮商與輔導學系副教授林杏足主講「如何與弱勢家庭的孩童相處」，解說在慰訪過程中，要如何體會孩童的感覺與情緒，引領學童如何與人相處，培養一個健全的品格。林老師的講述，讓第一線的關懷義工了解未來關懷工作上的方向與定位。

下午，慈基會副祕書長常法法師分享八八水災救援行動，以及於高雄縣甲仙鄉舉辦農曆年圍爐、元宵節提花燈等活動，透過長期陪伴、關懷災區孩童的方式，引導在地鄉民看到自己生命中的動力與自主力。

課程結束後，學員們表示，未來從事慰訪關懷時，將運用多元的善巧方式，關懷所服務的學童。

● 03.20　03.28

慈基會舉辦正副總指揮緊急救援教育訓練
同步推動救災與環境教育

慈基會「2010年緊急救援系統──正副總指揮暨組長級教育訓練」，於3月20日、28日分別在高雄紫雲寺、臺北德貴學苑舉行。參與的正副總指揮及組長，中區、南區共有九十一位，北一至北七轄區有一百四十位。

鑑於氣候變遷為人類

汪中和教授運用圖片實例，說明全球暖化對臺灣的影響，呼籲大家從生活做起，響應節能減碳。

帶來的衝擊，上午第一堂課邀請中研院地球科學研究所研究員汪中和主講「全球暖化對臺灣的影響」，汪中和教授呼籲每個人從生活做起，響應節能減碳，小小行動將能大大改善地球生態。第二堂課，由慈基會緊急救援組組長吳慎介紹法鼓山海內外災難救援概況，分享「四安」重建成果。

下午的課程，由法鼓大學籌備處人生學院副教授楊蓓以「帶著禪心去救災」為主題，提醒學員必須帶著安定的身心，運用智慧提供災區民眾實際的需要。楊蓓老師表示，聖嚴師父曾提及救災與教育的原則為「三分救災，七分教育」，救災教育也是環境教育，勉勵大眾把習得的環保觀念帶回家，並向鄰里推廣，不僅要做「救災總指揮」，更要成為「救災種子教練」。

關懷中心副都監果器法師在北區課程結束時，以聖嚴師父法語「要用心，不要擔心」，說明觀念的轉變，遠比提供物資更加重要，也期勉學員平時就要居安思危，不管救援工作或慈善關懷，都要用心靈環保的觀念做為指導方針。

● 04.14～21

慈基會勘查團赴海地勘災
了解災後重建相關事宜

法鼓山持續關懷海地震災重建，4月14至21日，慈基會工程勘查團一行人由救災諮詢委員會副主任委員黃楚琪率隊，前往年初發生強震的海地災區勘查評估，了解災後重建相關事宜。

慈基會代表與海地救援組織人員討論重建事宜。

一行人在海地停留期間，除走訪重建單位、了解災區重建情形外，並在臺灣駐海地大使館大使徐勉生與公使齊王德的協助安排下，拜會海地衛生部、社會部、教育部等政府機構。

另一方面，一行人也拜訪合作單位——跨國醫療組織NPH的聖達米安兒童醫院（Saint Damien Hospital），訪視關懷安置的災區兒童，以及參訪當地孤兒院、中小學等，並與糧食濟貧組織人員會面交流，為日後國際援助建立合作的默契。

● 04.17

護法總會舉辦悅眾聯席會議
方丈和尚勉勸募、關懷、教育並進

在護法悅眾聯席會上，方丈和尚勉勵眾人持續透過勸募與關懷，接引更多人一起學佛、護法。

護法總會於4月17日在北投農禪寺舉辦「正副會團長／轄召／召委悅眾聯席會議」，方丈和尚果東法師、關懷中心副都監果器法師、護法總會總會長陳嘉男、榮譽董事會會長劉偉剛等均出席關懷，共有一百四十多位悅眾參加。

方丈和尚開示時指出，二十年來，法鼓山從農禪寺到世界佛教教育園區，各項建設與活動都是在各種因緣的聚合下推動完成，而每個階段也都因著鼓手們的參與才能圓滿；如今聖嚴師父捨報，護法信眾不只要發願，協助將法鼓大學建設起來，還要持續透過勸募與關懷，接引更多人一起學佛、護法。

會議上，除了討論本年度護法關懷的推動方向與工作重點，護法總會也請文化中心副都監果賢法師以「法鼓山的鼓手」為題，和與會大眾分享如何重新掌握修學佛法、護持佛法、弘揚佛法「三位一體的法鼓勸募學」。法師指出在勸募、護法的過程中，經常出現的種種疑惑與困頓，這些疑問都必須透過修行的實踐，體悟佛法的妙用，才能從中找到答案；當自己懂得運用佛法並與人分享時，便是三位一體的修行人、成為一座影響旁人的法鼓山。果賢法師鼓勵大眾重新閱讀《法鼓山的方向》，從聖嚴師父對護法悅眾的開示中找回初發心，做為邁步向前的動力。

榮董會會長劉偉剛、執行長連智富也特別向悅眾說明「我願無窮」與「成就大願」專案的內容與意義。劉偉剛分享表示，聖嚴師父捨報前仍殷切叮囑法鼓大學的進度，看似放捨不下，其實是恆念眾生，而這個無盡、無我的悲願，即是所有護法悅眾和師父同心共願的新起點。

當天適逢農禪寺進行舊大殿拆除工程，會議結束後，建築已全數拆除。悅眾也彼此互勉，隨著更多法務的推動與實踐，互勉同心同願努力將法鼓山的理念傳遞給更多人知道。

● 04.17　04.18　04.24

合唱團舉辦「法鼓法音教師巡迴列車」
學習唱誦結合修行　分享法音

　　合唱團舉辦「法鼓法音教師巡迴列車」活動，於4月17、18、24日分別在高雄紫雲寺、臺中分院、北投農禪寺舉行培訓課程，內容包括佛曲演唱觀摩、發聲技巧指導、歌曲教唱及詮釋等，全臺共有近兩百七十人參加。

　　三場培訓課程，分別邀請聲樂家吳杰鳴、楊勝安、傅上珍授課，指導發聲法及歌唱技巧，並示範不同音質的正確發聲。首場培訓於紫雲寺舉辦，參加的學員包括高雄、臺南合唱團團員共七十多人；僧團果澔法師出席關懷，提及《梁皇寶懺》懺文中寫道，今生有美好清脆的音聲，都是由於過去生中曾經歌詠三寶的結果，以此勉勵大家。

　　在歌曲教唱及詮釋單元，由團長李俊賢帶領，李團長以聖嚴師父作詞的〈平安歌〉為示範曲，指導學員如何演唱，同時分享師父對合唱團的殷切期許，讓合唱團於質、量方面不斷提昇，藉由演唱佛曲，將佛法與法鼓山的理念宣揚出去。

　　最後，果澔法師為團員開示，說明眾生六根中以耳根最利，一首好的佛教歌曲之所以感動人心，必定包含了修行在其中，唱誦與修行結合、人與法結合、聲音與法結合，如此的音聲才能讓人攝受、感動。

合唱團舉辦三場「法鼓法音教師巡迴列車」，圖為在農禪寺進行的場次。

● 04.18　05.16　05.30

慈基會舉辦心靈關懷暨個案分享研討會
提昇關懷能力　落實關懷功能

　　為提昇慰訪員的關懷能力，慈基會於4月18日及5月16、30日，分別在南投安心站、高雄紫雲寺、德貴學苑舉辦「緊急救援心靈關懷暨個案分享研討會」，內容包括關懷技巧模擬演練、個案研討等，共有近三百位地區慰訪義工參加。

　　各場研討會全天的課程內容，上午是「災後心訪你我他」，邀請心理諮商師

主講，闡述救災體系應具備的各項認知，以及災後重建期間的危機介入及方法，並進一步提出具體方法，以化解災區民眾可能出現的心理反應。

下午的課程是「模擬演練」與救災經驗分享，在講師引導下，學員們就地區救災中心運作時，可能出現的問題，提出可行的解決方案，並討論救災過程中人力、物力、資源的整合。

慈基會慰訪義工在心靈關懷課程中，進行分組演練，學習安心四寶的應用。

此外，慈基會祕書長果器法師出席於德貴學苑舉辦的北區研討會時，除了讚歎學員努力進修學習的精神，並期勉大家將學習過程中的體會，充分運用在關懷工作中；關懷中心果選法師也出席於南投安心站舉辦的中區研討會，期勉學員在慰訪過程中，安頓身心、消融自心、提起大悲願心，落實整體關懷功能。

2010「緊急救援心靈關懷暨個案分享研討會」一覽表

時間	地點	地區	授課講師
4月18日	南投安心站	臺中、東勢、豐原、南投、竹山、埔里、彰化、員林	黃龍杰（臨床心理公會常務理事） 林淑文（臺北市社會局社工師）
5月16日	高雄紫雲寺	嘉義、高雄、潮州、屏東	黃玉真（臺北市心理衛生中心危機處理小組安心員） 吳素秋（高雄縣社會處仁武區社會服務中心督導）
5月30日	德貴學苑	花蓮、宜蘭、臺北、桃園、新竹、苗栗	黃龍杰（臨床心理公會常務理事） 林淑文（臺北市社會局社工師）

● 04.24

法鼓山受邀參與臺北縣「99年度春季淨灘活動」
金山、萬里地區義工「手」護自然

法鼓山受邀參與行政院環保署、臺北縣政府環保局及金山鄉公所主辦的「99年度春季淨灘活動」，4月24日於金山鄉中角沙珠灣沙灘進行，方丈和尚果東法師親臨致詞，並與環保署署長沈世宏、臺北縣副縣長李四川、金山鄉鄉長許春財等，一起啟動淨灘活動的儀式，共有近千人參加。

方丈和尚致詞時表示，許多人將天災頻仍當成是大地反撲，事實上，環境的變化多是人為造成，當地球積累過多的污染，自然會惡化並影響我們的生活。

方丈和尚鼓勵大家一起實踐心靈環保，從內心及觀念的導正做起，將孕育萬物的地球當成是我們的母親，用感恩心來愛護她。

沈世宏署長也積極呼籲大家盡力做到「馬路不是垃圾桶，垃圾自己帶回家」的環保作為，讓未來的海灘環境，不需要大規模的人力來清潔。

金山、萬里地區義工參與臺北縣「99年度春季淨灘活動」。

活動中，法鼓山義工們與近千位民眾穿著輕便雨衣，在沙珠灣沙灘撿拾垃圾及污染物，許多民眾帶著家中小菩薩一起參加，將用心做環保、愛護地球的觀念，落實在具體的行動中。

● 04.25～06.06　10.03～11.14

第十六、十七期「百年樹人獎助學金」頒發
嘉惠全臺近兩千七百位學子

慈基會於4月25日至6月6日、10月3日至11月14日期間，在全臺各地舉辦第十六、十七期百年樹人獎助學金頒發活動，全年共七十三場，近兩千七百名學生受益。各場頒發活動結合感恩卡製作、表演節目，以及當地活動特色，藉此讓受獎學生及其家人感受社會的關懷與祝福。

5月於新竹市十八尖山舉辦的頒獎典禮，結合健走活動，共有五百多位受獎學生、家屬參加。圖為國小組學生合影。

其中，5月2日於臺北國父紀念館廣場舉辦的獎助學金頒發，結合「安和豐富——簡單享受，綠生活」活動，引領學子將感念佛恩、關愛母親的心情，擴展至珍惜土地萬物。5月16日於新竹市郊十八尖山幸福亭舉辦的活動，先安排民眾健走、體驗

「坐姿禪」，再邀請新竹市市長許明財、新竹縣政府教育處科長李國祿頒獎，許明財市長鼓勵同學勤奮向學，未來有能力付出時，能夠回饋社會，將愛心傳承下去。

下半年，中部地區於10月24日舉辦聯合頒發活動，上午以「自然環保」為主題，於臺中市都會公園後山的產業道路進行淨山健行，並邀請臺灣生態學會生態義工導覽解說大肚山生態；下午再於靜宜大學禮堂舉辦頒獎典禮，臺中分院監院果理法師出席勉勵同學透過淨山健行，體驗自然環保的重要，也以聖嚴師父求學的故事為例，鼓勵學子學習克服重重難關，努力求學，將來有朝一日能為社會奉獻。

10月31日於高雄紫雲寺舉辦的頒獎典禮，副祕書長常法法師出席關懷，有近兩百八十位受獎學生、家屬參加。活動除結合「感恩卡創意大賽」頒發，也安排闖關遊戲，分享佛典故事，並引領學子練習禪修、體驗放鬆與專注；還邀請家長觀看《大哉斯鼓》影片、《108自在語》3D動畫，認識法鼓山「心靈環保」的理念。

2010「百年樹人獎助學金」成果統計表

期別／學別	國小	國中	高中	大學（專）	總人次
第十六期	490	288	339	137	1,254
第十七期	498	359	325	213	1,395
合計	988	647	664	350	2,649

● 05.13

海地大使劉邦治拜會慈基會
雙方針對海地援建進行交流

劉邦治大使（右二）與果器法師（右一）等人針對海地災後重建工作，交流意見與想法。

6月將代表中華民國赴任海地大使的劉邦治先生，於5月13日下午至北投雲來寺拜會慈基會祕書長果器法師，感謝法鼓山對海地地震災情的關懷，雙方並針對災後重建工作交流意見與想法。

劉邦治大使到訪的首要目的，是感謝法鼓山不遠千里前往海地援助災區民眾，協

助政府撫慰邦誼，讓臺灣的愛心弘揚國際；另一方面也希望進一步了解法鼓山等臺灣各民間團體在海地從事災難援助的概況。

果器法師向大使說明法鼓山前往海地勘災的情形，並表達了法鼓山傾向協助部分災區校舍的重建，希望大使能夠促成雙方溝通，讓海地政府提供支援，早日完成災區學子安心上學的心願。劉邦治大使則表示將盡力給予協助，玉成此一美事。

● 05.16

四川宗教局副局長余孝恆訪法鼓山
表達對法鼓山援災的感謝

5月16日，中國大陸四川震災屆滿兩週年之際，四川省宗教局副局長余孝恆、財政廳主任黃吉秀、宗教局副處長范敏等人，特地前往法鼓山園區參訪及拜會僧團副住持果品法師等人。

余孝恆副局長表示懷著感恩的心情來到

余孝恆副局長（左四）一行人在果品法師（左五）、果器法師（左三）等接待下，參訪園區。

臺灣、法鼓山園區，對前往四川災區賑災的果品法師一行表達感謝之意；同時也感謝法鼓山僧俗四眾對四川災區民眾的關心與支持。

來訪一行人在果品法師、慈基會祕書長果器法師及國際發展處監院果見法師的陪同下，陸續參觀了祈願觀音殿、開山紀念館、大殿、禪堂、佛教學院及法鼓大學預定地等，體會法鼓山園區展現的禪悅境教之美。

● 06.03

四川秀水一小、衛生院重建工程落成啟用
期勉一小師生提昇人品、醫護人員開大慈悲門

歷經兩年的籌備施工，由法鼓山援建的中國大陸四川安縣秀水第一中心小學、秀水中心衛生院於6月3日舉行落成啟用典禮，四川省宗教局局長王增建、

省臺辦副主任張軍、什邡
羅漢寺住持素全法師等來
賓應邀觀禮，並與法鼓山
方丈和尚果東法師、副住
持果品法師及護法信眾，
共同為新落成的校舍及衛
生院剪綵，祈願嶄新的硬
體設備，為秀水民眾提供
優質的人文教育環境及衛
生醫療服務。

秀水中心衛生院現代化的硬體與醫療設備，融攝了「四安」的理念。

　　方丈和尚於典禮中致詞表示，災後重建，不僅校園、衛生院變得堅固，如何讓人心也能堅固、安定下來更為重要。方丈和尚並且感恩兩年來各界的支持協助，成就新的校園與衛生院；也期許衛生院「開大慈悲門」，運用法鼓山的理念與方法，幫助當地民眾，安己安人、安樂眾生。

　　張軍副主任於致詞時表示，兩年來看到法師、義工以秀水鎮為家，全心投入工程建設、隨時隨處關懷民眾，慈悲願行讓人深受感動；王增建局長鼓勵當地民眾，以感恩、知恩的心，在自己的崗位上勤奮向上、學習奉獻，回報法鼓山及臺灣民眾的大愛。

　　坐落於秀水一小校門口的「提昇人品石」，以及衛生院景觀中庭的「心安平安石」，石上皆有聖嚴師父的墨寶題字，意蘊深遠，除了勉勵全校學生透過教育、人文活動的薰習，在生活中學習實踐自我、提昇自我；也期勉醫護人員在照顧病人的身體之外，發揮安定人心的力量。

在秀水一小的落成啟用典禮上，方丈和尚鼓勵學子們在學習中提昇人品，在生活中成長自我、奉獻自我。

四安種子在四川汶川萌芽

展現心靈環保新活力

中國大陸四川震災屆滿兩週年之際，由法鼓山以「四安」理念，在川震災區援建的四川安縣秀水第一中心小學、秀水中心衛生院，於6月3日落成啟用了！

回顧法鼓山兩年來在四川災區援助重建的過程，2008年5月從緊急救援的「安身」工作，邁入家園重建「安家」、「安業」階段，除了援助重建秀水一小、秀水中心衛生院等硬體設施，並同步展開「安心」工程，包括心理重建座談、生命教育課程、設立秀水、什邡安心站、頒發獎助學金等，透過長期的陪伴，提供安住身心的方法，並結合在地社群團體，共同為安縣民眾搭建互相支援、成長的關係網絡。

四安種子萌芽 讓汶川發亮

四川大地震後，法鼓山在評估整體災後重建需要後，決定援助秀水一小和衛生院重建工程，副住持果品法師特別邀請在臺灣921災後校園重建經驗豐富的建築師姚仁喜參與設計。

親自監督施工的果品法師指出，秀水一小興建面積三千六百坪，可供兩千五百多名學生在森林學校中快樂地學習成長；而衛生院占地兩千兩百坪，包括門診綜合樓、災後心靈安慰樓等，院區採暖色系建築，規畫有綠色中庭，注重採光與通風，處處以人為出發點，營造安定病患和家屬身心的氛圍。

法師與義工點燃心靈之燈

協助當地重建的七百多個日子，法鼓山透過小學及衛生院的重建，型塑人文關懷的境教生活，從帳篷、板房到新校舍、新醫院，不僅援建工程展現境教氛圍，同時以安心服務站為平台，推展禪修、讀書會、環保體驗等各項安心教育工作。法師和義工們熱情奉獻的一言一行，感染著小鎮的學生和居民，更發揮了潛移默化的作用，協助當地民眾運用佛法的慈悲智慧，邁出希望安定的步伐，心靈重建與安心教育正綻放出新光芒。

兩年來，法鼓山長期在災區協助各項重建工作，持續進行各項「安心」工程，隨著秀水一小、衛生院的落成，重建工程不僅圓滿安家、安心的任務，展現「心靈環保」的新活力，也象徵新生活、新里程的開始。

● 06.10

四川安縣代表團參訪園區
表達安縣居民感恩法鼓山援災

方丈和尚以聖嚴師父墨寶「安和豐富」與四川安縣代表團結緣。（左為縣委書記王黎）

　　6月10日，中國大陸四川安縣縣委書記王黎率領十人參訪團來臺，前往法鼓山園區參訪，方丈和尚果東法師、僧團副住持果品法師、慈基會祕書長果器法師全程陪同。

　　王黎書記代表四十多萬安縣民眾，寫下「飲水思源」，表達秀水居民對法鼓山支援災區重建最深的感恩；並強調法鼓山對援建工程品質的要求，不僅當地人視為楷模，建築物前所樹立的「心安平安」、「提昇人品」石碑，更是發人深省。

　　方丈和尚除代表僧俗四眾，感恩安縣政府和地方，給予法鼓山共患難的學習機緣，也感恩各方匯聚的善心願力。未來，法鼓山也會繼續發揮安心的作用，投入長期的心靈重建。

　　最後，方丈和尚也以聖嚴師父的著作，以及師父墨寶「安和豐富」卷軸與團員結緣。

● 06.12～11.14期間

文基會舉辦心靈環保列車活動
清淨家園體驗自然環保

在高雄心靈環保博覽會中，義工指導小朋友打坐。

　　6月12日至11月14日期間，文基會於全臺各地推動心靈環保列車系列活動，全年總計有北投農禪寺及十五個護法會地區辦事處共同投入二十三個場次，有近四千人次參加。

　　2010年心靈環保列車系列活動，主要包括「自然環保」、「生活環保」、「心靈環保」三類。「自然環保」活動方面，響

應「2010迎花博，臺北大掃除」及「918世界清潔日」兩大活動，於臺北市及宜蘭、嘉義、高雄等地，共舉辦十五場清淨家園的掃街活動，讓民眾在參與環保的過程中，體驗利己利人及服務的歡喜；另一方面，也於大臺北地區及宜蘭等地，舉辦五場「手護大自然」自然探訪，並進行淨山及淨溪活動。

「生活環保」方面，10月2日於宜蘭幸夫愛兒園舉辦「素食東西軍」活動；10月3日於高雄美濃郊區舉辦「鐵馬心旅行」，推廣節能減碳的觀念與實踐。

在「心靈環保」活動方面，11月14日在高雄縣衛武營公園舉辦「四環行動日」心靈環保博覽會，現場設置「平安鐘」、「聖嚴師父生平展」、「禪坐體驗」、「法鼓八式動禪教學」等九個活動區，透過闖關遊戲與民眾分享「心五四」和「心六倫」觀念，以及在生活中落實環保的方法，有近八百人參加。

文基會舉辦系列心靈環保列車活動，期能推廣環保理念，鼓勵更多民眾加入建設人間淨土的行列。

2010「心靈環保列車」活動一覽表

類型	活動名稱	時間	活動地點
自然環保	2010迎花博，臺北大掃除	6月12日	臺北市明湖國中、明湖國小及康寧公園周邊
		7月3日	臺北市天母忠誠公園
			臺北市中山區行政里、新喜里、新福里、中原里、新庄里等
		7月4日	臺北市北投農禪寺周邊社區
		7月11日	臺北市新湖國小、湖聖公園
		7月24日	臺北市安和路、仁愛路、忠孝東路周邊
		8月8日	臺北市麗山國中、麗山國小及港墘公園周邊
		9月4日	臺北市政府、101大樓周邊
		9月12日	臺北市西湖國小、西湖國中
	手護大自然——戶外禪、淨山淨溪、自然探訪活動	9月4日	臺北縣坪林金瓜寮
			宜蘭縣礁溪林美步道
		9月25日	臺北市仙跡岩
	918世界清潔日	9月18日	新莊市綜合運動公園
			基隆市火車站周邊街道
			宜蘭市中山公園
			嘉義市火車站周邊街道
			高雄市愛河沿岸
			屏東市千禧公園
		9月25至26日	花蓮市六十石山
		10月3日	臺北市富陽生態公園
生活環保	素食東西軍——素食推廣	10月2日	宜蘭市幸夫愛兒園
	鐵馬心旅行——自行車健騎活動	10月3日	高雄縣美濃郊區
心靈環保	四環行動日——心靈環保博覽會	11月4日	高雄縣衛武營公園

● 06.23

內政部民政司參訪生命園區
交流環保自然葬的作法

　　為觀摩法鼓山施行環保自然葬的植存作法，八十三位參加內政部民政司所舉辦的「殯葬業務研討觀摩參訪交流」的公務人員，6月23日前往法鼓山園區進行參訪。關懷院果選法師並出席就臺北縣立金山環保生命園區的理念、運作方式，進行介紹說明。

　　與會的民政司科長李朝麟表示，在政府長期推廣多元環保葬法的過程中，由於聖嚴師父倡導自然葬法並以

民政司公務人員參訪環保生命園區，由義工解說法鼓山施行環保自然葬的植存作法。

身示教，在捨報後以植存方式讓色身回歸自然大地，獲得社會大眾廣泛迴響，讓身後選擇環保葬法的民眾大幅增加，為生命教育做了最好的示範與引導。

● 06.26～27

甲仙安心站應邀參加甲仙大橋通車典禮
分享法鼓山的理念與服務

　　6月26至27日，高雄縣甲仙鄉公所於甲仙街道及甲仙國小兩地舉辦「甲仙大橋通車典禮暨2010年甲仙芋筍節」活動，法鼓山慈基會甲仙安心站受邀參加，同時安排義工協助參與大橋通車典禮及踩街活動，並於甲仙國小展示安心站的服務內容。

　　甲仙芋筍節活動以「十來運轉　遇見幸福」為主題，內容包括社區藝文表演、樂團現場演唱、甲仙山城巡禮、剝筍快手趣味競賽以及甲仙大橋點燈儀式，並於甲仙國小安排各項活動攤位。其中，甲仙安心站的活動攤位，以「禪」的意境呈現法

法鼓山義工參加甲仙大橋通車典禮，進行踩街活動。

鼓山的精神與文化特色，透過祈願與祝福安住人「心」，並展示分享安心站的服務項目及關懷工作，讓參觀民眾更加了解法鼓山為鄉民提供的服務。

● 07.05～08　07.09～11　07.14～16　07.19～21

南部三處安心站舉辦兒童心靈環保體驗營
災區學童學做「綠色地球小主人」

　　法鼓山持續關懷八八水災受災地區，慈基會於南部設置的三處安心服務站於7月5至21日期間，共舉辦四場「綠色地球小主人是我──2010法鼓山兒童心靈環保體驗營」，在義工小隊輔導員的帶領下，快樂體驗四種環保，共有三百三十多位國小學童參加。

　　甲仙安心站首先於7月5至8日，與甲仙鄉愛鄉協會共同在龍鳳寺舉辦兒童營，活動內容包括「甲仙埔大尋寶」、「三五〇高地生態探索」、「科學遊戲──生態服務表演」、「童玩製作」等結合在地環境、生態、人文特色的課程，引導孩子認識、愛護、保護家鄉的自然環境，同時帶領孩子們一起種樹，體認人是

甲仙地區的學童們在小隊輔的帶領下，做身心伸展體操。

自然的一部分，並學習珍惜資源，為愛護地球盡一份力量。

　　除了甲仙地區，位於八八災區的六龜安心站、林邊安心站，也分別於7月9至11日、7月14至21日期間，舉辦「兒童心靈環保體驗營」，帶領小朋友們從「心」出發，落實自然環保，學習做一個「綠色地球小主人」。

　　四梯次的營隊活動，皆以多元活潑的遊戲互動形式，呈現法鼓山「心靈環保」的理念，並安排戶外自然生態探索，引導小學員重新認識家鄉的自然、人文環境，繼而生起愛護鄉土的心。

八八水災地區暑期「兒童心靈環保體驗營」一覽表

時間	舉辦單位	舉辦地點	報名對象
7月5至8日	甲仙安心站、甲仙愛鄉協會	甲仙鄉龍鳳寺	甲仙鄉國小三至六年級學童
7月9至11日	六龜安心站	六龜安心站	六龜鄉國小三至六年級學童
7月14至16日	林邊安心站	林邊安心站	林邊鄉、佳冬鄉國小三至六年級學童
7月19至21日			

● 07.15   11.23

法鼓山捐建古坑鄉永久性住宅
協助二十八戶災區民眾建立安全家園

方丈和尚（前左）、蘇治芬縣長（前右）共同簽署捐建合約，法鼓山將協助雲林縣古坑鄉災區民眾重建安全的永久性住宅。

八八水災屆滿週年前夕，慈基會於7月15日與雲林縣政府，在縣政府社會處婦女福利大樓共同簽署合約，在「離災不離鄉」的原則下，協助古坑災區民眾重建安全的永久性住宅，共有二十八個受災戶在法鼓山協助捐建下，展開安家安業的新生活。由方丈和尚果東法師、雲林縣縣長蘇治芬共同簽約，古坑鄉鄉長林慧如、受災戶代表，以及慈基會祕書長果器法師、臺南分院監院果謙法師等共同參與。

儀式上，方丈和尚引述聖嚴師父開示「救苦救難的是菩薩，受苦受難的是大菩薩」，呼籲大眾記取災難的教訓，防範災害再度發生，才對得起所有承受苦難的菩薩們；並表示法鼓山認養古坑鄉永久屋，是藉此對受苦難的災區民眾盡一份心意，以及向所有以毅力與積極態度投入重建的救難人員表達敬意。

蘇治芬縣長表示，八八水災中，古坑鄉受到土石流的侵襲，非常感謝法鼓山的相助，讓災區民眾可以在全國人民的愛心協助下，一同建立和睦溫暖、彼此關懷的人間淨土。林慧如鄉長與受災戶代表也表示，法鼓山適時的援助，讓他們感受到佛教團體入世奉獻、積極助人的精神。

11月23日下午，慈基會並在當地召開規畫說明會，由慈基會委任的建築師劉宇傑，向古坑鄉公所代表及社區住戶，說明永久屋的建造理念，在於環保簡約、充滿綠意，並兼顧在地特色。居民在聽取說明之後，對未來家園充滿期待，十分感恩法鼓山的協助。

古坑鄉永久屋社區已進入建照核發階段，預計2011年6月底汛期來臨前完工，希望幫助在八八水災中失去家園的古坑鄉華山、漳湖、草嶺地區民眾，能在重建的新家園裡，找回身心安頓的生活。

● 07.21～07.24　07.26～08.13期間

生命教育心靈環保體驗營於四川舉辦
六百多位中小學、大專學生積極參與

　　法鼓山持續關懷中國大陸四川震災地區心靈重建工程，7月26日至8月13日期間，慈基會與法青會於當地共同舉辦九梯次的「生命教育心靈環保體驗營」，以中小學、大專學生為對象，共有六百多位學子參加。

　　生命教育心靈環保體驗營課程內容，是以融合「心六倫」與「心五四」為主軸的心靈重建與生命教育，由僧團果竣法師、常順法師、常炬法師、常鐸法師等帶領法青會成員與當地大學生義工，共同為營隊活動服務。

　　營隊活動的高中營，首先於7月26至29日、8月4至7日，分別於綿陽中學、什邡中學舉辦「生命教育高中心靈環保體驗營──閱讀‧生命的樂章」，課程內容主要為「閱讀書」、「閱讀人」、「閱讀

慈基會與法青會於秀水安心站舉辦「生命教育心靈環保體驗營」，僧團果品法師（第一排右三）、果竣法師（第一排右二）等與兩地小隊輔合影。

環境」三個面向，透過具有互動性與充滿啟發性的活動，讓學員認識自我與生命，學習如何善待他人與環境，進一步提昇生命的價值與意義。

　　在7月31日、8月1日於民興中學舉辦兩梯次的初中營，上午的課程是認識心五四以及心靈環保的理念；下午進行「心五四闖關活動」，小隊輔帶領學生從遊戲中學習四安、四它、四要、四感、四福，也藉著感恩卡，寫下學習的心得，表達對自己與親友的鼓勵、感謝與祝福。

　　為大專生舉辦的營隊活動，則於8月9至13日在什邡羅漢寺進行，內容以禪修課程為主，除觀看聖嚴師父禪修開示影片，並由法師帶領放鬆身心的方法，引導學員以感恩心，在奉獻中重建希望與熱忱。

　　營隊活動的國小營，則於8月10至13日於秀水第一中心小學舉行四梯次，帶領學童進行佛曲教唱、「聖嚴法師108自在語」彩繪、吃飯禪、闖關遊戲等活

潑的活動。

此外，為使活動圓滿，在營隊舉辦之前，慈基會與法青會先於7月21至24日在法鼓山秀水安心站舉辦「小隊輔行前培訓」，針對「心靈環保」、「心五四」、營隊技巧、活動設計等內容提昇帶領技巧，並凝聚兩地小隊輔的共識，共有十一位法青會員及十位當地大學生參加。

2010四川「生命教育心靈環保體驗營」一覽表

類別	地點	時間	梯次別
國小營	秀水第一中心小學	8月10日	第一梯次
		8月11日	第二梯次
		8月12日	第三梯次
		8月13日	第四梯次
初中營	民興中學	7月31日	第一梯次
		8月1日	第二梯次
高中營	綿陽中學	7月26至29日	共一梯次
	什邡中學	8月4至7日	共一梯次
大專營	什邡羅漢寺	8月9至13日	共一梯次

● 07.22～23

慈基會受邀參與援助國際發展論壇
分享全球賑災救援經驗

7月22至23日，法鼓山應外交部之邀，首度參與在美國華府華盛頓會議中心（Washington Convention Center）舉辦的第二屆「援助與國際發展論壇」（Aid & International Development Forum, AIDF），由慈基會專職楊仁賢代表參加。

慈基會參與此次國際論壇，除了與各國非政府組織（NGO）分享法鼓山多年全球賑災救援的經驗、拓展合作，並推廣「心靈環保」理念，將「心安即是平安」的觀念分享給世人。

這場論壇討論主題廣泛，不僅觸及環境永續發展與全球暖化問題，貧窮、性別平等、綠色產品與科技、海地援助發展、糧食安全等議題，也是會議中各團體代表討論的焦點。會議中，代表們同意加強彼此間的聯繫，提昇訊息交流與學習；此外，也呼籲各國政府之間加強合作，以因應即將到來的挑戰。

參與此次論壇的國內團體，除了法鼓山，尚包括中華民國紅十字會總會、行政院衛生署、富邦文教基金會及國家發展合作基金會等。

08.01～10.31期間

勸募會員成長營全臺展開

悅眾鼓手互勉成為他人的觀音菩薩

中部地區的鼓手齊聚臺中分院，一起分享募人募心、快樂學佛的喜悅與成長。

8月1日至10月31日期間，普化中心信眾教育院、護法總會於全臺各地分院、護法會辦事處舉辦十三場「2010勸募會員成長營」，透過成果回顧，以及勸募悅眾的分享，凝聚願心與善的力量，並互相學習，讓更多人加入鼓手的行列，共有近兩千一百位會員參加。

關懷中心副都監、護法總會輔導法師果器法師出席每一場成長營，強調教育與關懷是法鼓山的特色，而法鼓山的勸募，是為了眾生的需要，並勉勵每一位鼓手時時提起道心，藉事藉境鍊心，度眾生也同時提昇自我。

課程中，播放聖嚴師父的開示影帶，說明法鼓山是由眾願所成，法鼓山是大家的，只要有信心、虔誠的心，可以跟著法鼓山一起成長；法鼓山是一個理念，而勸募會員是推動這個理念的鼓手。

一天的課程，還包括由資深悅眾分享「勸募意義與心態」、「勸募方法與原則」等，也透過影片回顧半年來法鼓山舉辦的各類修行、社會淨化運動，其中2月份聖嚴師父圓寂週年的傳燈法會，回響既深且遠。

最後的小組討論中，有學員分享，將學習觀世音菩薩的慈悲心，以照顧他人做為成長自己、提昇人品的最高法門；也有學員自我期許，要熟讀《勸募一本通》，做到知行合一，時時努力實踐。

2010全臺勸募會員成長營一覽表

地區	日期	活動地點	轄區
北部	8月29日	德貴學苑	北三轄區
	8月29日	北投雲來寺	北二轄區
	10月10日	法鼓山園區	北七轄區
	10月30日	北投農禪寺	北一轄區
	10月31日	北投農禪寺	北四轄區
	10月31日	桃園齋明寺	北五轄區

地區	日期	活動地點	轄區
中部	8月1日	臺中分院	中部地區（臺中、苗栗、豐原、海線）
	9月26日	護法會員林辦事處	中部地區（彰化、員林、南投）
南部	8月22日	高雄紫雲寺	高屏地區
	9月26日	臺南分院	臺南、嘉義
東部	9月19日	護法會花蓮辦事處	花蓮
	10月16日	臺東信行寺	臺東
	10月17日	羅東國中	宜蘭、羅東

● 08.05～20

慈基會赴斯里蘭卡關懷
頒發獎助學金及勘查義診事宜

法鼓山義工於斯里蘭卡村落進行慰訪，勉勵學子努力向學。

法鼓山在南亞斯里蘭卡的五年災後重建工程，雖已於2009年12月底圓滿，但有鑑於當地家園殘破仍需協助，2010年8月5至20日，慈基會派遣義工前往斯里蘭卡持續關懷，勘查醫療團義診相關事宜，並進行獎助學金頒發活動，共有三十位學子受益。

慈基會兩位義工陳琦綠、江碧花於西北部漁港曼納爾（Mannar）、中北部大城瓦武尼亞（Vavuniya）、歐杜蘇頓（Odusudam）等地代表法鼓山頒發獎助學金，勉勵學子努力向學；也至各村落進行慰訪，贈予民眾民生物資和學用品等，也代表法鼓山感謝當地相關單位的協助。

此行，兩位義工並拜訪政府單位，就日後醫療團義診有關事項，進行磋商與協調。

● 08.07

基隆地區護法屆滿二十年
地區信眾接續建設人間淨土的願心

　　法鼓山在臺灣的第一個共修處——基隆共修處（辦事處前身）成立至今，屆滿二十年。8月7日上午，護法會基隆辦事處於基隆長榮桂冠酒店舉辦「歡慶基隆區護法會成立二十週年」慶祝活動，方丈和尚果東法師、關懷中心副都監果器法師、護法總會總會長陳嘉男伉儷、榮譽董事會執行長連智富，以及北海岸金山、萬里、三芝、石門地區悅眾到場祝福，共有近五百人參加。

　　出生於基隆的方丈和尚開示時，分享自己的出家因緣，以及聖嚴師父與基隆地區的點點滴滴。方丈和尚表示，參加基隆共修處的活動，是自己當年出家的一大助緣，除了表達感念與感恩，並以「法鼓山那麼好，基隆離法鼓山又那麼近」，鼓勵眾人多多參與法鼓山的活動。

　　活動現場，展示基隆地區二十年來的護法照片。回顧當時，護法會基隆辦事處第一任召委余玉美，於1991年受到聖嚴師父「戶戶蓮社，家家禪堂」佛法家庭化的感召，努力自籌經費，整修粉刷自家頂樓，成立了基隆共修處。余玉美的女兒，現任基隆區副召委杜思勤回憶表示，當時自己還是國中生，家中頂樓尚未修繕，師父就帶著果鏡法師、果燦法師及前護法會長楊正等來關懷。而當天拍攝的照片，則成了珍貴的歷史鏡頭。

法鼓山基隆區合唱團在二十週年會場，以嘹亮歌聲演唱〈法鼓山〉，傳唱出護法種子綿延、子孫後繼傳承的堅定願力。

每張展示的照片,都見證了基隆地區二十年來透過禪坐、念佛、讀書會等活動的舉辦,接引信眾學佛、護法的歷程。有悅眾表示,透過參與活動感受到「生命有限,我願無窮」的大願力,也更珍惜善緣,共同提起建設人間淨土的願心。

● 08.08

八八水災週年各大宗教聯合追思大會
方丈和尚代表出席並為災區民眾祝福

由高雄縣政府主辦,高雄縣佛教會、高雄縣各宗教團體協辦的「心手相連、慈悲蔓延──八八水災週年高雄縣各大宗教聯合追思祝禱大會」,8月8日上午於高雄縣立體育場舉行,包括法鼓山方丈和尚果

方丈和尚(中)與各宗教團體代表為災區民眾祝福。

東法師、佛光山住持心培法師、天主教臺灣區主教團樞機主教單國璽,以及慈濟、一貫道等各大宗教團體代表皆與會,共有兩千多人參加。

大會首先由高雄縣縣長楊秋興恭頌祈願文,祈願大眾用愛心重建家園,全體人民增福慧,罹難民眾生蓮國;高雄縣議會議長許福森肯定宗教愛、慈悲、智慧的力量,安定人心化解災難。

各宗教團體代表帶領民眾誦念佛號、灑水祝福儀式後,方丈和尚致詞籲請社會大眾,共同傳達「大地觀」的觀念,將土地視為孕育萬物生命的母親,認真思考如何愛護與珍惜,讓我們生存的地球早日實現真正的安和豐富,成為「安己、安人、安樂眾生;和敬、和樂、和平世界」的人間淨土。

● 08.08

法鼓山整建荖濃防災中心正式啟用
結合救災、防災、教育等多元功能

8月8日莫拉克風災週年當天,法鼓山協助高雄縣六龜鄉整建的「荖濃防災暨社區教育中心」舉行啟用典禮,由方丈和尚果東法師主持贈鑰、揭牌儀式,荖

濃國小校長林敏婷、荖濃社區發展協會理事長徐信介代表接受。

方丈和尚致詞時，期盼結合各界愛心整建的防災教育中心，未來能充分發揮救災、防災、教育、社區營造等功能，協助民眾珍惜鄉土、深耕家園。

新啟用的「荖濃防災暨社區教育中心」，為當地復興電台、荖濃托兒所舊址，原已廢棄閒置多年，八八水災後，社區各項公共建設嚴重損壞，為使村民日後在風雨成災之際，有一處安全的避災空間，法鼓山慈基會依社區需求，將復興電台舊址重新規畫、整建。

方丈和尚（右）主持「荖濃防災暨社區教育中心」贈鑰儀式，由荖濃國小林敏婷校長（左一）、荖濃社區發展協會徐信介理事長（左二）代表接受。

該中心設計有多功能教室、會議室、辦公空間等，平日可做為備災倉庫，以及推廣防災課程、多元教育的場所；災害發生時，則可提供救災機具、物資，發揮就地自救的功能。

● 09.05　09.12　10.02

「法鼓傳薪・以心傳心」勸募會員授證
新舊會員接續護法、弘法願力

護法總會於9月5日、12日，以及10月2日分別於北投雲來寺、高雄紫雲寺及臺中分院，舉辦2010年「法鼓傳薪・以心傳心」勸募會員授證典禮。三場典禮共有三百多位新進會員，在方丈和尚果東法師、關懷中心副都監果器法師、護法總會總會長陳嘉男，以及眾多親友的祝福聲中，承接護法、弘法的使命。

典禮上，除了安排合唱團佛曲演唱、觀看聖嚴師父的

2010年法鼓山勸募會員授證典禮舉行，圖為臺中分院場次。

勸募會員授證典禮上，方丈和尚（立一）與果器法師（立三）、陳嘉男總會長（立二）一起關懷新進會員。

開示影片，還特別邀請第一屆念佛會會長黃詹愛（果慈菩薩），分享三十多年來跟隨師父學佛、勸募護法的歷程。黃詹愛生動地述說，讓現場笑聲不斷，而她受到師父為法忘軀精神的感召，發願「護持佛法到生命的盡頭」的願心，也讓與會大眾動容。

　　資深悅眾的分享與現身說法，鼓舞了新生代鼓手接棒擊法鼓的熱情，從小看著母親陳玉梨（前護法會臺北中正區召委）勸募、跟著學佛的洪志青便是一例。雖然勸募工作才剛起步，但母親在市場街坊做關懷、布達訊息的身影，讓她對募人、募心一點都不陌生，而授證就像一個傳承，也是自己和佛菩薩的約定，接續傳遞法喜的任務。

　　同樣抱持傳承願心的，還有行政院勞委會勞工福利處處長藍福良。參加法行會多年的藍福良已經勸募了近八十位會員護持「5475大願興學」，這次主動參加授證便是希望藉由團體同心共願的力量，鼓勵自己繼續透過勸募，和更多人分享佛法。

　　方丈和尚開示時，提及聖嚴師父說過的「勸募工作要募人、募心，我們有幸可以布施、服務、奉獻、利益他人，是我們的福氣。」來勉勵眾人，落實法鼓山的理念，將佛法生活化，感動身邊的人，就是勸募最好的起步。在授證典禮中，新進會員並跟隨方丈和尚一起發願，祈願在勸募修行路上，發揮募人募心的力量，成為人間淨土的建築師。

● 09.10

第三屆法鼓山「關懷生命獎」頒獎
人基會主辦並為關懷生命典範喝采

　　人基會「2010關懷生命獎」於9月10日國際防治自殺日在國立臺灣科學教育館舉行頒獎典禮，總統馬英九、行政院院長吳敦義蒞臨頒獎，方丈和尚果東法

師出席關懷。

2010年「團體大願獎」由凌華教育基金會混障綜藝團獲得；個人獎項部分，「慈悲獎」得主為臺東縣達仁鄉衛生所主任徐超斌，「智慧獎」得主為罕見疾病基金會創辦人陳莉茵。此外，2010年特別增設「八八水災救援重建特別獎」，個人獎得主為桃園縣福德扶輪社社長丁國政，團體獎則由中華民國紅十字會總會獲得。參加徵選的五十九件個人與團體，每一件都有感人的故事及用心的付出，更是深刻的生命教材。

馬英九總統（中）親自頒贈「八八水災救援重建特別獎」，團體獎由紅十字會總會長陳長文（左）代表領取，個人獎得主為丁國政（右）。

2010年「關懷生命獎」為第三屆舉辦，歷經四個月的公開徵件，個人、團體報名計五十九件，於7月20日進行初審，8月10日決審，並於9月10日舉辦頒獎典禮公開表揚。9月11日，主辦單位繼續舉辦「安心地·救大地」法鼓山關懷生命論壇，邀請專家學者從佛法、能源、科學與防災政策等面向討論，並提出安心之道。

「法鼓山關懷生命獎」的得主們彰顯關懷生命與服務奉獻的價值，為社會樹立起正面的典範。

法鼓山關懷生命樹立楷模

鼓勵勇於面對困境　肯定自我生命價值

「人生的意義是在於盡責並解決生命的問題，而不是製造問題。」法鼓山人基會舉辦的「2010年關懷生命獎」頒獎典禮上，方丈和尚果東法師從佛教的立場，指出每個人都是度化眾生的菩薩，藉此勉勵大眾積極入世、關懷生命。總統馬英九、行政院院長吳敦義皆蒞臨頒獎，用行動肯定法鼓山關懷生命的用心，彰顯出臺灣是個充滿愛心的地方。

馬英九總統親自頒贈八八水災（莫拉克風災）救援重建特別獎團體獎及個人獎，致詞中，呼籲大眾要把每一次颱風當做莫拉克、把每一次地震當做臺灣921，時時抱持居安思危的意識。吳敦義院長則以「有佛法就有辦法」，指出天災雖然無情，但是若能於人間社會立大願、用智慧來行慈悲心，便可證明人間有愛。

法鼓山「關懷生命獎」本年是第三屆舉辦，獲獎者均是長期從事國內外關懷生命與自殺防治工作的人員，深獲各界推薦與肯定，誠如國家文化總會會長、決審委員召集人劉兆玄致詞時所說，得獎者的善行，為社會樹立起正面價值與楷模。例如：紅十字會總會於水災之後積極邀集民間組織與企業設立「八八水災服務聯盟」，彼此分享資源。因感念軍中同袍在八八水災救災過程中罹難，發願要完成摯友第六趟救援任務的丁國政，不但持續參與救災，更主動協助屏東縣泰武國小另尋校地重建。

獲得「個人慈悲獎」肯定的徐超斌，以「帥氣超人醫師」自許，放棄高薪回到臺東山區的故鄉，建立起二十四小時的急診服務，儘管因過勞中風而導致一手一腳不便，仍樂觀看待生命，持續奉獻自己。

因孩子罹患罕見疾病而創立罕見疾病基金會的陳莉茵，獲得智慧獎的殊榮。雖然愛子於五年前不幸猝逝，仍未打擊陳莉茵對其他病友的大愛，她致詞時不但感恩愛子帶給她奉獻人群的機會，更感謝聖嚴師父帶領她學習佛法，從佛法中體會生死的偶然與必然。

混障綜藝團團長劉銘受獎時，談到團員雖然都是身體障礙者，但都不是能力出了問題，而是機會出了問題。他表示，每個團員都能樂觀看待自己在身體上的缺陷，不僅不會自憐自艾，還能走出陰影，積極開創精彩的人生，因此特別感謝法鼓山給予機會來肯定自我。

「關懷生命獎」自2007年在聖嚴師父指示下，由法鼓山人基會創辦，除陸續舉辦一系列珍惜生命的活動，更希望鼓勵社會上默默耕耘、關懷生命的個人和團體，為社會樹立良好典範，宣導大眾珍惜生命、關懷他人，鼓勵人們勇於面對困境，肯定自我生命的價值。

● 09.11

「安心地・救大地」關懷生命論壇

探討全球變遷 尋求安身安心之道

　　繼9月10日「關懷生命獎」頒獎典禮之後，主辦單位法鼓山人基會於11日在臺北中油大樓國光廳，舉辦「安心地・救大地」法鼓山關懷生命論壇，由資深媒體工作者葉樹姍主持，邀請法鼓佛教學院校長惠敏法師、行政院農業委員會主任委員陳武雄、臺灣永續能源研究基金會董事長簡又新、淡江大學國際事務與戰略研究所教授林中斌，從佛法、災難應變、地球磁變，與能源永續等各種角度，探討全球氣候變遷、災變對生命的反思，以及尋找安心與安身之道的方法。

　　針對近年來全球災難頻繁發生，人們該如何因應？簡又新董事長首先表示，談到氣候變遷，很多人講科學、環保問題，其實延伸出來的政治、經濟問題更大；同時提醒現代人面對危機，應該從改變自己做起，要讓自己不斷地成長，讓思想、生活變得更簡樸，不僅可以節省資源，也可避免浪費。

　　陳武雄主任委員提出呼籲，愛護地球可從易入手處隨手關燈、關電腦開始，力行節能減碳就可化危機為轉機，在節能減碳的行動中，也可以發展綠能產業。林中斌教授則提出整個世界是一體的觀念，當人類開始反思，也正是心靈文明要起飛，許多基本的價值要進行反省、檢討，以精神為主、世界為一體，

在「法鼓山關懷生命論壇」上，與談人扣緊民眾關心的環境與生命議題，從佛法、科學的角度，提出安心之道。

利人利己的良善價值觀逐漸建立,如此,人類的身心也都能獲得安穩。

惠敏法師則提到,對於未來,有人悲觀、有人樂觀,佛教的看法則是無常、無我。法師指出,地球在生命大海裡面,只是一個碎泡、一個浪花而已。佛教講「人身難得」,其實人類有其特殊性,一是智慧,一是克制情欲的道德感,另外還有克服困難的決心跟毅力,若能善用這些特性,在面對大自然的變遷時,還是能從慈悲、智慧中,找到安心、安身、安家、安業之道;他強調,法鼓山推動的理念,就是這些問題的基本指導方針。

● 09.12　10.06

嘉義永久屋「日安社區」啟用
協助八八災區民眾展開新生活

2009年八八水災中受創嚴重的嘉義縣山區,在中華民國紅十字會總會、法鼓山慈基會的協助下,於嘉義縣番路鄉轆仔腳啟動興建永久屋「日安社區」的重建工程,為在水災中失去家園的居民提供安身安心之所,9月12日舉辦落成入住典禮,總統馬英九出席參加。

嘉義永久屋「日安社區」落成入住典禮後,果謙法師(前左)、果迦法師(前右)與法鼓山義工們在即將完工的活動中心前合影。

當天,臺南分院監院果謙法師、果迦法師偕同義工近四十人,代表法鼓山出席,祝福居民們在「日安社區」展開新生活。

典禮中,馬英九總統、紅十字會總會副會長王清峰致詞時,特別感謝法鼓山的援建,在政府與民間的共同合作下,讓災後重建更為順利。

「日安社區」由紅十字會負責興建,紅瓦、白屋的建築,座落在一整片山林綠意之間;其中的社區活動中心由法鼓山捐建。法鼓山與紅十字會並於10月6日上午,在紅十字會總會舉行合作備忘錄簽約儀式,由慈基會祕書長果器法師和紅十字會總會副祕書長謝昭隆代表簽訂。

● 09.12～10.31

2010年佛化聯合祝壽全臺展開

兩千餘位「家中寶」菩薩接受祝福

　　「法鼓山2010年佛化聯合祝壽」活動，9月12日起至10月31日於全臺北、中、南各地分院、護法會辦事處，及加拿大溫哥華道場展開，主題為「安和豐富　福祿圓滿」，全年共舉辦二十一場，共計兩千零九位壽星菩薩接受祝福。

　　第一場在北投文化館展開的活動，共有兩百多位老菩薩及家屬出席，同為壽星的文化館住持鑑心長老尼，在場為壽星們頒發「敬老狀」，長老尼的祝福，也讓老菩薩祈願身心福壽健康，繼續為社會奉獻。

在基隆市仁愛國小的禮堂中，方丈和尚與法師、義工一起唱〈生日快樂〉歌，為老菩薩獻上關懷與祝福。

　　因為凡那比颱風來襲，聯合祝壽活動改至9月22日中秋節舉辦的臺南分院，特別邀請方丈和尚果東法師透過視訊，表達對壽星的祝福。方丈和尚開示時表示，法鼓山的聯合祝壽活動，是以感恩的心來辦理，感恩老菩薩對法鼓山的支持，也希望壽星們感受真誠及善的力量。方丈和尚並以聖嚴師父的開示：「夕陽無限好，不是近黃昏，前程美似錦，旭日又東昇。」勉勵壽星們勇於付出、奉獻，再創人生的價值。

　　而10月3日在基隆市仁愛國小禮堂進行的祝壽活動，共有近千人參與，不僅方丈和尚到場關懷三百多位壽星，基隆市市長張通榮、市議會議長黃景泰等也蒞臨祝福。張市長致詞時，除了肯定法鼓山長期辦理佛化聯合祝壽的用心，並感謝祝壽活動的舉辦，為地方與社區注入了更多溫馨與關懷。

2010全臺佛化聯合祝壽活動一覽表

地區		活動日期	舉辦單位	活動地點
臺灣	北部	9月12日	護法會北投辦事處 護法會石牌辦事處	北投文化館
		9月12日	護法會三重辦事處	三重辦事處
		10月2日	護法會新店辦事處	新店辦事處

地區		活動日期	舉辦單位	活動地點
臺灣	北部	10月2日	護法會三芝石門辦事處	臺北縣石門鄉體育館
		10月3日	護法會文山辦事處	文山辦事處
		10月3日	護法會基隆辦事處	基隆市仁愛國小
		10月4日	護法會松山辦事處	松山辦事處
		10月6日		
		10月10日	護法會蘆洲共修處	蘆洲共修處
		10月10日	護法會新莊辦事處	新莊辦事處
		10月10日	護法會海山辦事處	三峽天南寺
		10月17日	護法會淡水辦事處	水碓活動中心
		10月17日	護法會中山辦事處	臺北中山精舍
		10月24日	臺北安和分院	臺北安和分院
	南部	9月22日	臺南分院	臺南分院
		10月10日	護法會屏東辦事處	屏東辦事處
		10月16日	護法會高雄紫雲寺	高雄紫雲寺
		10月31日	護法會潮州辦事處	潮州辦事處
	東部	10月9日	護法會宜蘭辦事處	礁溪竹林安養院
		10月17日	護法會花蓮辦事處	花蓮市老人協會
海外	加拿大	9月18日	溫哥華道場	溫哥華道場

● 09.16

什邡安心站承辦「四川省鄉村旅遊節」
推廣健康又環保的素食觀

「四川省鄉村旅遊節」邀請什邡市居民品味健康素食料理。

　　由中國大陸四川省什邡市贊助、法鼓山什邡安心站承辦的「四川省鄉村旅遊節」素食推廣活動，9月16日在安心站馬祖書院舉行，四川省副省長黃彥蓉、什邡市市長蔣明忠等人，與當地近六百位民眾共同體驗健康又環保的素食料理。

　　活動現場備有多道素食料理，包括西式餐點、中式料理、日式壽司、關東煮等數個餐飲區，除了提供民眾品嘗美食，法鼓山義工也在現場示範料理步驟，讓民眾回家後也能嘗試動手做健康素食。

此外，安心站還安排互動單元，引導民眾思考素食與心靈、自然、生活環保的關係，並提供《人間悟語》DVD十套做為結緣品鼓勵，獲得參與民眾熱烈的回響。

● 09.18

助念團年會農禪寺舉辦

七百多位會員齊聚「找回初發心的喜悅」

2010年助念團年會，七百多位會員齊聚農禪寺，分享加入助念團的因緣與成長。

9月18日，助念團於北投農禪寺舉辦2010年年會，方丈和尚果東法師、關懷中心副都監果器法師、僧團女眾副都監果舫法師、男眾副都監常寬法師，護法總會總會長陳嘉男、副總會長黃楚琪等，以及七百多位全臺各地的團員到場參加。

助念團本年以「找回初發心的喜悅」為主題，邀請各地會員「回家」，一起觀看聖嚴師父開示的「利人利己助念關懷」影片，重溫助念關懷的本懷與精神。助念團顧問鄭文烈也現身說法，從自己面對兄長猝死的經驗，探討哀傷處理、念佛轉念的重要。

曾擔任助念團輔導法師的方丈和尚，深知隨時待命的助念工作不容易，開示時特別讚歎會員的承擔與奉獻。方丈和尚也針對臨終關懷、佛化奠祭推廣可能面臨的挑戰提醒大眾，除了掌握法鼓山的理念和原則，還要懂得彈性溝通，放寬心的包容度，才是慈悲的展現；並鼓勵運用「四它」原則，才能真正達到助念關懷利人又利己的教育目的。

在關懷院果選法師引導的分組討論中，大眾依序回顧加入助念團的因緣、參與過程中的成長。

助念團成立於1993年，近年來積極到各分院、辦事處舉辦大事關懷課程，協助會員具備關懷的「知」與「能」，讓助念關懷的願力持續發光、發亮。

● 09.18

法鼓山什邡安心站首辦禪訓班
分享禪修的清楚與放鬆

什邡安心站首次舉辦初級禪訓班，僧團常乘法師帶領二十三位學員體驗放鬆。

設在中國大陸四川省的法鼓山什邡安心站，首次舉辦「初級禪訓班」，9月18日展開第一堂課，二十三位學員在僧團常乘法師帶領下，初次體驗禪修的清楚與放鬆。

這次報名參與的學員，多為各級學校教師及心理諮商師。課程中，常乘法師首先說明現代人面對了多重的挑戰、競爭和壓力，禪修正可

以回應這些問題；法師接著介紹禪修的次第，從調身、調息到調心，並分享學禪心態、七支坐法、八式動禪、數息法等，下午並進行托水鉢的練習。

初次體驗禪悅法喜的學員們，對於法師的指導表示充滿感恩與歡喜，對禪修有了完全不同的體認，因此更堅定了學禪的信心。

● 09.18

大陸宗教局長王作安再訪法鼓山
感謝法鼓山協助四川抗震救災

中國大陸國家宗教事務局局長王作安率領該局十多位同仁，於9月18日參訪法鼓山園區，除感謝方丈和尚果東法師協助推動兩岸宗教圖書交流外，也希望藉此機會了解漢傳禪佛教在臺灣生根茁壯，以及提供人類心靈安定、世界和平的現況。

參訪中，方丈和尚從三大教育的發展面向，說明法鼓山著重品德教育，普及關懷層面，結合了中華佛研所、法鼓山僧大、佛教學院以及未來將成立的法鼓大學等校區，寄望造就更多優秀的教育人才，實踐以心靈環保為核心，弘揚漢傳禪佛教，達到世界淨化的使命。

相較於十二年前初訪法鼓山，王局長強調自己內心有著舊貌新顏、氣象莊嚴的感動。此外，也由衷感謝法鼓山在四川抗震救災的援助，並敦請同仁持續協

助法鼓山在當地的相關重建工程。

由於法鼓山在四川設置的安心站,時常協助當地政府及學校,共同發揮提昇人品教育、平撫災後愁緒的效能,因此綿陽市政府副市長李煒等一行五人,也於同日造訪法鼓山,轉達當地民眾的感謝之情。

中國大陸國家宗教事務局局長王作安(前左三)等一行人來訪,方丈和尚(中)及僧團副住持果暉法師(右二)、果品法師(左二)親自接待。

● 09.18～20

法鼓山投入凡那比風災救援
救災中心啟動 提供持續援助行動

法鼓山關懷凡那比風災災情,緊急將物資送至屏東災區。

凡那比颱風於9月18、19日侵襲全臺,造成高雄、屏東、臺南部分地區嚴重淹水,法鼓山慈基會在颱風警報發布後,於第一時間啟動高雄縣市、屏東、臺東、花蓮、宜蘭、臺南、嘉義、南投等地救災中心,並動員救援義工前往颱風警戒區勘查災情,及時提供協助。

19日起,潮州、屏東救災中心義工陸續前往傳出災情的地區勘災;19、20日兩天,立即聯繫當地鄉公所,並協助準備熱食、餐盒、泡麵及飲用水,發送給林邊、佳冬、萬丹與三地門等鄉鎮近千位民眾。20日上午,高雄救災中心義工前往高雄縣大社鄉協助民眾清理家園。

風災後,除了在受災地區展開關懷慰訪,法鼓山也依勘災結果及民眾需求,持續提供援助。

● 09.25～26

法鼓山首辦國際慈善與人道關懷論壇
國內外二十多位救援專家分享經驗

長期投入四川災後重建的僧團副住持果品法師，在論壇上分享兩年多來推動家園重建、心靈環保的經驗。

由法鼓山慈基會、佛基會主辦，佛教學院、法鼓大學共同協辦、國際發展處承辦的首屆「國際慈善與人道關懷論壇」，9月25、26日於法鼓山園區國際會議廳舉行，邀請國內外二十多位救援專家、研究學者，分享實務經驗及研究，期能為從事救援的團體，提昇救援觀念及應變能力。

兩天會議就氣候變遷、防災救災、災後心靈重建等議題深入討論。方丈和尚果東法師於會中致詞時指出，氣候異常已是大眾感受最深的議題，並從「心靈環保」的角度，提出人類必須改變價值觀及生活習慣，將一己自私的立場，轉換成為奉獻、布施他人的觀念。

臺灣大學大氣科學系教授柳中明針對地球暖化，提出因應之道「調適」；臺大環境工程系教授於幼華引用聖嚴師父為其著作《環境與人》作序時，早已指出「社會共生」、「危機因應」等課題，必須從淨化人心、心靈環保著手化解。

進行「災害預防及管理」探討時，來自印度，擔任亞洲減災及回應網路協調人米希爾（Mihir Joshi），從傷害數據的蒐集評估、辨識可用資源等管理模式，分享救援期間如何減少資源損耗，完成事半功倍的救災任務。曾參與救援南亞海嘯、緬甸風災的日籍救災專家貴子泉（Izumi Takako）強調，現今的救災首重協調與溝通，救災團體不能只有善意，還有義務讓民眾知道救災的目的、方法與資源。

在救災實務操作方面，中華民國搜救總隊、紅十字總會、香港災後心理輔導協會等團體，也在會中交流彼此的經驗。長期投入四川災後重建的僧團副住持果品法師，則分享兩年多來在當地推動家園重建、心靈環保的經驗。

與會者以短片、說故事等方式，與台下聽眾互動，讓嚴肅的議題生活化且富有環保教育意義，特地從高雄縣那瑪夏鄉前來觀摩、學習的布農族居民，更深感獲益良多。

論壇結束後，接續於27日在德貴學苑舉辦「災後心靈重建培訓工作坊」，提供進階實務課程。

● 10.04

行政院莫拉克災後重建會拜會慈基會

法鼓山認養六龜鄉永久屋

行政院莫拉克颱風災後重建推動委員會副執行長陳振川，會同重建會各處處長、行政院原住民委員會副主任委員夏錦龍、高雄縣政府重建會執行長吳裕文，以及高雄縣政府原民處副處長蘇中原等四個單位近二十位官方代表，至北投雲來寺拜會法鼓山慈基會，由方丈和尚果東法師、慈基會祕書長果器法師共同接待，雙方隨後召開合作會議。

行政院莫拉克災後重建委員會一行來訪，方丈和尚、果器法師等人親自接待。

會議中，雙方先就救災經驗與重建進度進行簡報，並針對法鼓山在雲林縣古坑鄉的工程進度交換意見。在了解行政院重建會整體工程需求之後，法鼓山協助認養六龜鄉四十五戶永久屋的興建工程，協助政府安置六龜鄉新開部落以及桃源鄉勤和村的居民，並順利推展高雄縣的重建工作。

為推動重建工程，法鼓山建設工程處總工程師陳洽由於10月13日協同建築師、高雄縣政府水土保持技士等專業人員，前往六龜鄉的永久屋預定地進行場勘。在縣政府完成入住居民資格認定作業後，將和住戶開會協商，根據需求規畫建築群和室內空間配置，打造一個健康安全的新家園。

● 10.21～11.03

法鼓山投入梅姬風災救助

召募義工協助災戶清理家園

梅姬颱風外圍環流及東北季風共伴效應帶來豪大雨，造成宜蘭、花蓮部分地區嚴重淹水。法鼓山慈基會於10月21日緊急啟動宜蘭、羅東及花蓮救災中心，前往蘇澳、南方澳等地勘災，並發放飲食、衣服等物資。

22日，當宜蘭、花蓮災情陸續傳出，法鼓山即應宜蘭地區回報，緊急調撥四

輪驅動車隊，並採買麵包及飲用水等物資，由宜蘭及羅東救災中心義工分別前往蘇澳蘇西里、中山路一帶發放熱食，同時到蘇澳鎮公所及衛生所安置區、南天宮安置所，提供乾糧、衣服及水果，共關懷七百多人。

在向蘇澳鎮公所了解民眾需求後，隨即展開協助清理家園行動，分別在蘇澳、南方澳成立服務中心，23、24日動員宜蘭、臺北等地區義工近八十人，前往協助民眾清掃家園，兩天共關懷了八百多戶。25至27日一連三天，每日也有超過一百五十位義工投入行列。

法鼓山關懷中心副都監、慈基會祕書長果器法師於10月24日，前往爆發土石流導致淹水嚴重的南方澳，關懷災區民眾。除逐戶發送平安包，傾聽受災戶心聲，也以「只要活著，就有無限的希望；風雨過後，再重新展開新生活。」鼓勵民眾勇敢面對這次的天災。

果器法師前往南方澳，逐戶發送平安包，關懷當地受災戶。

10月30至11月3日，結合各界的善心捐助，針對優先需要者發放棉被、毛毯及禦寒衣物，並送上平安包、《心安平安——你就是力量》小手冊，共計關懷超過六百戶受災戶。

● 10.29～11.11

第九梯次醫療團至斯里蘭卡義診
捐贈救護車　提供民眾醫療協助

法鼓山慈基會第九梯次斯里蘭卡醫療團，在各科醫師、護理、藥師等專業人員踴躍參與下，二十九位團員於10月29日前往斯里蘭卡，展開十四天的義診服務。11月11日，慈基會祕書長果器法師、救災諮詢委員會副主任委員黃楚琪也至斯里蘭卡，代表法鼓山將救護車捐贈給當地漢班托塔（Ambalantota）醫院。

果器法師在捐贈典禮上表示，2004年南亞大海嘯發生之後，法鼓山匯集臺灣各界的愛心，推動五年救助計畫，成立安心服務站、提供獎助學金、組成醫療

服務團等，持續為災區民眾提供協助，即使五年救助計畫已告一段落，但法鼓山的關懷並未間斷。

果器法師（右二）代表法鼓山捐贈救護車給漢班托塔醫院，為民眾提供醫療服務。

這次醫療團是歷來參與團員最多的一次，也首次進入飽經海嘯及內戰衝擊的北部，包括穆特（Mutur）、巴答利普蘭（Paddalipuram）等地區。醫療團不僅提供當地居民外科、內科、家醫科、小兒科等服務，也採購牙刷、牙膏贈與學童，並為學校師生示範正確的刷牙方式。此外，醫療團還準備奶粉、指甲剪、凡士林、老花眼鏡、文具等物資，期望關懷更多孩童及年長病患的需求。

● 11.06

八八水災重建日安社區活動中心啟用
由法鼓山、紅十字會總會合作援建

法鼓山持續關懷八八水災災後重建工程，由慈基會與中華民國紅十字會總會於嘉義縣番路鄉轆仔腳「日安社區」合作興建的活動中心，11月6日下午舉辦落成啟用典禮，慈基會祕書長果器法師、紅十字會總會副會長王清峰、行政院重建委員會副執行長陳振川、嘉義縣縣長張花冠、立法委員陳明文等出席參加。

果器法師致詞時，以聖嚴師父幼年家鄉多次遭遇大水患，連家也沖毀，但母親從不說一句失望的話，總是充滿信心、希望，鼓勵居民不要放棄，有信心希望就會相隨。

嘉義縣日安社區活動中心落成啟用，由果器法師（右一）、王清峰副會長（右二）、陳振川副執行長（左二）、陳明文立委（左三）及張花冠縣長（左四）等共同揭牌。

　　王清峰副會長鼓勵災區民眾，只要真心地去努力，不計較獲得多少，肯定自己，希望就會降臨；而陳振川副執行長感謝法鼓山及紅十字會援建外，表示會與縣府及民間慈善機構、社區居民共同努力，一起推動永續社區，協助更多需要關懷的民眾。

　　揭牌儀式之後，活動中心正式啟用，現場居民們吟唱鄒族傳統歌謠，表達內心的感謝。日安社區活動中心占地一百一十二坪，為一層樓建築，內部規畫有閱覽室、辦公室及約八十坪的活動空間，提供給社區居民舉辦各類活動之用。

● 11.19～27

慈基會在印尼設立獎助學金專案
援助學童就學、分享心靈環保

慈基會持續關懷印尼學子，頒發獎助學金。

　　法鼓山「南亞海嘯五年救助計畫」於2009年底圓滿後，為了持續協助印尼學童就學，慈基會設立為期兩年的獎助學金專案，11月19至27日，並派遣義工前往印尼亞齊地區，在印尼愛心永恆基金會協助下，訪視獎助學金個案家庭，進行獎助學金頒發，共有四十一位學子受益。

　　25至27日，慈基會義工於布米摩若（Bumi Moro）海嘯兒童之家、亞齊伊斯蘭初中（MTs Anawiyah）學校等地，展開四場「獎助學金頒發暨心靈環保關懷」活動。除頒發獎助學金，也帶領學生、來賓進行寓教於樂的心靈環保活動，藉由改編的「不環保童話故事」活動，讓學生們設想置身於髒亂環境中的主角們，能否從此過著幸福快樂的日子？引導眾人調整心念，發揮善的力量，進而改善外在的環境。

● 12.08～10

四川民興中學展開「心靈環保文化藝術週」
於校園推廣心靈環保的理念

　　慈基會與中國大陸四川省綿陽市安縣秀水鎮的民興中學聯合舉辦「心靈環保文化藝術週」活動，以聖嚴師父的「108自在語」為主題，透過繪畫、作文、

民興中學「心靈環保文化藝術週」活動中，進行教師組現場示範賽，同學們為班級老師加油。

書法等項目，舉辦投稿徵選，並於12月8至10日展出獲選作品。

經過兩週的創作收件，民興中學師生共有一千兩百多人次投稿，甄選出四百幅優秀作品於校內展出。8日展出第一天，舉辦教師組的毛筆、鋼筆、粉筆等現場示範賽；同學們為自己的班級老師加油、鼓勵，校園中處處充滿歡笑與熱情。

慈基會希望藉由活動於校園內推動心靈環保的理念，引領師生體會聖嚴師父法語蘊藏的慈悲與智慧，透過藝術的展現，在眾人的內心深處，點燃了成長及希望的祝福。

● 12.11　12.19

農禪寺、法鼓山園區舉辦歲末大關懷
匯集各界愛心　全臺送暖

慈基會舉辦「99年度歲末大關懷」系列活動，12月11日起陸續在全臺各地展開，其中11、19日分別在北投農禪寺、法鼓山園區舉行，共有六百多戶關懷戶參加。

11日於農禪寺舉行的首場關懷活動，方丈和尚果東法師、臺北市社會局副局長黃清高到場關懷。除了致贈慰問金、民生物資給關懷戶，現場還舉行祈福儀式，為民眾帶來安心力量。

方丈和尚致詞時說明，每年歲末，法鼓山都會募

慈基會於法鼓山園區舉辦歲末關懷，法師代表將民生物資及慰問金致贈給關懷戶，傳遞溫馨。

集社會愛心和公部門的資源,一起關懷弱勢家庭;並表示在布施中,施者可以學習增長福德智慧,受者則用感恩心並發願在有能力時助人,彼此都結下美好的善緣。黃清高副局長則感謝法鼓山的關懷行動,溫暖社會,鼓勵民眾隨時保持歡喜心,在困境中就能有信心克服難關。

19日在法鼓山園區大殿舉辦的歲末關懷活動,則以祈福法會及供燈儀式,與兩百四十一戶基隆、北海岸四鄉鎮等地區家庭歡喜相會,臺北縣社會局主任祕書黃堯章、金山鄉鄉長許春財、三芝鄉代理鄉長游忠義等也到場關懷。

當天的法會由禪修中心副都監果元法師主持,法師開示說明物質的貧窮雖然痛苦,但遠比不上心靈的貧窮,也勉勵大家,儘管生活困苦,仍要抱持感恩心,把快樂分享出去;北海岸關懷室室主常諦法師則以「貧女供燈」的故事勉眾學佛重在誠意與發心,即使生活困頓,也要難行能行。

法鼓山歲末大關懷系列活動遍及全臺,自12月11日起延續至2011年1月下旬,關懷對象包括低收入戶、獨居老人、921重建區關懷戶、失業清寒家庭、急難貧病等,以提供實質的支持、真誠的關懷,傳達法鼓山的祝福。

● 12.11～12

甲仙安心站舉辦戶外體驗營
親子共同學習做自己的「心」主人

戶外體驗營中,家長與學童手牽手圍樹,在林中體驗身心放鬆。

12月11至12日,慈基會甲仙安心站與甲仙鄉山海營協會於苗栗縣後龍鄉大山國小舉辦「心靈陪伴戶外體驗營」,讓山區學子有機會接觸家鄉以外的不同文化,拓展視野,共有三十六位甲仙鄉小林國小學生、家長參加。

行程首站參訪臺中寶雲別苑,果雲法師勉勵大家遇到不順遂時,可以誦念觀世音菩薩祈求護佑;中午進行吃飯禪,引導小朋友學習用齋禮儀。

接著進行的戶外體驗營,活動內容多元,包括了風箏DIY、星空音樂會、法

鼓八式動禪、攀樹等課程,透過彩繪風箏、觀星、生態體驗,引導學員學習感恩大地、珍惜資源,與自然和諧相處。參與體驗營的家長表示,八八水災發生後,因為有親人及法鼓山的支援與陪伴,見到自己的孩子從當時的徬徨無助,到今日的綻放笑顏,心中充滿感恩。

慈基會並且希望透過戶外體驗營的舉辦,讓家長有機會陪伴孩子一同學習心靈環保,學習做自己「心」的主人。

● 12.12

南區榮董會舉辦頒發聘書暨聯誼會
45位榮董承續護法願心

12月12日上午,榮譽董事會於高雄紫雲寺舉辦南區榮譽董事聘書頒發暨聯誼會,方丈和尚果東法師為四十五位榮譽董事頒發聘書,包括關懷中心副都監果器法師、弘化院監院果慨法師,榮董會會長劉偉剛、執行長連智富、南區總召集人

方丈和尚頒發榮譽董事聘書,感恩護持。

卓忠吉等,共有三百多人參加。

方丈和尚勉勵眾人以願力走聖嚴師父的路、行佛陀的法,讓護法因緣代代相傳。劉偉剛會長、連智富執行長等期勉眾人以法鼓山為榮,讓家庭中每個成員,都成為法鼓山的一份子,以堅定的信念共同傳承師父的悲願。現場不少人三代同堂都是榮譽董事成員,展現代代相傳的護法願心。

會中,並安排紫雲寺小鼓隊演出,以及合唱團演唱〈祈願觀世音菩薩〉、〈安和豐富〉、〈菩薩行〉等多首佛曲,傳達感恩與祝福。

果慨法師為眾人預告、說明將於2011年2月27日在高雄舉行的傳燈法會。在聯誼會最後進行的傳燈儀式中,每個人都隨方丈和尚發願,以願供養聖嚴師父,將師父廣度眾生、弘揚佛法的悲心弘願,做為努力的方向。

● 12.18～19

護法總會舉辦「2010年正副會團長、轄召、召委成長營」
悅眾凝聚分享 傳承勸募經驗

悅眾們分享勸募工作的辛勞與喜悅，互勉在新的一年繼續努力。

12月18至19日，護法總會於法鼓山園區禪堂舉辦「2010年正副會團長、轄召、召委成長營」，方丈和尚果東法師、關懷中心副都監果器法師出席關懷，共有一百六十八位來自全臺各地、泰國與溫哥華的悅眾參加。

方丈和尚開示時表示，大家凝聚在此以「法」相「會」、和佛法相應，因此這次的成長營也是「法會」，藉此提醒悅眾們在法鼓山的使命、願景下，落實開展2011年的行動方針、策略，期許大家以心靈環保為核心，弘揚漢傳禪佛教，以「一燈照亮千家，燈燈相傳」。

此次成長營由護法總會主辦、普化中心規畫課程。18日下午，普化中心副都監果毅法師帶領眾人沿著曹源路、朝山步道臨溪經行，體驗聽溪禪，並安排禪坐共修。

第二天上午的「經驗分享與傳承工作坊」課程，由法鼓大學籌備處副教授楊蓓帶領悅眾打開自己去年寫下存封的祈願卡，檢視過去一年的作為，並請悅眾們到禪堂外，找一顆小石頭、小物件，代表自己的願心，在新的一年好好收藏、時時審視。下午進行的「全面教育‧募人募心工作坊」課程，由果毅法師介紹普化中心的教育活動，如福田班、心靈茶會等，以及2011年上半年法鼓山的重要活動。

活動最後，果器法師勉勵大眾，平日處理事務時難免會遇到困難、挫折，這時可以想想聖嚴師父是如何處理的，鼓勵自己安心往前。

參【大學院教育】

涵養智慧養分的學習殿堂，
以研究、教學、弘法、服務為標的，
培養專業的佛學人才，
開啟國際學術交流大門，
朝向世界佛教教育園區的願景邁進。

傳燈續慧　踏實深耕

2010年，大學院體系開展學術實踐和教育服務的新氣象。
佛教學院透過數位化領域的耕耘，
融合學術與生活、傳統與創新的理想；
具有學術深厚基礎的中華佛研所，
則致力於將漢傳佛教的研究與發揮；
從關注社會公益到生命的關懷，
以「心靈環保」為創校核心的法鼓大學，建校的腳步踏實前進。
法鼓山各教育體系接續傳燈續慧的使命，
不斷循著時代脈動前踏深耕。

承擔人才養成、續佛慧命的法鼓山各教育體系——法鼓佛教學院、法鼓山僧伽大學、中華佛學研究所、法鼓大學，不論傳承或創新，2010年都有令人耳目一新的進展。

本年中華佛研所、法鼓山僧大，接續多年的辦學基礎，於弘揚漢傳佛教、推廣法鼓山理念上，充分展現教育成果；另一方面，佛教學院、法鼓大學則結合時代與社會需求，在數位資訊、公益關懷、生命教育等領域，持續深耕，並與國內外教界、學界交流互動，開展學術實踐和教育服務的新氣象。

法鼓佛教學院

邁向創校第四年的佛教學院，本年在學術研討方面，由校長惠敏法師、副校長杜正民等，分別至美國、泰國、中國大陸、日本出席學術會議、發表論文與演講，還舉行兩場令人矚目的學術活動：5月中旬「臺灣佛寺時空平台」計畫成果發表，以及6月底「大好山：東亞靈山信仰與神聖空間」學術研習營。

在「中華電子佛典」（CBETA）深厚基礎下，佛教學院投入數位化的研究，廣為各界肯定。本年「臺灣佛寺時空平台」計畫歷經兩年執行，運用現代人廣泛使用的地理資訊系統（GIS），為研究者、一般民眾打造出便利的資訊平台。這項計畫，不僅是深耕數位化領域的成果，亦顯示佛教學院融合學術與生活、傳統與創新的研究取向。

近年來，佛教學院與國內外研究機

構、大學院校合辦研討會,多於法鼓山園區舉行,本年與中央研究院中國文哲研究所合辦「大好山:東亞靈山信仰與神聖空間」學術研習營,扣合研習主題,充分運用園區的「靈山勝境」,除了安排參訪,更邀請與會人士參加早課。走出文獻研究,實地感受佛教信仰,對於學術視野的拓展,深具意義。

演講交流方面,2010年邀請了董玉祥、詹姆士・奧斯汀(James H. Austin)、艾皓德(Halvor Eifring)等中國大陸、美國、挪威的專家學者,就佛教石窟藝術、禪與心識轉變、歐亞靜坐傳統等主題,展開多場演講及座談。此外,泰國朱拉隆功佛教大學(Mahachulalongkornrajavidyalaya University)、中國大陸山東義淨寺於7、8月間來訪,提出交流合作的構想;廣州中山大學邀請佛教學院研修中心主任果鏡法師,至該校開設禪修實作課程,開啟「心靈環保」在大陸高等學府的推廣步伐。

校園活動方面,4月校慶中,六個社團聯合呈現創意成果;5月初,全國大專校院運動會的聖火,首度傳遞至佛教學院;10月底,佛教學院首次參加第十屆研究所博覽會。這些活動的舉辦和參與,在在展現佛教學院多元的學習氛圍,及有別以往的活潑氣象。

法鼓山僧伽大學

漢傳佛教宗教師的搖籃——法鼓山僧伽大學,2010年在教育活動方面,持續舉辦生命自覺營、招生說明會、講經交流、剃度典禮,學僧刊物《法鼓文苑》則發行第二期。

已經連續舉行八年的生命自覺營,本年參與學員遍及臺灣、香港、馬來西亞、新加坡、澳門、澳洲等地,成為接引各國青年體驗生命、覺察生命的一項特色活動。而第二年舉行的講經交流活動,參與學僧運用圖片、故事、文字,甚至以英文來講經,讓人感受到未來宗教師活潑、多元的弘法能力。

至於入學及畢業方面,共有二十六位新生入學,畢業生則有十三位,首屆禪學系的兩位畢業生,經過長期的培訓、養成,除了在禪修中心領執,承擔各項禪修活動的總護工作,6至8月間,並跟隨禪修中心副都監果元法師,前往墨西哥、美國、瑞士、德國弘法,繼起聖嚴師父在歐美弘揚漢傳禪法的腳步,象徵中華禪法鼓宗源源不絕的「僧」命力。

中華佛學研究所

法鼓山大學院教育的源頭——中華佛學研究所,2006年起已將招生與教學任務移交佛教學院,成為以研究為主的學術機構。本年4月,創立三十年的中華佛研所發表三十週年特刊《傳燈續慧》,並舉辦「承先啟後」座談會,回顧培育佛教人才的堅實步履,也延續「承先啟後」、「傳燈續慧」

中華佛研所發表三十週年特刊《傳燈續慧》，並舉辦「承先啟後」座談會。

法鼓大學

籌備中的法鼓大學，金山校區正積極進行建設，各項教育計畫與活動，則緊鑼密鼓展開。在整體教學規畫上，環境、藝術與文化、公益、人生等四個學院，本年提出「學位學程計畫書」，並提交教育部審查；11月舉辦共識營，全校教職員針對學院規畫、綠色校園、行動實踐、跨領域整合、校級核心課程、書苑生活等主題深入討論，為未來的招生做準備。

的感恩與展望。

聖嚴師父一心繫念漢傳佛教的弘傳與發揚，其中研究漢傳佛教的任務，由中華佛研所承接。本年6月，中華佛研所與聖嚴教育基金會合辦「從國際眼光看漢傳佛教」座談，邀請美國學者于君方、丹·史蒂文生（Dan Stevenson）、俞永峰三位教授，分享漢傳佛教在西方發展的觀察與建議，了解漢傳佛教在學術研究、國際弘化方面，可以努力的方向。

9月，中華佛研所協辦「廣東禪宗六祖文化節學術研討會」，所長果鏡法師與三位僧團法師、法鼓大學副教授楊蓓等，於會中發表〈禪宗公案中的圓通法門及其現代應用〉、〈《六祖壇經》「一行三昧」的當代實踐〉等論文，針對漢傳禪法融入生活應用進行探討，朝「繼承與創新」的弘法方向做努力。

在教育推廣上，2010年法鼓大學與社會各界合辦多項活動，包括：「八八水災四安重建生命關懷講座」、「2010亞洲佛教藝術研習營」、「2010兩岸華人心理治療高峰會議」等。另外，法鼓大學圖書館汐止分館於3月底啟用，在當地提供豐富的人文資源與關懷。

至於各學院則持續開展特色活動，例如公益學院舉行六場「公益論壇」，探討現代公民社會、年輕世代社交網路、社會企業與跨國合作等議題；藝術與文化學院舉辦四場佛教石窟藝術講座；人生學院則進行各樣生命關懷活動，包括：「人生café講座」、「生命故事與心靈療癒工作坊」、「哲學家咖啡館」、「看見生命的臉」攝影展、「一人一故事劇

團」公演，以及與教育部生命教育學科中心合辦「生命教育研習營」等。

從關注群體公益，到關懷個體的生命，法鼓大學透過各種對話與實踐方式，逐步型塑出一所回應時代需求、充滿人文氣息與心靈願景的學府。

展現僧眾教育的成果

5月底，聖基會舉辦第三屆「聖嚴思想國際學術研討會暨信眾論壇」，除了各國佛教學者，多位僧團法師亦出席發表論文，包括中華佛研所所長果鏡法師、佛教學院佛教學系主任果暉法師等。研討會前，首度舉行「信眾論壇」，多位僧團法師從禪修、《法鼓全集》、僧教育、三大教育等主題，對聖嚴師父的教法進行論述。與談僧眾的謙和特質，清晰掌握師父教導的內涵及法鼓山理念，無一不讓與會人士讚歎。

不只在「聖嚴思想國際學術研討會暨信眾論壇」，9月舉行的「華嚴全球論壇」、「世界佛教青年僧伽協會第七屆年會」、「廣東禪宗六祖文化節學術研討會」中，應邀出席的僧團法師踴躍發表論文，與學界、教界進行交流，以及闡述法鼓山理念與全球的連結、漢傳佛教的現代應用等內容，展現了聖嚴師父在僧眾教育上努力的具體成果。

扣合數位時代需要的教育實踐

身處科技時代，現代人接觸世界、溝通交流的方式產生重大改變。因應數位生活需求，法鼓山各教育體系在研究取向、活動推廣方面，也循著時代脈動前進。5月，佛教學院發表「臺灣佛寺時空平台」；而9月，佛教學院與中研院合辦「第八屆兩岸三院資訊技術交流與數位資源共享」研討會，以佛教文獻數位化的經驗，與各界分享資訊數位化的應用和技術開發。

而法鼓大學在數位資訊方面，也進行強化工作。7月，法鼓大學網站全新啟用，中、英文網頁同步上線，方便全球民眾透過網路認識這所以「心靈環保」為核心的大學。此外，數位網路引發的社會現象，也成為法鼓大學的關注焦點，公益學院舉辦的系列「公益論壇」，其中兩場便以「社交網路的今天，明天和更遠的未來」、「數位原生代的異想天空」為主題，廣邀學界、企業界、一般民眾共同關心新時代的社會議題。

結語

從中華佛研所時期，到僧大創立、佛教學院揭牌，一直到籌備法鼓大學，大學院教育三十年走來，一點一滴累積辦學經驗，培育一屆又一屆的人才，接續傳燈續慧的使命。展望2011年，佛教學院、中華佛研所聯手主辦「IABS國際佛學會議第十六屆大會」，法鼓大學第一棟書苑也將完工，法鼓山的大學院教育，將走向另一番嶄新格局。

● 01.04　04.17　07.01　07.17　08.07　12.25

法鼓大學2010年舉辦六場公益論壇
探討NGO、社交網路等議題

法鼓大學副教授楊蓓（右二）在「法鼓公益論壇」中指出，政府對NGO的態度，需要監督與支持並重。

法鼓大學籌備處公益學院在2010年舉辦六場「法鼓公益論壇」講座，邀請專家學者分享非政府組織（Non-Governmental Organization, NGO）、社交網路等議題，共有兩百多人次參加。首場在中央大學，其餘五場皆在德貴學苑進行。

首場以「兩岸三地公民社會現況與合作機制」為主題，邀請香港中文大學公民社會研究中心主任陳健民、中央大學法律與政府研究所所長孫煒、交通大學人文社會學系副教授孫治本以及法鼓大學籌備處人生學院副教授楊蓓共同對談。陳健民主任說明中國大陸民間組織在2008年四川地震救災中，不論是投入的規模、跨組織合作平台的建立等，遠比2003年SARS疫情流行時更加積極，他認為這些進展的主要動力並非來自政府，而是受到全球公民社會包括臺灣、香港的影響，及大陸本土企業家對社會責任的覺醒。

孫煒所長強調將NGO形成的網絡予以制度化，並持續運轉的重要性；孫治本老師指出，「民族主義」是觀察大陸民間社會發展的重要面向；楊蓓老師則表示，政府對NGO的態度，需要監督與支持並重，才能對社會發揮更大力量。

4月17日主題是「未來的連結：社交網路的今天、明天和更遠的未來」，開拓文教基金會東南亞區計畫主任高子景首先分享年輕世代使用社交網站的跨國研究成果；香港公民黨地區連絡主任巫堃泰則透過網路電話與北京、上海、美國、馬來西亞等地相關人士連線會談，討論馬來西亞的族群政治、中國的網路管制、獨立媒體的角色等。

7月1日，邀請香港大學專業進修學院副院長李正儀以「社會企業與跨界合作：香港經驗」為題演講，強調「平台」的重要，例如：香港社會企業總會、社會創業論壇等，這些平台能夠發現重要課題與機會，協調各界資源投入，並持續推動社會企業的發展及公民社會的理想。

7月17日第四場，主題是「另類或主流？數位原生代的異想天空」，邀請中研院資訊創新研究中心專案經理李士傑主講，強調數位原生代的出現，打破了

現代人對於如何分工合作的傳統思維，未來須將協調機制預先植入資訊平台裡，以減低建立新工作機構的需求。

8月7日，邀請前光仁社會福利基金會社會事業部主任沈麗盡主講「舊愛新歡？是好生意」，分享二手商品的產業概觀與流通。

最後一場於12月25日進行，邀請中國大陸廣州中山大學公民與社會發展研究中心主任朱健剛介紹2010年大陸公益領域發展現況與未來展望。

2010法鼓大學「公益論壇」一覽表

時間	主題	主持人／主講人／與談人	其他主辦單位
1月4日	兩岸三地公民社會現況與合作機制	主持人：劉安之（法鼓大學籌備處校長） 主講人：陳健民（香港中文大學公民社會研究中心主任） 與談人：孫煒（中央大學法律與政府研究所所長） 孫治本（交通大學人文社會學系副教授） 楊蓓（法鼓大學籌備處人生學院副教授）	中央大學客家學院 中央大學客家政治經濟研究所 中央大學法律與政治研究所
4月17日	未來的連結：社交網路的今天、明天和更遠的未來	主持人：蔡淑芳（開拓文教基金會執行長） 主講人：高子景（開拓文教基金會東南亞區計畫主任） 與談人：巫堃泰（香港公民黨地區連絡主任）	開拓文教基金會 網絡行動科技公司
7月1日	社會企業與跨界合作：香港經驗	主持人：楊蓓（法鼓大學籌備處人生學院副教授） 主講人：李正儀（香港大學專業進修學院副院長）	
7月17日	另類或主流？數位原生代的異想天空	主講人：李士傑（中研院資訊創新研究中心專案經理）	開拓文教基金會 網絡行動科技公司
8月7日	舊愛新歡？是好生意	主講人：沈麗盡（前光仁社會福利基金會社會事業部主任）	
12月25日	慈善回歸民間與公民社會的變動——2010中國大陸公益領域回顧	主講人：朱健剛（中國大陸廣州中山大學公民與社會發展研究中心主任）	

●01.09

法鼓大學辦八八水災四安重建生命關懷講座
汪中和呼籲心靈改革對治全球暖化

法鼓大學籌備處、慈基會於1月9日下午在德貴學苑舉辦「一人一故事——八八水災四安重建生命關懷」講座，邀請中央研究院地球研究所研究員汪中和主講「極限氣候是什麼？全球暖化對臺灣的影響」，共有近六十人參加。

演講中，汪中和教授以地球科學研究觀點，說明地表溫度上升、水文改變、二氧化碳排放量無法控制等問題，對日常生活造成的影響；並強調人類社會

是地球生態系統中的次系統，濫用自然資源又破壞生態系統，就必須不斷付出代價，現今許多天災，追本溯源都是人為所造成。

汪教授進一步強調，臺灣的氣候與環境因全球暖化的影響，正在快速改變，未來影響包括糧食減產、南北雨量差異變大、水文極端性增加，都是必須認真面對的課題。

汪中和教授在演講中，提出以心靈改革來對治氣候暖化問題。

最後，汪教授也提出面對此挑戰的解決之道，和共同努力的方向，他認為這是一場心靈革命，需要從思想和倫理著手，改變人類在地球生存的DNA。

● 01.23　06.29

法鼓大學兩場「人生café」講座
繼程法師分享觀照生命智慧

法鼓大學籌備處人生學院於2010年1月23日、6月29日在德貴學苑舉辦「人生café」講座，邀請聖嚴師父法子繼程法師主講，由該校副教授楊蓓主持，每場有四百多人參加。

首場於1月23日舉行，主題是「《金剛經》的日用修行」，繼程法師分享在日常生活中實踐《金剛經》的心法。法師首先說明，修習《金剛經》能夠破除學佛的心理障礙，建立學佛的信心；佛法的因果業報之說，是要讓我們了解因果業報有其形成的原因，能夠清楚明白，內心就比較能面對、接受問題，進而用禪修的方法來調心、放鬆，然後歡喜處理、放下。

法師表示，《金剛經》中所提到的修行心法，雖然困難，但過去佛陀、祖師大德

繼程法師在「人生café」講座中，分享《金剛經》的日用修行。

都已做到，就表示可以做得到。一般人做不到，是信心、悲心、智慧不夠。最後，法師勉眾以正信為依據，建立信心，有信心就會有願心，才能產生力量，並真正去實踐。

第二場在6月29日晚上舉行，繼程法師以「禪的生命觀照與反思」為題，帶來六首自創佛曲，藉由樂曲分享，引導大眾以禪修的觀念與方法調適、安頓身心，進而自在地感受生活中的花花世界；法師也提醒眾人修行離不開五濁惡世，儘管世間污濁，但應視其為逆增上緣，隨緣努力。

● 01.30～02.01

法鼓大學舉辦亞洲佛教藝術研習營

探討桑奇佛塔、定州石佛的藝術內涵

由法鼓大學籌備處、覺風佛教藝術文化基金會及艋舺龍山寺共同主辦的「2010亞洲佛教藝術研習營」，1月30日至2月1日於龍山寺板橋文化廣場舉行，法鼓大學籌備處校長劉安之、龍山寺副董事長黃書瑋皆出席開幕致詞，共有兩百五十位學員參加。

本次研習營以中國大陸河北定州石佛及印度桑（山）奇佛塔（Stupa of Sanchi）的造像藝術為研習主軸，分別邀請中國大陸清華大學藝術史教授李靜杰、臺北藝術大學美術史研究所教授林保堯帶領。李靜杰教授從南北朝至唐宋的佛教造像樣式與

林保堯教授於研習營上，介紹印度佛教遺址的建築與雕刻。

圖像思想，介紹中國佛教藝術，也以具有地方特色者，如定州系白石佛像、中原北方唐代石刻佛像以及安陽修定寺塔唐代浮雕圖像分析其藝術內涵；並以圖像印證佛教發展史，說明佛教藝術對佛法流傳的重要性。

林保堯教授則以桑奇佛塔的石窟藝術，深入淺出地說明印度佛教遺址的建築與雕刻，剖析石雕發展及圖像意義，強調佛教藝術是可以引領觀賞者觀想與信仰的藝術，更是文化真善美的極致展現。

研習營中，兩位教授並進行一場「中印石佛記田野對話」，與學員分享田野調查工作的人文關懷。

● 01.30～02.07

僧大舉辦第八屆生命自覺營
百餘位亞洲地區學員共同探索生命真義

僧大第八屆生命自覺營於1月30日至2月7日在法鼓山園區進行，共有一百二十一位來自臺灣、香港、馬來西亞、新加坡、澳門及澳洲等地學員參加。

自覺營由僧大學僧籌辦，課程著重於出家人的威儀及心行。學員們依照僧團作息，參與早晚課、梵唄、禪修、上殿過堂、出坡等。此次特別安排二次「普請」，讓學員們從中體會「一日不作，一日不食」的農禪生活，學習語默動靜間無處不是用功的著力點，同時以放鬆、清楚的禪修方法，讓生活時時都在修行中。

海內外一百二十一位學子齊聚禪堂，體驗出家生活，覺察生命自在的本質。

課程中，並由法師帶領學員深入思索生命的本質，進而提起宗教師的悲願心。其中，由普化中心副都監果毅法師講授的「佛教的生命觀與自我覺醒」，以電影《駭客任務》（*The Matrix*）中的虛擬世界，說明一切現象的虛幻不實，藉此透顯生命的真貌；弘化院監院果慨法師講授「梵唄與修行」時，分享梵唄是禪修法門之一，並以叩鐘擊鼓的內容與意義，說明宗教師如何以生命力唱出悲願心、以聲聞身行菩薩道的精神。

九天的自覺營生活，引領學員透過對出家生活的體驗，覺察生命自在的本質，也為未來人生覓得新方向。

● 02.28

臺灣體大師生參訪佛教學院
模擬勘查全國大專校院運動會聖火傳遞路線

國立臺灣體育大學師生一行十一人於2月28日參訪佛教學院，此行是為了於5月7日舉行的「2010年全國大專校院運動會」聖火傳遞做路線的模擬與勘查，由校長惠敏法師及副校長杜正民接待，雙方並就當天準備事宜進行討論及交換

意見。

　一年一度的全國大專校院運動會，2010年由臺灣體育大學主辦，首次使用自行車進行聖火傳遞，分區環臺一百六十五所大專院校，以象徵和平、勝利、希望之聖火傳遍全國各地。佛教學院自創校以來，首度成為聖火傳遞的一站。

2010年全國大專校院運動會，將使用自行車進行聖火傳遞，佛教學院首次為其中一站。

　佛教學院屬於宗教研修學院，性質上雖有別於一般大專院校，但是為養成學生健康體魄、提昇對運動的興趣，體育課程規畫多元內容，包含伸展操、徒手肌力訓練、登山、健走、健康體適能檢測、保健知識等，並結合禪修體驗以涵養自在身心。

●03.03　03.06　03.13　03.20

佛教學院、法鼓大學等舉辦佛藝講座
董玉祥分享絲路佛教石窟考古

　為了推廣佛教藝術，3月3至20日期間，佛教學院、法鼓大學籌備處藝術與文化學院、臺中分院、鹿野苑藝文學會共舉辦四場專題演講，邀請中國大陸前甘肅省文物考古研究所研究員董玉祥主講，共有四百多人次參加。

　3日的首場演講在法鼓山園區舉行，主題是「東方最大的雕塑博物館——天水麥積山石窟」，董玉祥老師介紹麥積山石窟自北魏以迄於明清的佛像雕塑特色，說明佛像的造像形式呈現了當時人民的生活背景，而因地質的因緣，造就的淺浮雕和壁畫相融合的藝術風格，則是天水麥積山石窟所獨有的特色。

董玉祥老師介紹麥積山石窟第四十四窟西魏佛坐像，其造型宛如南朝的清談高士。

　6日及13日的演講於德貴學苑進行，講題分別是「千佛莊嚴——甘肅石窟考古漫談」、

「西出陽關——新疆石窟壁畫賞析」，董老師分享數十年來在甘肅、新疆的考古與探索經驗，介紹兩地特有的石窟藝術，剖析佛教造像風格的漢化歷程，不同時期的洞窟，也反映出各時代的審美觀。

最後一場於臺中分院舉行，在「走進石窟——感悟佛教藝術魅力」講座上，董老師藉由石窟造像圖示，引領大眾一窺古代匠師的精湛技藝，並體會造像者虔敬、熱誠的宗教情操，有近兩百人參加。

年逾七十歲的董玉祥老師在講座中現身說法，讓學員深刻感受考古工作的辛苦與樂趣，也了解橫越大山大漠的絲路佛教文化，在藝術上展現的高度成就。

2010董玉祥老師「佛教石窟藝術講座」一覽表

時間	講題	主辦單位
3月3日	東方最大的雕塑博物館——天水麥積山石窟	佛教學院
3月6日	千佛莊嚴——甘肅石窟考古漫談	法鼓大學籌備處藝術與文化學院、鹿野苑藝文學會
3月13日	西出陽關——新疆石窟壁畫賞析	法鼓大學籌備處藝術與文化學院、鹿野苑藝文學會
3月20日	走進石窟——感悟佛教藝術魅力	臺中分院、法鼓大學籌備處藝術與文化學院、鹿野苑藝文學會

●03.11～13

惠敏法師參加維吉尼亞大學研討會
分享佛典數位化的理論與應用經驗

3月11至12日，佛教學院受邀出席美國維吉尼亞大學（University of Virginia）於該校藝術系與東亞語言文獻文化系舉辦的「文化交流：中古早期中國與鄰邦文化國際學術研討會」（"Cultural Crossings: China and Beyond in the Early Medieval Period" Conference），由校長惠敏法師、圖書資訊館館長馬德偉（Marcus Bingenheimer）代表參加。

這場學術研討會，共有三十多位國際專家學者與會，以跨文化、跨學科的研究方法，探討從南北朝到大唐時期，中國與鄰邦之間的文化與歷史議題。

13日，惠敏法師並應該校人文科學先進技術研究中心開辦的「亞洲藝術與人文科學數位計畫工作坊」（Digital Projects in Asian Art and Humanities Workshop）之邀，以「佛教文化數位化研究的足跡與展望：從數位博物館、時空資訊系統到Science 2.0」（A Footprint and Prospect of Digital Studies on Buddhist Culture: from Digital Museum via Spatial-temporal Information System to Science 2.0）為題，發表主題演說。

演說中，惠敏法師就十多年來學習數位化的理論與應用經驗，進行三階段的

分享。第一階段是1998至2005年，法師學習到數位文獻是「多價文獻模式」，藉由「標記語言」讓電腦能理解文獻；第二階段為2005至2008年，法師學習運用GIS（地理資訊系統）、Google Map等界面，將佛教文化相關的資料庫，例如：將《高僧傳》、《中國佛寺志》

惠敏法師出席維吉尼亞大學研討會，分享數位化理論與應用經驗。

等典籍內容建入「時空資訊系統」；第三階段從2008年開始，進入互動性、分享性的資訊環境，內容可依每位使用者的參與，形成個人化內容，經由網誌、分享書籤、社群網絡等新功能，達成迅速分享的效果。法師表示，未來將朝Science 2.0更具互動與分享性的開放學術研究環境發展，賦予佛教文化研究更佳的合作精神與效能。

● 03.14

僧大舉辦招生說明會
鼓勵青年學子找回生命著力點

3月14日，僧大於法鼓山園區舉辦99學年度招生說明會，兩位副院長果光法師、常寬法師出席關懷，共有五十六位青年學子參加。

果光法師開示時，以唐代丹霞天然禪師在追尋仕途中，體悟生命意義、走向修行的故事，引導與會青年重新思考生命的價值。法師也分享當年決定出家時，俗家父親回應：「為什麼你到這麼老了，才終於知道人生要做什麼？」以此勉勵眾人把握難得的出家因緣，在選佛場中找到生命的著力點。

當天，除了規畫靜態展、觀看僧大簡介影片《續佛慧命》、應考心得分享，學僧們也透過分組

僧大學僧們透過分組交流，分享出家因緣。

交流,分享出家因緣,讓眾人更清楚自己的初發心。大堂分享時,常寬法師回應多數人面對出家這條路的躊躇猶豫,建議回到初發心,只要發願的因地正確,逆緣也會成為成就的助緣。

活動最後,眾人分組前往參觀教育行政大樓、圖書資訊館及僧眾寮房,實地了解僧大的日常作息與學習環境。隨著法師的引導和說明,每到一處,不再只是一間房、一條走道,而是修行的場域,處處反映著行者的心境。

● 03.27

法鼓大學圖書館汐止分館啟用
提供汐止地區民眾共修場所

在法鼓大學圖書館汐止分館啟用當天,劉安之校長(右一)為來賓導覽館內的陳設與藏書。

法鼓大學圖書館汐止分館於3月27日上午舉行灑淨暨啟用典禮,灑淨儀式由僧團女眾副都監果舫法師主法,關懷中心副都監果器法師、法鼓大學籌備處校長劉安之及中央大學客家學院院長江明修等出席,有近一百人參加。

啟用典禮上,果器法師感恩所有護持者及促成汐止分館設立的護法信眾廖瓊玉提供場地。江明修院長致詞時,則期許法鼓大學未來能設立更多分館,以利更多人參與知識與資訊的傳遞及學習。

劉安之校長表示,設立在汐止科學園區的法鼓大學圖書館汐止分館,未來不只是一座圖書館,還將以各種講座、多媒體活動、親子服務等,為園區提供豐富的人文資源與關懷;此外,透過法鼓山的禪修資源,也希望為園區的工程師們提供安定身心的修行活動,成為民眾共修的空間。

● 04.08

佛教學院舉辦四週年慶
學生社團分享實踐夢想成果

4月8日,佛教學院以「社團交流・身心健康」為主題,於法鼓山園區舉辦創校四週年慶祝典禮,金山醫院、東山高中等締約單位也受邀觀禮,分享學生社團的活動成果。

董事長方丈和尚果東法師以「法鼓山大家長」的身分在典禮中致詞，他引用聖嚴師父「同學菩薩道、同為法門眷屬」的叮囑，勉勵同學珍惜共同學習的因緣，在學業和道業上精進，弘傳

佛教學院書法社在校慶典禮上，召募新社員，鼓勵體驗全方位的學習。

「悲、智、和、敬」的建校精神。

校長惠敏法師則以「校慶，不只要慶幸、感恩現狀，還要祝福未來。」期許師生，以慶幸、感恩的心，感念創辦人聖嚴師父鍥而不捨的努力，以及法鼓山僧團、護法信眾的支持，方能成就佛教學院的誕生；而感恩的同時，更要祝福學校未來能持續透過教育，將佛法傳承下去，為社會人心帶來正面的影響。

典禮上除了回顧學校一年來的大事，各社團也發揮創意展現成果，例如：桌球社製作逗趣短片召募社員，行願社以音樂劇展演社團宗旨，國畫社則展出社員的書畫作品，多元互動的表演促進了各社團的觀摩與交流。當天下午，桌球社也舉辦桌球比賽，讓師生在運動中練習觀照身心的變化，體驗動中禪悅。

2009年年底，惠敏法師鼓勵同學把社團當成實踐夢想的實驗室，佛教學院學生因此開始籌組社團，目前已成立藥王社、桌球社、書法社、國畫社、行願社、澄心禪學社等六個社團。這些社團，不僅增進了同學們之間的情誼，也讓學生們緊湊的學術生活，多了一分實踐的活潑，體驗全方位的學習氛圍。

● 04.11

佛教學者霍普金斯談憤怒與慈悲

分享覺照情緒起伏　安住當下

4月11日下午，美國知名藏傳佛教學者傑佛瑞·霍普金斯（Jeffrey Hopkins）於德貴學苑無盡講堂進行一場演講，主題為「憤怒」（Anger），分享如何覺照自己的情緒起伏，轉念安於當下。這場演講由臺北市藏傳佛典協會主辦、法鼓大學協辦，有近八十人參加。

演講一開始,霍普金斯教授便從他搭計程車因為冷氣太強,「差點」與司機發生口角的經驗說明,憤怒幾乎是現代人的情緒通病;接著從憤怒、好鬥、怨恨、惡意、忌妒、傷害等六個面向,逐一解釋這些情緒或意圖如何導致我們做出惡行、口出惡言。

霍普金斯教授指出,當情緒即將爆發之際,我們可以訓練自己用不同的角度來看待憤怒的對象,現代人常以為憤怒是一個保護傘,但憤怒不僅無法帶來和平,還會阻礙慈悲心的生起;同時強調唯有透過慈悲與關懷才能卸下武裝,帶來真正的快樂。

霍普金斯教授於德貴學苑主講「憤怒」。

霍普金斯教授幽默風趣的演講方式,讓全場笑聲不斷,而以生活實例的說明及運用,也讓大眾清楚情緒的根源,並學習如何轉化心念,享受放下的幸福。

● 04.17

中華佛研所舉辦「承先啟後」座談會
發表三十週年《傳燈續慧》特刊

4月17日,中華佛研所於法鼓山園區國際會議廳舉辦「三十週年特刊發表暨『承先啟後』感恩、回顧與展望座談會」,由佛教學院校長惠敏法師、中華佛研所榮譽所長李志夫、佛教學院老師馬紀(William Magee)等參與座談,方丈和尚果東法師出席致詞,包括聖嚴師父生前摯友今能長老、會靖法師等,共有一百多人參加。

會場上,並發表創校三十週年特刊《傳燈續慧》,中華佛研所所長果鏡法師說明三十週年特刊的命名,正是延續法鼓山「承先啟後、願願相續」的感恩與緬懷。

方丈和尚致詞時,強調《傳燈續慧》是一本重要的刊物,因為過去佛研所師生秉持「實用為先,利他為重」的理念,在課業學習中

中華佛研所三十週年特刊《傳燈續慧》。

不忘奉獻自我，期勉這份精神不但要落實至佛教學院，也能為法鼓大學樹立良好典範。

接著在座談會上，李志夫榮譽所長以三十多年與聖嚴師父相處的歷程，分享師父對於僧俗弟子的最高期待，便是傳承「中華禪法鼓宗」

在佛研所「承先啟後」座談會上，李志夫榮譽所長（左二）分享聖嚴師父對弟子傳承「中華禪法鼓宗」的期許，果鏡法師（右起）、越建東老師、馬紀老師、惠敏法師（左一）、藍吉富老師（左三）也參與座談。

的法脈，推展法鼓山的禪法、禪教、禪觀，拯救人類心靈上的貧窮；第二屆畢業生的惠敏法師，特別感謝佛研所實現自己精進學佛的夢想。法師指出，1981年佛研所開始招生，正逢世界上第一台採用Intel處理器的個人電腦推出，如此巧合，象徵著佛教勢必與數位結合，進而放眼世界，佛研所推動「中華電子佛典」（CBETA），即是資訊時代的佛學資料庫，大大促進佛學研究的發展。

中華佛研所研究員藍吉富綜觀「中國各省或各自治區的佛教發展」、「域外漢傳佛教文獻」等範疇，指出漢傳佛教仍有許多未知領域，等待深入探討；馬紀老師則指出很多人以為佛學研究與個人修行有衝突，經由多年觀察，他體悟到學佛的目的是要去無明，科學研究是為了解事實，有助於破除無明，兩者相輔相成。

談到佛研所未來的發展，果鏡法師表示，培育人才的任務雖由佛教學院接棒，但佛研所仍是弘揚漢傳佛教的專業研究機構，目前將積極邀請全球專家學者，撰述「宋代至清末」與佛教相關論述的專著。

● 05.06

佛教學院首度傳遞大專運動會聖火
延續運動家精神與佛教傳燈意涵相應

5月6日中午，佛教學院全體教職員、師生齊聚法鼓山園區雀榕平台，迎接99年全國大專校院運動會的聖火自行車隊，並由校長惠敏法師接下聖火，副校長杜正民帶領五位學生代表手持聖火，慢跑繞行大殿及禪堂一圈，除了實踐運動

惠敏法師從聖火隊手中接下聖火，象徵承接、延續運動家精神。

家精神之外，也象徵傳承佛法明燈、續佛慧命的意義。

惠敏法師致詞時表示，運動會中傳遞聖火的傳統，如同佛教傳燈的精神。聖火傳遞象徵運動家精神的延續，而佛教的傳燈，則是將佛法的慈悲與智慧，一代代地延續下去，傳承的義涵是相應相通的。法師也鼓勵學生將運動家精神延續到日常生活，從良性的競爭中，培養使命感與責任感，並找到自己的生命方向，努力成長。

此次聖火的傳遞，主辦單位為傳達環保理念，特別採用節能減碳的LED燈做為聖火，而其第一道光，則別具巧思引用來自臺灣最高峰玉山的第一道曙光，以象徵燃起希望、和平及堅毅的運動家精神。

儀式最後，在大眾齊唱〈我為你祝福〉的歌聲中，歡送主辦單位的聖火隊繼續前進下一所學校，傳遞聖火。

● 05.13

佛教學院「臺灣佛寺時空平台」計畫成果發表
期使成為臺灣佛教地理資訊平台

由浩然基金會贊助法鼓佛教學院執行的「臺灣佛寺時空平台」計畫，於5月13日舉行成果發表會，邀請菩提長青出版社發行人暨本專案顧問闞正宗老師，以「梵宇浮沉見興衰——佛寺田調與臺灣佛教史」為題發表演講，透過圖片及文史資料，將臺灣

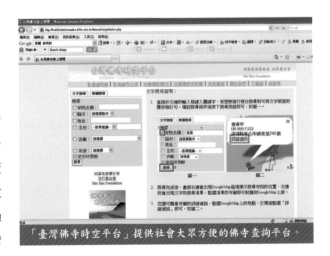

「臺灣佛寺時空平台」提供社會大眾方便的佛寺查詢平台。

從明清時代至光復前的佛教發展沿革,做系統性介紹。

「臺灣佛寺時空平台」研究計畫,係以地理資訊系統(Geographic Information System, GIS),整合「臺灣佛教文獻資料庫」與「臺灣佛教數位博物館」等網站資料,發展成為臺灣佛教地理資訊平台,以供進階的臺灣佛教史地相關研究。

本計畫歷時兩年,由校長惠敏法師擔任計畫主持人,副校長杜正民負責專案管理。未來,期望能結合大眾捷運系統、手機網路搜尋功能及PDA衛星定位導航系統,讓功能更完善,開啟大眾更便利參訪臺灣佛寺的管道。

臺灣佛寺時空平台網址:http://buddhistinformatics.ddbc.edu.tw/taiwanbudgis

● 05.15

僧大舉辦講經交流
十三位學僧生動講述經典

僧大於5月15至16日在法鼓山園區教育行政大樓舉辦講經交流活動,由十三位學僧分享《金剛經》、《地藏經》、《阿彌陀經》等八部大眾熟知的大乘經典,並邀請副院長果光法師、常寬法師、男眾學務長常隨法師等擔任講評老師。

僧大學僧於講經時,運用圖片、故事、文字等方式,生動講述經典。

講經開始前,常寬法師分享聖嚴師父景仰的一位長老——演培長老講經的風範。法師表示,長老以深厚的天台教觀做為學養背景,且多年親近大善知識,因此講經時脈絡清楚、前後呼應,加上咬字吐音、聲若洪鐘,令人攝受不已,法師藉此勉勵學僧學習長老的風範。

這次參與講經的學僧運用圖片、故事、文字等呈現方式,加上自身的經驗,生動講述經典,讓經典變得活潑且容易親近;有學僧更以中、英文二種語言講經,充分展現僧大多元化、國際化的一面。

果光法師講評時,將講經與禪修結合為調心四個層次,勉勵學僧從散亂心、集中心、統一心到無心,將講經交流視為一場禪修的練習。

● 05.23～25

佛教學院參加泰國國際衛塞節國際佛學會議
杜正民副校長演講「數位時代的佛學資訊教育」

杜正民副校長代表佛教學院參與2010數位典藏與數位學習國際會議（左起為杜副校長、泰國接待法師、華梵大學校長朱建民）。

第七屆泰國國際衛塞節國際佛學會議於5月23至25日在泰國朱拉隆功佛教大學（Mahachulalongkornrajavidyalaya University）舉辦，進行佛教議題研討。法鼓佛教學院應邀參加，並由副校長杜正民代表演說。

本次會議包括六個主題研討會及兩個工作坊，共有八十三個國家，一千七百位來自世界各地的佛教學者及宗教人士與會。

會中，杜正民副校長以「數位時代的佛學資訊教育」（Buddhist Informatics Education in the Digital Era）為題，介紹佛教學院的佛學資訊教育與數位資源，並簽署十一項大會宣言。其中「通過國際大藏經流通，促進大眾對佛教教義有更多了解」及「支持建設國際佛教聯合藏經目錄」兩項，在佛教學院已行之有年，除進行各項佛典數位化工作，並進行「佛教藏經目錄數位資料庫」計畫，以「中華電子佛典協會」（CBETA）現有的數位典藏為基礎，將歷代佛經版本經錄建構數位文獻資料，加上國際間的重要漢文經錄，進行數位化作業。

會後並由所有與會的國家共同簽署曼谷宣言，期許積極推動佛法，以對於全球景氣復甦、人心淨化、世界和平做出貢獻。

● 05.28～31

第三屆「聖嚴思想國際學術研討會暨信眾論壇」展開
深入探討聖嚴師父的教導與時代意義

由聖基會主辦的第三屆「聖嚴思想國際學術研討會暨信眾論壇」，5月28至31日於臺灣大學集思會議中心舉行。研討會主題為「聖嚴法師的教導與時代意義」，來自美、澳、中國大陸、臺灣等國五十八位佛教學者，共發表三十六篇論文，共有一千五百多人與會。

　　本屆研討會是聖嚴師父圓寂後首次舉辦，2010年在學術研討會之前，也首度規畫舉辦信眾論壇，由僧團法師發表對師父教法的研究與論述。28日開幕典禮上，方丈和尚果東法師致詞呼籲大眾在緬懷師父時，不要只停留在追思的階段，而應該更積極實踐師父的教導，盡力推動師父的理念，來淨化人心與社會。

　　28、29日進行的「法鼓山信眾論壇」，僧團法師分別以禪法、《法鼓全集》、僧教育以及三大教育四個主題，發表綜合報告。學者對於法師與談報告所引用的文章、史料，表達肯定與回響。中國大陸上海師範大學哲學學院中國傳統思想研究所教授侯沖表示，參與信眾論壇，使國外學者對聖嚴師父思想以及法鼓山的組織運作，有更深入的了解與認識。

　　30、31日展開「國際學術研討會」，共發表三十六篇論文，發表論文之多，參與人數之踴躍，為歷年之最。2010年的論文研究內容涵蓋思想、禪學、教育、心理學、生命教育等，學者們也傾向以更多元的角度來進行研究。除了國內外學者的參與，僧團法師也在研討會上發表論文，展現了法鼓山經營大學院教育三十年來的豐碩成果。

　　例如：中華佛研所所長果鏡法師針對聖嚴師父的新書《觀音妙智——觀音菩薩耳根圓通法門講要》做深入研究；佛教學院佛教學系學士班主任果暉法師，則從當代漢傳佛教的危機中，點出漢傳佛教的轉機，論及師父復興的漢傳佛教，乃是吸納世界各系佛教的優點。

　　對於聖嚴師父教法的時代意義，美國堪薩斯大學（University of Kansas）宗教研究系教授史蒂文生（Dan Stevenson），在專題演講中指出，師父為傳統佛教重新尋找定位，開啟現代人對傳統佛教認識的橋梁；因此，師父創立「中華禪法鼓宗」，不只是「復興」漢傳佛教，更重要的是，融攝各宗派之後的思想，因應時代而「創新」漢傳佛教。

第三屆「聖嚴思想國際學術研討會暨信眾論壇」中，由僧團法師發表對師父教法的研究與論述。

方丈和尚語

共同實踐師父人間淨土理念

5月30日講於臺大集思會議中心「聖嚴思想國際學術研討會」開幕

◎果東法師

聖基會每兩年舉辦一次的「聖嚴思想國際學術研討會」，至今已經邁入第三屆。第一屆於2006年在臺北圓山大飯店舉辦，主題為「聖嚴思想與當代社會」；第二屆則在2008年，於臺大集思會議中心舉辦，主題鎖定「聖嚴法師與漢傳佛教」。

今日，雖然因聖嚴師父捨報，無緣如同前兩屆能聆聽師父的開示教誨，欣慰的是，本屆研討會主題「聖嚴法師的教導與時代意義」，透過全球徵稿的方式，經委員審核後的論文達三十六篇，討論的範圍更加廣泛，有師父對漢傳佛教復興的貢獻，有師父的禪學、律學、淨土思想，還有探討師父對救災、社會關懷與淨化臺灣心靈的貢獻。相信藉由學術界的研究成果，更能逐步落實法鼓山對社會、人類、自然、環境與生態的整體關懷。

前兩屆的研討會成果，已經集結為《聖嚴研究》一書，期盼日後有更多學者投入聖嚴師父的思想研究，如師父在第二屆研討會中的致詞：「研究聖嚴思想並不是為了要利益我個人，而是為了協助佛教在人間推廣。」期盼大家共同努力，實踐師父一生提倡的「人間淨土」理念。（摘錄）

方丈和尚於本屆學術研討會中致詞，期盼更多學者共同實踐師父人間淨土理念。

聖嚴思想研究新里程

特別報導

第三屆聖嚴思想國際學術研討會

　　聖基會主辦的第三屆「聖嚴思想國際學術研討會暨信眾論壇」，5月28日起一連四天在臺大集思會議中心舉行。此次研討會是聖嚴師父圓寂後首次舉辦，主題訂為「聖嚴法師的教導與時代意義」，在學術會議正式開始之前，於28、29兩日首度開辦了「信眾論壇」，由僧團法師發表對師父教法的研究與論述。

　　28日上午在活動開幕典禮上，方丈和尚果東法師致詞指出，聖嚴師父圓寂捨報一年多以來，法鼓山的僧俗四眾弟子應深思檢視自己有無遵循師父教誨，讓自己更精進。他希望信眾在緬懷師父時，不要只停留在追思的階段，而是應該更積極地實踐師父的教導，盡力推動師父的理念來淨化人心與社會。

首開信眾論壇凝聚僧俗共識

　　首先進行的「信眾論壇」，由法鼓山僧團弟子將聖嚴師父的教導，以禪法、著作、僧教育及三大教育等四個層面，發表論述。首場論壇主題是「承先啟後的中華禪法鼓宗」，由法鼓山禪堂堂主果元法師、法鼓山僧大禪學系學僧常護法師及常啟法師，介紹由師父所創立的法鼓宗脈。

在「聖嚴思想國際學術研討會暨信眾論壇」上，與會的僧團法師、中外佛教學者，從宗教實踐、學術研究等層面，共同探討師父的教導與時代意義。

在禪修主題上，與談的果元法師、常護法師、常啟法師皆是目前法鼓山禪堂的帶領者或是積極培養的領眾修行人才；在智慧的寶藏主題上，普化中心副都監果毅法師具體描述了《法鼓全集》的思想淵源、脈絡體系與精華所在；在僧教育主題上，則是由曾參與僧伽大學創辦、教學以及第一屆與應屆的師生，共同整理出聖嚴師父對僧格養成理念的歷史脈絡、核心思想與具體作為；在三大教育主題上，則是師父對僧俗人才的養成與大匯集的呈現。

法鼓大學籌備處副教授楊蓓並且為信眾論壇做一清楚定位，她認為「信眾論壇」讓法師與信眾間產生凝聚力量，僧團法師透過論壇將聖嚴師父的教導，做一次鉅細靡遺的回顧與整理，並進一步布達給信眾，如此的交流，讓信眾再一次領受師父的教導。

第三屆「聖嚴思想國際學術研討會」特色

本屆學術研討會以「聖嚴法師的教導與時代意義」為主題，共發表了三十六篇論文。

第三屆「聖嚴思想國際學術研討會」於5月30日舉行。兩天的議程分別在國際會議廳、蘇格拉底廳及柏拉圖廳進行，共有來自美國、澳洲、臺灣、中國大陸等五十八位佛教學者，發表了三十六篇論文，共有一千五百多人參加；發表論文之多，參與人數之踴躍，堪稱歷年之最。

其中有二十三篇論文與聖嚴思想有直接的關係，與前兩屆相比，質與量有明顯倍增的趨勢。綜觀本次研討會有以下幾項重要特色：

一、學術研究角度趨於多元

有別於以往研究聖嚴思想多從禪法、人間淨土等方向著手，2010年的研討會則傾向更多元的角度來進行研究，內容涵蓋了思想、禪學、教育、文學、語言學、心理學、生命教育等。例如：臺灣師範大學國際漢學研究所助理教授王美秀發表〈對話與辯證——聖嚴法師的旅行書寫與法顯《佛國記》之比較研究〉、美國亞歷桑納大學（University of Arizona）博士候選人克禮波德（Seth DeVere Clippard）發表的〈純淨的字：由修辭學角度看心靈環保〉，分別從文學、語言學的角度分析聖嚴師父的著作。

此外，法鼓大學籌備處副教授楊蓓發表〈默照禪修對心理健康影響之初探〉，透過訪談十二位參加過默照禪七三次以上的禪眾，分析默照禪對心靈治療與健康的正面意義。法鼓大學籌備處助理教授辜琮瑜的〈聖嚴法師

「心五四」精神於生命教育之應用探討〉，則從「心五四」的觀念與方法，透過個人的內省，建構出個體自我與社會、環境無障礙的平等連結，落實成為現代生命教育的基礎。

心理學、生命教育的參與，說明了本年研討會的廣度，雖然許多研究只是初試啼聲，卻為聖嚴思想開啟新的途徑，也印證了聖嚴師父的思想是給全人類使用的。

二、重新詮釋師父的法寶智慧

此次研討會重心圍繞在聖嚴師父的思想，以師父的禪學、人間淨土、心靈環保等為主流，以禪法為主題的論文多達十篇。師父的禪法結合了臨濟宗話頭禪、曹洞宗默照禪，過去對這方面的研究也多所著墨，然而2010年有不少論文為師父的禪法溯源，上承天台止觀與法華思想，讓師父的禪法與天台宗的次第、《法華經》的禪觀連

《法鼓全集》是聖嚴師父思想的匯集，果毅法師（右）分享《法鼓全集》的思想淵源、脈絡體系與精華所在。

結。例如：法鼓佛教學院副教授陳英善發表〈從「明心見性」論聖嚴禪法與天台止觀〉，將天台宗的藏、通、別、圓四教中，藉由別教的修證階位與圓教的六即位，來論述禪宗所謂佛性、明心、見性的定義。

如此的連結，讓聖嚴師父的禪法有了經典、教法的依據，同時也讓當代禪修者提供重要指導，充實有利禪修體悟的觀法內涵，以避免將淺層經驗誤為深層體證。

談到聖嚴師父的「人間淨土」思想，必然會與太虛大師的「人生佛教」以及印順長老的「人間佛教」做一比較分析，屏東商業技術學院副教授林其賢提出論文〈從「人生佛教」到「人間淨土」──聖嚴法師對人間教法的抉擇〉即深受玄奘大學文學院院長昭慧法師的肯定。

三、法鼓山立宗的討論

研討會上談到法鼓山立宗的論文，包括美國弗羅里達州立大學（Florida State University）宗教系助理教授俞永峰發表的〈初探聖嚴法師的禪法演變

與法鼓宗的建構〉及果光法師、常諗法師的〈漢傳禪佛教的當代實踐──
聖嚴法師的「心靈環保」〉等，引發現場熱烈討論。對此，昭慧法師有感
而發地說：「當境、行、果已構成一套系統理論時，立宗是當之無愧的。
立宗之後，透過各位的豐富論述，宗義會愈來愈清晰。」

結語

誠如聖基會董事長施建昌所說：「每一個人學到的是聖嚴師父的部分，
合起來就是師父的整體。」相信研討會一屆一屆地舉辦下去，透過眾人的
集思廣益，未來關於聖嚴師父的研究成果將更完整、更加可觀。

第三屆「聖嚴思想國際學術研討會暨信眾論壇」議程
信眾論壇

時間	主題	主持人、與談人
5月28日	開幕式：方丈和尚致詞	方丈和尚果東法師
	「承先啟後」的中華禪法鼓宗──其因應當代的禪風	主持人：果品法師（僧團副住持） 與談人： 果元法師（禪修中心副都監） 常護法師（法鼓山僧伽大學學僧） 常啟法師（法鼓山僧伽大學學僧）
	智慧的寶藏：《法鼓全集》	主持人：果祥法師（弘化院資深講師） 與談人：果毅法師（普化中心副都監）
	綜合座談	主持人： 果品法師（僧團副住持） 果元法師（禪修中心副都監） 果祥法師（弘化院資深講師） 果毅法師（普化中心副都監）
5月29日	佛法的根基：僧教育 一、從聖嚴師父早期的僧教育理想至僧伽大學的創辦 二、聖嚴師父於僧教育中僧格養成與實踐之思想初探 三、聖嚴師父的教育方法 四、開展僧命──與世界接軌	主持人：果光法師（法鼓山僧伽大學副院長） 與談人： 常慧法師（馬來西亞道場監院） 常盛法師（法鼓山僧伽大學專任講師） 常林法師（法鼓山僧伽大學學務處） 常悟法師（文化中心專案規畫室室主）
	佛法普照：三大教育 大普化 大關懷 大學院	主持人：果鏡法師（中華佛學研究所所長） 與談人： 果毅法師（普化中心副都監） 果器法師（關懷中心副都監） 劉安之（法鼓大學籌備處校長）
	綜合座談	主持人： 果鏡法師（中華佛學研究所所長） 果光法師（法鼓山僧伽大學副院長） 劉安之（法鼓大學籌備處校長）

第三屆「聖嚴思想國際學術研討會」議程

5月30日

國際會議廳	蘇格拉底廳	柏拉圖廳
【開幕式】致詞人：方丈和尚果東法師	（與國際會議廳同步視訊）	
【專題演講】 主持人：于君方（美國哥倫比亞大學宗教學系教授）／劉安之（法鼓大學籌備處校長） 1. 漢傳禪佛教的當代實踐──聖嚴法師的「心靈環保」 　主講人：果光法師（法鼓山僧伽大學副院長）、常諗法師（法鼓山僧伽大學教務助理） 　回應人：果暉法師（法鼓山副住持） 2. 初探聖嚴法師的禪法演變與法鼓宗的建構 　主講人：俞永峰（美國佛羅里達州立大學宗教系助理教授） 　回應人：蔡耀明（臺灣大學哲學系副教授）	（與國際會議廳同步視訊）	（與國際會議廳同步視訊）
【論壇】 主持人：昭慧法師（玄奘大學宗教學系主任兼文理學院院長） 1. 試論《楞嚴經》耳根圓通法門──以聖嚴法師的講要為主 　主講人：果鏡法師（中華佛學研究所所長） 　回應人：于君方（美國哥倫比亞大學宗教學系教授） 2. 聖嚴法師禪法中之法華思想與法華禪觀 　主講人：王晴薇（雲林科技大學漢學資料整理研究所助理教授） 　回應人：黃國清（南華大學宗教學研究所助理教授）	【論壇】 主持人：果暉法師（法鼓山副住持） 1. 從「明心見性」論聖嚴禪法與天台止觀 　主講人：陳英善（中華佛學研究所研究員） 　回應人：羅梅如Miriam Levering（美國田納西大學宗教研究系教授） 2. 聖嚴法師對話頭禪與默照禪的綰合 　主講人：涂艷秋（政治大學中文系教授） 　回應人：辜琮瑜（法鼓大學籌備處助理教授）	【論壇】 主持人：羅因（臺灣大學中文系副教授） 1. 默照禪修對心理健康影響之初探 　主講人：楊蓓（法鼓大學籌備處專任副教授） 　回應人：張珏（臺灣大學健康政策與管理研究所副教授） 2. 無法之法：論聖嚴法師默照禪的理論與實踐 　主講人：謝成豪（高雄師範大學國文研究所博士生） 　回應人：果光法師（法鼓山僧伽大學副院長）

國際會議廳	蘇格拉底廳	柏拉圖廳
【論壇】 主持人：俞永峰（美國佛羅里達州立大學宗教系助理教授） 1. 石頭希遷禪師（700-790）的《參同契》與人間佛教的相關義涵（Shitou Xiqian's "Concordance of the Same and the Different" and the This-Worldy Turn in Chinese Buddhism） 主講人：任博克Brook Ziporyn（西北大學宗教與哲學系副教授） 回應人：羅梅如Miriam Levering（美國田納西大學宗教研究系教授） 2. 純淨的字：由修辭學角度看心靈環保Purifying Words: The Rhetorical Aspects of "Spiritual Environmentalism" 主講人：塞斯‧克里甫Seth DeVere Clippard博士生（美國亞利桑納大學博士候選人） 回應人：丹‧史蒂文生Dan Stevenson（美國堪薩斯大學宗教研究系教授）	【論壇】 主持人：涂艷秋（政治大學中文系教授） 1. 當代中國佛教中的超自然感應敘事（Narratives of the Miraculous in Contemporary Chinese Buddhism） 主講人：林穎（美國哥倫比亞大學宗教學研究所博士班候選人） 回應人：蔡怡佳（東華大學民族文化學系助理教授） 2. 環境危機與法鼓山教團的一體化救濟策略——以緬甸風災和汶川地震為例 主講人：李湖江（中國大學四川大學道教與宗教文化研究所博士生） 回應人：江弘基（行政院衛生署自殺防治中心執行長）	【論壇】 主持人：果鏡法師（中華佛學研究所所長） 1. 從「人生佛教」到「人間淨土」——聖嚴法師對人間教法的抉擇 主講人：林其賢（屏東商業技術學院副教授） 回應人：昭慧法師（玄奘大學宗教學系主任） 2. 當聖嚴v.s.印順（I）：從《法鼓全集》和《妙雲集》論二師思想之同異 主講人：陳美華（南華大學宗教學研究所副教授） 回應人：李玉珍（清華大學副教授）
【論壇】 主持人：俞永峰（美國佛羅里達州立大學宗教系助理教授） 1. 在南陽的比丘尼、齋姑、及教育家：在英屬馬來亞的菩提學院和漢傳佛教的現代化（Nuns, Zhaigus and Educators in Nanyang: Puti xueyuan菩提學院and Chinese Buddhist Modernism in British Malaya） 主講人：黎幸佑（美國戴維森學院宗教學助理教授） 回應人：李玉珍（清華大學副教授） 2. 乘著改革的浪：在馬來半島的跨越國界的中國和尚，1900-1950（Riding the Wave of Reform: Transnational Chinese Monks in Malaya, 1900-1950） 主講人：融道法師（加拿大麥吉爾大學博士候選人） 回應人：陳美華（南華大學宗教學研究所副教授）	【論壇】 主持人：涂艷秋（政治大學中文系教授） 1. 聖嚴法師對臺灣喪葬禮俗的影響 主講人：果祥法師（法鼓山僧伽大學講師） 回應人：李崇信（真理大學宗教文化學系兼任助理教授） 2. 聖嚴法師經懺佛事觀及其實踐——2009法鼓山大悲心水陸法會觀感 主講人：侯沖（中國大陸上海師範大學哲學學院教授） 回應人：陳英善（中華佛學研究所研究員）	【論壇】 主持人：果鏡法師（中華佛學研究所所長） 1. 聖嚴法師「心五四」精神於生命教育之應用探討 主講人：辜琮瑜（法鼓大學籌備處助理教授） 回應人：陳劍鍠（屏東教育大學中文系副教授） 2. 聖嚴法師《觀音妙智》的「楞嚴」慧解 主講人：胡健財（華梵大學中文系副教授） 回應人：越建東（臺灣大學哲學系兼任助理教授）
【綜合討論】與談人：果鏡法師、丹‧史蒂文生Dan Stevenson、涂艷秋、俞永峰		

第三屆「聖嚴思想國際學術研討會」議程

5月31日

國際會議廳	蘇格拉底廳	柏拉圖廳
【專題演講】 主持人：丹‧史蒂文生Dan Stevenson（美國堪薩斯大學宗教研究系教授）／惠敏法師（法鼓佛教學院校長） 1. 聖嚴法師之漢傳佛教復興運動──以漢傳禪佛教為中心 　主講人：果暉法師（法鼓山副住持） 　回應人：俞永峰（美國佛羅里達州立大學宗教系助理教授） 2. 聖嚴法師在臺灣法鼓教團推動天台教觀的努力──以《天台心鑰──教觀綱宗貫註》一書為中心 　主講人：黃國清（南華大學宗教學研究所助理教授） 　回應人：郭朝順（華梵大學哲學系副教授）	（與國際會議廳同步視訊）	（與國際會議廳同步視訊）
【論壇】 主持人：江明修（政治大學公共行政學系所教授） 1. 傅柯，佛教，與出家人的戒律（Foucault, Buddhism and the Rules of Buddhist Monks） 　主講人：Malcolm Voyce（澳洲麥卡瑞大學法學副教授） 　回應人：林鎮國（政治大學宗教研究所教授） 2. 透過晦暗玻璃看見的佛法：藉由傳教士的史料研究現代中國佛教The Dharma Through a Glass Darkly: On the Study of Modern Chinese Buddhism through Missionary Sources 　主講人：史瑞戈Gregory Adam Scott（美國哥倫比亞大學宗教系博士生） 　回應人：羅梅如Miriam Levering（美國田納西大學宗教研究系教授）	【論壇】 主持人：果祥法師（法鼓山僧伽大學講師） 1. 聖嚴法師「建設人間淨土」與「一念心淨」之要義 　主講人：陳劍鍠（屏東教育大學中文系副教授） 　回應人：黃國清（南華大學宗教學研究所助理教授） 2. 從天台淨土思想觀聖嚴法師之人間淨土要義 　主講人：施凱華（輔仁大學哲學系助理教授） 　回應人：黃國清（南華大學宗教學研究所助理教授）	【論壇】 主持人：杜正民（法鼓佛教學院副校長） 1. 通往人間淨土的鑰匙──淺談聖嚴法師的菩薩戒 　主講人：周柔含（慈濟大學宗教與文化研究所助理教授） 　回應人：越建東教授 2. 從晚明律學的復興看聖嚴法師的律學思想和弘戒實踐 　主講人：邵佳德（中國大陸南京大學哲學系碩士生） 　回應人：林其賢（屏東商業技術學院副教授）

國際會議廳	蘇格拉底廳	柏拉圖廳
【論壇】 主持人：俞永峰（美國佛羅里達州立大學宗教系助理教授） 1. 明朝末年佛教的研究的人間化（Humanizing the Study of Late Ming Buddhism） 　主講人：艾靜文Jennifer Eichman（美國普林斯頓大學教授） 　回應人：于君方（美國哥倫比亞大學宗教學系教授） 2. 另類教育力量：臺灣佛教大學（An Alternative Educational Force: Buddhist Universities in Taiwan） 　主講人：蔡金伶（英國布里斯托大學宗教系博士班候選人） 　回應人：趙文詞（中國大陸中國社會研究中心榮譽研究員） 3. 共和時代的中國與當代臺灣的漢藏佛教教育交流：太虛漢藏佛教研究所與法鼓山漢藏佛教文化交流班之專題研究（Sino-Tibetan Buddhist Education in Republican China and Contemporary Taiwan） 　主講人：丹尼爾·土濟爾Daniel Tuzzeo（美國佛羅里達州立大學研究生） 　回應人：趙文詞（中國大陸中國社會研究中心榮譽研究員）	【論壇】 主持人：果暉法師（法鼓山副住持） 1. 對話與辯證──聖嚴法師的旅行書寫與法顯《佛國記》之比較研究 　主講人：王美秀（國立師範大學國際漢學研究所助理教授） 　回應人：涂艷秋（政治大學中文系教授） 2. 中國佛教中的「生死學典籍」與臨終教育 　主講人：王翔（美國史丹佛大學宗教研究博士生） 　回應人：曾煥棠（臺北護理學院生死教育與輔導研究所所長）	【論壇】 主持人：李玉珍（清華大學副教授） 1. 佛教初傳中國時期對天竺寺院圖本的繪製 　主講人：尚永琪（中國大陸吉林省社會學院研究員） 　回應人：林保堯（臺北藝術大學傳統藝術研究所所長） 2. 聖嚴法師的念佛法門──以《聖嚴法師教淨土法門》一書為說明 　主講人：郭秀年（法鼓佛教學院圖書資訊館） 　回應人：果鏡法師（中華佛學研究所所長） 3. 聖嚴法師的僧教育思想與對佛教發展的貢獻 　主講人：姬可周（中國大陸延安大學政法學院哲學專業研究生） 　回應人：果光法師（法鼓山僧伽大學副院長）
【綜合討論】與談人：果暉法師、果光法師、于君方、楊蓓		
【閉幕式】致詞人：施建昌（聖嚴教育基金會董事長）		

● 06.01

國際腦神經學家奧斯汀蒞佛教學院演講
暢談禪與心識轉變

　　佛教學院舉辦「大師講座」，繼2007年邀請國際知名腦神經學家、《禪與腦》（*Zen and the Brain*）一書作者詹姆士·奧斯汀（James H. Austin）教授講授「禪與腦」後，2010年6月1日再度邀請他，在法鼓山園區國際會議廳主講「直觀無我：禪與心識轉變」（Zen and the Meditative Transformations of Consciousness）。由國內神經科醫師朱迺欣、心理諮商師李開敏進行現場口譯。

　　演講一開始，八十四歲的奧斯汀教授首先帶領聽眾靜坐三分鐘，接著以投影片說明「大腦分區的功能」，勾勒出禪與腦的基本概念。奧斯汀教授說明，一般人禪坐時眼睛會微微張開

國際知名腦神經學家奧斯汀（站立者），於法鼓佛教學院講「直觀無我：禪與心識轉變」。

三分，看正前方一公尺的地方，此時注意力是由上而下，以自我為中心，因此較能觀照自我的身心；如果此時抬起頭來，將眼光轉向遠方，例如：觀鳥、觀雲，大腦的注意力將會由下而上，改以外界為中心。如此一來視野較為開放，也較能降低對自身的執著。

　　奧斯汀教授進一步表示，注意力由上而下、或是由下而上，並沒有優劣之分。他希望大眾禪坐時，都應掌握這兩種修行方式，且互為平衡，將有助於禪坐的效果；他並勉勵大家年復一年地反覆練習，如此才能降低執著、減少煩惱。

　　來台參加聖嚴思想國際學術研討會的美國學者丹·史蒂文生、弗羅里達州立大學宗教系助理教授俞永峰等也出席聽講，俞永峰並以科學如何假設「見性」等議題，與奧斯汀教授進行討論，現場互動熱絡。

● 06.03

「從國際眼光看漢傳佛教」交流座談
西方學者對談漢傳佛教的國際發展

　　中華佛研所、聖基會合辦「從國際眼光看漢傳佛教」交流座談會，6月3日於法鼓山園區舉行，來台參加第三屆聖嚴思想國際學術研討會的美國學者于君

方、丹‧史蒂文生、俞永峰三位教授，分別就學術研究、在西方社會弘揚管道等層面，分享深入的觀察與建議。

這場座談會由中華佛研所所長果鏡法師主持，美國紐約東初禪寺住持果醒法師、監院常華法師，以及象岡道場監院常聞法師，特別透過網路連線，越洋參與討論。

長期在哥倫比亞大學（Columbia University）任教的于君方教授，指出培養研究人才與學術師資的重要性，並以在場的俞永峰為例，說明他在普林斯頓大學（Princeton University）取得博士學位後，即為佛羅里達州立大學（Florida State

「從國際眼光看漢傳佛教」交流座談會，由中華佛研所所長果鏡法師（前左二）主持，于君方（前左一）、史蒂文生（前右二）、俞永峰（前右一）三位教授分享深入的觀察與建議。聖基會董事長施建昌（中）也到場致詞。

University）聘任，除了在大學部教書，也指導碩士班進行研究。于君方於是建議設立獎學金，鼓勵在學術方面深入漢傳佛教的推廣。史蒂文生則從推廣的角度，指出讓漢傳佛教的資訊、書籍在美國社會大量流傳的必要性。

俞永峰十分認同史蒂文生的觀察，強調除了書籍的出版，資訊網路化更是迫切需要，也希望法鼓山能整合漢傳佛教訊息，不管是申請獎學金、蒐尋資料、參加禪修活動等，都提供完整、正確的英文資訊，讓漢傳佛教更加廣泛地為西方社會所認識。

● 06.25～27

「大好山：東亞靈山信仰與神聖空間」學術研習營
拓展學子學術新視野

佛教學院與中研院中國文哲研究所合辦「大好山：東亞靈山信仰與神聖空間」學術研習營，6月25至27日於法鼓山園區舉辦。活動期間，也邀請所有參與的學者及學員參訪園區並參加早課。

研習營中發表的學術成果，融合了「佛教信仰」、「靈山空間」及「科技」等領域。籌備委員中研院文哲所副研究員廖肇亨表示，根據相關已發表文獻資料，神聖空間不僅彰顯神祇的神聖性，也是宗教人內心風景的外部投射。

近年來，美、日學界針對神聖空間與山岳信仰的研究已有相當累積，中國大

「大好山：東亞靈山信仰與神聖空間」研習營舉辦目的，是希望開啟青年學子的學術新視野。圖為與會學者與學員們的合影。

陸學界也有急起直追的態勢，而臺灣學界對此研究趨勢尚處保留。舉辦此一研習營的目的，一者希望能深化宗教與文化的互動關係，一方面也希望傳承研究經驗，開啟年輕學子的學術視野。

● 07.01

法鼓大學舉辦「社會創新者強化工作坊」
青年學習由服務體驗走向社會創新行動

7月1日，法鼓大學籌備處公益學院與生態綠公平貿易咖啡、連合村基金會（One Village Foundation）、青草湖社區大學共同於德貴學苑舉辦「社會創新者強化工作坊」，包括清華大學國際志工迦納團、元智大學國際志工學生，以及法青會成員，有近五十人參加。

工作坊討論內容，包括公平貿易、紀錄片拍攝、公民記者以及數位典藏等四個主題，分別邀請臺灣公平貿易運動發起人徐文彥、資深紀錄片工作者崔愫欣、蒙藏基金會遊牧綠專案經理鄭國威以及中研院資訊創新研究中心專案經理李士傑主講。

法鼓大學「社會創新者強化工作坊」，引領青年建立學習社群，走向社會創新行動。

針對「公平貿易」主題，討論全球化、市場經濟與社會正義；「紀錄片拍攝」單元中，邀請學員在攝影機的開機、關機之間，養成對現場的觀察力與運用影像說故事的能力；「公民記者」單元則反思臺灣的公民媒體運動，需要更多人的自覺與投入；「數位典藏」單元強調在虛擬與實體場域之間，社會行動者如何讓「典藏」成為一種「社會行動」。

法鼓大學期盼工作坊的舉辦，引領青年建立學習社群，由服務學習體驗走向社會創新行動，促進社會正義持續發展。

● 07.12

法鼓大學一人一故事劇團公開首演
以劇場形式推展生命教育

法鼓大學一人一故事劇團，進行首次公演。

法鼓大學籌備處人生學院「一人一故事劇團」，7月12日晚上在德貴學苑舉辦首次公演，演出主題為「童年」，由副教授楊蓓擔任引言人，共有三十多人參加。

演出前，楊蓓老師先做介紹性開場，指出自去年（2009年）莫拉克颱風造成南臺灣嚴重的八八水災後，人生學院便開始思考如何從生命關懷的角度進入災區，從事心靈重建的工作；之後透過與戲劇工作者和助人工作者的討論，成立了法鼓大學「一人一故事劇團」，希望透過說故事、聽故事、演故事的方式關懷助人。

「一人一故事劇團」在香港為「Playback Theatre」的譯文，Playback Theatre是一種即興劇場的原創形式，以接近觀眾、連結觀眾的方式進行。劇場中，由觀眾訴說自己親身的感受或是故事，再由台上的演員即席演出，以表演做為一份陪伴說故事者的珍貴禮物，送給說故事的人。

在劇團教練李志強的引導下，現場多位觀眾分享對童年的感懷與童年的故事，有自己的、也有與孫子、長輩的互動經驗；團員們聆聽故事後，分別以流動塑像、定格、敘事者、三句話等形式即席演出。

一人一故事劇團成立的宗旨，是以劇場形式進行關懷助人，推展生命教育與心靈療癒的工作，從成團之初的兩次工作坊，到每週一次的團練，皆由無表演經驗的服務義工發心成就。

● 07.15

泰國朱拉隆功佛教大學參訪團訪佛教學院
交流佛教教育辦學經驗

　　泰國朱拉隆功佛教大學校長達摩科沙梅法師（Ven. Phra Dharmakosajarn）率領該校教職員一行三十多人，於7月15日上午參訪佛教學院，由學院董事長暨法鼓山方丈和尚果東法師、校長惠敏法師、副住持果暉法師、副校長杜正民等陪同接待，除進行交流座談外，並參觀校園及法鼓山園區。

　　座談中，達摩科沙梅法師表示，朱拉隆功大學對大乘佛教研究以及與漢傳佛教之間的交流極度重視，並推崇佛教學院與中華佛研所卓著的辦學績效與漢傳佛教的研究成果豐碩，希望將來兩校有更多的交流與合作。

　　隨後，一行人在惠敏法師等陪同下，參觀校園與法鼓山園區各項軟硬體設施，對圖書資訊館豐富的館藏，以及清幽的研究環境，留下深刻印象。

朱拉隆功佛教大學參訪團一行於佛教學院前合影。（第一排右起依序為果暉法師、方丈和尚、達摩科沙梅法師、惠敏法師）

● 07.15

法鼓大學網站全新啟用
提供完備而全面的辦學資訊

　　全新的法鼓大學網頁，經過年餘的擘畫與籌備，於7月15日正式啟用，期能提供社會大眾完備而全面的辦學資訊。

　　嶄新的網頁內容涵括學校的整體發展、各學院的相關學程等內容，從認識法鼓大學的創校理念、創辦人、校訓、大事記、德貴學苑、書苑生活等，呈現法鼓大學的境教與

法鼓大學全新網站提供社會大眾完整學校資訊。

實踐特色,展現綠色校園的理念與作為,而圖書館則涵蓋目前已啟用的德貴學苑、汐止分館相關業務與館藏特色。

此外,在招生資訊中,完整提供四個學院第一年規畫招生的碩士學位學程相關資料,並透過各學院的專屬網頁,詳細說明第一年預備招生的學程,以及學院未來的整體發展,讓有志加入法鼓大學的學子做為參考。

法鼓大學網站:http://www.ddc.edu.tw

● 07.26～29

果鏡法師應邀至廣州中山大學
指導心靈環保、禪修等課程

7月26至29日,佛教學院研修中心主任果鏡法師受邀前往中國大陸廣州中山大學,開設心靈環保禪修實作課程,包括七位心理健康教育諮詢中心的輔導老師,共有二十多位師生參加。

26日晚上,果鏡法師與該校宗教研究所師生進行小型講座與交流,介紹中華禪法鼓宗的傳承,並解答佛學與禪法的疑問。

27日起一連兩天,進行密集實作課程,果鏡法師以聖嚴師父所提倡的心靈環保、心五四、心六倫的開示為核心,講解禪修的功能、禪坐的姿勢和方法、生活應用等基本觀念,並安排坐禪、行禪、立禪、臥禪等禪修體驗。29日上午,則進行半日禪體驗。

全程參與課程的宗教研究所教授李樺表示,心靈環保禪修實作課程是當地大學的創舉,果鏡法師此行指導,也成為未來開設相關課程的重要方向。

果鏡法師受邀至廣州中山大學指導禪修,與學員合影,互勉日後要繼續習禪。

人生學院舉辦「哲學家的咖啡館」
以聆聽和發言思索生命課題

辜琮瑜老師（站立者）帶領學員在「哲學家的咖啡館」中，探索人生的課題。

7月31日至12月18日期間，法鼓大學籌備處人生學院於週六下午，在德貴學苑共舉辦三場「哲學家的咖啡館」系列活動，由助理教授辜琮瑜帶領探索人生的課題，每場有近四十人參加。

負責課程規畫和帶領的辜琮瑜老師表示，「哲學家的咖啡館」概念源自法國，運作模式是以對話的方式，透過傾聽、表達、省思、溝通，進行理性的思考，提供解決與檢視、觀照問題的另一種可能性。

第一場的主題是「拒絕接受與接受拒絕」，學員包括在學學生、退休主管、社會工作者、教育工作者，以及家庭主婦等，彼此分享與解讀拒絕接受、接受拒絕的經驗；8月28日第二場討論中，學員藉由回應、討論的過程中，共同思考「歸屬與附屬」的意義，並回溯個人的生命歷程、感受與價值觀。

第三場於12月18日進行，討論主題是「承諾與背離」，辜老師引導每位學員探討重諾與背離的真義，指出承諾指向新的出路與可能，如果更清醒地面對，捨棄原先的想望與期待，重新耕耘，就是超越承諾與背離的另一種抉擇。

參與學員表示，「哲學家的咖啡館」讓不同的生命經驗產生交會，希望透過專心聆聽別人說話，尊重和自己不同的意見等方式，吸取不同世代、不同性別的生命經驗，轉化成自身的養分。

山東義淨寺方丈一行參訪佛教學院
期盼展開交流與合作

中國大陸山東省濟南義淨寺方丈常淨法師帶領「義淨寺赴臺佛教文化交流團」一行共二十八人，於8月7日上午參訪佛教學院及法鼓山園區，由校長惠敏

法師、佛學系系主任果暉法師以及中華佛研所所長果鏡法師等代表接待，進行交流。

常淨法師表示，由於聖嚴師父於2002年歸還山東濟南四門塔阿閦佛佛頭的因緣，濟南市民對法鼓山有著一份感恩之情。現今義淨寺正積極規畫重建祖庭、建造義淨大師紀念

義淨寺佛教文化交流團一行於大殿前合影留念。（第一排右起依序為果鏡法師、惠敏法師、常淨法師）

館、塑像等，進行相關文獻整理，2011年並將召開義淨大師學術研討會，此次參訪，希望汲取相關經驗，未來雙方能展開進一步的交流與合作。

參訪團一行在惠敏法師等陪同下參訪圖書資訊館；對於佛教學院豐富藏書、園區殿堂莊嚴、樸素的建築，以及禪悅的自然環境，表示印象深刻。

● 08.10～17

兩岸西域文化交流學術研討於塔里木大學舉辦
杜正民副校長發表主題演講

杜正民副校長（右五）於兩岸西域文化交流學術研討會中發表演講。

8月10至17日，佛教學院副校長杜正民受邀參加中國大陸新疆塔里木大學於該校舉辦的「海峽兩岸西域文化交流學術研討會」，並發表「絲路文化『時空平台』互動機制之開發研究」主題演講，介紹佛教學院在西域文化學術研究上的成果，共有近百位兩岸三地四十五所高等院校專家學者參加。

研討會由塔里木大學與新疆生產建設兵團臺灣事務辦公室主辦，塔里木大學西域文化研究所承辦，主要議題包括絲綢之路與文明對話、中華文明史上的西域、西域屯墾戍邊兩千年、環塔里木文化多樣性、古今中外西域探查史及西域

文化的現代轉型等，匯集了兩岸三地四十五所高等院校近百位專家學者對於絲綢之路、西域文明的研究成果。

這項研討會分為三個時段進行，8月11至12日，在塔里木大學舉行學術交流；13至15日，於庫車、新和、拜城三縣進行學術考察；16至17日，則前往吐魯番交河古城和高昌古城考察。

佛教學院與塔里木大學西域文化研究所的交流，始於2004年10月27日，由當時的中華佛研所所長李志夫率領團員二十一人前往新疆塔里木大學合作締約，並進行絲路文化考察，之後即展開相關資料庫建置的工作，致力於搭建絲綢之路、西域文化的研究平台。

● 08.14　09.25　10.30

法鼓大學舉辦「生命故事與心靈療癒工作坊」
以「分享、檢視、釐清」探索生命價值

為提昇現代人心靈層次的資糧，法鼓大學籌備處人生學院於8月14日、9月25日及10月30日，在德貴學苑舉辦三場「生命故事與心靈療癒工作坊」，每場有近五十人參加。

8月14日首場主題是「親密與自由」，由法鼓大學籌備處副教授楊蓓主講，楊蓓老師融合

學員在「生命故事與心靈療癒工作坊」中，探討人際關係的陌生與熟稔。

心理學的知識與佛法上的體悟，引領學員探討人際關係的陌生與熟稔，強調唯有學會與自己相處，才能在與他人相處中享受親密，也在建立親密關係的過程中，擁有自由。

第二場邀請臺北市立雨聲國小校長楊國如帶領討論「親子間的擁抱與放下」，楊國如老師運用教育界的實務經驗，與學員探索家庭故事，透過覺察、回觀、體會，釐清親子間擁抱與放下的輕與重。

10月30日第三場主題為「歡喜看生死」，由法鼓大學籌備處助理教授辜琮瑜帶領，辜琮瑜老師引導學員從生命本質開始，探求生命的意義何在，從而深入

思考自己生命的價值，強調要學習如何好好地活、好好地生；現場並擺放了八個歷史偉人的墓誌銘，引導學員為自己的人生下一個標題或是給予一個註解，寫下自己的墓誌銘。

不少學員表示，經由分享、檢視、釐清的過程，讓自己有機會重新找回生命的核心與價值。

● 08.18～11.18

法鼓大學舉辦「看見生命的臉」攝影展
攝影師李東陽首度個展

8月18日至11月18日，法鼓大學籌備處人生學院與法鼓文化、《人生》雜誌，共同於德貴學苑十樓圖書館舉辦「看見生命的臉——在眼與心之間的生命旅行」攝影展，展出法鼓山特約攝影師李東陽近七十幅攝影作品。

攝影展的展出內容包括「看見時間」、「看見停留」、

「看見生命的臉」攝影展藉由停格的瞬間鏡頭，讓觀者從「曾經」存在過的「當下」中，看見生命。

「看見存在」、「看見有情」與「看見此刻生命的臉」等五項主題，藉由每一個停格的瞬間，讓觀者感受畫面中光影的溫度、時間的流動、生命的進行，以及記憶的累積，並引領在每一個「曾經」存在過的「當下」中，看見生命的深度與厚度。

李東陽擔任法鼓山特約攝影師多年，首度舉辦個展。展出透過攝影師的鏡頭，帶領民眾體會「生命之美」，其實是「眼」與「心」之間的距離，期盼每個人都能在生命中的每一天、每一刻與「美麗」一起旅行。

● 09.03～05

惠敏法師出席「平城遷都一三○○祭」論壇
提出「奈良心網」的發想

佛教學院校長惠敏法師於9月3至5日，受邀至日本奈良參加「注意心念、清淨心情——奈良之傳統與現代意義」學術研討會，透過授戒會、冥想實習等

活動，探討佛教從傳統走向現代運用，落實佛教的人間化。法師在研討會上發表〈「輕安一心」創意禪修空間研究〉，並在元興寺指導將禪修、念佛融合的修行方法。

惠敏法師（右一）於「平城遷都一三○○祭」論壇中，提出「奈良心網」。

此次論壇是慶祝孕育日本奈良文化的「平城京」（奈良）建都一千三百年的相關紀念活動，由「二十一世紀之智慧與實踐論壇」、真言律宗總本山西大寺、元興寺合辦。受邀參加者皆為日本著名的文化人、寺院住持、佛教學者及教育界專家，惠敏法師是唯一受邀的外籍與談人。

惠敏法師在論壇中提出「奈良心網」（Nara-kokoro.net）的發想。法師以佛教學院所建構的「漢傳佛教《高僧傳》地理資訊系統」以及「臺灣佛寺時空平台」為參考實例，建言將奈良的傳統文化遺產，例如：《古事記》、《風土記》、《日本紀》、《懷風藻》、《萬葉集》等，結合佛教文化，運用資訊及網路科技，將傳統與現代連接，發揮「奈良心網」的文化影響力。

針對由法鼓佛教學院與臺北藝術大學、雲林科技大學、大同大學合作的〈「輕安一心」創意禪修空間研究〉研究計畫，惠敏法師介紹如何搭配法鼓山園區的設計理念，以「心靈環保」引導科技發展，將前瞻性資訊、電子、通訊等科技融入日常生活中，建置多元、優質生活的智慧型服務系統，讓人們身心放空，到達身心「輕安」的狀態，同時引發「一心」而蓄積生活的能量，讓人們與大自然環境合而為一，提供未來將奈良文化的「人、科技、禪修與環境」融合成「奈良心網」。

● 09.04～06

果祥、常諗法師出席「華嚴全球論壇」
分享新時代的全球倫理「心六倫」

由大華嚴寺主辦的「華嚴全球論壇」（Huayen Forum of Globalization）暨「世界佛教青年僧伽協會第七屆年會」（The 7th General Conference of World

Buddhist Sangha Youth, WBSY），9月4至6日於臺北大學三峽校區舉行，法鼓山僧團果祥法師、常諗法師應邀出席發表論文，與教界進行交流。

在4日舉行的論壇中，常諗法師發表了〈禪佛教、全球化與「心倫理」〉一文，說明全球化不僅引發各方面的影響，也創造出新時代的全球倫理。法鼓山提倡的「心六倫」，以利人利己的菩薩道精神，結合漢傳禪法的觀念，從「心」來化解人類的煩惱、衝突，並運用佛法與他人、與環境互動，實踐新時代的倫理觀。

果祥法師則於6日的論壇上，發表〈跨宗教交流經驗與見聞〉。法師運用法鼓山歷年舉辦各種跨宗教活動的照片，說明聖嚴師父積極與各宗教進行交流的過程；並以自身參與跨宗教活動為例，分享跨越宗教藩籬的首要之務，就是把自己的心胸打開，包容並欣賞彼此的差異，才能持續進行友善的互動。

果祥法師（右二）於「華嚴全球論壇」中，分享發表〈跨宗教交流經驗與見聞〉。

● 09.06～08

「兩岸三院資訊技術交流與數位資源共享」研討會
兩岸科技與宗教對話交流

9月6至8日，佛教學院與中研院計算中心共同舉辦「第八屆兩岸三院資訊技術交流與數位資源共享」研討會，6至7日於中研院人文社會科學館舉行，8日於佛教學院國際會議廳進行，校長惠敏法師、副校長杜正民、洪振洲老師等於會中發表論文。

該研討會以「資訊技術的應用與合作」為主題，進行資訊數位化之應用、資訊技術之開發的相關研討。在佛教學院舉行的「佛學數位典藏」專題報告議程中，惠敏法師發表〈臺灣佛教文獻數位化研究的足跡與展望：從電子佛典（CBETA）、數位博物館、時空資訊系統到Science 2.0〉一文，和與會學者分享「數位博物館計畫：玄奘西域行」、「漢傳佛教高僧之時空資訊系統」以及「臺灣佛寺Buddhist Temples in Taiwan GIS」等研究計畫中，佛教文獻數位化

的經驗。

另一方面，杜正民副校長與洪振洲老師發表的〈臺灣佛教數位典藏現況與技術發展〉，則依「臺灣佛教數位典藏現況」及其技術發展，探討臺灣佛教數位典

「兩岸三院資訊技術交流與數位資源共享」研討會第三天議程於佛教學院舉行，與會學者於圖資館前合影。

藏文獻處理的發展，以及電子佛典資訊的呈現方式，介紹臺灣目前的佛教數位典藏計畫。

「兩岸三院資訊技術交流與數位資源共享」研討會自2002年起，由中研院計算中心、中國大陸中國科學院與中國社會科學院計算機網絡信息中心輪流承辦。2010年由中研院計算中心主辦，佛教學院、中研院史語所及資創中心「數位典藏專題中心」協辦。

● 09.10～11

果品法師率團出席「廣東禪宗六祖文化節學術研討會」
法鼓山展現當代禪宗研究成果

由中國大陸廣東省宗教文化交流協會、廣東省佛教協會主辦，中華佛學研究所協辦的「廣東禪宗六祖文化節學術研討會──六祖禪的傳承與發展」，9月10、11日於廣州市東方賓館舉行，法鼓山僧團副住持果品法師、中華佛研所所長果鏡法師率同七位僧團法師、法鼓大學籌備處副教授楊蓓與會參加。

10日上午舉行「六祖聖像開光暨迎亞運祈福法會」，果品法師與諸山長老代表共同開光及剪綵，為六祖文化節活動揭開序曲。下午，在研討會開幕式上，果鏡法師代表致詞，引用聖嚴師父所說的一段話：「若不做高深的研究，佛教就會被民間信仰同化；如果沒有行解並重的修行體驗，佛教就會讓人僅當作知識學問看待。」強調佛教需要人間化、現代化、學術化、實踐化，並進一步說明佛教的功能是安定人心、創造和諧社會。

這次研討會共提出五十多篇論文，其中法鼓山有五位代表進行論文發表，分別是果鏡法師〈禪宗公案中的圓通法門及其現代應用〉、果光法師〈《六

果品法師（左四）率同僧團法師一行人出席「廣東禪宗六祖文化節學術研討會」。

祖壇經》「一行三昧」的當代實踐〉、果毅法師〈當代漢傳禪的「層次化」教學——以法鼓山聖嚴法師為例〉、常隨法師〈「無相為體」的終極實踐——「環保植存」之考察〉、楊蓓老師〈默照禪對心理健康影響之初探〉。

　　法鼓山除了五位代表發表論文，常元法師〈從「忘坐」到「坐忘」大白牛車——以話頭禪為見性的方法初探〉、常諗法師〈漢傳禪法的現代適應——法鼓山新時代的禪法教學〉、常慶法師〈淺談默照禪在當代復興的契機〉等三篇論文，也收錄在研討會論文集中。

　　研討會最後一天，由北京大學東亞研究院教授王邦雄做總結。王教授提出「繼承與創新」的問題，指出如何在研究成果中有新意，在實務應用中有創作，是大家要繼續努力之處。

● 09.11～10.17期間　12.12

法鼓大學開辦「淡水日式木造建築技藝傳承」課程
傳承傳統建築的修復技藝與精神

　　由臺北縣淡水鎮古蹟博物館主辦，法鼓大學承辦的「淡水日式木造建築技藝傳承」課程，於9月11日至10月17日期間，每週六、日在法鼓德貴學苑、淡水木工教室、枋寮一冊木造工坊進行，有十位學員全程參加。

　　該課程由法鼓大學籌備處藝術與文化學院研究員邱明民統籌，主要包含「認知比較」、「基礎理論」、「技術傳承」三個層面，邀請淡水文化資產資深導覽員林茂馨，以及齊藤賢次、楊三二、曾建軍等三位匠師授課，也參訪淡水地區的日式木造建築，包括一滴水紀念館、多田榮吉故居、日本警官宿舍等，並指導學員進行測繪「日本警官宿舍」。以淡水區域文化資源的觀點切入，深層

思考日式木造建築存在的歷史記憶及價值。

12月12日在德貴學苑舉辦的成果分享會,由邱明民老師帶領學員與民眾重溫學習歷程,並播放為課程拍攝的紀錄片。影片中,專程來臺授課的日本匠師齊藤賢次提到,自己建造的房子就像鏡子,可以反省自身的作為,表示修建房子考慮的是居住的人是否舒適,以及如何保持屋子原來的風貌。與會的人生學院副教授楊蓓感佩這是一種無我的態度。

有學員分享,在實作中學習到即使是不勻直的木材,在蓋屋時也有合適它的位置,特別能感受匠師對待木頭「適『材』適所」的心法。

學員於「淡水日式木造建築技藝傳承」課程中,進行鑿榫實習。

● 09.12〜12.10

中國大陸僧眾至佛教學院參學
研修教義、觀摩臺灣佛教弘化特色

由中華發展基金會補助經費、法鼓佛教學院辦理的中國大陸僧侶來臺研修宗教教義活動,於9月12日至12月10日展開為期三個月的參學活動,學員包括浙江省的杭州佛學院照賢法師、彌勒佛學院淨圓法師、普陀山佛學院演覺法師,及廣東省光孝寺觀月法師、德超法師、悟定法師共六人,參學內容包括選修課程以及參加體系內相關法會、禪修及觀摩活動等。

在學術研修方面,包括旁聽佛教學院課程,輔以行門課程,並安排與法鼓山僧團共住,並隨眾作息。此外還有法鼓山體系社會弘化活動的觀摩,如參與聯合祝壽活動、義工培訓課程以及法青

德超法師(右三)、悟定法師(右五)等六位大陸法師至園區參學期間,與果暉法師(右四)、常諦法師(左二)、常全法師(左一)合影。

會的「Young世代禪式工作學」講座等。

另一方面，佛教學院也安排參學法師參訪其他寺院或機構，藉此了解臺灣佛教學術領域、僧眾教育發展情況，以及臺灣佛教弘化的方向與特色。

12月8日，於園區階梯教室的分享座談會上，六位法師與佛教學院、僧大師生交流參學心得。佛教學院校長惠敏法師致詞時，表示歡迎大陸法師推薦學生來佛教學院就讀，讓兩岸佛教的交流更多元、豐富。德超法師等除了讚歎法鼓山整體環境重視環保、人性的規畫，以及清淨、莊嚴的修行氛圍外，並表示希望能把在臺灣參學到的弘化方式，推廣到中國大陸，普及佛法的慈悲與智慧，以安定人心和淨化社會。

● 09.22
僧大舉辦99學年度畢業暨開學典禮
13位畢業生荷擔如來家業

原本預計於9月19日舉辦的「法鼓山大學院99學年度畢結業暨開學典禮」，因凡那比颱風來襲而延期。其中法鼓山僧大畢業典禮改於9月22日上午於園區第三大樓階梯教室舉行，方丈和尚果東法師出席致詞。

方丈和尚致詞時，肯定畢業生多年來在學業上的精進努力，並感謝僧伽大學培育僧眾服務奉獻、積極入世的菩薩心行，成就學僧們的福業、慧業、德業。

2010年共有二十六位新生報到入學，畢業生則有十三位，包括禪學系二名，養成班四名，佛學系七名。其中就讀六年制禪學系的常乘法師及常護法師，是禪學系第一屆畢業生，象徵著漢傳佛教的禪法人才在法鼓山嚴謹的修學體制下，有系統地培育養成，畢業之後，將致力推廣法鼓宗風的禪法，承擔成熟眾生的任務。

方丈和尚（中）、僧大畢業生及其家屬於園區第三大樓階梯教室合照。

● 09.24　10.15　11.12

法鼓大學、教育部共同舉辦生命教育研習

高中教師反思生命教育的內涵

中部地區的高中教師在生命教育研習課程中，反思生命教育的教學意義。

法鼓大學籌備處人生學院、教育部生命教育學科中心共同於9月24日至11月12日期間，在德貴學苑、臺中曉明女中、高雄小港高中，各舉辦一場「生命教育進階研習——哲學家的咖啡館」課程，由助理教授辜琮瑜帶領，共有七十多位完成生命教育學科培育的高中老師參加。

這項研習課程的主題是「從教育現場開展生命省思與關懷」，辜老師首先說明了「哲學家咖啡館」的由來與運作方式，讓學員有初步的認識與了解，並引導以接納、包容的態度，透過理性的對話與思辨，聆聽他人的故事與經驗，與他者開展出彼此呼應的對話脈絡。

課程中，辜琮瑜老師引領學員反思生命教育的教學，重要的是生命？還是教育？並指出哲學思考奠定了近代人文教育的傳統，重視對人的生命發揮作用，而教育正是啟發學生探索與反思生命的格局與意義，而此正與生命教育的精神相應。

經由這次的研習對話活動，學員們重新檢視了在生命教育教學現場產生的疑惑與困境，更深刻肯定教育的主體為學生，大家也相互提醒，未來在教學的過程中多引領學生做不同面向的思考，並為孩子們開創更多的可能性。

● 09.29～30

「2010兩岸華人心理治療高峰會議」法鼓山展開

開啟兩岸心理治療的對話

由法鼓大學籌備處、華人心理治療研究發展基金會、臺灣心理治療學會、實踐大學、高雄長庚醫院、心靈工坊出版文化公司共同主辦的「2010兩岸華人心

理治療高峰會議」，於9月29、30日在法鼓山園區展開「當西方的心理治療遇到華人的臨床個案」論壇，邀請多位兩岸心理學界的學者與專業人士與會，期能開啟心理治療的對話，分享個人探索累積的智慧，並進行深度交流與溝通。

「2010兩岸華人心理治療高峰會議」與會者於法鼓山園區合影（後排右四為劉天君教授，前排左五為法鼓大學副教授楊蓓）。

這次論壇共規畫四場主題演講，包括臺灣方面代表：臺灣大學心理系教授吳英璋主講「本土化的心理治療」、臺灣大學外文系助理教授沈志中講「精神分析中的心與身」、慈濟大學人類發展學系兼任副教授余安邦講「人文臨床與生命療癒」；以及中國大陸代表：北京中醫藥大學針灸學院教授劉天君講「中國傳統文化中的『心』」。

論壇討論重點在於兩岸心理治療經驗的交流，包括：一、源自西方的心理治療，進入華人社群後，如何結合或衝突？二、心理治療在未來，如何能對社會產生實質助益？三、心理治療在華人世界尚未成熟發展，未來如何在兩岸建立可能的常態合作模式？

延續每個場次的專題演講主軸，與會人士們就目前「華人心理治療本土化」涵融了儒釋道三家、人類學、臨床心理學、心理諮商、表達性藝術治療、中醫等面向進行討論，交流十分熱烈。

● 10.02

古正美教授受邀於法鼓山專題演講
解開印度支提信仰的密碼

法鼓山國際發展處於10月2日舉辦專題演講，邀請香港科技大學人文學部兼任教授古正美至法鼓山園區，主講「龍樹菩薩的政治思想與阿馬拉瓦底大支提的建造關係及內容」、「印尼爪哇波羅波多（婆羅浮屠Borobudur）的建造性質與《入法界品》的造像」。

臺北藝術大學教授林保堯在引言時表示，法鼓山雖是漢傳佛教道場，但聖嚴

師父對印度佛教的發展非常重視。過去中國佛教把龍樹菩薩當作思想家，對於他的性空思想、中論，研究者眾多，但對他的歷史研究，卻相當稀少，古正美則統合佛教思想、歷史、藝術造像，進行此項研究。

古正美教授首先從《寶行王正論》中「唯法是正治，因法天下愛，若主感民愛，現來不被誑；若非法治化，主遭臣厭惡」一段話，說明龍樹的政治思想，是用佛法來治國，他鼓勵當時的娑多婆訶王成為轉輪聖王，並在都城阿馬拉瓦底廣建支提、佛像。

儘管西方學者懷疑，彌勒菩薩未來一定成佛的預言，是受到西方宗教彌賽亞救世思想的影響，但古教授表示，彌勒降世不是帶領民眾前往天堂，而是成為轉輪聖王，用佛法教化，將現世社會轉變成淨土，這樣的思想非常入

古正美教授說明支提信仰在龍樹的推廣下，影響力遠至印尼的波羅波多。

世，也深受龍樹的推崇。支提信仰在龍樹的推廣下，連遠在印尼的婆羅波多也深受影響，在婆羅浮屠遺址上，可以清楚發現與阿馬拉瓦底大支提相同的造像藝術。

古正美教授認為，龍樹是阿馬拉瓦底大支提的建造者或策畫者，從會場播放的圖片中，可看見許多出土的石板上有小支提造像，有些還可以清楚看見彌勒菩薩在小支提內，或是坐在支提上，這可說明龍樹的支提信仰是奠立在彌勒下生的論說上。

● 10.10～12

杜正民副校長出席曼谷「佛經文獻聯合目錄」工作坊
漢籍經錄將以佛教學院「藏經目錄資料庫」為基礎

佛教學院副校長杜正民應邀出席10月10至12日於泰國曼谷舉行的「佛經文獻聯合目錄」（the Union Catalog of Buddhist Texts, UCBT）工作坊，共有包括UCBT的成員、四種佛典語言工作團隊（巴利文、梵文、相關的中亞語文、藏／蒙文、漢文）等二十九位專家學者參加。

該工作坊為「國際佛典聯合目錄計畫」之一，此次會議以「國際聯合經錄」為主題，透過討論將各國已建構的佛典藏經目錄資料庫進行彙整，計畫於2011

年底對外發表初步的網頁成果。

由於佛經典籍浩繁,常因語系不同,傳入經文不同,形成各區互不交融的文獻資料;且各語系的藏經彙整,每每採用不同的分類編目系統,因而難以查照比對。有鑑於此,杜正民副校長於2006得到國科會補助,開始執行多語言、多版本的佛典目錄數位化作業,歷時三年完成「佛教藏經目錄數位資料庫」(Database of Buddhist Tripitaka Catalogs),建置具備多項佛學數位服務功能的網站。

佛教學院於2009年起參與「國際佛典聯合目錄計畫」,目前國際間已有相當的共識與目標,在漢籍經錄的部分,將以佛教學院的「藏經目錄資料庫」為基礎,持續發展。

● 10.18～23

中國人民大學副校長牛維麟一行參訪法鼓大學
感佩聖嚴師父大願興學的願心

劉安之校長(第一排左四)與牛維麟副校長(第一排左三)一行人合影。

中國大陸中國人民大學副校長牛維麟、培訓學院院長李湘等一行五人,應法鼓大學邀請於10月18至23日來臺訪問,首先至法鼓山園區參觀法鼓大學的金山校地,並拜會佛教學院,了解校務發展方向與交流研究成果。

19日一行人至德貴學苑,與法鼓大學籌備處校長劉安之、全體同仁進行座談。除了對聖嚴師父籌建法鼓大學的心願深表感佩,雙方並就兩校學術交流與合作進行交換意見。會後,牛副校長更以實際行動,捐款支持「5475大願興學」計畫。

● 10.30～31

佛教學院首度參加研究所博覽會
以「鼓動覺性」擊鼓傳揚「悲智和敬」

佛教學院於10月30、31日首度參加在臺大綜合體育館舉行的第十屆研究所博覽會,安排十八位碩士班、學士班學生與法青鼓隊,以「鼓動覺性」的擊鼓表

演開場，隆隆鼓聲響震會場，並帶來梵唄、說唱藝術、舞蹈等活潑演出。

佛教學院校長惠敏法師到場關懷時表示，佛教學院的校訓為「悲智和敬」，希望來就讀的學生都能以樂發好願、勇於實踐、成就眾生及莊嚴淨土為己任，做個才學兼備的學生。

以弘揚漢傳佛教為理念的佛教學院，著重人文與科技整合，落實校園e化，目前提供每位研究生一萬元的申購設備費用，讓師生共同推展「佛典翻譯學程」、「佛學資訊學程」、「知識管理系統」及「線上學習」。

佛教學院碩士、學士班學生與法青鼓隊，以「鼓動覺性」的擊鼓表演開場。

● 11.03

法鼓大學舉辦共識營
凝聚理念　期能共創「永續校園」

為凝聚法鼓大學的理念與願景，11月3日法鼓大學籌備處於德貴學苑舉辦共識營，由校長劉安之帶領，共有十八位教師、校務行政人員參加。

劉安之校長表示，聖嚴師父創辦法鼓大學的目的，有別於傳統，不以競爭為目標，而強調由內至外的整體發展，先從觀念與認知的深層轉化入手，由提昇人品出發，進一步以實際行動來建設淨土。此外，法鼓大學更要掌握大環境脈動，結合國際與本土的新創意、新思惟、新作法，藉以培養符合時代所需的人才，開創出體現「心靈環保」的學府。

共識營針對「大學學院規畫」、「綠色校園」、「行動實踐」、「跨領域整合」、「校級核心課程」、「全方位學習」、「書苑生活」等主題進行討論。軟體方面，環境學院、藝術與文化學院、公益學院、人生學院四個學院提出第一年的學位學程計畫，同時針對這項規畫進行跨領域討論；硬體方面，則將利用金山校區的自然環境條件，打造綠色校園，以創造「永續校園」為目標，預計2011年第一棟書苑可落成啟用，呈現出法鼓大學的新進展。

劉安之校長指出，法鼓大學以人文社會為本，每個學位學程都因應社會的需要而設立，期許法鼓大學建構出「Pureland@ Taiwan」（淨土在臺灣），進而推展至「Pureland on Earth」（人間淨土），也期許學生在校園生活中，融合書苑學習、禪修體悟、國際交流等多元面向，實踐自我導向的學習，懷持悲憫、熱情的生命觀，與社會大眾共同面對困局，開創平等與超越對立的國際視野。

劉安之校長（後排左五）帶領全校教職員，共同凝聚法鼓大學的理念與願景，迎接未來的招生計畫。

● 11.17～18

法鼓山受邀參加中華文化論壇
方丈和尚發表「全人類的心靈環保」演說

法鼓山受邀出席中國大陸福建省中華文化學院於11月17至18日，在福州市舉辦的第三屆中華文化論壇，主題為「中華文化在兩岸的傳承和發展」，由方丈和尚果東法師與法鼓大學籌備處副教授楊蓓、孔健中代表參加，分別發表演說與論文。

方丈和尚於17日以「全人類的心靈環保」為題發表演說，呼應論壇主題，方丈和尚引用聖嚴師父的話指出：「禪，是中華文化最光輝的一部分。」表示禪不是宗教，卻能使個人從實際的生活中，得到身體的平安健康和心理的平靜明朗，而這也是法鼓山推動「心靈環保」的精神內涵。

演說中，方丈和尚向與會人士分享心靈環保的實踐方法，指出可藉由禪修，從放鬆身心著手，接著統一身心、身心與環境統一，而達到無住、無相、無念的境界；而社會大眾，可從四種環保、心五四及心六倫運動著手，將心靈環保落實在生活中。方丈和尚也強調，心靈環保是一個屬於全人類的心靈提昇運動，不論有無宗教信仰，都可以共同分享。

楊蓓、孔健中兩位老師，也在論壇中分別以「禪與當代社會適應」、「神明會在臺灣民間信仰中扮演的角色」為題，發表論文。楊蓓老師說明，要讓當前全球化的惡果減少，應該要復興華人社會中既有的「禪文化」生活，而法鼓山推動的心靈環保，不只是宗教議題，而是把禪的精神設計在生活中，體驗如何簡單過生活，放鬆身心融入社會，是一種可以實踐、行動的「禪文化」。

● 11.18

佛教學院舉辦「如何處理雜念」專題講座
挪威教授艾皓德比較歐亞靜坐的異同

11月18日，佛教學院於法鼓山園區階梯教室舉辦專題講座，邀請挪威奧斯陸大學（University of Oslo）文化研究與東方語言學系教授兼國際雅肯靜坐學會（Acem Meditation）祕書長艾皓德（Halvor Eifring）以「如何處理雜念」為主軸發表兩場演說，主題分別是「歐亞靜坐傳統的異同」（Spontaneous Thoughts in Meditative Traditions）、「憨山德清的參禪、念佛、誦經及持咒」（Ridding the Mind of Thoughts）。

在「歐亞靜坐傳統的異同」演講中，艾皓德教授首先從比較宗教學的角度，逐一探討印度瑜伽、天主教、中國道教以及漢傳佛教的思想體系如何解讀「雜念」（spontaneous thoughts），並比較各別傳統處理雜念的方法。第二場演講則根據《憨山老人夢遊集》來說明念佛、持咒、話頭等方法對治妄念的成效與差異性。

由於艾皓德教授擁有近三十年的禪坐經驗，與會聽眾也針對東西方靜坐傳統的修行目的、靜坐方法、正念減壓療法、禪修所緣的分類等議題提出討論，互動相當踴躍而熱烈。

講座後，艾皓德教授也與佛教學院師生一起打坐，體驗漢傳佛教的禪修方法。

佛教學院邀請艾皓德教授演講「如何處理雜念」。

● 11.24

佛教學院舉辦「漢傳佛教在北美」專題講座
果醒法師介紹北美佛教簡史與漢傳佛教現況

11月24日，佛教學院舉辦專題講座，由美國紐約東初禪寺住持果醒法師主講「漢傳佛教在北美」，共有二十多人參加。

講座中，果醒法師從美國佛教歷史、美國佛教現況、法鼓山在北美的概況、佛教在美國的適應與改

果醒法師介紹美國佛教的概況，並提出唯有實修，才能達到攝眾學佛的根本目標。

革、漢傳佛教的困境以及弘化方式等面向，介紹北美漢傳佛教的現況。

法師指出，西方社會由於生活壓力大，一般人對於禪修有較高的興趣，且大多運用在癌症的治療及心靈紓壓等方面，例如：近年來相當盛行的「正念療癒」便是由此發展出來。聖嚴師父早年在美國弘法時，即配合當地人的需要，以及文化特性來指導禪修，將佛法的無我觀念，以認識、肯定、成長及消融自我的方式來詮釋。

由於語言與文字的限制，佛教的義理及典籍在美國較不容易推展，因此法師強調，佛教典籍的翻譯，是一項重要的工作。目前，法鼓山在美國出版了英文刊物《禪》雜誌（*Chan Magazine*），並將師父的著作，逐步翻譯成英文，以接引西方學佛者建立正確的知見。

演講最後，對於「未來漢傳佛教在美國發展策略為何？」的提問，果醒法師回應：可將臺灣正信的佛教書籍翻譯成英文，透過各項文宣、書籍、網站來傳播；此外，在思考如何融入當地文化的同時，還必須要有禪修的功夫，因為唯有透過實修，才可以達到攝眾學佛的根本目標。

肆【國際弘化】

為落實對全世界、全人類的整體關懷，

透過多元、包容、宏觀的弘化活動，

經由禪修推廣、國際會議、宗教交流……

消融世間的藩籬及人我的對立與衝突，

成就普世淨化、心靈重建的鉅大工程。

凝聚向心力　大願能相續

承繼聖嚴師父弘化國際的大悲願行，
2010年海內外悅眾凝聚向心力，
以推展漢傳禪佛教的國際發展為使命；
北美護法年會舉辦，確立「信眾教育」師資培訓方向，
為漢傳佛教的弘化深耕。
因應地球暖化現象、世界天災頻傳，
法鼓山國際弘化從基礎教育著手，
參與「美國青年沉思會議」、「聯合國氣候變化綱要公約締約國會議」等
從觀念、實務的角度，呼籲大眾關懷地球村、響應環保，
透過跨國際、跨宗教領域的心靈對話，
促進世界人類彼此間的尊重與包容。

2009年創辦人聖嚴師父圓寂，國內外僧俗四眾弟子在緬懷師恩之餘，也積極地思考未來如何能承繼師父對國際弘化的大悲願行，並在國際舞台上重新出發。

2010年法鼓山透過三大教育與國際接軌，各有豐碩的成果。而整體在海外發展與國際交流的面向上，則遵循方丈和尚果東法師於精神講話中所指示的「安穩向前，踏實健全」，對體系海外據點以「凝聚向心力」為努力方向，而對外弘化的部分，則以法鼓山的使命為前導，繼續推廣海外各項法務與國際交流活動，以成就國際化的共同目標。

漢傳佛教的國際發展

將漢傳禪佛教推廣至世界各地是聖嚴師父畢生的心願，同時也是法鼓山使命的一環。2010年僧團法師持續在美、歐、亞各地弘法及推廣禪修，每兩年舉辦一次的「聖嚴思想國際學術研討會」邁入第三屆的同時，更擴大舉辦了「信眾論壇」，透過國際學者的學術研究及僧團法師對創辦人的理念、思想及修行指導等脈絡重新整理並深入探討。會後在法鼓山園區又舉辦了一場「從國際眼光看漢傳佛教」交流座談會，與談人不僅將漢傳佛教在國際間推展的現況加以精闢地闡述，藉著現場的交流，進一步共同擘

畫了未來可行的弘化藍圖。

此外，法鼓山也積極參與各項與漢傳佛教有關的國際會議與論壇等活動，甚至應邀至美國大學演講介紹禪佛教及心靈環保議題。護法體系的部分，北美舉辦了護法年會，特別針對信眾教育的師資及信眾學習地圖做廣泛的意見交流和討論，讓漢傳佛教的種子能在各地生根發芽。

伸展觸角　關心世界

隨著地球暖化的現象加遽，世界各地天災頻傳，法鼓山在國際化的面向上，落實大關懷教育始終不遺餘力，為了喚醒社會大眾對整體環境變化的關心及安定社會人心，特別從基礎教育著手，除舉辦了第三屆「關懷生命獎」、「安心地‧救大地」關懷生命論壇，並特別籌辦了第一屆「國際慈善與人道關懷論壇」，分別從觀念的、理論的及實務的角度，希望能呼籲社會大眾一起來關心我們所處的地球村，鼓勵更多有志之士參與自殺防治及國際慈善的行列。

法鼓山的代表也參與了相關的國際性會

議及活動，包括響應環保的「地球憲章」十週年會議、「氣候變遷的內在向度」（Inner Dimensions of Climate Change）青年沉思會議、「美國沉思者聯盟會議」（The Alliance of American Contemplatives）、「第十六屆聯合國氣候變化綱要公約締約國會議」（The 16th Conference of the Parties under the United Nations Framework Convention on Climate Change, COP16），並出席「第二屆援助與國際發展論壇」（2nd Aid & International Development Forum, AIDF）年會等，在在顯示出對全球議題的關心。

跨宗教的心靈對話

跨宗教間的交流是聖嚴師父一直致力不懈的目標，2010年除了有機會與來訪法鼓山的宗教團體進行短暫的交流之外，法鼓山也不忘參與外界舉

法鼓山出席地球憲章十週年大會，與全球近四百位代表及聯合國官員交流，探討如何建立公正、永續、和平的全球社會。

辦的跨宗教國際活動。例如國內有中華民國宗教與和平協進會所舉辦的第十一屆宗教與和平生活營，以及銘傳大學國際學院國際事務研究所主辦的「存在的目的」跨宗教交流英語座談會；海外則參與了在南韓首爾舉辦的「國際宗教領袖高峰會議」、及在泰國清邁舉辦的第四屆「佛教與基督教研討會」（Buddhist-Christian Symposium）。透過與不同宗教的對話，不僅有助於消弭彼此的隔閡與誤解，增進心靈層次的溝通，亦能促進彼此的尊重與包容。

為了讓更多的國際青年能了解佛教，法鼓山與國際扶輪社、美國長島大學（Long Island University）與政治大學合作，分別舉辦了兩天一夜及三天兩夜的宗教體驗營，讓國際青年體驗法鼓山的禪法及了解佛教的相關內涵，深具青年教育及扎根的意義。

重要的國際交流活動

本年度重要的國際活動，可分為國際會議與論壇、演講、海外弘化及國際人士參訪交流等幾大項：

1. 國際會議與論壇

除上述的國際會議之外，本年度僧團所參與的國際會議還包括在泰國舉辦的第七屆「衛塞節國際佛學會議」、在臺北舉辦的「華嚴全球論壇」暨「世界佛教青年僧伽協會第七屆年會」、在香港舉辦的第一屆「中華佛教宗風論壇──漢傳佛教百年歷史回顧與展望」、在中國大陸廣州舉辦的「廣東禪宗六祖文化節學術研討會──六祖禪的傳承與發展」、在福建舉辦的第三屆「中華文化論壇」等。法鼓佛教學院、中華佛研所及法鼓大學籌備處等教育單位亦分別出席及舉辦國內外相關國際學術會議。而法鼓山舉辦的「放眼世界・國際佛教講座」，則邀請到古正美教授進行兩場專題演講等，可說是內外學兼顧、多元化發展之具體成果。

2. 國際媒體的採訪及參訪

除雜誌及網路媒體不定期報導法鼓山相關新聞外，馬來西亞的南洋商報3月份特地來臺採訪方丈和尚果東法師有關法鼓山未來在馬來西亞發展的規畫，日本知名的電視台NHK「亞洲的微笑」也特地來法鼓山以拍攝紀錄片的方式，採訪及拍攝僧伽大學年輕法師一週的生活。

此外，亦有非為任務而來的國際媒體，例如2010年就有義大利、法國、捷克、尼加拉瓜、蒙古、日本、歐洲國際新聞協會、亞太─以色列新聞協會等各國媒體及記者來參訪法鼓山園區，同時領受山上清幽的景致、祥和的氛圍，以及響應環保的生活方式。

3. 國際人士的參訪交流

法鼓山歡迎國際團體來參訪交流，宗教界的有天主教的修女團、佛教

界的有大陸雲居山真如禪寺等各地佛寺、覺真長老、韓國佛教協議會及曹溪宗等單位、泰國朱拉隆功佛教大學校長、藏傳佐欽法王暨宮渤仁波切等分別來訪。

官方團體則有歐盟官員、不丹政府官員、中國大陸海協會副主席率團、大陸宗教局局長王作安一行、中華全國臺灣同胞聯誼會榮譽主席張克輝率團、外交使節夫人等來訪。學界則有來自俄羅斯的大學教授、中國大陸新疆塔里木大學等學術界人士來訪進行交流。

4. 僧團法師海外弘化

為讓東西方社會都能更了解漢傳禪法，僧團法師分別到美國、墨西哥、波蘭、德國、泰國、印尼等各地指導及推廣禪修；亦在美、加及東南亞地區舉辦佛學講座，開示經典及相關佛學課程、指導法會共修，並巡迴關懷當地信眾。此外，僧團更擴大舉辦海外水陸法會說明會，將法鼓山響應環保又回歸佛陀本懷的「大悲心起」水陸精神推廣到海外各地。

本年度方丈和尚果東法師及僧團法師更積極在美加地區廣推「心靈環保」及「心六倫」等理念，希望西方社會也能重視淨化人心、淨化社會及落實全球倫理的觀念。同時，聖嚴師父的弘法紀錄片《他的身影》也在紐約首映，並於北美東西岸舉辦講座，分享師父的美好晚年。

5. 海外據點之發展

海外分支道場東初禪寺、象岡道場、溫哥華道場及新成立的馬來西亞道場，在聖嚴師父圓寂後都發揮了穩定海外信眾的力量，而美、加、亞、澳等地的護法會悅眾也更積極朝未來發展的方向邁進，北美護法會年會年度主題訂為「承先啟後‧願願相續」，藉此機會凝聚共識、共商未來。美國加州洛杉磯及加拿大安省分會正為尋覓永久使用的場地而努力，香港分會則已取得僧團的同意成立香港發展專案，未來二到五年內購置道場轉型海外分支道場運作。

結語

綜觀法鼓山國際弘化的發展，並未因創辦人圓寂而稍有停滯，反而更積極在邁步向前，海外新的聯絡處正在逐步成長。

同時，國際發展處也邀請體系主管及顧問專家共同研議國際發展策略，透過組織與制度的推動，讓海外的發展更加上軌道、讓法務的推展更為得力。

展望未來，法鼓佛教學院及中華佛研所爭取到的IABS大型國際佛學學術會議主辦權，2011年6月將在法鼓山舉辦，屆時將有來自全球的數百名學者齊聚一堂分享重要的研究成果，此無非是一次難得的國際交流機會，也是培養國際人才的絕佳舞台，且拭目以待！

文／果見法師（國際發展處監院）

● 01.01～03

東初禪寺首度啟建三昧水懺法會
民眾虔誠懺悔 滌淨身心

東初禪寺首次舉辦慈悲三昧水懺法會,果醒法師帶領與會信眾重新審視內心、面對自己。

美國紐約東初禪寺於1月1至3日啟建慈悲三昧水懺法會,由住持果醒法師主法,在悅眾法師們的帶領下,三天共有三百多人次參加。

這場水懺法會,是東初禪寺首次舉辦。果醒法師在第一天開示時,說明眾生有貪、瞋、癡三毒,所以無法出離三界,要究竟解脫,須先去毒,而這必須靠懺悔;懺如鏡子,會幫助我們發現問題,悔則是擦洗改過,而參加水懺法會,可讓我們結善緣種子、轉消煩惱。

第二天,果醒法師進一步說明懺除「貪心」和「我貪」的差別,一般人都是除貪不除我,因此,「我」總會再貪著其他東西。第三天,法師更深入說明三界是苦的原因,人在欲界中,因追求色身香味觸五欲,所以常受愛別離、怨憎會、求不得等八苦所纏;此外,人身處欲界中,常有人我之分,常做切割對立,卻不知眾生是一體的,往往心外求法而煩惱業障不消。果醒法師鼓勵大眾,藉由打坐、拜懺等修行方式,讓心安住,覺醒四大假有的不實,才能進入法性大海。

連續三天的法會,眾人虔誠誦念經文,不僅感受到法喜充滿,也生起初發心,並發願在日常生活中,恆久修持,做一個有恆常心的三寶弟子。

● 01.06　01.10

溫哥華道場舉辦義工培訓
勉勵學員珍惜奉獻機會

1月6日及10日,加拿大溫哥華道場舉辦義工通識成長課程,內容包括義工通識課程教育關懷、學佛行儀、接待與接待禮儀等,由監院果樞法師帶領,共有三十多人參加。

課程上，果樞法師首先剖析「義工」的涵義，說明義工是盡自己的能力，做有益於眾生的工作，並以「哪裡需要，哪裡去；沒有人做、需要人做，我來吧！」勉勵眾人把握奉獻機會。法師也提及早年聖嚴師父帶領弟子修行，如果眾人吃飯、走路有聲音，師父常會要求重來，嚴格的訓練，培養出弟子們身、心、口儀的莊嚴與清淨。

果樞法師邀請資深悅眾進行示範碗筷擺放、捧放、坐姿等齋堂禮儀。

講授過程中，由資深悅眾示範包括問訊、拜佛等基本行儀的正確姿勢，碗筷擺放、捧放、坐姿等齋堂禮儀，以及海青的搭卸方法；學員也進行分組演練，學習法鼓山義工的氣質與風範。由於課程內容切合生活日用，引起學員們熱烈回響。

● 01.07　01.08　01.11　01.12

洛杉磯分會舉辦禪修講座
果醒法師主講〈無相頌〉

美國護法會加州洛杉磯分會於1月7、8、11、12日舉辦禪修講座，由紐約東初禪寺住持果醒法師主講《六祖壇經·無相頌》，有五十多人參加。

講座中，法師首先說明〈無相頌〉為《六祖壇經》的精華所在，蘊涵了中國禪法的智慧與方法，強調「菩提心」是大乘佛法中最重要的修行。

果醒法師於洛杉磯分會主講〈無相頌〉。

果醒法師概要提點〈無相頌〉的經義，並剖析心的「性」與「相」，引領信眾了解性空的道理，勉眾時時刻刻都要保持一顆平靜的心，念頭生起時，不要分辨是好的或壞的，

也不要執著，學習不對「相」執著，讓內外達到和諧。

法師分享許多實用禪修智慧，讓不少信眾感到受益良多，並表示未來將更踏實修行，期能幫助他人及自己獲得身心的安定與自在。

● 01.14～12.30期間

馬來西亞道場「學佛五講」首度開課
監院常慧法師主講

馬來西亞道場開辦「學佛五講」佛學課程，希望引領民眾加深對佛法的認識。

1月14日至12月30日，馬來西亞道場每週四晚上舉辦「學佛五講」佛學課程，由監院常慧法師主講，有近八十人參加。

透過動畫觀賞、小組分享、交流互動，「學佛五講」課程在常慧法師生動、多元的教學下，許多研讀佛法已久的學員，再深入探索更多未開發的智慧空間；初學學員則初探佛法的博大精深，了解何謂正信的佛教；因此在班上，學員之間沒有資歷、層次不同的隔閡，有的是共修互就的法喜融和。除了上課，學員們在增慧之餘，也藉由出坡、班務活動來培福與種福，真正落實福慧雙修。

由聖嚴師父修訂講綱的「學佛五講」，將宗教的概念、佛法的正知正見、修行的方法等，編寫出綱舉目張的架構，是初入門學佛的基石。

● 01.16～18

馬來西亞道場舉辦讀書會帶領人培訓
深植心靈環保的種子

1月16至18日，馬來西亞道場舉辦「心靈環保讀書會帶領人初階培訓」課程，邀請資深讀書會帶領人方隆彰老師自臺灣前往帶領，包括當地及怡保共修處、新加坡，與遠自砂勞越（Sarawak）的學員，共有六十多人參加。

16日第一天的課程，方隆彰老師分享帶領讀書會的經驗，引導學員如何帶

領；第二天課程著重在小組演練，學員各自挑選一篇聖嚴師父的文章，做為讀書會的討論主題，並運用方老師教授的知識與技巧，依序練習，模擬正式帶領讀書會。

兩天的讀書會帶領人培訓，引領學員學習帶領知識與技巧。

　最後一天課程，方老師以聖嚴師父〈瞋是心中火〉文章為主題，帶領進行討論，提醒學員要尊重讀書會成員不發言的自由；並期許學員在課程結束後，把讀書會的種子散播到各個角落，讓心靈環保的行動從讀書會出發。

● 01.18～02.17期間

果徹法師舊金山弘法關懷
弘講課程首次在美國網路直播

　1月18日至2月17日期間，僧團果徹法師前往美國德州達拉斯、加州舊金山進行弘法關懷，內容包括舉辦佛學講座、帶領禪坐共修等。

　果徹法師首先於1月18至26日期間，在護法會達拉斯共修處講授「生命緣起觀──十二因緣」。法師說明「緣起法則」是佛法最為殊勝之處，並深入剖析「緣起法則」的內涵與在日常生活中的運用。27日，法師參與共修處的讀書會，為信眾解答佛學上的疑問。

　1月30日至2月14日，果徹法師轉往護法會舊金山分會講授八堂《八大人覺經》。課程結束後，也參與讀書會與禪坐共修，並前往北加州安提阿地區（Antioch）關懷信眾。

　《八大人覺經》課程除了在分會舉行，並進行網路現場直播，這是美國護法會的首次嘗試。為了直播作業，分會成立網路直播小組，從去年（2009年）10月開始，逐步建構軟、硬體。在每次課程中，分會現場皆有近四十位信眾參加，網路上則有加州、德州、新澤西州、紐約州、華盛頓州、加拿大、紐西蘭與臺灣、中國大陸等地信眾一起上課。

　法師以聖嚴師父著作「隨身經典」中的《八大人覺經講記》，做為此課程的

主要教材。法師說明，《八大人覺經》是一部具有初期大乘佛教特色的經典，內容豐富、組織嚴謹、簡短精要，經中陳述的八個項目能令眾生覺悟、轉生死之苦

果徹法師在舊金山分會講授《八大人覺經講記》，並進行網路轉播。

為解脫之樂、成為諸佛菩薩。

期間，法師也參與分會的讀書會、禪坐共修，並開示戒、定、慧三學的重要性，還有修行的律儀，鼓勵眾人將修行落實在生活中，利己利人。

● 01.21～02.21期間

常延法師美、加弘講《佛遺教經》
分享聖嚴師父教法

1月21日至2月21日，僧大講師常延法師前往加拿大溫哥華道場、美國護法會加州洛杉磯分會，展開弘法關懷行，為當地信眾講授《佛遺教經講記》佛學課程、帶領法會等。

近七十位洛杉磯信眾在常延法師帶領下，共同以發願來感念師恩。

1月21日至2月3日，常延法師於溫哥華道場導讀聖嚴師父《佛遺教經講記》，共八堂。法師不僅解釋經文字句，更以多年跟隨師父的體驗，講述師父在日常生活中教導四眾弟子的身教與言教，印證佛陀所說的教法，有近一百四十人參加。最後一堂課結束前，法師特別播放影片《永遠的師父》，讓學員再次感受聖嚴師父一生只為弘法、完全無我的精神。

2月6至21日法師轉往洛杉磯分會，於6至20日期間弘講四場《佛

遺教經講記》，每場講座有近六十人參加。14日上午於分會舉辦佛學講座，主講「大悲懺法門」；下午並帶領大悲懺法會。

21日聖嚴師父圓寂週年，常延法師於舊金山分會舉辦的「法鼓傳燈日」活動中，領眾以發願續佛慧命。活動結束後，眾人共同祈願秉持聖嚴師父的教誨，同心同願，把握當下勤修福慧的機緣，發起菩提心，繼續為推動法鼓山的理念而努力。

● 01.23

奧蘭多聯絡處舉辦悅眾成長活動
常華法師導讀聖嚴師父著作《完全證悟》

美國護法會佛州奧蘭多聯絡處舉辦悅眾成長活動，由護法會輔導法師常華法師帶領，上午分享讀書會的帶領技巧，下午導讀聖嚴師父著作《完全證悟：聖嚴法師說圓覺經生活觀》，共有近四十人次參加。

在上午的課程中，常華法師詳實說明讀書會的帶領技巧，包括如何掌握主題、時間、設計問題、引導發言等，並進行分組演練。法師強調成立讀書會、分享個人學佛心得及凝聚信心與願心，是聖嚴師父對讀書會的一大期許。

下午的課程，主要是導讀聖嚴師父的著作《完全證悟》；法師依《圓覺經》中十二位菩薩向世尊請法的過程，來說明釋尊如何因應眾生在圓覺路上所遇到的不同層次問題。

奧蘭多聯絡處希望成長活動的舉辦，能引領悅眾建立佛法的正知見，也對推廣法鼓山理念更有信心。

● 01.30～31

馬來西亞道場舉辦合唱團成長營
以音聲分享法鼓山的理念

1月30至31日，馬來西亞道場舉辦合唱團成長課程，內容包括認識法鼓山的理念、佛曲教唱等，由護法總會合唱團本部團長李俊賢自臺灣前往帶領，共有二十八人參加。

監院常慧法師出席關懷時表示，合唱團首次舉辦成長課程，希望學員都能放鬆地學習，如同唱歌的時候，身心都是非常輕鬆、喜悅及愉快的。

課程中，李俊賢團長介紹聖嚴師父三大教育的理念，說明合唱團正是推動「大普化教育」的鼓手，並引用師父開示所言，合唱團除了練唱外，更有實踐

李俊賢團長為合唱團團員指導佛曲的音聲技巧。

法鼓山理念的使命,也是在做教育、淨化人心的工作,勉勵學員們能參與禪修或念佛等共修,將修行與歌唱結合。

31日的佛曲練唱,李團長針對〈我願〉、〈如來如去〉、〈法鼓頌〉、〈慈悲〉等四首歌曲,提供音聲的指導,也親自教唱〈法鼓山〉一曲,引領學員將佛法內涵與歌唱技巧相結合。

許多學員表示感恩李俊賢團長的指導與分享,期望將法鼓山的佛曲傳唱海外,以音聲推廣法鼓山的理念。

● 01.30～02.28期間

海外各道場舉辦共修迎新春
為海地地震罹難受災者、全人類消災祈福

為了迎接2010虎年新春,除了國內各分院、道場舉辦系列慶祝活動外,美國紐約東初禪寺、加拿大溫哥華道場及香港護法會等,於1月30日至2月16日期間舉辦新春活動,共同迎接新年。各地活動概述如下:

在美洲地區,東初禪寺於2月13至14日(除夕至初一)舉辦法會慶典。活動從除夕夜展開,住持果醒法師帶領九位法師,以及近百位東西方信眾一同圍爐。年夜飯後,大眾齊聚大殿持誦《藥師經》,接著進行點燈傳燈祝福儀式;跨年之際,大眾共同持誦二十一遍〈大悲咒〉,為海地地震罹難受災者及全人類消災祈福。

14日舉辦新春普佛法會,邀請美國同淨蘭若住持仁俊長老以「春迎虎年氣生生」為題為大眾開示,長老說明,每個人自我中心的執著,就像是

仁俊長老於東初禪寺的新春普佛法會後,為眾人開示祝福。

老虎一般，會將我們吞噬；若能放下對自我的執著，身心便能平安自在。下午的春節義賣與賀歲表演結束後，接續進行一連十五天的藥師法會。

另有大華府地區，華盛頓州聯絡處於1月30日上午舉辦新春祈福法會，由果醒法師主法；由於海地發生大地震不久，加上近年天災人禍頻仍，此次法會同時為海地民眾、人類平安祈福。新澤西州分會於1月31日舉辦迎春納福慶祝活動，由東初禪寺常懿、常生法師帶領近百位信眾誦經、禪坐共修，下午安排藝文表演；活動最後，曾任新州馬波羅市（Marborough）教育委員夏長策致詞祝福，勉勵大家接續聖嚴師父的大願，實踐「建設人間淨土」的理念。

加拿大的溫哥華道場於2月14日舉辦新春普佛法會，監院果樞法師期勉眾人在新年一開始，先懺悔過去一年所造的種種惡業，以一個清清白白的開始來迎接、祈願新的一年。

亞洲地區方面，香港護法會於2月16日（初三）舉辦新春普佛法會，共有近一百三十位信眾共同迎接安和豐富的2010年。

2010海外分支道場新春活動一覽表

區域	地點	日期	活動名稱
美洲	美國紐約東初禪寺	2月13日	《藥師經》持誦共修、點燈傳燈儀式、〈大悲咒〉持誦共修
		2月14日	新春普佛法會、義賣活動、賀歲藝文表演節目
		2月14至28日	新春祈福藥師法會
	美國護法會新澤西州分會	1月31日	迎春納福慶祝活動
	美國護法會伊利諾州芝加哥分會	2月13日	新春慶典活動：禮《八十八佛洪名寶懺》、藝文表演
	美國護法會加州舊金山分會	2月14日	新春供佛祈福法會
	美國護法會華盛頓州西雅圖分會	2月21日	新春普佛法會
	美國護法會華盛頓州聯絡處	1月30日	新春祈福法會、生活禪體驗營
	加拿大溫哥華道場	2月14日	新春普佛法會
	加拿大護法會安省分會	2月6日	新春大悲懺法會
亞洲	香港護法會	2月16日	新春普佛法會

● 02.01～05

法鼓山受邀出席佛教與基督教研討會
果元法師分享面對生活壓力的方法

2月1至5日，法鼓山受邀出席由普世博愛運動會（Focolare）、立正佼成會（Rissho Kosei-kai）發起的「佛教與基督教研討會」（Buddhist-Christian Symposium），於泰國清邁的南傳內觀禪修中心（Voravihara Vipassana

Meditation Center）舉行的第四屆研討會，由禪修中心副都監果元法師、僧大學僧常護法師代表參加，與來自各國的代表進行交流，並分享漢傳禪佛教面對當代生活壓力的方法。

這次會議主題為「宗教面對全球化挑戰之回應」（Response of religions to the challenges of the globalized world），與會成員包括漢傳佛教、南傳佛教、羅馬教廷、日蓮宗、伊斯蘭教等宗教代表，共有來自英國、法國、義大利、日本、南韓、斯里蘭卡、印度等十三個國家，一百五十人參加。

第一天議程由點燈儀式揭開序幕，果元法師代表漢傳佛教，與多位宗教代表一起點燃燭燈。五天會議中，與會代表們就媒體對社會的衝擊、人類價值的失落、良好社會文化的流失、個人主義的興盛、宗教環境與經濟等議題，進行不同的討論與回應。

「第四屆佛教與基督教研討會」由點燈儀式拉開序幕，果元法師（左一）與多位宗教代表一起點燃燭燈。

果元法師於第三天的「當代男人與女人的苦」座談會上，說明現代人面臨的事業與家庭壓力，並以佛陀所說的「六方禮」為主軸，詮釋社會對六倫的需要。果元法師除了提出問題，還進一步分享化解問題、面對憤怒的方法，法師以一手用力敲打桌面，一面出聲反問：「生氣時誰最先受傷害？」隨後以放鬆、深呼吸，來觀察生氣的感覺，並學習忍辱。

5日會議圓滿後，八十七歲的內觀禪修中心住持阿姜通（Ajahn Tohng Sirimankalo）邀請與會代表參與內觀禪修，並指導專注、覺照、用心的禪修原則，分享南傳佛教的修行法門。

● 02.05～09

果醒、常華法師赴加拿大弘法關懷
主持佛法講座與禪修等

2月5至9日，美國紐約東初禪寺住持果醒法師、監院常華法師前往加拿大多倫多，進行為期五天的弘法關懷，內容包括舉辦三場佛學講座、帶領生活禪與法會等，系列活動共有兩百多人次參加。

果醒法師（前一）、常華法師（左二）於多倫多帶領大悲懺法會，領眾虔心拜懺。

在佛學講座方面，果醒法師於5日、9日晚上在安省分會弘講《六祖壇經‧無相頌》，法師概要說明〈無相頌〉的要義，強調「菩提心」是大乘佛法中最重要的修行，期勉眾人學習不對「相」執著，將修行落實於生活中，共有六十多人次參加。

常華法師於8日晚上主講「佛教的放下藝術」，表示現代人常面臨許多痛苦、恐懼，而佛法可以提供我們面對、接受、處理與放下這些痛苦的方法，學習放下憂慮與壓力，以得到精神上的平和。

除此，6日兩位法師也在護法會於當地北約克市議會堂（North York Civic Centre）舉辦的新春大悲懺法會中，帶領六十位信眾虔心拜懺。7日果醒、常華法師亦於議會堂帶領生活禪，指導禪修的基本觀念與在生活中的運用，並分享「清楚」、「放鬆」與「專注」的禪修智慧，有近六十人參加。

許多信眾表示，藉由參與多元的共修，有助於對佛法有更深刻的體驗，希望兩位法師能再到多倫多，帶領大家共修。

● 02.06～07

果元法師泰國弘法關懷
帶領一日禪、主持皈依儀式等

禪修中心副都監果元法師、僧大學僧常護法師2月5日結束在泰國清邁的會議行程之後，隨即轉往曼谷泰國護法會弘法關懷，內容包括帶領禪修、主持皈依儀式等。

6日果元法師於護法會禪堂帶領一日禪，參加學員包括華人、法國人及當地泰國人。法師以中、英兩種語言主持共修，首先帶領學員進行法鼓八式動禪，隨後展開禪坐。法師指導學員放鬆、放空、感覺自己呼吸時鼻息的進出，並強調下座前，深度按摩是不可忽略的功課，從眼、頭、頸、肩、手臂，至指尖、

果元法師（前右）、常護法師（前左）在泰國護法會禪堂，帶領三十位學員體驗漢傳禪修的方法。

胸部、腹部、背部、大腿、小腿至腳尖。許多學員首次學到如此完整的按摩程序，感到十分受用。下午的課程為經行，從快步、逐漸放慢速度，到慢步經行，兩位法師引導學員體驗每一次腳尖踏出、腳跟提起的覺受。

7日上午，果元法師為護法會道場電梯增建工程舉行灑淨；中午主持皈依，共有四人皈依三寶。

兩位法師此次曼谷行，一天半的弘法活動為泰國信眾帶來難得的精進共修，期能提昇當地學佛與習禪之風。

● 02.20

西雅圖分會舉辦臨終關懷助念講座
果樞、常懿兩位法師帶領

美國護法會華盛頓州西雅圖分會於2月20日舉辦臨終關懷助念講座，由加拿大溫哥華道場監院果樞法師、美國紐約東初禪寺常懿法師帶領，有近三十人參

果樞法師（中右）、常懿法師（中左）於臨終關懷助念講座後，與西雅圖信眾合影。

加。課程內容包括大事關懷服務介紹、助念法器教學等。

　　常懿法師首先說明大事關懷的精神是關懷不離教育，教育不離關懷，而助念是最好的接引他人學佛時機及因緣，運用佛法對生命的終極關懷，可以引領臨終者與家屬安頓身心，更有益自身修行。

　　在助念法器教學課程中，果樞法師概述每件法器傳述的聲音與重要性，並示範執掌法器的威儀及方法，強調要收攝身心，以認真的音聲供養大眾。

　　下午進行分組演練，並模擬助念實況；有學員表示，由於課程豐富實用，對於以安定心與清淨心來帶領大眾念佛，獲益良多。

● 02.21

海外分支道場舉辦緬懷師恩活動
東西方信眾感念聖嚴師父教導

　　2月21日，聖嚴師父圓寂週年之際，法鼓山海外分會舉辦緬懷師恩活動，除感念師父的教導，並發願與人分享佛法，讓漢傳禪法承續下去，利益普世大眾。各地活動概述如下：

　　北美地區，美國紐約東初禪寺「緬懷師恩」活動，由象岡道場監院常聞法師主持，方丈和尚果東法師

西雅圖信眾一一從果樞法師、常懿法師手中接過佛法明燈，齊心發願「一師一門，發揚法鼓宗風」。

透過網路電話為大眾開示，期勉大家共同為實踐法鼓山的理念繼續努力。上午舉行「聖嚴師父對漢傳佛教的期許」座談會，由果醒法師、美國哥倫比亞大學（Columbia University）宗教系教授于君方、佛羅里達州立大學（Florida State University）宗教系助理教授俞永峰主講。下午進行西方眾的分享及傳燈發願儀式。

　　加拿大安省分會也透過網路連線，與東初禪寺同步進行「緬懷師恩」，觀看法師開示與座談。小組分享時間，安省分會十一位信眾一一分享對聖嚴師父的感念。

　　美國加州洛杉磯分會同步進行「法鼓傳燈日」，由僧團常延法師帶領近七十位信眾以發願感念師恩。活動前，法師帶領大眾一一禮拜佛陀、大迦葉尊者、

達摩祖師、惠能大師、靈源老和尚、東初老人及聖嚴師父。法師說明,這盞燈是佛陀所傳,由歷代祖師再到師父,身為師父的僧眾弟子,法師把這盞心燈傳給洛杉磯的悅眾、義工及與會大眾,叮嚀大家要以願力與佛法明燈相印。舊金山分會的追思活動則包括念佛共修、觀看影片《一師一門,同心同願》等,有近四十人參加。

華盛頓州西雅圖分會舉辦緬懷師恩、傳燈發願等活動,由溫哥華道場監院果樞法師、東初禪寺常懿法師帶領,四十五位信眾透過觀看影片《禪心自在》、《一師一門,同心同願》,完整了解聖嚴師父一生奉獻佛法的歷程;兩位法師也分享師父的教誨,讓大眾感受師父色身雖已捨報,在佛法的力學篤行中,仍能體會師父的法身常存。

伊利諾州芝加哥分會舉行的紀念活動,包括念佛、拜懺、觀看《禪心自在——聖嚴師父的菩提剪影》影片等,以共修的功德祈願師父乘願再來,繼續廣度眾生。

而位於東歐的克羅埃西亞,在聖嚴師父的西方法子查可(Zarko Andricevic)帶領下,也於14日晚上,在首都札葛雷勃(Zagreb)的禪修中心進行週年紀念活動。當天三十位與會者,大多是師父於1997年到克羅埃西亞弘法時親近師父的。活動中,大家圍坐成圓圈,分享個人對師父的印象與緬懷,包括師父的教導、師父的人格等,過程溫馨、令人感動。

2010海外分支道場「緬懷師恩」活動一覽表

區域	地點	活動內容
北美	美國紐約東初禪寺	座談會、觀看影片、分享討論會、傳燈發願
	美國護法會加州洛杉磯分會	傳燈發願
	美國護法會加州舊金山分會	念佛共修、觀看影片
	美國護法會華盛頓州西雅圖分會	觀看影片、傳燈發願
	美國護法會伊利諾州芝加哥分會	念佛共修、拜懺、觀看影片
	加拿大安省分會	座談會、觀看影片、分享討論會、傳燈發願(與東初禪寺網路連線)

● 02.21

東初禪寺緬懷師恩
分享聖嚴師父對漢傳佛教的期許

2月21日,聖嚴師父圓寂一週年之際,美國紐約東初禪寺舉辦「緬懷師恩」活動,上午進行「聖嚴師父對漢傳佛教的期許」座談會,下午為西方眾的分享討論會以及傳燈發願儀式,共有一百六十多人參加。加拿大護法會安省分會也

連線參與。

當日活動由象岡道場監院常聞法師主持，方丈和尚果東法師透過網路電話，為大眾進行開示，期勉大眾共同為實踐法鼓山的理念繼續努力。接著由東初禪寺住持果醒法師、美國哥倫比亞大學

東初禪寺「緬懷師恩」活動中，由果醒法師（左二）、于君方（左一）、俞永峰（左三）進行「聖嚴師父對漢傳佛教的期許」座談會。右一為主持人常聞法師。

（Columbia University）宗教系教授于君方、美國佛羅里達州立大學（Florida State University）宗教系助理教授俞永峰，一起進行座談。

座談會中，果醒法師講述聖嚴師父多年來為宣揚漢傳佛教所做的努力，以及師父對當今漢傳佛教面臨問題的見解；于君方教授回憶師父早年在美國的弘法活動，分享對師父教導「沒有過去，沒有將來，只有現在」的體悟；俞永峰教授引用1980年師父在臺灣時，寫給美國弟子的一封信，信中開示「我在哪裡並不重要，只要你修行，我就在你心中。」鼓勵大家保持精進修行。

下午觀看介紹聖嚴師父一生的影片《禪心自在》後，由擔任佛學、禪修的西方眾講師們進行分享與小組討論，交流彼此親近師父的因緣與學佛的體悟。

最後進行的傳燈發願儀式中，將聖嚴師父所作的〈菩薩行〉化為歌聲，與會者手執燭燈，發願以全心的奉獻和修行，報答師恩。

● 02.28

溫哥華道場舉辦「英文生活禪」

果醒法師帶領放鬆與觀照

加拿大溫哥華道場於2月28日舉辦「英文生活禪」，由美國紐約東初禪寺住持果醒法師帶領，共有三十三位東西方學員參加。

果醒法師首先以投影方式，播放不同表情、風格的照片，學員觀看時，不時發出驚歎、歡呼、嘆息等聲音；接著，法師帶領打坐，引導學員逐步放鬆全身，注意鼻端呼吸的出入。五分鐘後，法師再請大家用百分之十的心力觀看第

二部分的照片，百分之九十的注意力仍維持在打坐時的平靜狀態，此時，先前的驚歎、歡呼聲明顯減少。

小組討論時，許多學員表示打坐後，心境變得安定祥和，對照片引發的情緒反應不再那麼強烈。果醒法師進一步說明，平常我們的心，都隨著視覺、聽覺接收到的訊息，不斷地向外攀緣、執取，就像野馬，任由喜、怒、哀、樂四處奔馳，而透過禪修的練習，能將心馴服成良馬，心境經常處於安定狀態，受外界刺激的程度必然變小，情緒起伏少，生活自然能輕鬆自在。

法師接著引領學員實際感受禪修對鍊心的具體功用，包括體驗肢體鬆緊、托舉乒乓球遊戲，以及分組敘述故事、觀察心態變化等。在觀察心態變化活動中，每組由一位組員描述令自己感覺不愉快或快樂的事，其他組員展開觀察記錄。過程中，眾人發現透過自我陳述，不但更明白內心對事件的反應，同時更學到覺察自己對外在刺激的認知與觀照。

英文生活禪中，果醒法師向學員說明，透過禪修練習，將心馴服成良馬，心境安定，生活自然輕鬆自在。

大堂分享時，許多學員表示肯定禪修對放鬆身心、認識自我的助益，並期許將學到的方法，融入日常生活。

● 02.28～12.12期間

東初禪寺舉辦週日講座
常華法師弘講《圓覺經》

美國護法會輔導法師常華法師於2月28日至12月12日期間，在紐約東初禪寺舉辦的週日講座中，弘講「《圓覺經》十二問」，共十二場，平均每場有近六十人參加。

《圓覺經》是漢傳佛教的重量級經典，內容涵括佛教的理論、修行的方法與成佛的境界，文字優美，所描述的究竟佛境，是所有修行人的終極目標，經中佛陀回應十二位菩薩所提出的問題，為人們開示如何透過種種方便，證悟「一切眾生本來成佛」的圓覺自性。

常華法師的講題內容，主要出自聖嚴師父著作《完全證悟：聖嚴法師說圓

覺經生活觀》一書，法師依《圓覺經》中十二位菩薩向釋尊請法的過程，引用師父書中生動的故事及譬喻，說明釋尊如何因應眾生在圓覺路上所面對的不同層次問題。法師指出，雖然眾生的根性不同，但只要在「因地」上不斷地用功，只問耕耘，不問收穫，一定會走上圓覺之路。

常華法師於東初禪寺週日講座中，弘講《圓覺經》。

　　常華法師深入淺出的講說，期能幫助信眾了解《圓覺經》的要旨，並增強學佛的信心。

● 03.06　03.07

洛杉磯、舊金山分會舉辦悅眾成長課程
分享溝通管理與技巧

洛杉磯分會舉辦悅眾成長課程，分享溝通管理與技巧。

　　美國護法會加州洛杉磯、舊金山兩地分會分別於3月6、7日舉辦悅眾成長課程，邀請英豐瑪股份有限公司（Achieve Global）總講師張允雄帶領，各有近四十、二十人參加。

　　課程內容包括人際溝通、領導與溝通技巧研討等單元，並進行分組演練。張允雄老師講授口頭溝通與書面溝通的原則、差異，說明解決衝突的方法與協調步驟，剖析打破僵局的技巧，強調佛法觀念的「自我消融」、「隨順因緣」是有效圓融溝通的不二法門。

　　藉由小組演練與研討，學員學習各種層面的溝通方法，期能達到雙向溝通，以增進人際關係的建立。課後，許多信眾表示受益良多，也對今後凝聚向心力、推動弘法工作，更有信心。

●03.07～07.11　08.08～10.31期間

馬來西亞道場舉辦「兒童生命教育課程」
引領小學員學習心靈環保

　　3月7日至7月11日、8月8日至10月31日期間，馬來西亞道場每月隔週週日下午舉辦「兒童生命教育課程」，內容包括學佛行儀、法鼓山「四環」與「心六倫」理念介紹等，由監院常慧法師、常妙法師帶領，兩梯次各有十九位六至九歲學童參加。

　　「兒童生命教育課程」活動多元活潑，同時注重實踐。透過美麗的地球、愛護地球隨時做環保、孝親奉茶、親子共讀、古法有機農場遊等各種「好玩易懂」的主題，引領小學員認識法鼓山四種環保與心六倫的內涵；也藉由靜心圓、法鼓八式動禪、心靈茶點等活動，學習專注與放鬆，培養穩定和諧的性格。課後，學童們也帶回「心靈環保」的功課，和家人一起完成。

　　值得一提的是，為了讓父母親了解「心靈環保」的理念，學童們在上課期間，馬來西亞道場也同步為家長開辦成長課程，內容主題包括有機健康素食觀念篇、實做篇，如何與孩子共讀一本書等。

馬來西亞道場開辦「兒童生命教育課程」，孩子、義工老師及家長們互相學習成就，共結善緣。

　　「兒童生命教育課程」的開辦，讓孩子、義工老師及家長相互學習、成就，不僅孩子、家長們獲益良多；義工老師也表示在與孩子們的互動中，學會調整自我、放下自我，十分感恩有此培福的善緣。

●03.10

馬來西亞國民服務營獲贈《正信的佛教》
引領正確的學佛道路

　　為推廣正信佛法，法鼓山捐贈一萬本聖嚴師父著作《正信的佛教》，做為馬來西亞「國民服務計畫」之「國民服務營」佛教課程教學用書。3月10日舉行

捐贈儀式，馬來西亞道場監院常慧法師代表法鼓山將書籍贈予馬來西亞佛教青年總會，由副會長侯源章代表接受。

常慧法師表示，透過這次贈書計畫，希望帶給馬來西亞年輕人一個學習正信佛教的契機，讓佛法在青少年的心中萌芽，為佛教在當地的發展播下善因。

馬來西亞國民服務營的青少年獲贈《正信的佛教》，為佛教在當地的發展播下善因。

馬來西亞政府推動的「國民服務計畫」，主要是為該國青少年灌輸正確的思想與愛國意識，也為青年開設宗教課程，目前全國約有八十個營地，每年約有數萬名非伊斯蘭教徒青少年，接受為期三個月的培訓。

馬來西亞佛教青年總會為「國民服務計畫」之「國民服務營」佛學課程協調團體，十分期望將正信佛法介紹給青少年，卻苦於沒有合適的教學本讓學員參考。馬來西亞道場獲知這項需求時，便在聖基會贊助下，予以協助捐贈，並自4月起開始贈送至各個營地。

侯源章副會長則表示感謝法鼓山的鼎力相助，相信《正信的佛教》定能引導學員們正確的學佛道路。

● 03.14　03.20　03.25　03.26　04.04

張光斗、胡麗桂分享聖嚴師父美好的晚年
引領感受師父一生奉獻的行誼風範

曾跟隨聖嚴師父前往世界各地、用鏡頭和文字記錄師父弘法過程的張光斗，以及擔任師父隨行記錄、整理《美好的晚年》一書的胡麗桂，為拍攝師父弘法紀錄片《他的身影》赴美，並於3月14日在美國護法會華盛頓州西雅圖分會、20日於加拿大溫哥華道場、25日於紐約文化沙龍、26日於紐約東初禪寺，4月4日於加州洛杉磯分會，共舉辦五場講座，分享師父的美好晚年。

講座上，張光斗分享追隨聖嚴師父海外弘法，與師父互動的故事。張光斗特別提及看到師父與沈家楨居士相會的畫面，當下師父知恩報恩的真情流露，以及沈老居士不欲人知的行善布施，使許多人感動不已。

張光斗（左）、胡麗桂（右）於溫哥華道場分享聖嚴師父的美好晚年。

胡麗桂則說明晚年的聖嚴師父，每週洗腎三次，承受著一般人難以想像的病痛，幾度面臨生死邊緣，仍能以自在的心境、親身實踐的行誼，隨時教化身旁弟子，甚而撐著虛弱身軀，為興建法鼓大學，寫出數百幅墨寶來募款。師父用「美好」詮釋自己的晚年，呈現一心繫念眾生、奉獻自我的生命價值。

兩位主講人的分享，令與會眾人深刻感受聖嚴師父以強大的悲心願力而展現不平凡的一生。

另一方面，紐約文化沙龍亦於3月25日舉辦「無盡的身教」心靈講座，由張光斗、胡麗桂主講，並介紹《他的身影》紀錄片；活動也邀請作家王鼎鈞、施叔青，分享聖嚴師父對其人生及寫作的影響和變化。

● 03.18～20

安省分會舉辦「兒童社區環保體驗營」
親子在活動中學習惜福與感恩

3月18至20日，加拿大護法會安省分會於當地士嘉堡大都會廣場（Metro Square Mall Scarborough）舉辦「兒童社區環保體驗營」，內容包括「Little Boss寶貝老闆市集」惜福義賣和「親子才藝學習同樂會」等，共有近九十人參加。

大、小朋友在「親子同樂會」中，共同學習簡易烹飪技巧。

「Little Boss寶貝老闆市集」活動，鼓勵小朋友義賣家中不用物品，珍惜物資，循環使用，也培養下一代協力互助，惜福理財的觀念；「親子同樂會」活動，包括烹飪與環保工藝，讓親子共同學習簡易烹飪技巧，如海苔包飯、地瓜餅、珍珠奶茶，以及環保折紙工藝品製作，在趣味才藝學習中增進親情。

分會希望透過兼具知性又歡樂的活動，提供小朋友學習生活及品德教育，啟發環保觀念，體會惜福與再造福，並在生活中落實感恩、尊重與愛的「心靈環保」真諦。

● 04.02～05　04.06

雪梨分會舉辦精進禪三
常智、常嶺兩位法師前往帶領

4月2至5日，澳洲護法會雪梨分會舉辦英語精進禪三，於當地庫林蓋活動中心（Camp Ku-Ring-Gai Activity Centre）進行，僧團派請常智法師、常嶺法師前往帶領；包括原籍波蘭、德國、瑞典、愛爾蘭，以及越南、斯里蘭卡與臺灣的禪眾，共有二十多人參加。

雪梨分會舉辦禪三期間，進行戶外禪。

三天的活動，包括早晚開示、禪坐、戶外經行、托水鉢等。常嶺法師於開示時，說明種種不同的禪修方法，目的都是在練習專注，法師也以聖嚴師父開示的「不管過去，回到當下」、「不管妄念，回到方法」、「放鬆身心，放下身心」鼓勵禪眾，任何狀況都能做為修行的著力點。最後一天，並由常智法師主持皈依儀式，為五位信眾皈依三寶。

6日晚上，兩位法師於分會主持「禪修問答」活動，為禪眾釐清於禪修中遇到的困惑，並建立禪修的正知見。

雪梨分會表示，未來會針對信眾的需求，開辦更多禪修活動，並邀請法師帶領大家共同精進修習。

● 04.09～11

果醒法師多倫多弘法關懷
帶領信眾內觀與自我覺察

果醒法師於多倫多帶領三十多位東西方禪眾體驗默照禪。

4月9至11日，美國紐約東初禪寺住持果醒法師前往加拿大多倫多弘法關懷，內容包括帶領法會、禪一等，系列活動共有兩百六十多人次參加。

9日晚上，果醒法師出席加拿大護法會安省分會舉辦的「2010禪修教育募款晚宴」，內容包括藝文表演、義賣活動等。法師開示時表示，禪修教育是法鼓山主要的弘化工作之一，若能學習禪修、觀照自己的心，藉由「心的鍛鍊」，培養內觀與自我覺察，且將此能力運用在日常生活中，便能一步步找回自己，活動有近一百八十人參加。

果醒法師並於10日在安省分會主持大悲懺暨皈依法會，帶領三十多位信眾精進拜懺，法師勉眾學習觀世音菩薩精神，將慈悲的能量與周圍的人分享；法會後舉行皈依儀式，共有五人皈依三寶。

11日，法師於當地北約克市議會堂（North York Civic Centre）帶領默照禪一，為五十位禪眾講解默照禪的禪修方法與心要後，圓滿此行。

● 04.16

美國哥倫比亞大學函聖基會
感謝合作設置「聖嚴漢傳佛學講座教授」

4月16日，美國哥倫比亞大學（Columbia University）教授史迪勒（Claude M. Steele）代表該校師生致函聖基會，表達感恩之意。信中表示「聖嚴漢傳佛學講座教授」的設立，對哥倫比亞大學的未來，扮演舉足輕重的角色；同時概述首位講座教授于君方任聘後，展開的各項教學工作及研究成果。

自2007年聖基會與哥大合作設置「聖嚴漢傳佛學講座教授」以來，于君方教

授分別在宗教系、東方語言文化系開設「大乘佛教典籍」、「漢傳佛教文學」等課程，致力打造該校研究漢傳佛教的方向與架構，並積極寫作出版、擔任博物館相關展覽的顧問，將漢傳佛教思想介紹給西方世界。

● 04.16～18

北美360度禪修營於象岡舉辦
三十六位各界學員體會禪修實用意義

4月16至18日，法鼓山於美國紐約象岡道場舉辦北美地區第二屆「法鼓山360度禪修營」，由道場住持果醒法師帶領，共有三十六位專業主管人士、企業經營者、學者、藝術創作者及各類社團人士等參加。

三天課程，以聖嚴師父1999年於菁英禪三中的錄影開示為習禪時的主要引導方針，並結合基本禪坐、戶外經行、吃飯禪等練習。影片中，師父開示禪修的意涵及功能，以及如何藉由禪修來自我肯定、自我成長、自我消融。分組討論時，學員們分享對佛法的了解，以及體會禪修對生活的實用意義，果醒法師也一一解答學員們的問題。

距離2005年第一屆由聖嚴師父親自主持的社會菁英禪修，已經時隔五年之久，學員們格外珍惜這次禪修機會。禪修營最後一天播放介紹師父生平的影片《禪心自在》，帶領學員憶念師父的教澤。活動尾聲，學員們分享參與此次禪修營的感動，並在問卷中提出希望未來繼續參加共修活動，以實際的參與來護持法鼓山。

第二屆「法鼓山360度禪修營」由果醒法師主持，共有三十六人參加。

● 04.17～18

古帝亞茲於加州指導禪修
分享因緣與因果觀念

4月17至18日，美國護法會加州省會聯絡處、舊金山分會舉辦禪修活動，由聖嚴師父西方法子吉伯‧古帝亞茲（Gilbert Gutierrez）帶領，內容包括禪坐共修、佛法講座、一日禪等，共有七十多人次參加。

17日上午，古帝亞茲於加州省會聯絡處指導禪坐練習。同日晚上，前往加州舊金山分會進行一場佛法講座，古帝亞茲針對緣起法則、因緣與因果等佛法觀念，做詳盡介紹，說明緣起法則的基本原理是「空」，「空」不是沒有，是因

舊金山分會舉辦禪修活動，由古帝亞茲帶領。

緣的「有」；而「果報」沒有好與壞，所有的感受皆來自自我的心念，提醒大眾外境都只是心的反射，須隨時有所警覺。

18日舊金山分會舉辦一日禪，古帝亞茲分享禪修的觀念、方法及在日常生活中的應用，並帶領學員在分會外的步道經行，引領眾人在快步與慢步經行間調身、調心，讓禪眾受益良多。

● 04.17　05.22　08.21　09.18　10.16

馬法青會舉辦「與法師有約」系列講座
期勉大眾在生活中實踐佛法的修行觀

4月17日至10月16日期間，馬來西亞法青會於馬來西亞道場舉辦五場「與法師有約」系列講座，每場有近五十人參加。

4月17日的首場講座，馬來西亞道場監院常慧法師以「博聞廣見——量一量世界有多大」為題，介紹唐代高僧玄奘大師西遊取經，不僅實踐自己的夢想，也為當世及後世留下一部《大唐西域記》；法師指出旅行不只是地理空間上的擴展，也會拓展心靈視野，更是一種修行。

在5月22日舉辦的講座中，常慧法師與當地電台媒體工作者KK對談「最難打的一場戰爭」，藉由古代高僧鳩摩羅什及南非前總統曼德拉（Nelson Rolihlahla Mandela）的生平故事，探討「寬宏大量」的價值觀，法師勉勵大眾

轉變心念，以同情心、寬恕心、慈悲心待人處世。

8月講座的主題是「是誰在搞鬼？」，常慧法師分享以智慧化解心中的不安與恐懼；在9月的「當魔術師遇上魔鬼教練」講座中，僧團弘化院監院果慨法師分享聖嚴師

「與法師有約」講座中，果慨法師以「當魔術師遇上魔鬼教練」為題，分享聖嚴師父的身教與言教。

父對四眾弟子身教、言教的指導。

10月16日最後一場講座，由常慧法師、常文法師對談「命運大抉擇」，兩位法師分享以佛法的觀念來疏導遇到問題時的解決方法、轉念後的心情轉變，勉眾學習在生活中運用佛法、實踐佛法。

2010馬來西亞法青會「與法師有約」系列講座一覽表

時間	主題	主講人
4月17日	博聞廣見──量一量世界有多大	常慧法師（馬來西亞道場監院）
5月22日	最難打的一場戰爭	常慧法師（馬來西亞道場監院）、KK（電台主持人）
8月21日	是誰在搞鬼？	常慧法師（馬來西亞道場監院）
9月18日	當魔術師遇上魔鬼教練	果慨法師（僧團弘化院監院）
10月16日	命運大抉擇	常慧法師（馬來西亞道場監院）常文法師（馬來西亞道場）

● 04.18　05.02

東初禪寺舉辦週日講座
邀請聖嚴師父西方弟子賴特主講「四念處」

4月18日、5月2日，美國紐約東初禪寺舉辦週日講座，邀請跟隨聖嚴師父學佛多年的西方弟子比爾‧賴特（Bill Wright）主講「四念處」，每場有三十多人參加。

講座中，賴特說明四念處指的是觀身不淨、觀受是苦、觀心無常、觀法無我，四念處禪修法即是觀身受心法，佛陀是已覺悟者，覺悟事實的真相，而

比爾・賴特（左）於東初禪寺講授「四念處」。

覺悟的方法就是四念處，將身心專一於一處，全心全意集中於當下的身心活動，清楚知道身心的經驗，但不把「我」的感覺加上去；他並強調四念處修行的兩個基本原則為無常和無我，無常是指萬物恆變，無我是指沒有永存不變的自我。

賴特引述聖嚴師父的開示指出，如果思緒紊亂，練習四念處的功效不大，而觀呼吸，可以協助安定思緒，因此練習四念處應從觀呼吸開始，集中注意力於當下。賴特進一步說明四念處的妙用，在於有助清楚五蘊的運作，清楚知道「色」和「受」，不讓這些經驗進行到「想」和「行」，從而造業；而練習四念處，就是要清楚當下身心的感受，練習斷「受」，日積月累自然能使煩惱、執著少一些，清淨、自在多一些，進而破十二因緣而脫出輪迴。

● 04.22～25

常華法師至洛杉磯弘法關懷
主持佛法講座與生活禪工作坊

4月22至25日，美國護法會輔導法師常華法師至加州洛杉磯分會弘法關懷，內容包括舉辦專題演講、帶領生活禪工作坊等。

常華法師首先於22日晚上，於分會帶領禪坐共修，引導信眾體會禪修放鬆身心的方法；23日晚上於分會舉辦的菩薩戒誦戒會上，勉勵信眾以持戒來清淨自我的身心。

24日下午，法師於分會演講「佛教放下的藝術」，說明佛法、禪修可以協助現代人在面對各種情緒干擾時，將貪欲轉成願心，以慈心化解瞋心，以謙虛祛除慢心，提供達到內心真正平和的哲學觀念和方法，有近七十人參加。

25日，常華法師於分會帶領「心五四生活禪」工作坊，內容包括法鼓八式動禪、走路禪、吃飯禪、托水缽等動禪體驗，法師特別提醒學員們安定身心的要訣：「身在哪裡、心在哪裡，清楚、放鬆，全身放鬆」，並鼓勵大家將禪法運用在生活中。

心得分享時，許多學員表示領受常華法師指導佛法的日常應用與生活禪法，感到受益良多。

● 04.25

聖路易聯絡點參與地球日活動
推廣心靈環保的理念

4月25日,美國密蘇里州聖路易聯絡點受邀參與第二十一屆聖路易地球日活動,在聖路易市的森林公園(Forest Park)向民眾介紹法鼓山「心靈環保」、「心六倫」的理念。

當天風雨不斷,但義工們推動環保、愛護地球的熱切之心不減。除了與民眾分享法鼓山的理念,並將近期各項活動、佛學課程資料,提供給當地各團體,邀請大眾了解正信的佛教,彼此溝通交流,為人類幸福、世界和平共同努力。

聖路易地球日活動,是美國中西部地區歷史最悠久、規模最大的地球日慶祝活動,每年有逾兩萬五千人參加。本年,主辦單位聖路易市政府特別邀請聖路易地區不同宗教團體代表,彼此交流、分享心得,祈求世界和平。

● 05.01

果醒法師至石溪大學講禪法
解析心念如何影響人的感覺和情緒

美國紐約東初禪寺住持果醒法師於5月1日,應紐約州立石溪大學(Stony Brook University)佛法研究社(Buddhism Study and Practice Group, BSPG)邀請,至該校亞洲文化中心舉行一場講座,主題為「在日常生活中運用禪」(Applying Chan in Daily Life),由禪修教師南茜‧波那迪(Nancy Bonardi)協助英文翻譯,共有四十多位學員參加。

講座中,果醒法師首先讓學員觀看影片及多張圖片,引起眾人喜悅、難過等情緒上的反應;接著,法師引導學員禪修,在身心放鬆的情況下,

果醒法師至石溪大學進行講座,學員於分組討論時,藉由觀察他人了解情緒發生過程。

再次觀看影片與圖片，並將注意力放在自己的身體及情緒反應，原本喜悅、難過的情緒隨之消減。法師進一步說明，藉由禪修練習，每個人都能控制自己的思想與情緒變化。

午齋時，果醒法師介紹「吃飯禪」，說明用餐時也能體驗對自身的覺知。下午，進行分組討論，學員們透過分享自身的生活體驗，體會到放鬆身心情緒的影響；並藉由細心觀察他人，了解情緒發生的過程。當天講座，激發了許多學員對禪法的興趣，紛紛表示希望有機會能再深入。

● 05.01～02

馬來西亞舉辦「遇見生命中的精靈」生活營
青年學子在大自然中自我探索、思考

「遇見生命中的精靈」生活營中，青年學子透過自我探索、思考，發掘各自生命中的精靈。

馬來西亞道場法青會於5月1至2日在當地瓜拉雪蘭莪自然公園（Kuala Selangor Nature Park），舉辦「遇見生命中的精靈」生活營，由道場監院常慧法師帶領四十三位青年學員，在營隊活動中自我探索、思考，發掘各自生命中的精靈。

由於營隊地點於紅樹林地帶，因此邀請專業老師講解瓜拉雪蘭莪的地理環境與生態，增長學員對自然環保的意識。

常慧法師在課程中，播放兒童版《法鼓山簡介》影片，向學員介紹四種環保的理念，運用繪本《聖嚴法師的頑皮童年》，分享聖嚴師父兒時對生死的疑惑、對生命的探討，引導學員展開對生命的思考；並帶領學員進行法鼓八式動禪、經行，及運用止觀的方法，試著把視覺、聽覺、嗅覺和觸覺交給大自然，體驗當下與大自然接觸的感覺。

在營隊課程結束時，學員們也發願，要讓生命中的精靈常常出現，還要讓精靈之光繼續在各個角落發亮，點亮自己，同時也照亮別人。

● 05.09～09.05期間

東初禪寺舉辦〈參同契〉講座
果醒法師講授曹洞宗禪法

果醒法師（左）於東初禪寺講授〈參同契〉。

美國紐約東初禪寺舉辦週日講座「智慧不離煩惱——石頭希遷禪師〈參同契〉」，於5月9、30日，6月6日，7月18、25日，8月22、29日，9月5日由住持果醒法師主講，共八場，首場有六十八人參加。

唐代禪師石頭希遷的〈參同契〉與洞山良价的〈寶鏡三昧歌〉，一向被公認為是曹洞宗最重要的兩篇著作。東初禪寺首次安排〈參同契〉講座，由聖嚴師父著作《寶鏡無境：石頭希遷〈參同契〉、洞山良价〈寶鏡三昧歌〉新詮》的譯者果醒法師講授。

講座中，法師指出〈參同契〉的主要觀念，在於藉由體與用、理與事、空與色、絕對與相對、生與滅等八個名詞，闡述佛性與現象之間的關係，說明眾生本具有佛性，皆有如來的智慧本性，只是因為妄想、執著、分別而不得開顯。

〈參同契〉為一首五言偈頌，共兩百二十字，果醒法師並依著一句句偈子，帶領信眾漸次學習曹洞宗的禪法，觀照心念、破除煩惱，不斷精進修行。

● 05.10～23

方丈和尚美國行 東西岸弘法關懷
一步一腳印深耕法鼓山理念

方丈和尚果東法師於5月10日至美國紐約東初禪寺，展開東西岸一系列的關懷活動。首先15日至新澤西州分會、17日至加州舊金山分會、22日至加州洛杉磯分會，隨著弘化步伐，勸請大眾繼起聖嚴師父的悲心大願，持續為眾生服務奉獻。

15日，方丈和尚與東初禪寺住持果醒法師、監院常華法師等一行，至新澤西州分會關懷，共有八十多人與會，會中播放聖嚴師父紀錄影集《他的身影》。16日出席東初禪寺的浴佛法會後，方丈和尚、果醒法師等五位法師，抵達舊

金山灣區，19日首先前往安蒂奧克（Antioch）小鎮，以及加州省會沙加緬度（Sacramento）關懷信眾，當天近三十位信眾前來聆聽法師的關懷開示。方丈和尚平易地講說佛法，讓眾人感受佛法是如此貼近生活，法師們的親切關懷，也讓與會大眾感動。20日舊金山分會舉行悅眾聯誼，方丈和尚前往關懷，與四十位悅眾互動交流。

21日至洛杉磯。22日下午，方丈和尚與《世界日報》社長郭俊良、LA18台副總裁關曉芬，一起對談「心六倫的實踐與推廣」，討論如何落實家庭、生活、校園、自然、職場、族群等六種倫理，希望藉由「心六倫」的重建，幫助社會與人心淨化、平安與和諧。23日上午，分會進行「方丈和尚，請喝茶」、「與法師們有約」等活動，方丈和尚在分享學佛歷程、如何勸人學佛的過程後，隨後與果醒、常華、常綽及常貴四位法師，分組帶領眾人檢視個人修行的過程，藉此突破修學困境，方丈和尚期勉大家在獲得佛法利益的同時，也能接引更多人加入學佛，同霑法喜。

從東岸東初禪寺、象岡道場起始，隨著方丈和尚與法師們的弘法腳步，法鼓山推動的「心靈環保」、「心六倫」，更加一步一腳印地在異國扎根。

方丈和尚（第二排左六）、果醒法師（第二排左七）、常華法師（第二排左五）等與新州信眾合影。

●05.11

聖嚴師父弘法紀錄片《他的身影》於紐約首映
師父當年弘化身影重現

由聖嚴師父隨行弟子張光斗拍攝製作的《他的身影——聖嚴法師佛法西傳紀錄影集》，5月11日在美國臺北駐紐約經濟文化辦事處舉辦全球首映會，方丈和尚果東法師、紐約東初禪寺住持果醒法師及臺北駐紐約經文處處長高振群伉

張光斗（右起）、作家施叔青、王鼎鈞、前駐亞特蘭大經文處處長朱建一、方丈和尚、果醒法師、駐紐約經文處處長高振群、保羅·甘迺迪、王忠烈醫師，共同出席《他的身影》首映會。

儂、前駐亞特蘭大經文處處長朱建一仇儂、名作家王鼎鈞、施叔青等人，與追隨師父多年並一度剃度出家的西方弟子保羅·甘迺迪（Paul Kennedy）、紐約信眾、各界媒體，都出席此一盛會。

透過鏡頭，眾人看到聖嚴師父曾任住持的大覺寺、曾帶過五次禪七的菩提精舍、與沈家楨居士相會的畫面，以及保羅·甘迺迪帶著張光斗走訪當年與師父露宿街頭的地點，並拜訪師父駐留過的東禪寺、多次資助師父的浩霖長老。這些珍貴的歷史鏡頭，真實呈現師父早年在紐約生活困頓、卻又充滿溫情的弘法生涯。

方丈和尚在會場上，感謝高處長仇儂鼎力促成這場首映會，同時感恩每一位參與影片製作的人。高處長表示，聖嚴師父與紐約緣份殊勝，能在師父圓寂週年製作並播出這套影集，相信將會帶給社會及人心廣泛正面的影響。

《他的身影——聖嚴法師佛法西傳紀錄影集》總計十三集，2010年11月6日至2011年1月29日，每週六上午於臺灣的民間全民電視無線台播出，引領大眾回顧聖嚴師父海外弘法的足跡。

● 05.12～16

美國青年沉思會議於象岡道場展開
以戶外經行、托水缽澄心淨念

5月12至16日，美國法鼓山佛教協會（Dharma Drum Mountain Buddhist Association, DDMBA）與全球女性和平促進會（The Global Peace Initiative of Women, GPIW）於紐約象岡道場，共同舉辦「氣候變遷的內在向度」（Inner Dimensions of Climate Change）青年沉思會議，由僧團果禪法師、常濟法師帶領戶外經行、托水缽體驗，引導學員在自然環境中沉澱身心，深入覺察自我與環境的關係，共有近五十位來自美國各州的二、三十歲青年代表參加。

正在美國巡迴關懷的方丈和尚果東法師也與會致詞，與青年們分享聖嚴師

父的信念，指出真正的和平是從內心開始，當我們的內心祥和平安，才能與外在世界和平共處。

主辦單位則期許與會者透過沉思、靜坐和祈禱等活動，一起覺察人與人之間、人與自然之間的一體性，藉此探討氣候變遷的面向，並集思如何透過合作，啟發社會更多的覺醒；活動也透過閱讀書寫、影片欣賞，引導青年共同討論不同信

常濟法師帶領美國青年進行戶外經行、托水缽，在自然環境中沉澱身心。

仰、傳統對自然環境的觀點，體會人類行為如何對氣候變遷造成各種影響。

全球女性和平促進會曾在2009年聯合國於哥本哈根舉辦的「第十五屆聯合國氣候變化綱要公約締約國會議」（15th Conference of the Parties, COP-15）中，率同各界宗教人士與精神領袖，深入探討氣候變遷的內在面向，獲得廣大回響。這次舉辦的沉思會議，延續哥本哈根會議的精神，首次邀集美國青年參與支持全球性的改革，共同對應氣候變遷問題。

● 05.16～28

海外分支單位展開感恩浴佛活動
體現心淨國土淨的真義

馬來西亞道場舉辦浴佛暨雙親節慶祝活動，眾人透過浴佛、拜願及迴向，同時感念佛恩與父母恩。

5月16至28日期間，法鼓山於北美洲、亞洲的海外分支單位為慶祝佛誕節、母親節，分別舉辦浴佛和相關活動，包括美國紐約東初禪寺、美國護法會加州洛杉磯分會、伊利諾州芝加哥分會，加拿大溫哥華道場，以及香港護法會、馬來西亞道場、泰國護法會等。

在北美洲地區，首先，東

初禪寺於5月16日舉辦浴佛法會，由方丈和尚果東法師親自主持，九十二歲高齡的美國同淨蘭若住持仁俊長老也應邀到場，為信眾開示。長老以「失人身者如大地土，得人身者如爪上泥」為喻，說明人身的難得可貴，勉勵大眾持守五戒、行十善，藉此幫助周遭每個人健全人格，進一步使家庭美滿、社會和諧。共有兩百多位東西方信眾參加。

溫哥華道場於5月22日舉辦的浴佛法會，則由常惺法師主持，法師期許與會大眾從浴佛過程中，體現浴佛真義「隨其心淨，則國土淨」，活動共有兩百三十多人參加。

亞洲地區，2010年首度舉辦浴佛的泰國護法會，由會長蘇林妙芬向大眾說明浴佛的意義，是為了取法如來的慈悲智慧，時時清淨自己的身、口、意三業。馬來西亞道場則配合當地文化民情，5月母親節、6月父親節，特別舉辦了浴佛暨雙親節活動，眾人透過浴佛、拜願及迴向，同時感念佛恩與父母恩。

2010海外分支道場浴佛節暨母親節活動一覽表

地區	主辦單位	時間	活動內容
北美洲	美國紐約東初禪寺	5月16日	浴佛法會、皈依典禮
	美國護法會加州洛杉磯分會	5月16日	參加南加州聯合浴佛節活動，分享文宣，推廣心靈環保
	美國護法會伊利諾州芝加哥分會	5月21日	浴佛法會
	加拿大溫哥華道場	5月22日	浴佛法會
亞洲	香港護法會	5月21日	浴佛法會、皈依典禮
	馬來西亞道場	5月28日	浴佛暨雙親節活動
	泰國護法會	5月28日	浴佛法會

● 05.23

東初禪寺週日講座「壇經的三種無」
不擔心、不困擾、用心去做就好

美國紐約東初禪寺舉辦週日講座，5月23日由象岡道場監院常聞法師主講「壇經的三種無」，藉由聖嚴師父的兩本著作《聖嚴法師教話頭禪》與《神會禪師的悟境》，說明「無念、無相、無住」三種無的觀念，有三十二人參加。

「無念、無相、無住」為《六祖壇經》的三個總綱，也是修行禪法的要領。常聞法師首先說明「無」，並非表示什麼都沒有，它強調的是沒有一個永遠不變、一直固定存在的事物，所有事物皆與外界有所互動且相互影響，因此不會全然獨立存在且持續不變。

法師進一步說明，「無念」並非代表沒有任何心理活動，而是心不受境界影響，並清楚當下狀態，用心接納一切，不做情緒反應。而「無相」並非代表世

間所有事情、環境都不存在，而是當態度改變時，不會一直將注意力放在外在情境上，漸漸地這些現象就不會對我們造成影響。

最後常聞法師說明修行的根本「無住」。「有住」是一種得失心，專注於結果與獲得；而「無住」則是一種給予、奉獻的心態，只專注在付出的過程。智

慧與慈悲能夠清楚觀照所有事情，而不對現象產生任何煩惱；更進一步，在處理事情的當下沒有自我中心，不為結果而有所求。

常聞法師以聖嚴師父的法語：「要用心，不要擔心」，總結所有概念；並勉勵大家，以此心態面對日常生活種種狀況，不要擔心、不用困擾，只要用心去做就好。

常聞法師於東初禪寺講授「壇經的三種無」。

● 06.04～13

新、馬兩地悅眾踏上尋根之旅
感念師恩與師願

歷經半年多的籌備，二十九位馬來西亞、新加坡兩地的悅眾組成尋根團，於6月4至13日首度進行「尋根之旅」，來臺展開為期十天的巡禮交流。尋根之旅

馬來西亞、新加坡兩地悅眾組成尋根團，前往農禪寺巡禮，感受法鼓山的農禪家風。

由馬來西亞道場監院常慧法師規畫，法鼓山國際發展處協辦。

　　此次尋根之旅，內容涵蓋深入聖嚴師父的悲願、寺院建築之美與內涵、體系組織架構的認識、義工勸募分享等。旅程第一天，首先安排參訪桃園齋明寺、三峽天南寺，接著至臺中寶雲別苑、美濃朝元寺、高雄紫雲寺、北投文化館、農禪寺、雲來寺，宜蘭辦事處，以及法鼓山園區等地參學，一行人親見親聞各寺院建築，以及各分院法師簡報、勉勵及叮嚀，並與各體系主管、資深義工相聚交流。

　　在法鼓山園區停留三天期間，參學室義工的深度導覽，讓一行人更深入了解聖嚴師父篳路藍縷創建法鼓山的悲心大願，從建築硬體設施，到山上的一草一木，無不蘊涵著深刻的理念，無處不在說法。2009年師父圓寂植存，海外弟子只能透過網路目送師父色身化作春泥，此行，法師不忘帶領眾人至金山環保生命園區，緬懷師父，感恩發願。

　　臨別前一夜的分享會上，眾人表示感恩聖嚴師父及成就此行的因緣，發願將這趟所學學以致用，回到崗位繼續修學奉獻。常慧法師也勉勵大眾，將禪法的放鬆體驗融入生活中，讓佛法在自我身上展現；時時隨順因緣、把握因緣，一切自會水到渠成。

● 06.04～13

NHK採訪僧大青年尼眾
介紹臺灣比丘尼精進修行、奉獻的出家生活

　　日本放送協會（NHK）外製採訪攝影小組於6月4至13日，遠從日本到臺灣，前往法鼓山園區拍攝僧大女眾學僧的修行生活，將臺灣女性出家眾精進修行的狀況，介紹給全球觀眾。

　　為了解僧大女眾學僧修行的歷程，在僧大師長安排下，由僧大學僧常灃法師及其女眾老菩薩接受採訪攝影小組訪談。法師分享出家的因緣、在法鼓山出家的體驗，攝影小組並跟隨法師一天中的生活腳步，包括早晚課、禪坐、拜佛、上課、過堂、出坡等，以及「作務與弘化課程」隨戒長法師至臺北榮總甘露門關懷病患等，將學僧的學習過程記錄在鏡頭中。

　　針對將成為漢傳佛教宗教師的僧大學僧，畢業後將投入的關懷工作，NHK攝影小組也走訪北投文化館、農禪寺、雲來寺及德貴學苑等，了解女眾法師目前在法鼓山各事業體擔任的執事，例如處理寺院法務、擔任佛學院佛學講師、到各地弘講佛法等，透過對法鼓山僧團尼眾的實地採訪，深入了解並記錄了臺灣女性出家眾清淨、精進、奉獻的修行生活。

● 06.08

《三十七道品》、《虛空粉碎·無法之法》於美、韓出版
視聖嚴師父禪法著作為珍貴禪修法要

在美國，陸續出版多本聖嚴師父英文著作的香巴拉出版社（Shambhala Press），6月8日再出版《三十七道品》（*Things Pertaining to Bodhi: The Thirty-seven Aids to Enlightenment*）。

在美國出版的《三十七道品》，內容為1999至2003年聖嚴師父在美期間，於東初禪寺「週日講經」所講。三十七道品為四念處、四正勤、四如意足、五根、五力、七覺支、八正道的總稱，被視為基本的佛法，是追求智慧、解脫的三十七種資糧。

一般人多以為三十七道品是漸修法門，與禪宗講求的頓悟兩不相干，不過聖嚴師父在書中說明，頓悟也需要漸修的基礎，兩者是互通的，一個已證悟的修行者，三十七道品的修行也應具足；師父也強調三十七道品的基礎，為戒、定、慧三無漏學，不論是修持戒、禪定，還是修智慧，如果不具足四正勤的條件，是無法完成的。

除了美國，韓國的探究出版社（Tamgusa Publishing）業已於2009年7月出版《虛空粉碎·無法之法》韓文版合輯一書，此書是第六本在韓國發行的聖嚴師父著作。

東西方相繼出版聖嚴師父的著作，顯見師父弘傳的漢傳禪法，日漸受到重視，對於全球各地的修行者，同樣是實用珍貴的禪修指要。

聖嚴師父著作《三十七道品》、《虛空粉碎·無法之法》分別出版英文版、韓文版。

● 06.11～16

象岡道場舉辦念佛禪五
果醒法師開示「般舟三昧」

6月11至16日，美國紐約東初禪寺於象岡道場舉辦「念佛禪五」，由東初禪寺暨象岡道場住持果醒法師帶領，共有近八十人參加，成員來自香港及北美各地，年齡自八歲到八十四歲皆有。

在這場念佛禪五中，果醒法師每日早晚開示，內容以「般舟三昧」為主，深入淺出地介紹了「般舟三昧」及其修成的條件，並以日常生活的故事為例說

象岡道場舉辦念佛禪五．果醒法師（僧眾列右一）與禪眾合影。

明，內容活潑，引起禪眾熱烈回響。法師也不時提醒禪眾們不離佛號，晚上開示時，則關懷大家念佛的狀況，讓禪眾們時時提起精進心念佛。

禪期最後一天，進行皈依儀式，共有四位禪眾接受皈依成為三寶弟子。

● 06.12～09.06期間

果徹法師赴美、加弘法

巡迴弘講中觀的智慧、《八大人覺經》

6月12日至9月6日，僧團果徹法師前往美國護法會加州洛杉磯、舊金山，華盛頓州西雅圖等地分會，以及加拿大溫哥華道場，展開暑期弘法關懷行，主要巡迴弘講「中觀的智慧」、《八大人覺經》佛學講座，以及帶領禪七等活動。

果徹法師此次巡迴弘講，分別於洛杉磯、舊金山分會講授「中觀的智慧」。

講座中，法師扼要介紹中觀學派的源起、義理，說明「中」即「正」，為不偏不倚，客觀、超越我執之意；「觀」則是全面、仔細地「觀照」，透過觀照世事萬相的無常及緣生緣滅，進而產生「觀慧」；並分享中觀智慧在生活上的運用。

果徹法師於洛杉磯分會弘講「中觀的智慧」，講座圓滿後，與學員合影。

另一方面，果徹法師於西雅圖分會、溫哥華道場弘講《八大人覺經》，剖析經文所說諸佛菩薩所覺悟的八個項目，是佛法教義中的精要，如能實知、實修、實證，凡夫眾生也都能成為「大人」。

除了佛學講座，果徹法師並於洛杉磯的「瑪莉＆約瑟夫禪修中心」（Mary & Joseph Retreat Center）帶領止觀禪七，禪修期間，聆聽聖嚴師父有關「止觀」及《六祖壇經·定慧品》的開示；法師也在溫哥華道場帶領地藏法會，勉眾學習在法會過程中反省自己，學習在日常生活中觀照行為。

2010果徹法師暑期美、加弘法關懷行一覽表

時間	地點	活動內容
6月19日至7月9日期間	美國護法會加州洛杉磯分會 洛杉磯「瑪莉＆約瑟夫禪修中心」	·佛法講座：中觀的智慧 ·止觀禪七
7月16至25日期間	美國護法會加州舊金山分會	·佛法講座：中觀的智慧
7月28日至8月13日期間	美國護法會華盛頓州西雅圖分會	·佛法講座：《八大人覺經》
8月23日至9月6日期間	加拿大溫哥華道場	·佛法講座：《八大人覺經》 ·地藏法會

● 06.15～07.25期間

禪修中心至墨、美、德主持禪修
繼起聖嚴師父在西方弘化腳步

禪修中心副都監果元法師、禪堂板首果祺法師，以及6月甫自僧大禪學系畢業的第一屆畢業生常乘法師、常護法師，於6月15日至7月25日期間前往墨西哥、美國、瑞士、德國弘法，讓漢傳禪法的種子在歐美地區生根、茁壯。

果元法師（後排左五）、果祺法師（後排左四）、常乘法師（後排左三）及常護法師（後排左二）至德國拉芬斯堡圓德寺，帶領德國禪眾體驗漢傳禪法。

　　法師一行首站抵達墨西哥納亞里特州（Nayarit）的玉堂海灣（Mar de Jade）帶領禪七。這是繼2001年聖嚴師父於墨西哥指導禪七後，玉堂海灣負責人蘿拉（Laura Del Valle）再度提出邀請。禪七自6月19日展開，由蘿拉擔任西班牙文翻譯，參加者包括保育團體人士、建築工程主管、律師等共三十六位。

　　果元法師首先指導放鬆要領、禪修方法，並舉例說明：有一道越南名菜，由辣椒、酸檸檬、生香蕉等食材組合而成，具有酸甜苦辣鹹各種滋味，正當禪眾馳騁想像之際，法師一句：「這不就是人生嗎？」禪眾一聽，會心莞爾而笑。法師以善巧生動的譬喻，將默照層次、活在當下、不思善不思惡等禪法融入開示，讓禪眾當下受用。

　　圓滿墨西哥之行後，一行人於6月26日轉往美國紐約。期間，法師們於東初禪寺帶領英文禪一，也至新澤西州分會主持禪一，7月2至5日則於象岡道場擔任「北美第五屆在家菩薩戒」戒期悅眾法師。

　　7月9日法師們前往德國，主持於拉芬斯堡（Ranvensburg）圓德寺舉行的兩期禪修，包括禪三、禪五。這趟德國行，緣於曾在法鼓山參學兩年、現任德國佛教會會長行戒法師的邀請。參加的禪眾，近三分之一是西方眾，其餘為越南裔德國人。果元法師以越語開示，由行戒法師擔任德文翻譯。

　　7月16日進行禪三，以默照禪為主，多數住在都市的禪眾，初次體驗在草地上放鬆後，緊繃的臉孔漸浮起上揚的微笑曲線。7月21日進行禪五，以話頭禪為主，這些初次體驗話頭的禪眾，在小參及逼拶後，漸漸放下對舊有方法的羈絆，說出「當下即是」的禪修體驗。

　　德國禪期進行前，7月14日法師們還應邀前往瑞士伯恩（Bern）分享佛法，共有十八位西方眾參與。7月25日，德國的禪期順利圓滿，於8月1日返抵臺灣。這趟為期四十五天的歐美弘法行，也為中華禪法鼓宗的國際弘化留下一頁新的篇章。

● 06.19～20

馬來西亞道場舉辦初級禪訓密集班
體驗漢傳禪法的妙用

　　馬來西亞道場於6月19、20日舉辦初級禪訓密集班，內容包括禪坐、法鼓八式動禪、吃飯禪、托水缽、慢步經行、拜佛等，由常文法師帶領體驗實用而活潑的漢傳禪法，共有三十一位學員參加。

　　由於大部分學員是第一次接觸漢傳禪法，第一天課程中，常文法師首先講解禪修的功能、學禪的正確觀念與心態。在教導法鼓八式動禪時，法師說明動禪

除了具有健身的功效，還能調心。學員們藉由「身在哪裡，心在哪裡」的練習，以及吃飯禪、托水缽的體驗，逐步感受禪法的妙用。

馬來西亞道場舉辦初級禪訓密集班，引領學員體驗漢傳禪法。

第二天，常文法師與學員們一起複習前一天所學，並以「並非只有打坐才是禪，生活、說話、走路、吃飯等也都是禪。」勉勵眾人將禪修精神與方法落實在日常生活。課程結束前，有學員分享透過此次課程，才了解正確的拜佛姿勢，明白拜佛也是一種禪修方法，以及分享受用漢傳禪法的心得等。

● 06.20

舊金山分會舉辦兒童心靈環保體驗營
學習發揮愛與善念的力量

6月20日，美國護法會加州舊金山分會於森尼威爾（Sunnyvale）舉辦兒童心靈環保體驗營，以「愛在夏天」（Summer of Love）為主題，共有二十三位學員參加。

活動中，營長首先率領大家宣讀夏令營的誓詞：「我發願整天存好心，我發願整天說好話，我發願整天做好事。」以此做為體驗營隊活動的開始。

舊金山分會「愛在夏天」兒童營，讓小朋友參與劇場的演出。

當天營隊內容，包括「我愛小禪士」兒童禪修、「我愛小活佛」手工藝課，並邀請善待動物組織（People for the Ethical Treatment of Animals, PETA）講師，為學員講解肉食對環境造成的影響。

在「全世界最悲傷的小丑」兒童劇場單元中，則由小朋友現場參與劇情的編寫及演出，透過角色扮演，模擬家人、狗兒的角色，用關懷和行動治癒小丑的悲傷，同時體現了營隊活動的意義。

● 06.27

東初禪寺舉辦週日講座
果元法師講話頭禪的修行

6月27日美國紐約東初禪寺舉辦週日講座，由禪修中心副都監果元法師主講「虛空粉碎──話頭禪的修行」，透過分享禪師們修行的故事，將話頭禪禪法做了完整詮釋。

講座中，果元法師首先說明話頭的方法，在於引起我們疑的心，但並非是懷疑。法師引用虛雲老和尚的解釋指出：話頭是話的開始，在話未說出、甚至念頭都未開始之前的概念。這使我們一直想知道那到底是什麼？話頭的修行便是藉由「念佛的是誰？」、「拖著死屍走的是誰？」、「什麼是無？」這些問話，提起「一直想知道是什麼」的心念。而話頭與我們日常生活中遇到的問題並不同，平常的問題可能是煩惱的，但話頭是問起生命最重要的東西，與煩惱不相應。

法師說明，話頭具有幾個層次，首先是祛除妄念、煩惱，當心中存在此問題，自然而然就專注其上，摒除其餘妄念。第二層次是破本參，話頭能讓我們知道什麼是佛性。參話頭的過程，像處在悶葫蘆裡

果元法師（左）於東初禪寺講授話頭禪的修行。

沒有光線；當葫蘆成熟裂開時，光線就會照進來。第三層次為破重觀，禪師能夠開悟很多次。在修行過程中，並非一次便能斷除所有煩惱，但隨著修行層次愈深廣後，葫蘆終究會完全打開。達到最後的層次破牢關（生死關），修行者將不再流轉於生死輪迴。

最後，法師期許大家隨時回到當下、提起話頭，隨時在方法上用功，並期待每個人都能夠自由自在地生活。

● 07.02～05

北美第五屆菩薩戒於象岡道場舉行
東西方戒子發心修學菩薩道

　　7月2至5日，法鼓山於美國紐約象岡道場舉辦北美地區第五屆在家菩薩戒，由紐約東初禪寺住持果醒法師、禪修中心副都監果元法師、禪堂板首果祺法師擔任尊證師，包括東初禪寺監院常華法師，有十九位法師共同參與成就。這次菩薩戒共有七十五位來自美國、加拿大的東、西方眾參加，其中包括十八位西方人，因此整個儀程以中、英文來進行。

　　2010年第五屆北美在家菩薩戒，是聖嚴師父圓寂後首次在美傳授，在此之前的北美菩薩戒，皆由師父親自主持，因此，對於四眾弟子而言，這次菩薩戒有著特殊的意義。從籌畫之初，僧團法師便懷著感恩師父、傳續漢傳佛教的願心，祈願將師父傾力革新的菩薩戒傳承下去，接引更多海外佛子修學菩薩道。

　　戒期中，戒子們透過聖嚴師父說戒的影片，了解菩薩行是從菩薩戒開始，菩提心的基本原則，即是「四弘誓願」；而三聚淨戒──攝律儀戒、攝善法戒、攝眾生戒，乃是菩薩戒的特色，也是菩薩戒的總綱，這三條戒，涵蓋了大乘佛法「止一切惡、修一切善、度一切眾生」的精神。

　　法師們一遍又一遍指導戒子們穿海青、搭縵衣、跪拜等演禮儀式，經過密集的學習與演練，最後一天上午，戒子們在果醒法師、果元法師、果祺法師的尊證下，眾人搭上菩薩衣，正式成為初發心菩薩。典禮之後，果醒法師叮嚀新戒子們，持戒一定要細水長流，不需背太多包袱，但也絕不能放逸，並勉勵眾人不要忘記初發心，直到成佛為止。

北美地區第五屆在家菩薩戒於象岡道場舉辦，共有七十五位東西方戒子發心修學菩薩道。

慧空法師應邀於法鼓山演講
分享佛教在西方發展的現況與挑戰

7月3至4日，西方藏傳比丘尼，國際佛教善女人會（Sakyadhita International）、文殊基金會創辦人慧空法師（Karma Lekshe Tsomo）應三學院之邀，於法鼓山園區進行三場演講，分享個人的出家經歷、在西方

西方藏傳比丘尼慧空法師（前排右四）應邀至法鼓山園區演講交流，與僧大師長、學僧們合影。

弘法的經驗，以及佛教在西方發展的現況與動態。

3日下午，在國際會議廳進行的第一場公開演講，由善女人會全球會長張玉玲以及胡曉蘭教授擔任翻譯。慧空法師以知名佛教雜誌《三輪》（Tricycle）與《香巴拉太陽》（Shambhala Sun）中廣泛而多元的報導主題，加上自身的弘法經驗，指出佛教在西方發展所面臨的挑戰，包括：在歐美重視「此生」的文化背景中，如何將佛法的基本概念如因果、因緣、死亡觀等介紹給西方；西方人學佛沒有出離的觀念，不易接受出家人指導，反而居士老師較受歡迎，演變為聽聞佛法要付費；以及如何培養西方出家眾等。晚上，慧空法師進行第二場演講，由常悟法師主持，慧空法師讚歎臺灣的尼眾教育發展是世界矚目的。

4日在僧大的第三場演講，全程由學僧主持與翻譯。慧空法師提出在西方弘法的五個挑戰：第一是語文能力；第二是因為文化、信仰背景不同，可能會遭遇宗教與種族歧視；第三是西方社會缺乏經濟支援，第四是缺乏學佛的師資，第五是希望佛教能解決所有問題的錯誤期待。

在回應學僧們的問題時，慧空法師分享僧團給予的訓練，讓自己學習放下、消融自我，也更具自律與力量去面對困境。最後，法師送給學僧自己受用的「念死」法門：只要想到死亡迫切，就會時時提起精進心，並發願利益眾生。

慧空法師與法鼓山淵源深厚，1983年及1991年曾兩度向聖嚴師父請教關於比丘尼戒的問題，1996年應邀參加法鼓山奠基大典，此行是第五度來訪。

● 07.09～09.12

常延法師美、加弘法關懷
進行佛學講座及帶領禪修

常延法師於安省分會指導東、西方禪眾禪坐共修。

僧大講師常延法師於7月9日至9月12日期間,前往美國、加拿大弘法關懷,分別在紐約東初禪寺,美國護法會新澤西州、伊利諾州芝加哥、加州舊金山三處分會,及加拿大護法會安省分會等地,進行弘講及帶領禪修等活動。

常延法師此行,主要在各地舉辦佛法講座,包括「在生命的轉彎處遇到佛法」、「《維摩經》導讀」、「拜大悲懺的意義和修行法門」。於「在生命的轉彎處遇到佛法」演講中,法師表示,人生中有不同的路要走,碰到轉彎處就要改道,才能讓路更寬、更好走,平時多聽、多看、多思惟,就可以感受學佛的好處;並且將正確的佛法觀念落實在生活中,就能安定、淨化身心,進而達致人生理想的目標。

「《維摩經》導讀」講座,主要是導讀聖嚴師父的著作《修行在紅塵:維摩經六講》,法師引述師父所提出的修福就是要以慈悲心來利益眾生,修慧就是要自己斷煩惱,並協助他人離苦得樂,如果要成佛,必須要福慧雙修,以此說明法鼓山提倡「提昇人的品質,建設人間淨土」理念,便是出自《維摩經》。

在「拜大悲懺的意義和修行法門」講座中,法師則完整解說何謂拜懺、懺悔?為什麼要懺悔?以及拜大悲懺對個人的助益,強調拜懺持咒須起慈悲心,對〈大悲咒〉具有堅定的信心才能與咒文感應道交。

此外,常延法師並在東初禪寺、芝加哥分會弘講「直擊產生煩惱的根源——略談佛教的禪修原理」,說明禪修者要以無常、空的禪觀,來讓心免於對外境生起貪瞋的反應,並指導運用觀身受心法的修行方法來破執著煩惱;法師也在芝加哥的百靈頓湖(Lake Barrington Shores)為當地西方人士主講「佛教對人生的意義」,由國際佛教善女人會(Sakyadhita International)胡曉蘭教授擔任英譯。

弘講之餘,法師參與分會例行的活動,包括:指導禪坐與念佛共修、帶領一日禪、讀書會等,並為信眾解答佛學疑問。眾人則表示感恩法師為大家建立堅實的佛法與禪修觀念,深感受益良多。

2010常延法師暑期美、加弘法關懷行一覽表

時間	地點	活動內容／主題
7月9至11日	美國紐約東初禪寺	・佛法講座：主題有「在生命的轉彎處遇到佛法」、「拜大悲懺的意義和修行法門」、「《維摩經》導讀」、「直擊產生煩惱的根源——略談佛教的禪修原理」
7月17至18日	美國護法會新澤西州分會	・佛法講座：主題有「《維摩經》導讀」、「拜大悲懺的意義和修行法門」 ・禪坐共修
7月24日至8月1日	美國護法會伊利諾州芝加哥分會	・佛法講座：主題有「拜大悲懺的意義和修行法門」、「在生命的轉彎處遇到佛法」、「《維摩經》導讀」、「直擊產生煩惱的根源——略談佛教的禪修原理」、「佛教對人生的意義」 ・大悲懺法會
8月3日至8月15日	加拿大護法會安省分會	・佛法講座：主題有「在生命的轉彎處遇到佛法」、「《維摩經》導讀」、「拜大悲懺的意義和修行法門」 ・禪坐共修、一日禪
8月17至29日	美國護法會加州舊金山分會	・佛法講座：主題有「在生命的轉彎處遇到佛法」、「《維摩經》導讀」、「拜大悲懺的意義和修行法門」 ・禪坐共修
9月4至12日	美國護法會加州洛杉磯分會	・佛法講座：主題有「在生命的轉彎處遇到佛法」、「《維摩經》導讀」 ・禪坐共修、念佛禪一

● 07.16～18

溫哥華道場舉辦悅眾成長營
期許共同推動善的力量

　　7月16至18日，加拿大溫哥華道場於薩薩馬特戶外中心（Sasamat Outdoor Centre）舉辦悅眾成長營，由監院果舟法師帶領，有近四十人參加。

　　16日第一天的活動內容，邀請前溫哥華市議員黎拔佳，分享自己在卸下為民喉舌的任務後，實現演舞台劇夢想的歷程，鼓勵大家在不一樣的生命階段可以有不同的生活目標。

　　三天的營隊活動，還包括法鼓八式動禪練習、

溫哥華悅眾於成長營中進行湖邊經行。

「茶來禪趣」心得分享、湖邊經行等,以及播放電影《小太陽的願望》(*Little Miss Sunshine*),讓眾人從影片中看到現今社會人人自顧不暇、缺乏人情味的現況,藉此期許大家把善的力量傳出去,成為人們的「小太陽」。

最後一天,由僧大常惺法師帶領悅眾以「World Café」形式,分組討論道場未來的挑戰與因應之道,法師並說明法鼓山推動的理念,以凝聚海外信眾的共識與願心。

● 08.05～15

繼程法師至波蘭帶領禪十
傳授安全實用的禪法

禪十過程中,西方禪眾學習用方法的基本功夫──放鬆。

8月5至15日,聖嚴師父法子繼程法師受邀前往波蘭主持禪十,帶領四十二位來自波蘭和世界各地的禪眾精進修行。

這場禪十由波蘭禪宗協會(The Chan Buddhist Union of Poland)所主辦,地點位在距離華沙市(Warsaw)約四十英哩的德露潔芙(Dluzew),由繼程法師主持開示和小參,美國紐約象岡道場監院常聞法師擔任翻譯,聖嚴師父美籍弟子喬治‧史維基(Djordje Cvijic)擔任總護。

禪十過程中,繼程法師首先帶領禪眾複習基礎禪坐,內容包括坐姿、放鬆、體驗呼吸和數息等方法,進而教導話頭與默照兩種禪法。法師強調禪修時,應先讓身心完全放鬆,達到某種程度的內心安定後,再開始用話頭或默照等方法,尤其是現代人常陷於緊張與散亂中,為了要讓方法能使得上力,先奠立一個放鬆而安定的穩固基礎是非常重要的。

小參時,有學員表示,因為修習的是其他禪修派別,所使用的打坐方法極為嚴厲,往往不注重放鬆,反而強調追求開悟的經驗,也因此危害了身體的健康與心靈的安定;在這次禪十期間感到格外輕鬆,能夠在一個安全、受到關愛的環境裡修行,能夠坦然面對過去埋藏在心中的煩惱陰影,深入地看到自己實際的狀況。

此次波蘭行,繼程法師除了指導禪修之外,也應亞洲博物館(The Asia Museum)之邀舉辦了一場演講,講題是「禪與藝術」,法師介紹大乘佛教中

獨特的六感修持法——以眼、耳、鼻、舌、身、意修持，不再局限於身體與心念的觀照，而能擴大至環境的觀行；藉由藝術欣賞與創作，可以培養開發心靈能量，現場提問熱烈。

自2008年始，繼程法師連續三年赴波蘭主持禪十，延續聖嚴師父在波蘭的弘法足跡，讓漢傳禪法在波蘭扎根。

● 08.14～09.01

果元法師2010年印尼弘法行
分享禪法於生活中的應用

8月14日至9月1日，禪修中心副都監果元法師受邀前往印尼雅加達、棉蘭、日惹、峇里島四地弘法。透過僧大常陀法師、義工劉子豪協助印尼文翻譯，果元法師主持了三場禪修活動，包括禪五、禪七及禪一，並進行三場公開講座。

8月13日果元法師一行人抵達雅加達，於14日前往當地禪那芒迦羅精舍（Jhana Manggala Retreat Center）舉辦禪五，帶領五十位青年展開為期五天的精進修行，廣化一乘禪寺學志法師也前來協助監香。

19至26日，果元法師轉往日惹弘法。在聖嚴師父印尼籍弟子阿格斯·森多索（Agus Santoso）安排協助下，19日首先於光報寺（Vihara Buddha Prabha）進行佛法講座。法師以「禪：如來如去」為題，引導思索人在一生中，從來到世間至離開人世，如何能夠像佛陀、歷代祖師大德一樣，解脫生死煩惱、來去自在。此活動共有八十人參加。

來自印尼、新加坡、泰國及法國等四十位禪眾，參加果元法師（僧眾列右）在日惹主持禪七。

20至26日，果元法師於日惹市郊的歐馬匝威靜修中心（Omah Jawi Retreat House）主持禪七，共有四十位來自印尼、新加坡、泰國及法國等地的年輕學員參加。法師帶領學員練習打坐、法鼓八式動禪、經行、觀看聖嚴師父禪七開示及《大哉斯鼓》影片等；並進行傳燈儀式，有二十二位學員皈依三寶。最後一天，學員到靜修中心外的街道上撿拾垃圾，除了練習安住當下的出坡禪，也為淨化環境盡一分力量。

禪七圓滿後，果元法師一行前往峇里島，28日於佛法寺（Vihara Buddha Dharma）舉辦英文禪法講座，主講「禪與生活」，為近七十位聽眾說明，來到峇里島，許多人都想暫時遠離人際煩惱，法師則提醒眾人生活離不開社會，面對家庭、工作中種種關係，只要運用禪法時時觀照，處處都是遠離熱惱的清涼地。29日，法師主持一日禪工作坊，藉由生活問題的討論，進一步帶領眾人了解禪法的妙用。

果元法師最後一站來到棉蘭，9月1日在勝利法寺（Vihara Dharma Wijaya）為一百二十位民眾演講「禪：生活的平衡」。演講一開始，法師雙手托著水缽，以安定的步履走入會場，藉由行進間與水缽的平衡做為切入點，善巧引導眾人領略如何在失衡的生活中，運用禪的觀念，重新找回生命的平衡點。

果元法師活潑帶領禪修的方式，以及生活化的演講內容，讓當地民眾深感獲益匪淺，並期待法師下一次的印尼行。

● 08.24～26

象岡道場舉辦青年禪修工作坊
帶領美國青年學子探索自我

8月24至26日，美國紐約象岡道場舉辦「青年禪修工作坊」（Think Outside Yourself Workshop），由僧團果禪法師、常濟法師帶領美國青年學子，透過討論、體驗的方式，深入內心探索自我，找出單純、原始的本來面目。

在討論會上，果禪法師與常濟法師以世人關注的「氣候變遷」環保議題，做為討論的切入點，引導學員認清整體環保問題的嚴重性，重新檢視文明科技的生活方式，以及不斷消費的經濟行為。從生活習慣的反省，到回歸心靈層面的觀照與反思，學員們逐漸了解到，原來習以為常的生活方式，正對地球上的一切生命施以迫害。配合禪修方法的引導與練習，兩位法師帶領學員學習回到當下心念的觀照，提醒眾人時時提起正念。

課程最後，學員們表示將從改變生活中小小的習慣出發，包括隨身攜帶環保餐具、隨時觀照自己的消費行為等，祈願能為整個大環境奉獻力量。

● 08.27～29　09.10～12　09.16～19

果慨法師東南亞弘法關懷
舉辦「大悲心水陸法會說明會」

弘化院監院果慨法師於8月27日至9月
19日期間，前往東南亞弘法關懷，主要
在香港、新加坡、馬來西亞等地，舉
辦「大悲心水陸法會說明會」，並主持
佛三講座、帶領實修等。

果慨法師此行，於8月27日、9月12日
及18日，分別於香港將軍澳寶覺中學、
新加坡九華山報恩寺及馬來西亞鶴鳴禪
寺舉辦「大悲心水陸法會說明會」。法
師從歷史角度，帶領眾人認識水陸法會

果慨法師為新加坡信眾講說法鼓山修訂水陸儀軌的原因，
以及大悲心水陸法會的精神與修持意義。

的起源、演變與定義，以及聖嚴師父提
出的儀軌修訂與未來發展藍圖等，引導大眾重新認識、思考水陸法會的內涵。

說明會中，果慨法師並介紹2010年設立的水陸法會線上共修網站，說明法
鼓山以現代科技弘法、推動共修的新方式，期能落實「家家是道場，世界成淨
土」的理念，也鼓勵無法親自到法鼓山參加水陸法會的信眾，多多運用網路來
進修。

除了水陸說明會，果慨法師亦主持「大悲懺法門講座及實修體會」講座，
講座中介紹懺悔的意義、起源、觀念及修持方法，並透過智者大師的罪業觀與
修懺方法，帶領眾人認識天台教法中懺罪、持戒及禪定的關聯性。在實修體會
課程中，法師進一步說明，大悲懺法是依觀音菩薩內證的根本心咒而制定的懺
法，與懺者可藉由觀音菩薩的大悲願力，淨化自己的身心。

實修方面，果慨法師在新加坡期間，於9月10至12日在九華山報恩寺舉辦佛
三，帶領一百五十位信眾精進念佛。

果慨法師此行弘法，不僅讓東南亞地區民眾了解法鼓山啟建水陸法會的理
念，並且帶領拜懺、念佛的實修體驗，將漢傳禪法的修行法門推廣於海外。

2010果慨法師東南亞弘法關懷行一覽表

時間	地點	內容
8月27至29日	香港將軍澳寶覺中學	大悲心水陸法會說明會、大悲懺法門講座及實修體會
9月10至12日	新加坡九華山報恩寺	佛三、大悲心水陸法會說明會
9月16至19日	馬來西亞鶴鳴禪寺	大悲心水陸法會說明會、大悲懺法門講座及實修體會

● 09.04～12

馬來西亞道場參與「第五屆海外華文書市」
展出法鼓文化出版品　推廣佛法智慧

馬來西亞「第五屆海外華文書市」9月4至12日於吉隆坡會議中心舉行，馬來西亞道場參與書展，以「尋找心靈的活水源頭」為主題，展出法鼓文化出版的書籍。

馬來西亞道場於「第五屆海外華文書市」中，分享佛法智慧。

馬來西亞道場於此屆華文書市展出的書籍，包括探討生死議題的《歡喜看生死》、《生死學中學生死》等，以及聖嚴師父著作《美好的晚年》、《觀音妙智——觀音菩薩耳根圓通法門講要》，將佛法融入工作管理學的《帶著禪心去上班》、《是非要溫柔》以及《人生》雜誌等。

書展前一個月，主辦單位安排了多場會談，馬來西亞道場監院常慧法師應邀與談，於會談中主講「時時處處助人利己，時時處處你最幸福」的佛法妙方，說明如何運用轉念和禪修的方法，擁有快樂和幸福。

當地的《星洲日報》轉載了常慧法師的講演內容，並刊載聖嚴師父的一〇八自在語，與讀者分享佛法智慧。

● 09.18

溫哥華道場首辦「家中寶」祝壽
於北美推動「禮儀環保」

加拿大溫哥華道場於9月18日首度舉辦「家中寶」祝壽活動，是為年滿六十五歲以上的老菩薩所辦。9月為道場週年慶，往年均有多場慶賀活動，本年以此單一、且涵具家庭倫理、社會教育、人間溫暖多重意義的祝壽活動為主，彰顯對於法鼓山「禮儀環保」、「心六倫」精神的重視。

活動由法鼓合唱團演唱歌曲揭開序幕，接著安排少年禪鼓隊擊鼓演出，並於

溫哥華道場「家中寶」祝壽活動，為四十一位壽星祝福。

觀看方丈和尚果東法師開示祝福影片後，溫哥華道場監院果舟法師主持感恩誦經祈福及皈依儀式。

「家中寶」祝壽活動由常悟法師主持，法師於致詞時以聖嚴師父所說：「老人是人生的豐收者，也是最成熟的黃金時代」期勉壽星，年長者身有病痛是正常的，但不要讓心也病，也就是要少煩惱，最好是「少為兒女擔心，少為閒事嘮叨，要做一個笑口常開的老菩薩」。

參與祝壽活動的壽星計有四十一位，其中最年長的九十歲，八十歲以上的六位，觀禮的家屬共有二十位。

● 09.24～26

芝加哥分會舉辦話頭禪活動
果醒法師解析心識與真心

美國紐約東初禪寺住持果醒法師於9月24至26日期間，前往伊利諾州芝加哥分會弘法關懷，包括進行一場公開演講，講解話頭禪的修行方法，以及帶領二日話頭禪等。

9月24日，果醒法師首先進行「話頭禪」演講，介紹話頭禪法，共有三十多人參加；演講

果醒法師於芝加哥分會講解話頭禪的修行方法。

結束後，有兩人皈依三寶。

25至26日，舉辦二日話頭禪。果醒法師為三十多位禪眾講解了話頭的方法與層次，並以《楞嚴經》的精要，來幫助禪眾了解話頭禪的理論基礎。法師說明，凡夫錯把自己的心識當作真心，心識是妄，是前塵影事，心識有生有滅，不得徹底，用心識思想來修行，如同煮沙成飯。

果醒法師強調，我們的真心是不去不來，不動不變的，真心像鏡子一樣，物來則現，物去則隱；話頭就是掃一切法、離一切相，徹底地把妄想的根清除。

● 09.27～10.03

舊金山分會首次舉辦美西精進禪七
體驗生活禪的妙用

果醒法師帶領禪七學員，在林木參天的環境中體會身心穩定、法喜充滿的自在。

9月27日至10月3日，美國護法會加州舊金山分會首次於舊金山灣區舉辦美西精進禪七，由紐約東初禪寺暨象岡道場住持果醒法師帶領，共有二十五位學員參加。

自2007年起，舊金山分會每年舉辦精進禪三，2010年首次舉辦精進禪七，內容包含生活禪三。精進禪三是運用密集的禪修方法，來幫助安頓身心；而生活禪三著重禪在日常生活中的應用，經由課程設計和小組分享，讓學員體驗每個當下的身心感受。果醒法師認為，禪眾有了前三天的精進禪修為基礎，對於後三天生活禪三的體驗將會更深刻。

前三天的精進禪三，果醒法師從基礎的禪坐觀念、方法開始指導，如七支坐法、放鬆、數息、隨息等，引導尚沒有禪修基礎的學員。接著輔以法鼓八式動禪、經行及瑜伽，舒緩在打坐中的不適，也讓大家試著在動中體驗禪法。禪修場地位於山中一處幽靜的藏傳佛教道場，學員們在林木參天的環境中，體會身心穩定、法喜充滿的輕鬆自在。

後三天的生活禪，法師帶領學員體驗禪的活潑和實用性。例如請每位學員以

一根吸管頂著乒乓球，把名片頂在頭頂上，練習隨時觀照自己的身體覺受；也透過影片及小組分享等，讓學員們探討佛法的觀念與實踐。禪七最後延長兩小時多，期勉學員更深刻領會禪修的心法，並在生活中切實應用。

●10.11～15

DDMBA出席美國沉思聯盟會議
以心靈環保檢視「繁榮」與「永續發展」

美國法鼓山佛教協會（DDMBA）代表果禪法師、常濟法師，以及5月12日參與紐約象岡道場「氣候變遷的內在向度」青年沉思會議的八位青年代表，10月11至15日於美國加州蒙特瑞（Monterey）出席美國沉思者聯盟會議（The Alliance of American Contemplatives），與六十多位來自全球各地的宗教領袖、學者專家，共同探討「沉思修練在淨化世界社會中所扮演的角色」。

這次會議的召開，是接續2009年10月全球女性和平促進會在美國馬里蘭州舉辦的跨宗教會議後，成立的「沉思聯盟」智庫。會中，眾人重新檢視「繁榮」與「永續發展」，希望將追求外在物質繁榮的「美國夢」（American Dream），轉向內在的心靈富足。

常濟法師分享聖嚴師父曾對這些問題所做的開示指出，由於多數父母傳達給孩子的價值觀念，不是講求品德，而是要爭氣、有地位，這或許可以讓社會繁榮，但當中存在的競爭與不和諧，也導致許多自私自利的行為產生。

常濟法師說明，當我們在使用資源時，如果能認清需要與想要，並取用得宜，未來的世代就能永續享用大地的各項資源。法師並呼籲，身為沉思修練的成員，應從個人以身作則出發，以行動感化周遭的人，進而帶動風氣。

與會的青年們表示，各宗教代表在修行上的現身說法，讓他們受到很大啟發，對於修行的道路更有信心。他們並回應常濟法師的呼籲，發願將與各自所屬社團及朋友們分享所學，發揮正面的影響力。

常濟法師希望沉思修練的成員，先從個人以身作則出發，進而帶動風氣。

● 10.29～31

北美護法年會於象岡道場召開
展現「承先啟後，願願相續」力量

聖嚴師父圓寂後首度舉辦的北美護法年會，於10月29至31日在美國紐約象岡道場召開，方丈和尚果東法師、東初禪寺住持果醒法師、國際發展處監院果見法師、北美護法會輔導法師常華法師等十多位法師，與八十多位來自美國各州，以及加拿大多倫多等地的東西方悅眾，進行研習討論，以凝聚共識，並研議未來北美弘化的發展方向。

這次年會以「承先啟後，願願相續」為主題，方丈和尚在開幕致詞中，對於北美悅眾承續聖嚴師父弘法西方的大願，表達由衷地感佩；果見法師則與眾人分享法鼓山在全球各地的傳法現況；各分會召集人也報告各地弘法活動，並與眾人交流勸募心得。

由於北美地區求法人數眾多，1998年，聖嚴師父即提出培養北美禪修師資的構想，2003年起，在紐約地區展開英語禪修與佛法弘傳人才的培訓，但仍無法滿足北美各地需求，因此這次年會特別針對「信眾教育」議題展開討論，希望透過眾人的交流，建立一套系統與標準，在北美地區培訓更多弘法師資。

針對師資培訓議題，此次年會於第二天會議分兩組同步進行，第一組討論各分會最需要的師資種類，第二組針對護法會的悅眾幹部，展開講課技巧的訓練。除了討論初步的師資訓練方案，並決議成立七人小組，將以監香、禪修、講經說法三類師資為優先培訓對象。最後，方丈和尚為各分會、聯絡處、聯絡點主持授旗儀式，並授證給各地悅眾。

方丈和尚、果醒法師等十多位法師，與美國各州、加拿大多倫多等地東西方悅眾，在象岡道場展開北美護法年會。

北美護法會新任會長由張允雄接任，紐約分會新任召集人為方毓明、西雅圖分會召集人為何畔晴，而芝加哥新任召集人蘇珊‧林可（Susan Lincke），是第一位擔任分會召集人的西方眾。新舊悅眾一棒接一棒，象徵法鼓山「承先啟後，願願相續」的力量。

● 10.31～11.03

DDMBA出席地球憲章十週年大會
分享以法鼓山四種環保守護地球

美國法鼓山佛教協會（DDMBA）應「地球憲章」組織（The Earth Charter Initiative）之邀，由果禪法師、常濟法師於10月31日至11月3日代表前往印度西部古吉拉特省（Gujarat）的阿默

常濟法師（右一）在「宗教‧精神‧道德」座談會中，與各國代表分享法鼓山推動的四種環保。

特巴德市（Ahmedabad），出席「地球憲章」十週年系列會議，與全球近四百位各聯盟、民間組織、宗教團體、青年代表及聯合國官員相互交流，探討如何為未來世代建立一個公正、永續、和平的全球社會。

常濟法師參與系列會議之「宗教‧精神‧道德」座談會，與三位地球憲章創始人史蒂芬‧洛克菲勒（Steven Rockefeller）博士、猶太主教歐洲聯盟主席奧拉罕‧索敦多（Rabbi Soetendorp）、美國耶魯大學教授莫瑞‧史壯（Maurice Strong），以及地球憲章美國區執行長米瑞恩‧維雷納（Mirian Vilela）等人，共同探討如何將憲章的內涵，帶入跨宗教與跨文化對談，並融入各工作坊、書籍、影片等教育學習中。

常濟法師並和與會者分享法鼓山推動的四種環保，說明要改善外在環境，必須從淨化心靈、簡化生活著手。法師進一步指出，唯有以觀念來疏導，進而身體力行，影響他人，帶動團體，來達成人格的淨化與精神的昇華，才能共創全人類的幸福。常濟法師的發言廣獲共鳴，許多與會人士深受感動和啟發，並與法師交流更多資訊。

守護地球的永續發展

特別報導

法鼓山參與《地球憲章》十週年大會

10月31日至11月3日，《地球憲章》組織十週年大會與其會前會，於印度西部古吉拉特省的阿默特巴德市舉行，美國法鼓山佛教協會應邀參加，由果禪法師、常濟法師代表出席，與來自全球的各個聯盟、民間組織、宗教團體、青年代表及聯合國官員代表等將近四百位人士，共同與會探討如何在世界各地，不分你我、克盡己責地為人類的未來世代奉獻，共創一個生機盎然的美麗地球。

法鼓山與地球憲章的因緣

法鼓山參與《地球憲章》的因緣可回溯至2000年，聖嚴師父受邀在聯合國紐約總部出席「千禧年世界宗教暨精神領袖和平高峰會」（The Millennium World Peace Summit of Religious and Spiritual Leaders），以漢傳佛教宗教師身分發表主題演說。當時，《地球憲章》也同時舉行會議，師父與其中四位重要創始與草擬委員莫瑞·史壯博士、史蒂芬·洛克菲勒主席、猶太主教歐洲聯盟主席奧拉罕·索敦多以及總部執行長米瑞恩·維雷納會晤，發現《地球憲章》的普世用語（universal language）以及內涵、價值觀與「心靈環保」理念相符相契，因此深感認同與讚賞。

常濟法師（右一）分享心靈環保理念，獲在場人士認同。

此後，聖嚴師父即積極著手進行中譯《地球憲章》及推廣。其後，法鼓山於2005年受邀出席於荷蘭舉行的五週年大會，代表與會的常濟法師並擔任座談人之一；2010年再度受邀，由果禪法師、常濟法師出席在印度阿默特巴德舉行的十週年大會，擔任系列座談與談人。

果禪法師（右二）、常濟法師（左二）與座談主持人（右一）以及與會者合影。

以心靈環保守護地球

2010年的十週年大會，主辦單位陸續在全球各洲先後舉行，大會規畫設立十種不同領域，以任務小組進行探索。常濟法師在「宗教‧精神‧道德」座談中，分享法鼓山推動「心靈環保」的內涵與運用，指出在推廣環保意識的同時，也應推行如何透過修行，實踐正念的生活，以及覺知性地消費。法師強調，如果想要落實心靈、禮儀、生活、自然四種環保，進行真正的改變，必須先從觀念調整；首先須經由禪修的練習來培養正念，並將之應用在日常生活中。

重新審視成功與繁榮

經過四天的議程，與會大眾共同獲致的共識是，在這個地球上，最令人傷心失望的事，莫過於年輕人對未來世代的悲觀；雖然我們不一定能為青年建立一個更美好的未來，但我們可以培養青年為自己創造一個更美好的未來。與會者對甘地（Mahatma Gandhi）的名言「You must be the change you wish to see in the world.」一致表示認同，要改變現狀，就得先從改變自己開始，人民可以成為改變世界的力量。

透過各個任務小組的座談與討論，青年們開始意識到，倫理道德應該是發自個人內心的，並認為永續發展的教育不僅是知識的疏導，也須從實際的行動中累積寶貴的經驗，否則無法將倫理道德的價值觀內化於心。

代表法鼓山與會的常濟法師，面對當今的世界體系，認為人類對幸福、繁榮和成功的定義，是以資產與可量化的貨幣性資產來做比較，使得人類為了追求自我幸福的生活，而忽略了應該對後代子孫負責與長遠的永續性目標。因此，法師除了分享法鼓山推動「心靈環保」的內涵、運用及推廣環保意識，提醒大眾修習正念，並且呼籲，應以《地球憲章》與「心靈環保」的原則，以全球人類整體的利益為考量，重新審視及詮釋「成功」與「繁榮」。

● 11.01　12.01

《聖嚴師父》簡介、《中華禪法鼓宗》英文結緣書出版
向西方人士介紹漢傳佛教的精神與內涵

《中華禪法鼓宗》（左）、《聖嚴師父》簡介（右）英文結緣書出版。

聖基會於11月1日、12月1日，分別出版英文版《中華禪法鼓宗》（*The Dharma Drum Lineage of Chan Buddhism*）、《聖嚴師父》簡介（*Master Sheng Yen*），希望藉由結緣書的出版，讓西方社會更了解漢傳佛教生活化、人性化、人間化的精神與內涵。

歷時四年翻譯、審訂的英文版《中華禪法鼓宗》，包含前言、我的使命與責任、承先啟後、中華禪法鼓宗四個部分，前三部分闡述聖嚴師父對漢傳佛教的使命感與責任，最後一部分從宗教、佛教、漢傳佛教、禪佛教、法鼓山所弘揚的禪佛教，詳細闡述了漢傳佛教的脈絡與特色，以及建立「法鼓宗」的緣起，對世人及後代做了明確說明。

已在西方出版的聖嚴師父英文傳記《雪中足跡》（*Foot Prints in the Snow: The Autobiography of a Chinese Buddhist Monk*），由於考量西方讀者的閱讀喜好，多敘述師父生命中的感人事蹟，對於師父在教育、文化、公益、關懷方面的種種建樹，著墨甚少，因此文化中心重新編輯一本英文版《聖嚴師父》簡介，內容分為師父生平、禪修菁華、創建法鼓山、入世服務、著名國際演講五大部分，將師父完整介紹給西方人士，不僅內容完整，還搭配了照片與師父墨寶。

將漢傳佛教的「心靈環保」理念，推廣到國際社會，是聖嚴師父住世時的一個重要願心。聖基會期盼透過英文結緣書的出版，接引更多人支持、參與法鼓山的心靈環保工作。

● 11.06～07

洛杉磯分會成立二十週年
感恩並鼓勵各界護持佛法及道場

11月6至7日，美國護法會加州洛杉磯分會舉辦成立二十週年慶系列活動，內容包括禪學講座、大悲懺法會、感恩募款餐會等，共有五百多人次參加。

　　6日上午首先舉辦禪學講座，由美國紐約東初禪寺住持果醒法師主講「禪與悟」，法師引聖嚴師父開示，說明禪的理念是學著放下自私、自欺、自怨、自慢、自我枷鎖，才能海闊天空，而禪的方法首先是練習認識自我、肯定自我，然後粉碎自我，才是悟境的現前。下午進行大悲懺法會，由果醒法師主法；法會結束後舉辦皈依儀式，由方丈和尚果東法師授三皈依，並開示皈依意義，共有五位信眾成為三寶弟子。

　　7日下午，分會於當地聖蓋博希爾頓飯店（San Gabriel Hilton Hotel）舉行「二十週年感恩暨募款餐會」，方丈和尚、果醒法師、北美護法會輔導法師常華法師等率同六十位洛杉磯悅眾，向三百多位來賓致上感恩，感謝眾人二十年來一路護持，同時也邀請各界響應募款活動，為南加州地區滿一個有固定道場的願。

　　餐會上播放影片，回顧過去二十年來，分會舉辦禪坐共修、佛法講座、讀書會、法會等活動，過程中，經歷沒有固定場所、人力不足等挑戰，悅眾們仍一場接一場、一棒傳一棒，令人感受到洛杉磯信眾學佛護法的願心；而義工們全家動員成就當天活動、小菩薩們上台演唱〈我為你祝福〉、〈四環〉等曲目，更展現出眾人推廣法鼓山理念的熱忱願力。

　　當天分會並舉辦建設基金募款活動，除了義賣聖嚴師父墨寶復刻版、繼程法師墨寶、法鼓文化叢書，許多善心人士並捐出字畫、傳家物品來籌募建設基金。晚會結束後，眾人更是不分你我多少，踴躍排隊捐款。

　　洛杉磯分會表示，希望在眾人同心同願努力下，分會能很快有固定道場，舉辦更多共修及社區活動，為佛法在西方的弘化，注入更大的力量。

方丈和尚（前排右四）、果醒法師（前排右五）、常華法師（第二排右一）、果見法師（第二排右二）與洛杉磯悅眾合影，感謝眾人二十年來一路護持。

● 11.09～14

西雅圖分會九週年慶
以講座、禪修、法會分享法喜

西雅圖分會舉辦九週年慶藥師法會,由果醒法師帶領。

美國護法會華盛頓州西雅圖分會成立九週年,11月9至14日期間舉辦多項慶祝活動,內容包括佛法講座、一日禪、法會等,由紐約東初禪寺住持果醒法師帶領。

分會首先於9、11、12日三日晚上,舉辦「《楞嚴經》簡介」佛學講座,果醒法師扼要說明《楞嚴經》的意旨,不但文字簡潔、優美,內容豐富,且說理詳盡;也以種種比喻說明眾生執假為真,提醒眾人塵是染污心性,勞是擾亂心神,識心即塵勞,亦即煩惱,若不能降伏,便被它擾亂,就不能了生脫死。

13日當天進行話頭禪一,由果醒法師帶領認識與體驗話頭禪的修行方法,有二十五位學員參加。

14日的慶祝活動,包括上午的藥師法會;下午的「九週年慶聯誼活動」,內容包括合唱團表演、觀賞《我願無窮感恩音樂會》DVD,並舉行新舊任召集人交接典禮。在果醒法師主持下,召集人陳瑋將重任交棒給下任召集人何畔晴,同時進行2010年的回顧,以及2011年的展望說明;法師勉眾「好的不喜歡,壞的不討厭」,在與人共事中,除了培養「能」,也要培養「德」,菩提道上永無止盡。九週年慶系列活動在法師開示後圓滿。

● 11.10～12

法鼓山出席南韓「國際宗教領袖高峰會」
常寬法師代表分享提昇心靈富裕之道

11月10至12日,法鼓山受邀參加全球女性和平促進會、世界宗教領袖論壇(The World Forum of Spiritua Leadersl)於南韓首爾舉辦的國際宗教領袖高峰

會議，由僧大副院長常寬法師、常嶺法師代表出席，就「重新展望繁榮」（Re-Envisioning Prosperity）議題，與三十位來自各國的宗教、精神領袖，進行探討。

常寬法師代表參加於首爾舉行的國際宗教領袖高峰會。

11日第一場論壇於東國大學舉行，由全球女性和平促進會創辦人迪娜·瑪莉安（Dena Merriam）主持，討論如何在追求經濟繁榮的同時，又能兼顧心靈的富裕與精神的提昇。

12日第二場論壇在一心禪院舉行，常寬法師發言時，分享聖嚴師父的〈大家都可以成為富翁〉一文，師父提出，真正的財富在於我們內心世界的寬廣、豁達與包容。如能心包宇宙，財富即等同宇宙；如果能以大慈悲心對待一切眾生，一切眾生的財富，就等於是自己的財富了，全宇宙的財富也等於是自家的寶藏了。論壇結束時，來自巴基斯坦的阿克拉姆（Akram Ejaz）教授在總結中提到師父法語：「口袋裡要有錢，銀行裡要有錢，頭腦裡則要沒有錢。」表示回國後會與學生分享。

會議期間，多位人士提到聖嚴師父對他們的影響，其中一位印度籍人士，提到以前參加的會議，談到的和平都是「教別人如何和平相處」，只有師父提到重點：「世界和平要從每個人的內心和諧做起，如果我們內心經常不平衡，談和平是一件很奇怪的事。」

這次會議進行前，特別安排與會代表到南北韓邊境板門店非軍事區，進行各宗教祈禱儀式，為戰爭的受害者、南北韓兩國人民祝禱。兩位來自德國的代表，分享柏林圍牆拆除後，東德與西德人民的鴻溝，慢慢從彼此心中填平，希望南北韓兩國政府與人民，也能分享和平的喜悅。

● 11.10～14

方丈和尚前往溫哥華弘法關懷
主持佛法講座、皈依祈福大典

11月10至14日，方丈和尚果東法師、國際發展處監院果見法師等，前往加拿大溫哥華道場進行弘法關懷，主要活動包括佛法講座、皈依祈福大典等。

　　10日，方丈和尚出席道場舉辦的榮譽董事感恩聯誼餐敘，勉眾在與人互動時，對不同的立場與處事方式，做正面的解讀，更要感恩互相成就的因緣。

　　12日晚上舉辦佛學講座，由果見法師講說「《法華經》要義」，有近一百五十人參加。法師表示，聖嚴師父在《絕妙說法──法華經講要》一書中，稱許《法華經》對大、小乘做綜合調停，歸入唯一佛乘，是生活中非常實用的佛法；並說明《法華經》不但具備信、解、行、證，也含攝戒、定、慧三學，強調眾生都有佛性、都有成佛的可能，法師鼓勵眾人要有信心，一定要發願成就無上佛道。

　　方丈和尚在13日舉行的心靈講座中，以「觀心雙隨、自在生活」為題，針對大環境的生態變化、現代人生活步調緊張忙碌、缺乏互動關懷等現象，鼓勵大眾把外在環境當成鏡子，從觀人、事、物、食、財等面向來練習，隨時覺照自己的心，保持心境平和、保持正念，並能夠廣結善緣；此外，方丈和尚也提出境、靜、淨、敬等八種面對、處理事物的態度。活動有近三百人參加。

　　14日的皈依祈福大典，方丈和尚親授三皈依，參加皈依與觀禮的信眾恭敬持誦〈大悲咒〉、《心經》後，共有五十二位信眾成為三寶弟子，尤其三位西方眾在拼音版本協助下，讀誦三皈五戒的儀軌，令人讚歎。方丈和尚也期勉新皈依弟子，建立正確的佛法知見，能夠「明因果、識因緣」，學習以智慧處事律己，以慈悲心、感恩心處世待人。

方丈和尚在溫哥華道場主持皈依大典，期勉皈依弟子建立佛法正知見。

● 11.19～21

馬來西亞法青會舉辦生活營
學子體驗築夢的艱辛與踏實

　　11月19至21日，馬來西亞法青會於當地一處農場「古法有機園」舉辦「犁一畝心中的夢田生活營」，由馬來西亞道場監院常慧法師帶領，共有三十二位青年參加。

三十二位馬來西亞青年學員在生活營中，學習清理長滿野草的荒地，體驗犁田就像清理心中雜質，讓它呈現本來面目。

此次營隊舉辦地點「古法有機園」，也是有機園主人夫婦一圓多年夢想的園地。活動中，除了聆聽有機園主人分享築夢過程，常慧法師也分享聖嚴師父青少年至中年時期，艱困的學習及奮鬥歷程，並介紹馬來西亞已故名導演雅斯敏・阿莫（Yasmin Ahmad）的影片和成就，引導學員分組探討築夢的條件、障礙與方法。

活動中，學員學習親手將一片長滿野草的荒地清理乾淨，用犁田機鬆土、翻土，體驗犁田就像清理心中雜質，讓它呈現本來面目。

三天活動，常慧法師每日早晨引導學員練習法鼓八式動禪，在熱帶森林的大自然中進行托水缽、坐禪，體驗自己是否專注與放鬆，以及能否覺察起心動念。最後進行小組討論，學員們彼此分享接觸佛法和法鼓山的因緣，也分享在三日的生活營中體驗到的築夢艱辛與踏實。

● 11.29～12.10

DDMBA受邀參與坎昆氣候變遷會議
常濟法師分享心靈環保的內涵

11月29日至12月10日，美國法鼓山佛教協會（DDMBA）受邀出席聯合國於墨西哥坎昆市（Cancun）舉辦的「第十六屆氣候變化綱要公約締約國會議」（The 16th Conference of the Parties under the United Nations Framework Convention on Climate Change, COP-16），由僧團果禪法師、常濟法師代表出席。

常濟法師（右一）在第十六屆氣候變遷會議「氣候變遷的內在向度」座談會中，分享聖嚴師父推動的「心靈環保」。

這場會議共有一百九十四個會員國出席、近一萬五千人與會。受邀出席兩場周邊會議的常濟法師，分別在坎昆展覽館（Cancun Messe）、氣候論壇（Klimaforum 2010）會場中，擔任「氣候變遷的內在向度」座談會與談人。

座談中，常濟法師說明，由於人類的過度開發與浪費，地球的生存環境已造成自然資源急速損耗，並破壞了整體的生活環境；法師指出，「永續發展」的概念雖已被大眾接受，成為普世價值觀，但事實上，地球本身的資源並非取之不盡，地球是「有限公司」而非「無限公司」，不可能任由人類予與予求、無限供應。

如何徹底有效解決外在的環保問題？常濟法師分享聖嚴師父常年倡導與推動的「心靈環保」。法師表示，要改善全球氣候變遷對人類帶來的衝擊，應該要從內心著手，並強調，要真正做好環保的工作，必須先改變人的價值觀——從個人擴大為全體，從眼前延續到未來。

攸關各國溫室氣體排放量而制定的「京都議定書」，即將於2012年到期，因此本屆會議的任務，一方面促成已開發國家、開發中國家雙方彼此的信任；另一方面，經過討論，一百九十三個國家共同簽署通過「坎昆協議」（Cancun Agreement），在氣候融資、森林保護等問題上，獲得了相當的成果。

● 12.04

舊金山分會舉辦英文禪一
由古帝亞茲指導

美國護法會加州舊金山分會於12月4日舉辦英文禪一，由聖嚴師父西方法子吉伯·古帝亞茲（Gilbert Gutierrez）前往帶領，共有二十五人參加。

上午的課程，古帝亞茲提醒大家保持初學者之心來修行，並講授「三法印」、討論「ego」的定義，說明「ego」字面上是「自我」的意思，但翻譯成「我執」更貼近其意涵。古帝亞茲指出「我執」和我們內心真正的本質

舊金山分會舉辦一日禪修活動，由古帝亞茲帶領。

是不一樣的，也以「我執」的觀念介紹「三法印：諸行無常、諸法無我、涅槃寂靜」的要義。

下午進行禪坐練習與戶外經行。古帝亞茲強調方法的重要性，唯有安住於方法的應用，才能不受妄念影響，保持身心的穩定與清明。

● 12.11～12

芝加哥分會舉辦弘法活動
果祥法師帶領藥師法會、佛學講座

美國護法會伊利諾州芝加哥分會於12月11至12日舉辦多項弘法活動，由僧團果祥法師前往帶領，內容包括舉辦佛法講座、法會等，共有近一百人次參加。

11日的活動，下午安排了佛學講座及藥師法會。在「藥師法會的意義和修行方法」講座中，果祥法師講解《藥師經》的要義及藥師佛的十二大願，勉眾學習藥師佛的大悲願行，發願利益一切眾生，如此才能與藥師佛的本願功德相應。

晚上法師出席分會舉辦的歲末關懷

果祥法師於芝加哥分會弘講「藥師法會的意義和修行方法」。

聯誼會,感謝大家對法鼓山的護持,同時鼓勵信眾常回分會參加共修,參與義工服務,共同學習與成長。

12日進行英文禪坐共修,接著展開佛法講座,果祥法師以「學佛的根本意趣」為題,講述釋迦牟尼佛成佛之道和利益眾生的意趣,並解說四聖諦、八正道、十二因緣的意義。

芝加哥分會表示,未來會針對信眾需求,邀請法師演講,帶領大家建立正確且穩固的佛法正知見。

● 12.24～27

新加坡護法會舉辦青年禪三
學員體會禪修的活潑實用

12月24至27日,新加坡護法會於當地九華山報恩寺舉辦青年禪三,由青年院監院果祺法師、常願法師帶領,引領學員體會漢傳禪法的活潑實用,共有四十多人參加。

三天的活動,包括了禪坐、經行與法鼓八式動禪等,另有托水缽、出坡禪等融入日常生活的禪修練習;晚上安排觀看聖嚴師父的禪修開示影片,以及感恩、慚愧、懺悔禮拜。

禪期中,法師們特別提醒學員安定身心的要訣:「身在哪裡、心在哪裡,清楚、放鬆,全身放鬆。」進行托水缽時,則引導學員捧著碗,考驗自己是否專注與放鬆,練習身心專注不受干擾地將水缽托達目的地。

最後一天,進行心得分享。學員們非常感恩這次活動提供了許多受用的禪修方法,方便在生活中運用;而透過感恩、懺悔禮拜,也滋長了心中的善念與菩提種子,十分感謝法師及義工們的全力協助。

大事記

1月 JANUARY

01.01

◆《人生》雜誌第317期出刊。

◆《法鼓》雜誌第241期出刊。

◆法鼓文化出版新書：人間淨土系列《帶著禪心去上班》（聖嚴師父著）；我的佛菩薩系列《彌勒佛與怪怪馬戲團》（陳辰著，君宜繪）、《地藏菩薩的神奇寶藏》（陳辰著，高鶯雪繪）；現代經典系列《觀音妙智——觀音菩薩耳根圓通法門講要》（聖嚴師父著）。

◆《金山有情》季刊第31期出刊。

◆聖嚴師父專屬中文網站（http://www.shengyen.org）正式開站，網站內容包括認識聖嚴法師、著作、影音、文物、互動區等八個部分，並具全文檢索功能，引領大眾了解師父弘化事蹟與禪法思想，並接引更多人閱讀、運用、研究與推廣師父的思想。

◆「法鼓山網路電視台」試播，引領大眾藉由二十四小時的影音節目，認識法鼓山的理念，並參與各項修行活動。

◆1至3日，桃園齋明寺舉辦佛三暨八關戒齋法會，由監院果啟法師帶領，共有六百四十人參加。

◆1日下午及14日晚上，高雄三民精舍舉辦敦親睦鄰活動，分送鄰近住戶春聯與結緣品，表達關懷與祝福，共有六十人次義工參加。

◆1至2日，臺東信行寺舉辦初級禪訓密集班，介紹基本禪坐方法、法鼓八式動禪及經行。

◆1月1日至12月24日，人基會與國立教育廣播電台合作製播《把心拉近——倫理向前行》廣播節目，邀請各界知名人士，從各個面向闡述「心六倫」和相關生命的真諦，節目於每週五上午在該台頻道FM101.7播出。

◆1至3日，美國紐約東初禪寺首次舉辦三昧水懺法會，由住持果醒法師主法，共有三百六十多人次參加。

01.02

◆2至3日，北投農禪寺舉辦佛二暨八關戒齋法會，由常及法師帶領，共有一千四百多人次參加。

◆2至3日，南投德華寺舉辦禪二，由副寺果明法師帶領，共有二十三人參加。

◆2至3日，臺南安平精舍舉辦佛二，由僧團果許法師帶領，有一百二十多人參加。

◆1月2至31日期間，聖基會週六上午於會址的聖嚴書院講堂，延續2009年舉辦之「聖嚴法師經典講座」，播放師父生前弘講《妙法蓮華經》影片，由國際發展處監院果見法師主持，有八十多人參加。

01.03

◆3、17、24日，加拿大溫哥華道場下午舉辦初級禪訓班，由監院果樞法師帶領，有七十五人參加。

01.04

◆為強化「臺北縣立金山環保生命園區」空間與人的互動性，增添人文氣質與景觀，1月4日至3月5日，法鼓山舉辦環境藝術設置徵選活動，並於1月28日在法鼓山園區辦理設置說明會及基地現勘；5月21日於北投雲來寺進行決選。

◆法鼓大學籌備處公益學院於德貴學苑舉辦「法鼓公益論壇」系列座談，4日上午與中央大學客家學院、客家政治經濟研究所、法律與政治研究所於中央大學共同進行首場，主題為「兩岸三地公民社會現況與合作機制」，邀請香港中文大學公民社會研究中心主任陳健民、中央大學法證所所長孫煒、交通大學人文社會學系副教授孫治本、法鼓大學籌備處人生學院副教授楊蓓參與對談，法鼓大學籌備處校長劉安之、中央大學客家學院院長江明修，以及近五十位師生參加。

01.06

◆6至27日，臺北安和分院每週三晚上舉辦初級禪訓班，由監院果旭法師帶領，有三十四人參加。

◆1月6日至8月25日期間及12月6日，聖基會每週三晚上於會址的聖嚴書院講堂舉辦「無盡的身教——今生與師父有約」系列講座，邀請僧團法師、資深悅眾分享聖嚴師父的身教，共三十五場。1月6日進行首場，由資深悅眾黃詹愛主講，共有三十二人參加。

◆6、10日，加拿大溫哥華道場舉辦義工通識成長課程，內容包括義工通識教育關懷、學佛行儀與接待禮儀兩部分，由監院果樞法師帶領，有六十五人參加。

◆6至27日，馬來西亞道場每週三晚上舉辦初級禪訓班，由常御法師帶領，有二十人參加。

01.07

◆7至28日，臺北安和分院每週四晚上舉辦初級禪訓班，由常定法師帶領，有二十九人參加。

◆法行會晚上於臺北福華飯店舉辦第一一〇次例會，邀請tittot琉園創辦人王俠軍主講「與其最好・不如唯一」，共有一百二十人參加。

◆7、8、11、12日，美國護法會加州洛杉磯分會晚上舉辦禪修講座，由紐約東初禪寺住持果醒法師主講《六祖壇經・無相頌》，有五十多人參加。

◆7至30日，加拿大護法會安省分會每週四、六於士嘉堡大都會廣場（Metro Square Mall Scarborough）舉辦惜福義賣活動，募集善款，也以「聖嚴法師108自在語」與當地民眾結緣。

01.08

◆8至29日，臺中分院每週五舉辦初級禪訓班，由果雲法師帶領，有七十五人參加。
◆8至10日，傳燈院於三義DIY心靈環保教育中心舉辦初級禪訓班學長培訓課程，由監院常源法師帶領，共有一百二十人參加。

01.09

◆9至11日，三學院於法鼓山園區舉辦弘講師資培訓課程，以練習「心五四」為主要內容，共有二十位法師參加。
◆9至10日，北投農禪寺舉辦初級禪訓密集班，由監院果燦法師帶領，有一百零九人參加。
◆桃園齋明寺舉辦親子奉茶禪修營，內容包括親子茶禪的意義、觀茶、喝茶與奉茶禮儀介紹等，由監院果啟法師帶領，共有八十九人參加。
◆法鼓大學籌備處人生學院、慈基會於德貴學苑共同舉辦「一人一故事——八八水災四安重建生命關懷」專案講座，邀請中央研究院地球研究所研究員汪中和主講「極限氣候是什麼？全球暖化對臺灣的影響」，有近六十人參加。
◆9至16日，美國紐約象岡道場舉辦初級禪修營，共有十七人參加。
◆美國護法會加州舊金山分會下午舉辦大悲懺法會，法會結束後並與紐約東初禪寺住持果醒法師進行視訊連線，由法師在線上為信眾開示，有近二十人參加。

01.10

◆臺北安和分院舉辦佛一暨八關戒齋法會，由僧團女眾副都監果舫法師主法，有近兩百人參加。
◆臺南分院舉辦禪一，由果澔法師帶領，共有五十七人參加。
◆高雄紫雲寺舉辦禪一，由常覺法師帶領，共有七十一人參加。
◆關懷院於護法會彰化辦事處舉辦「初階大事關懷課程」，內容包括透過生命教育繪本賞析，引導思考生命的意義與價值，並探討大事關懷以建構共識等，共有八十七人參加。
◆美國紐約東初禪寺舉辦週日講座，邀請心理學博士林晉城（Peter Lin）主講「親愛的，你有在聽嗎？」共有四十人參加。
◆美國護法會伊利諾州芝加哥分會舉辦戶外禪，有近十人參加。
◆10至31日，美國護法會加州舊金山分會每週日下午舉辦初級禪訓班，有近三十人參加。
◆加拿大護法會安省分會舉辦禪一，共有十五人參加。

01.11

◆1月11日至2月8日，法青會每週一晚上於德貴學苑舉辦「快樂讀經趣」講座，由僧團常願法師主講《法華經》，有近三十人參加。

O1.12

◆ 1月12日至2月9日，臺北安和分院每週二晚上舉辦「活用佛法──提昇職場優勢」成長課程，邀請前花旗銀行（Citibank）亞洲及中東業務總監戴萬成主講，有三十三人參加。

◆ 禪堂舉辦僧團內護監香培訓活動，由聖嚴師父的法子繼程法師帶領，共有一百零七人參加。

◆ 法緣會於臺北安和分院舉辦全體會員例行聚會，誦持《金剛經》，關懷中心副都監果器法師出席開示，有近五十人參加。

O1.13

◆ 聖基會舉辦「無盡的身教──今生與師父有約」系列講座，13日晚上由臺中分院監院果理法師主講，共有六十人參加。

O1.14

◆ 三學院於禪堂舉辦禪堂內護培訓課程，邀請聖嚴師父法子繼程法師主講「禪堂內護團隊合作的概念」，有近一百一十位僧團法師及僧大學僧參加。

◆ 慈基會舉辦「98年度歲末大關懷」系列活動，14至16日於護法會彰化辦事處進行，由義工將關懷物資送至關懷戶家中，並慰訪居民，共關懷二十六戶家庭。

◆ 1月14日至12月30日，馬來西亞道場每週四晚上舉辦《學佛五講》佛學課程，由監院常慧法師主講，有近八十人參加。

O1.15

◆ 15至22日，禪堂舉辦默照禪七，由聖嚴師父法子繼程法師帶領，包括佛教學院學生、僧大學僧等，共有一百一十四位學員參加。

O1.16

◆ 16至17日，臺南分院舉辦初級禪訓密集班，由傳燈院監院常源法師帶領，有五十五人參加。

◆ 信眾教育院於高雄紫雲寺舉辦聖嚴書院第四屆佛學初階班結業典禮，紫雲寺監院果耀法師出席關懷，共有一百五十多位學員完成三年學業，有近四百五十人參加。

◆ 慈基會舉辦「98年度歲末大關懷」系列活動，16日分別於臺中分院以及南投、竹山、東勢等三處安心站進行，共關懷四百二十六戶家庭。

◆ 16至18日，馬來西亞道場舉辦「心靈環保讀書會帶領人初階培訓」課程，邀請資深讀書會帶領人方隆彰老師帶領，共有六十多人參加。

◆ 16至17日，美國護法會加州洛杉磯分會參加於當地舉辦的「華人工商大展」，在會場展出法鼓文化出版品，並分送法鼓山的文宣品、結緣品及《法鼓》雜誌。

01.17

◆北投農禪寺舉辦禪一，由監院果燦法師帶領，共有一百零五人參加。

◆臺北安和分院舉辦戶外禪，共有四十一人參加。

◆臺中分院於三義DIY心靈環保教育中心舉辦禪一，由果雲法師帶領，共有一百一十人參加。

◆法行會南區分會上午於高雄紫雲寺舉辦例會，進行半日禪，由監院果耀法師帶領，有近十人參加。

◆關懷院於護法會彰化辦事處舉辦「進階大事關懷課程」，內容主題包括世俗禮儀的探討、佛教生死觀、法鼓山大關懷教育的願景，共有六十七人參加。

◆慈基會舉辦「98年度歲末大關懷」系列活動，17日上午分別於高雄紫雲寺、護法會嘉義辦事處進行，共關懷三百多戶家庭。

◆美國紐約東初禪寺舉辦週日講座，由住持果醒法師主講《六祖壇經．無相頌》，共有六十五人參加。

01.18

◆中美洲國家海地首都太子港（Port-Au-Prince）於1月13日發生芮氏規模六·一的強烈地震，慈基會啟動「海地賑災專案捐款」及緊急救援專案，進行募集醫療、生活用品、乾糧等約六噸物資，於1月18日下午由外交部集結第一批民間救援物資，當晚以貨運專機運往我國駐多明尼加大使館，再轉往海地。

◆法鼓山持續關懷中國大陸四川震災，1月18日至2月28日，僧團副住持果品法師，及僧大男眾學務長常惺法師、學僧常乘法師前往災區進行關懷。

◆1月18日至2月17日，僧團果徹法師前往美國護法會德州達拉斯聯絡處、加州舊金山分會進行弘法關懷，內容包括舉辦佛學講座、帶領禪坐共修等。1月18至26日，於達拉斯講授「生命緣起觀——十二因緣」、帶領讀書會等。

01.19

◆方丈和尚果東法師上午於北投雲來寺大殿，對僧團法師、全體專職精神講話，主題為「安和豐富」，全臺各分院道場同步視訊連線聆聽開示，有三百多人參加。

◆19、26日晚上，臺南分院舉辦身心靈講座，邀請成功大學船舶機電工程系教授邵揮洲主講「養生飲食」，有六十多人參加。

◆聖基會舉辦「無盡的身教——今生與師父有約」系列講座，20日晚上由護法總會副總會長葉榮嘉主講，共有三十一人參加。

01.20

◆20、27日晚上，臺南分院舉辦專題講座，邀請嘉南藥理科技大學嬰幼兒保育學系助理教授黃創華主講「佛教正念療癒」，有近一百人參加。

01.21

◆1月21日至2月21日，僧團常延法師前往加拿大溫哥華道場、美國護法會加州洛杉磯
分會弘法關懷，內容包括舉辦佛學講座、帶領法會等。1月21、23、24、26、28、30
日，以及2月1、3日，法師於溫哥華道場舉辦佛學講座，導讀《佛遺教經》，有近一
百四十人參加。

01.22

◆1月22、24、29、31日及2月5日，臺南分院下午舉辦「佛教入門」佛學課程，由監院
果謙法師主講，共有兩百九十三人次參加。

◆1月22、24、29、31日及2月5日，臺南安平精舍晚上舉辦「佛教入門」佛學課程，由
臺南分院監院果謙法師主講，共有三百三十二人次參加。

◆1月22日至2月5日，信眾教育院每週五於臺南安平精舍開辦佛學課程，講解聖嚴師父
著作《佛教入門》，由講師果謙法師主講。

01.23

◆傳燈院下午於北投雲來寺舉辦禪修指引課程，共有二十八人參加。

◆法鼓大學籌備處人生學院於德貴學苑舉辦「人生café」系列講座，23日邀請聖嚴師父
法子繼程法師主講「《金剛經》的日用修行」，有近四百三十人參加。

◆護法總會及各地分院聯合舉辦「心安平安‧願願相續——2009年歲末感恩分享會」，
下午於法鼓山園區、北投農禪寺、桃園齋明寺、臺中分院、臺南分院、高雄紫雲寺、
臺東信行寺以及花蓮辦事處等八個地點同時展開，方丈和尚果東法師與護法總會副總
會長楊正雄、周文進、黃楚琪等出席農禪寺主現場，透過視訊連線對全臺參與信眾表
達關懷與祝福，共有近五千位信眾參加。

◆1月23日至12月25日，法青會每月第四週週六晚上於德貴學苑舉辦「心光講堂」系列
講座，共十二場。23日晚上邀請手工果醬「在欉紅」創辦人顧瑋主講「白袍‧廚娘‧
甜美果醬好滋味」，分享創業的心路歷程，共有四十五人參加。

◆美國紐約象岡道場舉辦禪一，由監院常聞法師帶領。

◆23、30日，美國護法會加州洛杉磯分會上午舉辦英文禪修指引課程，有近三十人參
加；下午舉辦中文禪修指引課程，有二十多人參加。

◆美國護法會佛州奧蘭多聯絡處舉辦悅眾成長活動，由護法會輔導法師常華法師帶領，
上午分享讀書會的帶領技巧，下午導讀聖嚴師父著作《完全證悟：聖嚴法師說圓覺經
生活觀》。

01.24

◆法鼓山於園區舉辦「第十五屆佛化聯合婚禮」，主題為「悲智雙運‧法緣和鳴」，方
丈和尚果東法師擔任祝福人，為新人授三皈依，共有六十五對新人參加。

◆慈基會舉辦「歲末安和‧新春豐富」歲末大關懷活動，24日下午於屏東縣林邊鄉仁和國小進行，有近四百人參加。

◆24至31日，法青會於三義DIY心靈環保教育中心舉辦「2010冬季青年禪七」，由僧團常持法師帶領，共有七十七人參加。

◆教聯會於北投雲來寺舉辦「心靈環保闖關活動師資培訓」課程，由資深老師李敏淑帶領，有近二十人參加。

◆美國紐約東初禪寺舉辦週日講座，由住持果醒法師主講《六祖壇經‧無相頌》，共有五十六人參加。

01.25

◆25至27日，護法會新店辦事處舉辦寒假生活教育體驗營，內容包括學佛行儀、繪本閱讀、趣味遊戲等，由教聯會師資帶領，共有二十三位國小學童參加。

◆加拿大護法會安省分會舉辦監香培訓。

01.26

◆1月26日至6月24日期間，高雄紫雲寺舉辦十場「深度自我觀照課程」，邀請圓桌教育學苑協談中心老師劉華厚主講，共有七十三人次參加。

◆慈基會舉辦「98年度歲末大關懷」系列活動，1月26日至2月7日於護法會員林辦事處進行，由義工將關懷物資送至關懷戶家中，並慰訪居民，共關懷五十三戶家庭。

01.27

◆1月27日至2月1日，法鼓文化參與「2010臺北國際書展」，藉由各種出版品，以及生活、修行用品，與社會大眾分享佛法的智慧與慈悲。

◆聖基會舉辦「無盡的身教──今生與師父有約」系列講座，27日晚上由僧團果乘法師主講，共有五十二人參加。

01.28

◆1月28日至12月30日，人基會每月最後一週週四於德貴學苑舉辦「2010安和豐富心靈講座」系列活動。28日晚上邀請臺灣師範大學國文系教授杜忠誥主講「線條在說話──藝術心靈美感之涵養」。

01.29

◆29至31日，由慈基會委託成功大學進行的新開部落口述歷史調查工作，於高雄縣六龜鄉六龜高中舉行「消失的容顏──思思念念」攝影展，透過影像及文字，重現新開部落的生命故事。

◆29至31日，美國紐約象岡道場舉辦三日學佛分享共修，共有十五人參加。

01.30

◆30至31日，北投雲來寺舉辦初級禪訓密集班，由僧團常嶺法師帶領，有一百多人參加。

◆桃園齋明寺舉辦小小導覽員培訓營，內容包括生態教育、生命探索、齋明寺歷史與沿革等，由資深悅眾江金曄、陳政峰等帶領，共有三十九位國小高年級學童參加。

◆慈基會舉辦「歲末安和‧新春豐富」歲末大關懷活動，30日下午於高雄縣六龜鄉六龜高中進行，共關懷一百三十二戶家庭，有近六百人參加。

◆法鼓大學籌備處公益學院、開拓文教基金會、網絡行動科技公司下午於德貴學苑舉辦「社會化翻譯」討論會，邀請全球之聲（Global Voices）多語言翻譯計畫的中文版管理員錢佳緯、臺灣環境資訊協會主編彭瑞祥分享，共有十五人參加。

◆1月30日至2月1日，法鼓大學籌備處、覺風佛教藝術文化基金會及艋舺龍山寺於龍山寺板橋文化廣場共同舉辦「2010亞洲佛教藝術研習營」，邀請臺北藝術大學美術史研究所教授林保堯、中國大陸清華大學藝術史論學系教授李靜杰分別帶領印度桑奇佛塔（Stupa of Sanchi）、中國大陸河北定州石佛的研討課程，法鼓大學籌備處校長劉安之並於開幕式致詞，共有兩百五十位學員參加。

◆1月30日至2月7日，僧大於法鼓山園區舉辦第八屆生命自覺營，共有一百二十一位來自臺灣、馬來西亞、新加坡、澳門及澳洲等地的青年學員參加。

◆1月30日至3月20日期間，聖基會週六上午於會址的聖嚴書院講堂舉辦「聖嚴法師經典講座」，播放師父生前弘講《普賢菩薩行願讚》影片，由僧團果祥法師主持，有七十多人參加。

◆30至31日，馬來西亞道場舉辦合唱團成長課程，由護法總會合唱團團本部團長李俊賢帶領，共有二十八人參加。

◆馬來西亞道場晚上舉辦大悲懺法會，由監院常慧法師帶領，有近一百四十人參加，其中有多數信眾為第一次參加。此次法會壇場莊嚴且頗具規模，為該道場首次經驗。

◆僧團果徹法師前往美國弘法關懷，1月30、31日，以及2月5、6、7、12、13、14日於美國護法會加州舊金山分會舉辦佛學課程，講授《八大人覺經》，共有八堂，三十多人參加。

◆美國護法會首都華盛頓聯絡處上午舉辦大華府地區首次的新春祈福活動，下午進行生活禪體驗營，皆由紐約東初禪寺住持果醒法師帶領，有近二十人參加。

01.31

◆春節前夕，法鼓山園區北海岸關懷室常諦法師、常全法師等，帶領二十一位法鼓山義工拜訪法鼓山園區周邊鄰居近兩百二十戶，致贈春聯與賀卡，表達關懷祝福之意。

◆臺北安和分院舉辦禪一，由監院果旭法師帶領，共有九十三人參加。

◆桃園齋明寺晚上舉辦歲末義工聯誼晚會，監院果啟法師出席關懷，有近兩百六十人參加。

◆1月31日至12月26日，高雄紫雲寺每月最後一週週日上午舉辦「法師請上堂——有請法師來開講」講座。31日由僧團女眾副都監果舫法師主講，分享個人出家因緣、專修法門、聖嚴師父身教等，共有一百五十人參加。

◆1月31日至2月2日，傳燈院於三義DIY心靈環保教育中心舉辦初級禪訓班二日營，由監

院常源法師帶領,共有六十人參加。

◆慈基會舉辦「98年度歲末大關懷」系列活動,1月31日至2月7日分別於南投德華寺、護法會豐原辦事處進行,由義工將關懷物資送至關懷戶家中並慰訪居民,共關懷一百八十四戶家庭。

◆慈基會舉辦「歲末安和‧新春豐富」歲末大關懷活動,31日於高雄縣甲仙鄉和安社區活動中心進行,有近六百五十人參加。

◆1月31日至2月8日,禪修中心副都監果元法師、僧大學僧常護法師前往泰國弘法關懷。

◆美國紐約東初禪寺舉辦週日講座,由住持果醒法師主講《六祖壇經‧無相頌》,共有四十九人參加。

◆美國護法會新澤西州分會舉辦迎春納福慶祝活動,內容包括誦經、禪坐共修與藝文表演等,由東初禪寺常懿法師、常生法師帶領,有近一百人參加。

2月 FEBRUARY

02.01

◆《人生》雜誌第318期出刊。

◆《法鼓》雜誌第242期出刊。

◆法鼓文化出版新書:聖嚴書院系列《聖嚴法師教淨土法門》(聖嚴師父著);寰遊自傳系列《美好的晚年》(聖嚴師父口述,胡麗桂整理);智慧人系列《心經的智慧》(繼程法師著);輕心靈系列《遇見四十九位菩薩:一個受刑人的覺醒之旅》(*Razor-wire Dharma*)(凱文‧馬龍 Calvin Malone 著,葉琦玲譯);祈願鈔經系列《地藏經硬筆鈔經本》;高僧小說系列精選《南山大律師──道宣律師》(林淑玟著,劉建志繪)、《傑出的留學生──玄奘大師》(蘇尚耀著,劉建志繪)。

◆1至5日,法鼓山受邀出席由普世博愛運動會(Focolare)、立正佼成會(Rissho Kosei-kai)發起的「佛教與基督教研討會」(Buddhist-Christian Symposium)於泰國清邁的南傳內觀禪修中心(Voravihara Vipassana Meditation Center)舉行的第四屆研討會,由禪修中心副都監果元法師、僧大學僧常護法師代表參加,與各國代表進行交流,並分享漢傳禪佛教面對當代生活壓力的方法。

◆1至10日,慈基會甲仙安心站與甲仙鄉愛鄉協會,共同舉辦甲仙兒童生態體驗成長營,每日皆有三十位甲仙鄉國小四至六年級學童參加。

02.02

◆2至5日,三學院於法鼓山園區舉辦初級禪訓班師資培訓課程,由果稱法師、果悅法師、果乘法師帶領,共有十三位僧眾參加。

◆2至8日,教聯會於三義DIY心靈環保教育中心舉辦教師寒假禪修營,由傳燈院監院常源法師帶領,共有一百三十六人參加。

02.03

◆聖基會舉辦「無盡的身教──今生與師父有約」系列講座，3日晚上由佛教學院副校長果肇法師主講，共有七十人參加。

02.04

◆北投雲來寺舉辦歲末感恩關懷活動，方丈和尚果東法師、文化館住持鑑心法師出席關懷，共有四百多人參加。

◆法行會晚上於臺北福華飯店舉辦第一一一次例會，邀請凌陽科技董事施炳煌主講「一條回家的路──聖嚴師父的身教」，共有一百零七人參加。

02.05

◆北投雲來寺舉辦歲末拜懺法會，由僧團副都監果廣法師、國際發展處監院果見法師帶領，共有一百五十多人參加。

◆法鼓山持續關懷海地震災，5日由慈基會與跨國醫療組織兒童之家（Nuestros Pequeños Hermanos, NPH）簽署「合作備忘錄」，提供海地災區民眾所需的各項醫療服務及用品。

◆法鼓山持續關懷八八水災受災地區「四安」重建工作，5日上午於屏東縣林邊鄉仁和國小舉辦心六倫教育師資培訓課程，由慈基會副祕書長常法法師主講「法鼓山的基本精神──心五四與心六倫」，共有二十三位該校教師參加。

◆法鼓山持續關懷中國大陸四川震災災後重建工作，2月5日至10月22日期間，陸續於綿陽中學、北川中學、安縣中學、秀水一小、民興中學、什邡中學、雍城中學等校舉辦獎助學金頒發，共有五百九十位學子受獎。

◆人基會應臺灣大學學生職業發展中心之邀，於該校「精實之旅──禮儀環保篇」課程上，由「心六倫」種子教師王榮主講「新時代之心六倫分享」，共有九十二位學務處人員參加。

◆5至9日，美國紐約東初禪寺住持果醒法師、美國護法會輔導法師常華法師前往加拿大多倫多弘法關懷，內容包括舉辦佛學講座、帶領法會等。5日晚上，果醒法師於護法會安省分會主講《六祖壇經·無相頌》，共有三十多人參加。

02.06

◆法鼓山佛教基金會及法鼓山社會大學獲臺北縣金山鄉公所與臺北縣警察局金山分局頒贈「感謝狀」，由鄉長許春財在金山鄉中山堂舉辦的歲末晚會中頒發，感謝法鼓山對金山當地的貢獻；方丈和尚果東法師及曾濟群校長代表領獎，方丈和尚並受邀為鄉親祈福。

◆6至7日，北投農禪寺舉辦初級禪訓密集班，由常及法師帶領，共有近八十人參加。

◆美國紐約象岡道場舉辦禪一，由監院常聞法師帶領。

◆加拿大溫哥華道場舉辦歲末感恩分享會，追思懷念聖嚴師父的教澤，並感恩義工的護

持與奉獻，由監院果樞法師帶領，有近兩百五十人參加。

◆僧團常延法師於美、加弘法關懷，2月6、7、13、20日，於美國護法會加州洛杉磯分會舉辦佛學講座，導讀《佛遺教經》，有六十多人參加。

◆美國紐約東初禪寺住持果醒法師、美國護法會輔導法師常華法師於加拿大多倫多弘法關懷，6日上午於北約克市議會堂（North York Civic Centre）帶領大悲懺法會，有近六十人參加；下午常華法師並於護法會安省分會指導讀書會帶領人培訓課程，有近二十人參加。

◆禪修中心副都監果元法師、僧大學僧常護法師於泰國弘法關懷，6日舉行一日禪，由果元法師帶領，共有三十人參加。

02.07

◆臺北安和分院上午舉辦歲末祈福地藏法會，下午舉辦歲末祈福地藏寶懺法會，由監院果旭法師帶領，共有八百八十五人次參加。

◆加拿大溫哥華道場下午舉辦禪鼓體驗營，由教聯會師資李素玉老師帶領，共有二十人參加。

◆美國紐約東初禪寺住持果醒法師、美國護法會輔導法師常華法師於加拿大多倫多弘法關懷，7日於護法會安省分會帶領生活禪，有近六十人參加；晚上進行萬行菩薩座談，有近二十人參加。

◆美國紐約東初禪寺舉辦週日講座，邀請聖嚴師父西方弟子李世娟（Rebecca Li）主講「了解自我的執著」，共有四十人參加。

◆禪修中心副都監果元法師、僧大學僧常護法師於泰國弘法關懷，7日為護法會道場電梯增建工程主持灑淨、皈依儀式，共有大曼谷地區近三十人參加。

02.08

◆8至22日期間，加拿大溫哥華道場下午舉辦鼓隊種子培訓課程，共十場，由教聯會師資李素玉老師帶領，有近三十人參加。

◆美國紐約東初禪寺住持果醒法師、美國護法會輔導法師常華法師於加拿大多倫多弘法關懷，8日晚上，常華法師於安省分會主講「佛教的放下藝術」，共有三十多人參加。

02.09

◆僧團中午於法鼓山園區舉辦歲末圍爐，下午於開山紀念館辭歲禮祖，由方丈和尚果東法師主持，有近兩百八十位僧眾參加。

◆美國紐約東初禪寺住持果醒法師、美國護法會輔導法師常華法師於加拿大多倫多弘法關懷，9日晚上，果醒法師於安省分會續講《六祖壇經·無相頌》，共有三十多人參加。

02.10

◆聖基會舉辦「無盡的身教──今生與師父有約」系列講座，10日晚上由資深悅眾賴忠星、賴忠明主講，共有四十二人參加。

02.13

◆法鼓山園區舉辦「安和心‧豐富年」新春系列活動，先於大殿舉辦彌陀普佛法會，接著於法華鐘樓舉辦「除夕聞鐘聲祈福法會」，儀式由僧團法師共同撞響一百零八下法華鐘，方丈和尚果東法師、佛教學院校長惠敏法師全程參與，總統馬英九、行政院院長吳敦義、民進黨黨主席蔡英文、雲門舞集創辦人林懷民、宏仁集團負責人王文洋等來賓觀禮。

◆13至20日，法鼓山園區舉辦「安和心‧豐富年」新春系列活動，活動自「除夕聞鐘聲祈福法會」撞響第一百零八下法華鐘展開，接著進行大年初一起的新春活動，包括新春祈福法會、「虎‧Who‧福──迷與悟」禪修體驗，及「教澤永懷──聖嚴法師圓寂週年紀念文物特展」與「福虎生豐──紙藝術特展」。

◆桃園齋明寺下午舉辦除夕禮拜《八十八佛洪名寶懺》法會，由監院果啟法師帶領，有近九十人參加。

◆臺中分院晚上舉辦除夕彌陀普佛法會，由僧團常智法師主法，有近一百一十人參加。

◆法鼓山持續關懷八八水災災區民眾，13日除夕夜，高雄紫雲寺監院果耀法師、慈基會副祕書長常法法師帶領義工至高雄縣甲仙鄉小林村組合屋，與當地民眾共度新春佳節，表達法鼓山的關懷與祝福，共有五百多人參加。

◆美國紐約東初禪寺舉辦辭歲共修活動，內容包括持誦《藥師經》、點燈傳燈祝福儀式、持誦〈大悲咒〉二十一遍等，由住持果醒法師帶領，有近百位東西方信眾參加。

◆美國護法會伊利諾州芝加哥分會舉辦新春慶典活動，上午禮拜《八十八佛洪名寶懺》法會，下午進行藝文表演，有近五十人參加。

02.14

◆2月14日至8月31日，法鼓山園區開山紀念館舉辦「教澤永懷──聖嚴法師圓寂週年紀念文物特展」。

◆14至16日，北投農禪寺舉辦新春慈悲三昧水懺法會，由監院果燦法師帶領，共有近六千人次參加。

◆2月14日至3月14日，北投農禪寺舉辦「興家‧新家‧心家──2010農禪寺改建前巡禮」活動，藉由歷史照片，搭配影視介紹及義工解說，引領大眾回顧農禪寺三十五年的歷史，共有八千多人次參加。

◆14至16日，北投文化館舉辦新春千佛懺法會，由監院果諦法師帶領以台語誦經，共有近六百人次參加。

◆臺北安和分院上午舉辦新春普佛法會，由僧團副住持果暉法師主法，有近五百人參加。

◆14至16日，桃園齋明寺舉辦新春慈悲三昧水懺法會，由監院果啟法師帶領，共有一千

八百六十人次參加。

◆14至21日，桃園齋明寺舉辦「心願迎新春」系列活動，內容包括祈願點燈、親子茶禪、影片欣賞、專題演講等，共有八百三十人次參加。

◆臺中分院上午舉辦新春普佛法會，由僧團常智法師主法，有近四百四十人參加。

◆南投德華寺上午舉辦新春普佛法會，由副寺果明法師帶領，共有四十四人參加。

◆臺南分院上午舉辦新春普佛法會，由禪修中心副都監果元法師主法，有近兩百五十人參加；下午舉辦法鼓家族新春聚會，進行禪修分享，果元法師出席開示，共有三十五人參加。

◆14至16日，高雄紫雲寺舉辦新春活動，包括「心安平安光明99」點燈祈福、千佛懺法會與新春園遊會等，由僧團常持法師主法，共有四千五百多人次參加。

◆臺東信行寺上午舉辦新春普佛法會，由僧團果悅法師帶領，有近一百人參加。

◆法鼓山持續關懷八八水災災區民眾，14日於高雄紫雲寺舉辦祈福法會，關懷中心副都監果器法師、紫雲寺監院果耀法師、高雄縣縣長楊秋興等出席祝福，共有一百五十位屏東縣林邊、高雄縣六龜、甲仙等地區民眾參加。

◆美國紐約東初禪寺舉辦新春普佛法會、藥師法會、義賣及藝文表演活動，並邀請同淨蘭若住持仁俊長老開示「春迎虎年氣生生」，有近兩百二十人參加。

◆加拿大溫哥華道場舉辦新春普佛法會，由監院果樞法師帶領，有近兩百二十人參加。

◆僧團常延法師於美、加弘法關懷，14日上午於美國護法會加州洛杉磯分會舉辦佛學講座，主講「大悲懺法門」；下午帶領大悲懺法會，有近六十人參加。

◆美國護法會加州舊金山分會上午舉辦新春供佛祈福法會，有近三十人參加。

◆聖嚴師父的西方法子查可・安德列塞維克（Zarko Andricevic）於克羅埃西亞首都札葛雷勃（Zagreb）的禪修中心，舉辦聖嚴師父圓寂週年紀念活動，分享師父的身教與親炙師父的因緣，有近三十人參加。

02.15

◆臺中分院下午舉辦新春大悲懺法會，由僧團常智法師主法，共有兩百二十六人參加。

◆15至16日，臺南分院舉辦新春慈悲三昧水懺法會，由禪修中心副都監果元法師主法，共有近四百四十人次參加。

◆臺東信行寺上午舉辦新春大悲懺法會，由僧團果悅法師帶領，有近四十人參加。

◆15至28日，美國紐約東初禪寺每日舉辦新春藥師祈願法會，共有四百五十多人次參加。

02.16

◆臺北安和分院下午舉辦新春大悲懺法會，由僧團女眾副都監果舫法師主法，共有五百多人參加。

◆臺中分院下午舉辦新春慈悲三昧水懺法會，由僧團常智法師主法，有近兩百七十人參加。

◆南投德華寺上午舉辦新春大悲懺法會，由副寺果明法師帶領，共有三十二人參加。

◆臺南安平精舍上午舉辦新春普佛法會，由僧團果許法師帶領，有近八十人參加。

◆香港護法會上午舉辦新春普佛法會，有近一百三十人參加。

02.17

◆高雄三民精舍上午舉辦新春普佛法會，僧大副院長果光法師出席開示，有近一百六十人參加。

02.18

◆18至21日，臺東信行寺舉辦禪悅營，由監院果密法師帶領，共有九十二人參加。

02.20

◆臺南分院晚上舉辦新春大悲懺法會，由監院果謙法師帶領，有近兩百人參加。

◆佛教學院於法鼓山園區舉辦「第四屆佛教學系碩士班及學士班考生輔導說明會」，有近一百位青年學子及家長參加。

◆美國護法會華盛頓州西雅圖分會舉辦臨終關懷助念培訓課程，由加拿大溫哥華道場監院果樞法師、紐約東初禪寺常懿法師帶領。

◆新加坡護法會舉辦新年祈福法會，由馬來西亞道場監院常慧法師、新加坡菩提閣果峻法師帶領，共有八十多人參加。

02.21

◆北投農禪寺舉辦禪一，由監院果燦法師帶領，共有九十人參加。

◆臺北安和分院上午舉辦新春藥師法會，由僧大副院長常寬法師主法，共有五百多人參加。

◆桃園齋明寺上午舉辦新春報恩地藏法會，由監院果啟法師帶領，有近四百人參加。

◆高雄紫雲寺舉辦「法師請上堂」講座，21日上午由文宣處輔導法師果祥法師主講，分享聖嚴師父身教、個人弘法見聞等，共有七十人參加。

◆法行會於臺北市貓空杏花林舉辦戶外禪，由傳燈院監院常源法師帶領，共有九十五人參加。

◆聖嚴師父圓寂一週年之際，美國紐約東初禪寺舉辦「緬懷師恩」活動，上午進行「聖嚴師父對漢傳佛教的期許」座談會，下午為西方眾的分享討論會，以及傳燈發願儀式，共有一百六十多人參加。加拿大護法會安省分會也連線參與。

◆美國護法會伊利諾州芝加哥分會舉辦聖嚴師父圓寂週年追思活動，內容包括念佛、拜懺、觀看《禪心自在——聖嚴師父的菩提剪影》影片等，有近二十人參加。

◆美國護法會加州洛杉磯分會舉辦聖嚴師父圓寂週年追思活動，進行「法鼓傳燈」，引領信眾進行追思師父心得分享，由僧團常延法師帶領，有近七十人參加。

◆美國護法會加州舊金山分會舉辦聖嚴師父圓寂週年追思活動，內容包括念佛共修、觀看《一師一門，同心同願》影片等，有近四十人參加。

◆美國護法會華盛頓州西雅圖分會上午舉辦新春普佛法會，下午舉辦聖嚴師父圓寂週年追思活動，內容包括追思聖嚴師父身教、傳燈發願等，由加拿大溫哥華道場監院果樞法師、紐約東初禪寺常懿法師帶領，有四十五人參加。

◆澳洲護法會雪梨分會於澳洲佛教會（Buddhist Council）舉辦聖嚴師父圓寂週年追思活動，進行傳燈儀式，共有三十五人參加。
◆加拿大護法會安省分會透過網路連線，與紐約東初禪寺同步進行「緬懷師恩」活動，共有十多人參加。

02.22

◆為緬懷聖嚴師父教澤，師父圓寂週年2月22日（農曆正月初九），法鼓山下午於園區十四個佛堂舉辦「大悲心起・願願相續——傳燈法會」。中午開始，陸續抵達的信眾前往生命園區巡禮緬懷師父，再依序進入佛堂，觀看師父於2005年9月在北投農禪寺舉辦傳法大典中的開示影片；下午四點，大殿燃起象徵師父法身慧命的主燈，包括首座和尚惠敏法師、副住持果暉法師、果品法師、都監果廣法師等十三位僧團代表，分別捧起方丈和尚果東法師點燃的引燈前往各佛堂，為信眾點燃手中的「菩薩行燈」，共有九千五百多位信眾參加。
◆22至28日，佛教學院於法鼓山園區禪堂舉辦期初止觀禪七，由研修中心主任果鏡法師帶領，共有六十七位師生參加。
◆加拿大護法會安省分會舉辦監香培訓。

02.23

◆北投雲來寺舉辦新春感恩祈福法會，由僧團都監果廣法師、普化中心副都監果毅法師、文化中心副都監果賢法師帶領，共有一百二十八人參加。
◆2月23日至6月8日，信眾教育院每週二於北投農禪寺開辦「聖嚴書院初階一下——行門簡介」佛學課程，由講師常先法師主講。
◆2月23日至6月8日，信眾教育院每週二於護法會新莊辦事處開辦「聖嚴書院初階一下——行門簡介」佛學課程，由講師常宗法師主講。
◆2月23日至6月8日，信眾教育院每週二於臺北安和分院開辦「聖嚴書院初階三下——自家寶藏」佛學課程，由講師朱秀容主講。
◆2月23日至6月8日，信眾教育院每週二於臺北中山精舍開辦「聖嚴書院專題二上——專題研讀（一、二）」佛學課程（與專題一上兩班合併），由講師戴良義主講。
◆2月23日至6月8日，信眾教育院每週二於臺中分院開辦「聖嚴書院精讀三上——五講精讀（三）」（與精讀二上兩班合併）佛學課程，由講師林其賢主講。
◆2月23日至6月8日，信眾教育院每週二於臺中分院開辦「聖嚴書院專題一下——專題研讀（一）」佛學課程，由講師果理法師、林其賢主講。
◆2月23日至6月8日，信眾教育院每週二於高雄三民精舍開辦「聖嚴書院初階三上——菩薩戒及漢傳佛教」佛學課程，由講師果耀法師主講。
◆23至28日，僧大於三義DIY心靈環保教育中心舉辦期初禪修活動，共有九十位僧大師生參加。

02.24

◆2月24日至6月9日，信眾教育院每週三於北投農禪寺開辦「聖嚴書院初階三下——心的經典」佛學課程，由講師戴良義主講。

◆2月24日至6月9日，信眾教育院每週三於北投雲來寺開辦「聖嚴書院初階二下——心的經典」佛學課程，由講師果興法師主講。

◆2月24日至6月9日，信眾教育院每週三於金山法鼓山社大開辦「聖嚴書院初階二下——心的經典」佛學課程，由講師常諦法師主講。

◆2月24日至6月9日，信眾教育院每週三於護法會彰化辦事處開辦「聖嚴書院初階一下——行門簡介」佛學課程，由講師果弘法師主講。

◆2月24日至6月9日，信眾教育院每週三於護法會員林辦事處開辦「聖嚴書院初階一下——行門簡介」佛學課程，由講師果雲法師主講。

◆2月24日至6月9日，信眾教育院每週三於臺中分院開辦「聖嚴書院初階二下——探索識界」佛學課程，由講師林其賢主講。

◆2月24日至6月9日，信眾教育院每週三於臺中分院開辦「聖嚴書院初階二下——牛的印跡」佛學課程，由講師果理法師主講。

◆2月24日至6月9日，信眾教育院每週三於高雄紫雲寺開辦「聖嚴書院初階一下——行門簡介」佛學課程，由講師常一法師主講。

◆聖基會舉辦「無盡的身教——今生與師父有約」系列講座，24日晚上由資深悅眾柯瑤碧主講，共有五十二人參加。

◆24、25日晚上，榮譽董事會於臺北國父紀念館舉辦兩場「我願無窮感恩音樂會」，方丈和尚果東法師、副總統蕭萬長、農業委員會主任委員陳武雄、大陸委員會主任委員賴幸媛、廣達企業董事長林百里等出席25日晚上的音樂會，共有四千五百多位榮譽董事、護法信眾參加。

◆法青會晚上於德貴學苑舉辦新春祈福法會，由普化中心副都監果毅法師帶領，有近六十人參加。

02.25

◆2月25日至7月3日期間，弘化院參學室舉辦十場英文導覽員培訓課程，分別於德貴學苑、法鼓山園區、北投雲來寺等地進行，由禪修中心副都監果元法師、文化中心專案規畫室室主常悟法師等主講。

◆2月25日至4月1日，臺北安和分院每週四晚上舉辦「發現心靈藏寶圖」都會生活課程，邀請臺灣首位獲得美國九型性格學院（The Enneagram Institute, T.E.I.）認證教師胡挹芬主講，課程包括性格測驗、分析及身心放鬆等，有三十多人參加。

◆2月25日至6月10日，信眾教育院每週四於護法會宜蘭辦事處開辦「聖嚴書院初階二下——心的經典」佛學課程，由講師果界法師主講。

◆2月25日至6月10日，信眾教育院每週四於護法會新莊辦事處開辦「聖嚴書院初階二下——自家寶藏」佛學課程，由講師溫天河主講。

◆2月25日至6月10日，信眾教育院每週四於北投農禪寺開辦「聖嚴書院初階二下——牛的印跡」佛學課程，由講師果毅法師主講。

◆2月25日至6月1日，信眾教育院每週四於臺中分院開辦「聖嚴書院初階一下──行門簡介」佛學課程，由講師郭惠芯主講。

◆2月25日至6月10日，信眾教育院每週四於臺中分院開辦「聖嚴書院初階三下──牛的印跡」佛學課程，由講師果理法師主講。

◆人基會於德貴學苑舉辦「2010安和豐富心靈講座」系列活動，25日晚上邀請天主教樞機主教單國璽主講「生命告別之旅」。

02.26

◆2月26日至3月19日，臺中分院每週五晚上舉辦初級禪訓班，有六十四人參加。

◆2月26日至6月11日，信眾教育院每週五於臺北中山精舍開辦「聖嚴書院初階一下──行門簡介」佛學課程，由講師常超法師主講。

◆2月26日至6月11日，信眾教育院每週五於德貴學苑開辦「聖嚴書院初階一下──行門簡介」佛學課程，由講師常雲法師主講。

◆2月26日至6月11日，信眾教育院每週五於臺南分院開辦「聖嚴書院初階一下──行門簡介」佛學課程，由講師果澔法師主講。

◆2月26日至6月11日，信眾教育院每週五於臺南安平精舍開辦「聖嚴書院初階一下──行門簡介」佛學課程，由講師許永河主講。

◆2月26日至6月11日，信眾教育院每週五於高雄紫雲寺開辦「聖嚴書院精讀二上──五講精讀（二）」佛學課程，由講師林其賢主講。

◆法鼓山持續關懷八八水災受災地區「四安」重建工作，26日慈基會祕書長果器法師等前往高雄縣六龜鄉荖濃社區，與當地社區人士、協助重建團體，針對於荖濃復興電台舊址進行土石流防災避災中心與社區教育發展中心規畫，進行會談。

02.27

◆三峽天南寺舉辦落成啟用典禮暨心靈環保博覽會，佛像開光由方丈和尚果東法師主法，邀請副總統蕭萬長、臺北縣縣長周錫瑋，與邱仁政、邱仁賢等四位捐獻土地及建築善款的邱家代表，以及籌建委員會主任委員黃平璋等來賓，共同揭開大殿佛幔，共有近五千人參加。

◆南投德華寺晚上舉辦元宵燃燈供佛法會，由副寺果明法師帶領，共有三十人參加。

◆臺南安平精舍晚上舉辦元宵燃燈供佛法會，由臺南分院監院果謙法師帶領，共有八十多人參加。

◆2月27日至6月12日，高雄三民精舍、紫雲寺分別於每週六上午、下午舉辦「佛說四十二章經」佛學課程，皆由常覺法師主講。

◆2月27日至6月12日，信眾教育院每週六於臺中分院開辦「聖嚴書院初階三下──心的經典」佛學課程，由講師果雲法師主講。

◆2月27日至6月12日，信眾教育院每週六於高雄紫雲寺開辦「聖嚴書院專題四上──專題研讀（四）」佛學課程，由講師張瓊夫主講。

◆2月27日至6月12日，信眾教育院每週六於高雄紫雲寺開辦「聖嚴書院精讀三上──五講精讀（三）」佛學課程，由講師林其賢主講。

◆中國大陸四川於2008年5月發生芮氏規模七‧八強震，慈基會展開長期救援，其中援建安縣秀水第一中心小學新建工程，於27日舉行灑淨儀式，由僧團副住持果品法師主法。

◆法青會於德貴學苑舉辦「心光講堂」系列講座，27日晚上邀請「薰衣草森林」創辦人詹慧君、林庭妃主講「創業‧抗癌‧薰衣草夢想起飛」，分享創業的心得，共有七十五人參加。

◆加拿大溫哥華道場舉辦三昧水懺法會，由美國紐約東初禪寺住持果醒法師主法，共有八十五人參加。

◆新加坡護法會上午前往當地美洛斯兒童之家（Melrose Children's Aid Society），內容包括團康遊戲、托水缽等，有近十位法青會成員參加。

02.28

◆法鼓山園區晚上舉辦元宵燃燈供佛法會。

◆桃園齋明寺晚上舉辦元宵燃燈供佛法會，由監院果啟法師帶領，有近四百九十人參加。

◆臺中分院晚上舉辦元宵觀音法會，由監院果理法師帶領，有近兩百一十人參加。

◆臺南分院下午舉辦身心靈講座，邀請中醫師沈成基主講「中醫養生保健」，共有三十人參加。

◆臺南分院晚上舉辦元宵燃燈供佛法會，由監院果謙法師帶領，有近一百八十人參加。

◆高雄紫雲寺晚上舉辦元宵燃燈供佛法會，由監院果耀法師帶領，有近兩百七十人參加。

◆高雄三民精舍舉辦助理監香培訓，由僧團常覺法師帶領，共有十多人參加。

◆傳燈院於北投雲來寺舉辦「Fun鬆一日禪」，由監院常源法師帶領，共有六十九人參加。

◆國立臺灣體育大學師生一行十一人參訪法鼓佛教學院，為於5月7日舉行的「2010年全國大專校院運動會」聖火傳遞做路線模擬與勘查，由校長惠敏法師及副校長杜正民接待。

◆美國紐約東初禪寺舉辦週日講座，由美國護法會輔導法師常華法師主講「《圓覺經》十二問」，共有五十八人參加。

◆加拿大溫哥華道場舉辦「英文生活禪」，由美國紐約東初禪寺住持果醒法師帶領，共有三十三人參加；晚上舉辦元宵燃燈供佛法會，由果醒法師主法，有近八十人參加。

3月 MARCH

03.01

◆《人生》雜誌第319期出刊。

◆《法鼓》雜誌第243期出刊。

◆法鼓文化出版新書：聖嚴思想論叢系列《聖嚴研究（第一輯）》（聖嚴教育基金會學術研究部編）；我的佛菩薩系列《普賢菩薩大戰垃圾怪獸》（陳辰著，萬歲少女繪）、《藥師佛的生日禮物》（陳辰著，菊子繪）。

◆3月1日至7月26日，臺北安和分院每週一晚上開辦「唯識心理學」佛學課程，邀請心理諮商專家鄭石岩教授主講，有四百多人參加。

◆3月1日至6月14日，信眾教育院每週一於臺北安和分院開辦「聖嚴書院初階一下——行門簡介」佛學課程，由講師常定法師主講。

◆3月1日至6月14日，信眾教育院每週一於臺北中山精舍開辦「聖嚴書院初階三下——自家寶藏」佛學課程，由講師果見法師主講。

◆3月1日至6月14日，信眾教育院每週一於德貴學苑開辦「聖嚴書院精讀一下——五講精讀（一）」佛學課程，由講師常慶法師主講。

◆3月1日至6月14日，信眾教育院每週一於北投農禪寺開辦「聖嚴書院精讀二上——五講精讀（二）」佛學課程，由講師林立主講。

◆3月1日至6月14日，信眾教育院每週一於北投農禪寺開辦「聖嚴書院精讀三上——五講精讀（三）」佛學課程，由講師溫天河主講。

◆3月1日至6月14日，信眾教育院每週一於南投安心站開辦「聖嚴書院初階一下——行門簡介」佛學課程，由講師果弘法師主講。

◆3月1日至6月14日，信眾教育院每週一於臺南分院開辦「聖嚴書院精讀二下——五講精讀（二）」佛學課程，由講師林其賢主講。

◆3月1日至6月14日，信眾教育院每週一於高雄三民精舍開辦「聖嚴書院初階一下——行門簡介」佛學課程，由講師常琨法師主講。

◆3月1日至6月14日，信眾教育院每週一於護法會屏東辦事處開辦「聖嚴書院初階一下——行門簡介」佛學課程，由講師常一法師主講。

◆3月1日至6月14日，信眾教育院每週一於高雄紫雲寺開辦「聖嚴書院初階三上——菩薩戒及漢傳佛教」佛學課程，由講師果耀法師主講。

◆3月1日至6月7日，信眾教育院每週一於基隆精舍開辦佛學課程，講解聖嚴師父著作《心的經典——心經新釋》，由講師常諦法師主講。

◆3月1日至7月12日，信眾教育院每週一於護法會淡水辦事處開辦佛學課程，講解聖嚴師父著作《佛教入門》，由講師果選法師主講。

◆佛教學院推廣教育中心99年度第一期開課，共有十二門課分別於慧日講堂、德貴學苑、愛群教室進行。

◆3月1日至6月3日，人基會辦理「2010法鼓山關懷生命獎」選拔活動，徵選關懷生命的個人及團體。

◆1至22日，法青會每週一晚上於德貴學苑舉辦「閱讀聖嚴法師」講座，由普化中心副都監果毅法師帶領導讀《法鼓全集》精華，有一百五十多人參加。

03.03

◆3至24日，臺北安和分院每週三晚上舉辦初級禪訓班，由監院果旭法師帶領，有七十人參加。

◆3月3日至7月28日，臺北安和分院每週三晚上舉辦「轉化悲傷轉出困境」生死學課

程，由法鼓大學籌備處人生學院助理教授辜琮瑜主講，有近七十人參加。

◆3至24日，高雄紫雲寺每週三晚上舉辦初級禪訓班，由常博法師帶領，有六十多人
參加。

◆佛教學院舉辦專題演講，邀請中國大陸前甘肅省文物考古研究所研究員董玉祥主講
「東方最大的雕塑博物館──天水麥積山石窟」，共有一百多人參加。

◆聖基會舉辦「無盡的身教──今生與師父有約」系列講座，3日晚上由《阿斗隨師遊
天下》系列書籍作者張光斗主講，共有六十一人參加。

◆3月3日至12月22日期間，法青會週三晚上於德貴學苑舉辦「法師有約」系列講座，共
十二場。3日舉行首場，由僧團男眾副都監果興法師主講「觀世音的覺醒體驗」，共
有一百一十人參加。

03.04

◆3月4日至6月24日，高雄三民精舍每週四晚上舉辦「深度自我觀照」課程，邀請圓桌
教育學苑協談中心老師劉華厚主講，有十人參加。

◆3月4日至7月29日，信眾教育院每週四於臺北安和分院開辦佛學課程，講解聖嚴師父
著作《聖嚴法師教觀音法門》，由講師善音法師主講。

◆3月4日至6月24日，信眾教育院每週四於護法會潮州辦事處開辦佛學課程，講解聖嚴
師父著作《修行在紅塵──維摩經六講》佛學課程，由講師果耀法師主講。

◆3月4日至6月17日，信眾教育院每週四於護法會大同辦事處開辦佛學課程，講解《八
大人覺經》，由講師清德法師主講。

◆高雄縣甲仙鄉上午發生芮氏規模六・四強震，臺南分院監院果謙法師、慈基會副祕書
長常法法師及義工於第一時間前往鄰近各地，進行勘災及關懷，並對部分房舍受損嚴
重的民眾致送慰問金、墊被、民生物資等。

◆法行會晚上於臺北福華飯店舉辦第一一二次例會，邀請大元聯合建築師事務所建築師
姚仁喜主講「從步步橋到水月道場」，共有一百二十二人參加。

◆3月4日至5月27日期間，法青會週四晚上於德貴學苑舉辦「禪味鈔經班」，由僧大書
法禪老師黃怡琪帶領，共有二十三人參加。

03.05

◆5至7日，三峽天南寺舉辦慈悲三昧水懺法會，並於7日晚上舉辦瑜伽焰口法會，共有
近五千人次參加。

◆3月5日至6月11日，信眾教育院每週五於護法會中永和辦事處開辦「聖嚴書院初階一
上──行門簡介」佛學課程，由講師常悟法師主講。

◆3月5日至6月18日，信眾教育院每週五於護法會海山辦事處開辦「聖嚴書院初階二下
──自家寶藏」佛學課程，由講師謝水庸主講。

◆3月5日至7月16日，信眾教育院每週五於臺北安和分院開辦佛學課程，講解聖嚴師父
編著《學佛五講》（後二講），由講師戴良義主講。

◆3月5日至6月25日期間，美國紐約東初禪寺週五晚上舉辦佛學課程，由常住法師講授
聖嚴師父著作《菩薩戒指要》，有二十多人參加。

03.06

◆ 6至7日,弘化院參學室舉辦參學服務員中、英文初階培訓課程,由弘化院監院果慨法師、禪修中心副都監果元法師、僧團果興法師等帶領,共有八十三人參加。

◆ 6至27日,北投農禪寺每週六晚上舉辦初級禪訓班,由果稱法師帶領,有四十五人參加。

◆ 6至7日,桃園齋明寺舉辦古蹟導覽種子培訓課程,內容包括古蹟建築解析、文物介紹、植物生態講解等,由資深悅眾沈美玲帶領,共有四十五人參加。

◆ 3月6日至4月10日,桃園齋明寺每週六晚上舉辦「萬行菩薩自在行」義工成長課程,內容包括拜懺、念佛禪、坐禪等,由資深悅眾帶領,有近一百三十人參加。

◆ 臺南分院上午舉辦健康素食料理講座,由悅眾黃玉鸞主講,共有三十人參加。

◆ 6至20日,禪堂舉辦「中英默照禪十四」,由禪修中心副都監果元法師帶領,共有五十五人參加,其中二十多人是外籍人士。

◆ 法鼓大學籌備處藝術與文化學院、鹿野苑藝文學會於德貴學苑共同主辦「絲路佛教藝術專題講座」,邀請中國大陸前甘肅省文物考古研究所研究員董玉祥主講「千佛莊嚴——甘肅石窟考古漫談」,共有五十多人參加。

◆ 3月6日至6月4日,法青會每月第一週週六下午於德貴學苑舉辦「週末電影工作坊」系列活動,邀請電影工作者曾偉禎主持,帶領探討影片意涵。

◆ 6至20日,美國紐約東初禪寺每週六上午舉辦佛學英文讀書會,閱讀聖嚴師父的英文著作《心經》（*There is No Suffering*）,由師父的西方弟子李世娟（Rebecca Li）、比爾‧賴特（Bill Wright）帶領,有十多人參加。

◆ 美國紐約象岡道場舉辦禪一,由監院常聞法師帶領,共有十一人參加。

◆ 6至7日,加拿大溫哥華道場舉辦初級禪訓密集班,由監院果樞法師帶領,有四十九人參加。

◆ 6、13日,馬來西亞道場下午舉辦英文初級禪訓班,由常文法師帶領,共有十二人參加。

◆ 美國護法會加州洛杉磯分會舉辦悅眾成長課程,內容包括人際溝通、溝通技巧研討等,並進行分組演練,由資深悅眾張允雄帶領,共有四十五人參加。

03.07

◆ 法鼓山於北投農禪寺舉辦「社會菁英禪修營第六十四次共修會」,由僧團果悅法師帶領,方丈和尚果東法師出席關懷,共有九十八人參加。

◆ 北投農禪寺舉辦禪一,由常及法師帶領,共有七十二人參加。

◆ 臺中分院於三義DIY心靈環保教育中心舉辦禪一,由果雲法師帶領,共有九十五人參加。

◆ 臺中分院於寶雲別苑舉辦義工團悅眾成長課程,內容包括認識法鼓山的理念、義工心性、如何領眾等,由聖嚴書院講師郭惠芯帶領,共有四十五人參加。

◆ 臺南分院舉辦禪一,由僧團果攝法師帶領,共有五十二人參加。

◆ 普化中心於北投雲來寺舉辦「聖嚴書院福田班」關懷員培訓課程,主題為「人際溝通管理」,由普化中心副都監果毅法師、常惠法師帶領,共有二十二人參加。

◆關懷院於護法會員林辦事處舉辦「初階大事關懷課程」，內容包括透過生命教育繪本賞析，引導思考生命的意義與價值，並探討大事關懷以建構共識等，共有一百三十人參加。

◆法行會中區分會上午於臺中分院舉辦第四屆會員大會，並改選新會長，方丈和尚果東法師出席關懷，共有六十人參加。

◆美國紐約東初禪寺舉辦週日講座，由住持果醒法師主講《六祖壇經‧無相頌》，共有六十九人參加。

◆3月7日至7月11日期間，馬來西亞道場每月隔週週日下午於瓜拉雪蘭莪自然公園舉辦兒童生命教育課程，內容包括學佛行儀、法鼓山「四環」與「心六倫」理念介紹等。7日下午進行第一堂課，主題為學佛行儀、法鼓八式動禪，由監院常慧法師、常妙法師帶領，有十九位六至九歲學童參加。

◆美國護法會加州舊金山分會舉辦悅眾成長課程，由資深悅眾張允雄帶領，內容包括人際溝通、溝通技巧研討等，並進行分組演練，有近二十人參加。

03.09

◆3月9日至5月25日，法青會每週二晚上於德貴學苑舉辦「讀懂佛經十二招」課程，邀請《開始讀懂佛經》作者李坤寅主講，有近五十人參加；課程並於線上同步直播。

03.10

◆法鼓山持續關懷八八水災受災地區「四安」重建工作，10日下午於屏東縣林邊鄉仁和國小舉辦心六倫師資培訓課程，由人基會心六倫種子教師方麗雲介紹法鼓山心五四與心六倫的精神與內涵，共有二十三位該校教師參加。

◆行政院外交部下午舉辦「臺灣心，海地情——海地賑災感謝茶會」，頒發感謝狀予參與海地賑災、提供醫療用品與物資的民間單位，由部長楊進添頒發，慈基會由專職吳慎代表受獎。

◆聖基會舉辦「無盡的身教——今生與師父有約」系列講座，10日晚上由方丈和尚果東法師主講，共有七十一人參加。

◆10至31日，加拿大溫哥華道場每週三晚上舉辦初級禪訓班，由常賡法師帶領，有二十五人參加。

◆為推廣正信佛法，法鼓山捐贈馬來西亞佛教青年總會一萬本聖嚴師父著作《正信的佛教》，做為該國「國民服務計畫」宗教課程教學用書，10日舉行捐贈儀式，馬來西亞道場監院常慧法師代表法鼓山將書籍贈予該會，由副會長侯源章代表接受。

03.11

◆3月11日至5月27日，信眾教育院每週四於護法會社子辦事處開辦佛學課程，講解聖嚴師父著作《心的經典——心經新釋》，由講師朱秀容主講。

◆11至12日，佛教學院受邀出席美國維吉尼亞大學（University of Virginia）於該校藝術系與東亞語言文獻文化系舉辦的「文化交流：中古早期中國與鄰邦文化國際學術研

討會」，由校長惠敏法師、圖資館館長馬德偉（Marcus Bingenheimer）代表參加，與三十多位專家學者，展開交流。

03.12

◆ 12至14日，美國紐約象岡道場舉辦禪三，由監院常聞法師帶領。

03.13

◆ 13至14日，臺南分院舉辦初級禪訓密集班，由監院果謙法師帶領，有五十七人參加。

◆ 信眾教育院於北投雲來寺舉辦北區聖嚴書院學長成長營，由普化中心副都監果毅法師、佛學課程專任講師戴良義老師帶領，共有二十二人參加。

◆ 13至14日，慈基會於東勢安心站舉辦「兒童暨青少年學習輔導專案2009成果分享研討會」，內容包括參訪東勢鎮客家文物館及石岡社區、專題講座等，共有三十八位義工與專職參加。

◆ 法鼓山持續關懷八八水災受災地區「四安」重建工作，3月13日、4月3日、4月10日、11月6日，慈基會甲仙安心站、林邊安心站舉辦獎助學金頒發活動，共有七百六十五位學子受獎。

◆ 佛教學院受邀出席美國維吉尼亞大學（University of Virginia）人文科學先進技術研究中心舉辦的「亞洲藝術與人文科學數位計畫工作坊」，由校長惠敏法師、圖資館館長馬德偉（Marcus Bingenheimer）代表參加，惠敏法師並應工作坊之邀發表演說，主題為「佛教文化數位化研究的足跡與展望：從數位博物館、時空資訊系統到Science 2.0」。

◆ 法鼓大學籌備處藝術與文化學院、鹿野苑藝文學會於德貴學苑共同主辦「絲路佛教藝術專題講座」，邀請中國大陸前甘肅省文物考古研究所研究員董玉祥主講「西出陽關──新疆石窟壁畫賞析」，共有五十多人參加。

◆ 13至14日，美國護法會加州洛杉磯分會舉辦義工成長課程，由僧團果幸法師帶領，共有六十多人次參加。

03.14

◆ 法鼓山上午於北投農禪寺舉辦「祈福皈依大典」，由方丈和尚果東法師為信眾親授三皈五戒，共有一千三百七十二人皈依三寶。

◆ 三學院義工室於法鼓山園區舉辦義工關懷員培訓課程，共有五十位義工參加。

◆ 高雄紫雲寺舉辦佛一，由監院果耀法師帶領，共有兩百七十三人參加。

◆ 傳燈院下午於北投雲來寺舉辦禪修指引課程，共有十五人參加。

◆ 僧大於法鼓山園區舉辦99學年度招生說明會，兩位副院長常寬法師、果光法師出席關懷，共有五十六位青年學子參加。

◆ 聖基會於法鼓山園區舉辦專題講座，邀請前香港佛教聯合會宗教事務監督覺真長老主講「從狼山的兩位小沙彌談起──我與聖嚴法師的一段殊勝法緣」，共有四百多人參加。

◆美國紐約東初禪寺舉辦週日講座,由美國護法會輔導法師常華法師主講「《圓覺經》十二問」,共有六十人參加。

◆美國護法會華盛頓州西雅圖分會舉辦專題講座,由《阿斗隨師遊天下》系列書籍作者張光斗、聖嚴師父隨行文字記錄胡麗桂,分享師父的美好晚年,共有三十五人參加。

◆加拿大護法會安省分會舉辦禪一,共有十二人參加。

03.15

◆《法鼓佛教院訊》第11期出刊。

◆聖基會於北投雲來寺舉辦專題講座,邀請前香港佛教聯合會宗教事務監督覺真長老主講「當管理遇到佛學」,全臺分院視訊連線聽講,有近一百九十人參加。

03.16

◆3月16日、23日,4月4、20日,臺南分院週二晚上於安平精舍舉辦義工培訓課程,內容包括分享法鼓山的理念、義工工作介紹、菩薩行者禮儀及威儀等,由僧團果許法師等帶領,共有三十八位新進義工參加。

03.17

◆3月17日至6月30日,信眾教育院每週三於護法會新店辦事處開辦佛學課程,講解聖嚴師父著作《聖嚴法師教觀音法門》,由講師常貫法師主講。

◆3月17日至6月2日,信眾教育院每週三於護法會花蓮辦事處開辦佛學課程,講解〈普賢菩薩行願讚〉,由講師李子春主講。

◆聖基會舉辦「無盡的身教──今生與師父有約」系列講座,17日晚上由資深悅眾姚世莊主講,共有四十二人參加。

◆法青會於德貴學苑舉辦「法師有約」系列講座,17日晚上由中華佛研所所長果鏡法師主講「東瀛十載參學記」,有近七十人參加。

◆17至19日,美國護法會加州舊金山分會舉辦義工培訓課程,內容包括義工心行、關懷與勸募等,由悅眾林素珠帶領,有二十多人參加。

03.18

◆18至21日,法鼓山於園區大殿舉辦「第十五屆在家菩薩戒」第一梯次,由方丈和尚果東法師、首座和尚惠敏法師、副住持果暉法師擔任尊證師,共有四百六十三人受戒。

◆18至20日,加拿大護法會安省分會於當地士嘉堡大都會廣場(Metro Square Mall Scarborough)舉辦「兒童社區環保體驗營」,內容包括「Little Boss寶貝老闆市集」惜福義賣和「親子環保工藝」,共有近九十人參加。

03.19

◆ 19至21日，三峽天南寺舉辦初級禪訓班二日營，共有一百四十二人參加。

◆ 高雄三民精舍於屏東縣大寮鄉生態農場舉辦戶外讀書會，由紫雲寺常博法師、聖嚴書院講師郭惠芯老師帶領，共有二十人參加。

◆ 中國大陸海峽兩岸關係協會副會長王富卿、副祕書長張勝林率領「宗教交流訪問團」一行十八人，上午參訪法鼓山園區進行參訪，由方丈和尚果東法師接待，進行交流。

03.20

◆ 臺中分院、法鼓大學籌備處藝術與文化學院、鹿野苑藝文學會於臺中分院共同舉辦佛教藝術講座，邀請中國大陸前甘肅省文物考古研究所研究員董玉祥主講「走進石窟──感悟佛教藝術魅力」，有近兩百人參加。

◆ 高雄紫雲寺舉辦「法師請上堂」講座，20日早上由臺南分院監院果謙法師主講，分享學佛、出家因緣等，共有八十五多人參加。

◆ 3月20日至6月26日，信眾教育院每週六於護法會羅東辦事處開辦佛學課程，講解聖嚴師父著作《正信的佛教》，由講師周柔含主講。

◆ 20至21日，信眾教育院於北投雲來寺舉辦「心靈環保讀書會帶領人」初階培訓課程，由普化中心副都監果毅法師，以及資深讀書會帶領人方隆彰主講，共有六十位學員參加；並於4月11日分享回饋，進一步學習如何經營讀書會。

◆ 慈基會於高雄紫雲寺舉辦「2010年緊急救援系統──正副總指揮暨組長級教育訓練」，邀請中研院地球科學研究所研究員汪中和、法鼓大學籌備處人生學院副教授楊蓓分別主講「全球暖化對臺灣的影響」、「帶著禪心去救災」，共有九十一位中區、南區義工參加。

◆ 20至21日，法青會臺南分會於臺南安平精舍舉辦學青生涯樂活營，由僧團果澔法師帶領，邀請標竿學院資深顧問陳若玲、英國倫敦商會考試局臺灣區董事長張祐康分享學業、人際、心靈三大層面自我成長與生涯規畫，共有二十八人參加。

◆ 加拿大溫哥華道場晚上舉辦「無盡的身教」心靈講座，由《阿斗隨師遊天下》系列書籍作者張光斗、聖嚴師父隨行文字記錄胡麗桂，分享師父的美好晚年，有近一百三十人參加。

◆ 3月20日至4月10日，美國護法會加州洛杉磯分會每週六下午舉辦初級禪訓班，有近四十人參加。

◆ 原香港佛教聯合會宗教事務監督覺真長老一行八人，參訪桃園齋明寺，由監院果啟法師接待，進行交流。

03.21

◆ 臺中分院於三義DIY心靈環保教育中心舉辦禪一，由果雲法師帶領，共有一百人參加。

◆ 21至28日，臺東信行寺舉辦初階禪七，由僧團常真法師帶領，共有七十九人參加。

◆ 關懷院於桃園齋明寺舉辦「進階大事關懷課程」，內容主題包括世俗禮儀的探討、佛

教生死觀、法鼓山大關懷教育的願景，共有兩百八十人參加。

◆美國紐約東初禪寺舉辦週日講座，由美國護法會輔導法師常華法師主講「《圓覺經》十二問」，共有六十三人參加。

◆馬來西亞道場舉辦兒童生命教育課程，21日主題為認識環保，由監院常慧法師、常妙法師帶領，共有十九位學童參加。

◆美國護法會華盛頓州西雅圖分會舉辦義工培訓課程，由悅眾林素珠等帶領，共有三十五人參加。

03.23

◆西藏佐欽寺寧瑪派第七世佐欽法王旦增・龍多尼瑪，在臺灣佐欽大圓滿佛學會住持宮渤仁波切的陪同下，上午參訪法鼓山園區，由方丈和尚果東法師、佛教學院校長惠敏法師接待，進行交流。

03.24

◆法鼓山持續關懷八八水災受災地區「四安」重建工作，10日下午於屏東縣林邊鄉仁和國小舉辦心六倫師資培訓課程，由法鼓大學籌備處人生學院助理教授辜琮瑜分享在學校課程及日常生活中落實「心六倫」生命教育的理念，共有二十三位該校教師參加。

◆聖基會舉辦「無盡的身教——今生與師父有約」系列講座，24日晚上由國際發展處監院果見法師主講，共有四十四人參加。

◆3月24日至4月14日，美國護法會加州洛杉磯分會每週三上午舉辦初級禪訓班，有近二十人參加。

03.25

◆25至28日，法鼓山於園區大殿舉辦「第十五屆在家菩薩戒」第二梯次，由方丈和尚果東法師、首座和尚惠敏法師、副住持果暉法師擔任尊證師，共有四百一十五人受戒。

◆25至28日，三峽天南寺舉辦話頭禪三，由果如法師帶領，共有一百零二人參加。

◆人基會於德貴學苑舉辦「2010安和豐富心靈講座」系列講座，25日晚上邀請蓮花基金會董事長陳榮基主講「安寧之路」。

◆美國護法會於紐約文化沙龍舉辦「無盡的身教」心靈講座，由《阿斗隨師遊天下》系列書籍作者張光斗、聖嚴師父隨行文字記錄胡麗桂，分享師父的美好晚年，並邀請作家王鼎均、施叔青分享師父的身教。

03.26

◆26至29日，臺東信行寺舉辦禪悅營，進行初級禪訓班及戶外禪修，共有九十二人參加。

◆26至28日，禪堂舉辦禪二，此為僧大禪學系五年級學僧第一次承辦的禪修活動，由常品法師帶領，共有一百五十人參加。

◆26至28日，傳燈院於三義DIY心靈環保教育中心舉辦八式動禪義工講師培訓課程，由禪修中心副都監果元法師帶領，共有三十五人參加。

◆美國紐約東初禪寺晚上舉辦「無盡的身教」心靈講座，由《阿斗隨師遊天下》系列書籍作者張光斗、聖嚴師父隨行文字記錄胡麗桂，分享師父的美好晚年，有近四十人參加。

◆3月26日至4月1日，美國紐約象岡道場舉辦禪七，由東初禪寺住持果醒法師帶領。

◆26至28日，美國護法會伊利諾州芝加哥分會舉辦二日初心禪，邀請佛羅里達州立大學（Florida State University）宗教系助理教授俞永峰進行兩場禪修演講，共有二十五人參加。

03.27

◆27至28日，桃園齋明寺舉辦初級禪訓密集班，由傳燈院監院常源法師帶領，有一百一十八人參加。

◆關懷院於護法會員林辦事處舉辦「進階大事關懷課程」，內容主題包括世俗禮儀的探討、佛教生死觀、法鼓山大關懷教育的願景，共有九十五人參加。

◆法鼓大學圖書館汐止分館上午舉行灑淨暨啟用典禮，由僧團女眾副都監果舫法師主法，關懷中心副都監果器法師、中央大學客家學院院長江明修等出席觀禮，有近一百人參加。

◆法青會、人基會、法鼓大學籌備處於德貴學苑共同舉辦「四環行動日」活動，藉由演講與各種趣味遊戲，引領民眾學習各類環保知識與體驗，有近兩百人參加。

◆3月27日至6月5日期間，聖基會週六上午於會址的聖嚴書院講堂舉辦「聖嚴法師經典講座」，播放師父生前弘講《佛遺教經》影片，由僧團常延法師主持，有八十多人參加。

◆法青會於德貴學苑舉辦「心光講堂」系列講座，27日下午邀請「劍劍好米」負責人劉銘鍵主講「好米‧漫畫‧開朗農夫奮鬥史」，分享創業的心得，共有四十三人參加。

◆27至28日，加拿大溫哥華道場舉辦法青二日禪體驗營，由常霈法師帶領，共有二十九人參加。

03.28

◆臺北安和分院舉辦禪一，由常定法師帶領，共有五十七人參加。

◆南投德華寺舉辦禪一，由副寺果明法師帶領，共有十九人參加。

◆臺南分院舉辦「助念與臨終關懷」講座，邀請佛教蓮花基金會董事、臺中榮民總醫院安寧病房志工隊大隊長張寶方主講「從『臨終關懷』談起，看『助念關懷』全貌」，共有一百三十五人參加。

◆高雄紫雲寺舉辦觀音法會，由監院果耀法師帶領，有近三百四十人參加。

◆3月28日至12月26日期間，普化中心於北投雲來寺舉辦聖嚴書院「福田班」義工培訓課程，共十堂課，內容包括法鼓山的理念、組織以及各項修行法門、關懷服務等介紹，共有兩百六十多位義工參加。

◆慈基會於德貴學苑舉辦「2010年緊急救援系統──正副總指揮暨組長級教育訓練」，

邀請中研院地球科學研究所研究員汪中和、法鼓大學籌備處人生學院副教授楊蓓分別主講「全球暖化對臺灣的影響」、「帶著禪心去救災」，共有一百四十位大臺北、桃園、中壢、新竹等地區義工參加。

◆美國紐約東初禪寺舉辦週日講座，邀請聖嚴師父西方弟子哈利‧米勒（Harry Miller）主講「信心、信仰與實修」（Faith, Belief and Practice），共有五十九人參加。

◆新加坡護法會舉辦佛一，由常文法師帶領，共有六十多人參加。

O3.29

◆3月29日至4月4日，桃園齋明寺舉辦清明報恩地藏法會，禮拜地藏寶懺，4月4日圓滿日誦持《地藏經》，由監院果啟法師帶領，共有一千三百多人次參加。

◆3月29日至4月5日，臺南分院舉辦清明報恩地藏法會，由監院果謙法師帶領，共有一千四百多人次參加。

O3.30

◆3月30日至4月5日，北投農禪寺舉辦清明報恩佛七，共有近六千人次參加。

◆3月30日至4月27日，臺北安和分院每週二晚上舉辦「活用佛法──提昇職場優勢」成長課程，邀請前花旗銀行亞洲及中東業務總監戴萬成主講，有五十三人參加。

O3.31

◆聖基會舉辦「無盡的身教──今生與師父有約」系列講座，31日晚上由資深悅眾謝麗月主講，共有四十一人參加。

◆法青會於德貴學苑舉辦「法師有約」系列講座，31日晚上由果傳法師主講「從追求名牌到追求名師」，共有七十八人參加。

◆國防部後備司令部心輔官與義工一行兩百餘人，在政戰副主任吳坤德將軍帶領下，參訪法鼓山園區，方丈和尚果東法師出席關懷。

4月 APRIL

O4.01

◆《人生》雜誌第320期出刊。

◆《法鼓》雜誌第244期出刊。

◆法鼓文化出版新書：祈願鈔經系列《延命十句觀音經硬筆鈔經本》、《四眾佛子共勉語硬筆鈔經本》；高僧小說系列精選《大冒險家──法顯大師》（吳燈山著，劉建志繪）、《獨坐大雄峰──百丈懷海》（張圓笙著，劉建志繪）。

◆《金山有情》季刊第32期出刊。

◆4月1日至6月24日，北投農禪寺每週四舉辦「學佛Fun輕鬆」課程，內容包括學佛行儀、禪修體驗、佛學課程等，有四十一人參加。

◆1至3日，加拿大溫哥華道場舉辦禪三，由監院果舟法師帶領，共有二十六人參加。

04.02

◆人基會心劇團於德貴學苑舉辦「人文藝術講座」，2日首場邀請表演工作者張世主講「法鼓山的壞痞子」，分享人生的蛻變，以及佛法對表演工作的影響。

◆2至5日，澳洲護法會雪梨分會於當地庫林蓋活動中心（Camp Ku-Ring-Gai Activity Centre）舉辦禪三，由僧團常嶺法師、常智法師帶領，共有二十多人參加。

04.03

◆3至10日，三峽天南寺首次舉辦話頭禪七，由禪堂板首果祺法師帶領，共有六十五位來自臺灣、馬來西亞、新加坡、香港、加拿大等地禪眾參加。

◆3、10、17、24日，臺南安平精舍舉辦初級禪訓班，有四十八人參加。

◆3至4日，高雄紫雲寺舉辦清明報恩地藏法會，由監院果耀法師帶領，共有四百八十人參加。

◆美國紐約東初禪寺舉辦清明報恩法會，上午為地藏法會，下午為三時繫念法會，皆由住持果醒法師主法，共有近兩百人次參加。

◆馬來西亞道場晚上舉辦清明報恩觀音祈福法會，由監院常慧法師帶領，有近八十人參加。

◆3日及10日，美國護法會加州洛杉磯分會舉辦初級禪訓班，有近三十人參加。

◆美國護法會賓州州大大學城聯絡處舉辦禪一，由僧團果禪法師、常濟法師帶領。

04.04

◆4至25日，三學院義工室每週日於法鼓山園區舉辦新義工培訓課程，由室主賴寶秀帶領，內容包括義工經驗分享、各組工作性質介紹、道場行儀等，有近八十人參加。

◆4月4日至6月27日，北投農禪寺每週日舉辦「學佛Fun輕鬆」課程，內容包括學佛行儀、禪修體驗、佛學課程等，有七十五人參加。

◆4月4日至5月22日，北投文化館每日舉辦《地藏經》共修，有近八十人參加。

◆4至11日，臺北安和分院舉辦報恩祈福法會，內容包括4日上午進行地藏法會，共有五百五十二人參加；5至10日每日中午進行《地藏經》持誦共修，有近九百五十人次參加；11日上午進行地藏寶懺法會，由監院果旭法師帶領，有近四百二十人參加。

◆4至10日，臺中分院於逢甲大學體育館啟建「清明祈福報恩暨籌建寶雲寺梁皇寶懺法會」，由僧團果興、果器等五位法師主法，方丈和尚果東法師於4日親臨壇場關懷，七天共有五千三百多人次參加。

◆美國紐約東初禪寺舉辦週日講座，由住持果醒法師主講《六祖壇經·無相頌》，共有五十人參加。

◆馬來西亞道場舉辦兒童生命教育課程，4日主題為認識生活倫理，由監院常慧法師、

常妙法師帶領，共有十九位學童參加。

◆美國護法會加州洛杉磯分會舉辦專題講座，由《阿斗隨師遊天下》系列書籍作者張光斗、聖嚴師父隨行文字記錄胡麗桂，分享隨師記行與師父的美好晚年，共有五十八人參加。

◆美國護法會華盛頓州西雅圖分會舉辦清明報恩大悲懺法會，共有二十五人參加。

04.05

◆5至30日，北投農禪寺進行改建前拆除工程，包括舊大殿、齋堂、辦公室、大寮等在內的鐵皮屋建物全數拆除，只保留了二層樓開山農舍及慈悲門等歷史建築，還有東初老人親手種植的十棵大王椰子樹，以及廣場前的八角亭；17日方丈和尚果東法師親臨關懷拆遷進度。

04.06

◆澳洲護法會雪梨分會晚上舉辦「禪修問答」活動，由僧團常嶺法師、常智法師帶領，共有二十多人參加。

04.07

◆7至28日，臺北安和分院每週三晚上舉辦初級禪訓班，由常定法師帶領，有四十五人參加。

◆聖基會舉辦「無盡的身教──今生與師父有約」系列講座，7日晚上由弘化院監院果慨法師主講，共有五十四人參加。

◆7至28日，馬來西亞道場每週三晚上舉辦初級禪訓班，由監院常慧法師、常峪法師等帶領，共有三十二人參加。

04.08

◆8至29日，臺北安和分院每週四晚上舉辦初級禪訓班，由僧團果稱法師帶領，有五十人參加。

◆佛教學院舉辦創校三週年慶祝典禮，主題為「社團交流‧身心健康」，展現學生社團的活動成果，董事長方丈和尚果東法師出席致詞，締約單位臺北縣金山醫院、臺北市東山國中等代表亦觀禮祝福。

◆法行會晚上於臺北福華飯店舉辦第一一三次例會，由法鼓大學籌備處人生學院副教授楊蓓主講「無常‧無我‧大願興學」，共有一百零四人參加。

◆印度甘丹寺夏巴曲傑仁波切與喇嘛一行十五人至法鼓山園區參訪，由方丈和尚果東法師、佛教學院校長惠敏法師接待，進行交流。

04.09

◆ 9至11日，臺東信行寺舉辦清明報恩佛三，由監院果密法師帶領，共有一百四十八人次參加。

◆ 法鼓山持續關懷八八水災受災地區「四安」重建工作，慈基會於4月9日、5月21日、7月2日於高雄縣甲仙鄉甲仙國中舉辦「生活有禮」倫理教育課程，由「心六倫」種子教師李明珠介紹「生活倫理」，共有一百二十位師生參加。

◆ 9至11日，美國紐約象岡道場舉辦三日青年禪修營，由監院常聞法師帶領，共有二十九人參加。

◆ 9至11日，美國紐約東初禪寺住持果醒法師前往加拿大護法會安省分會弘法關懷，內容包括帶領法會、禪修等。9日晚上果醒法師出席護法會舉辦的「2010禪修教育募款晚宴」，有近一百八十人參加。

04.10

◆ 4月10日、5月1日，高雄紫雲寺舉辦音控視訊組培訓課程，共有三十四人次參加。

◆ 10至17日，禪堂於三義DIY心靈環保教育中心舉辦初階禪修營，由常護法師帶領，共有三十六人參加。

◆ 傳燈院於北投雲來寺舉辦「Fun鬆一日禪」，由常緣法師帶領，共有七十八人參加。

◆ 關懷院於臺北市中山區公所舉辦「初階大事關懷課程」，內容包括透過生命教育繪本賞析，引導思考生命的意義與價值，並探討大事關懷以建構共識等，共有三百二十人參加。

◆ 馬來西亞道場舉辦英文禪一，由常文法師帶領，共有十人參加。

◆ 美國紐約東初禪寺住持果醒法師於加拿大護法會安省分會弘法關懷，10日上午於分會帶領大悲懺暨皈依法會，下午進行春茗茶敘活動，各有近三十人參加。

04.11

◆ 歷經四年多的建設，臺南雲集寺上午舉辦落成開光啟用典禮，由方丈和尚果東法師主持，教育部部長吳清基、臺南市市長許添財、臺南縣縣長蘇煥智、佳里鎮鎮長徐正男等各界來賓，以及護法總會總會長陳嘉男，共同為大殿佛像揭下了佛幔，有近兩千人參加。

◆ 臺南雲集寺下午舉辦皈依祈福大典，由方丈和尚果東法師親授三皈五戒，共有三百四十二人皈依三寶。

◆ 由臺北市藏傳佛典協會主辦、法鼓大學協辦的專題講座，下午於德貴學院進行，邀請美國知名藏傳佛教學者傑佛瑞‧霍普金斯（Jeffrey Hopkins）主講「憤怒」（Anger），分享如何覺照自己的情緒起伏，轉念安於當下，有近八十人參加。

◆ 美國紐約東初禪寺舉辦週日講座，由美國護法會輔導法師常華法師主講「《圓覺經》十二問」，共有六十八人參加。

◆ 11日及25日，美國紐約東初禪寺舉辦佛學英文讀書會，邀請聖嚴師父西方弟子李世娟帶領，有十多人參加。

◆美國紐約東初禪寺住持果醒法師於加拿大護法會安省分會弘法關懷，11日於北約克市議會堂（North York Civic Centre）帶領默照禪一，有近五十人參加。

04.12

◆三學院於法鼓山園區舉辦監香培訓課程，由禪修中心副都監果元法師帶領，共有十位法師參加。

04.13

◆方丈和尚果東法師上午於北投雲來寺大殿，對僧團法師、全體專職精神講話，期勉眾人珍惜因緣，為社會大眾服務奉獻，全臺各分院道場同步視訊連線聆聽開示，有三百多人參加。

04.14

◆中國大陸青海省玉樹縣上午發生發生芮氏規模七‧一的強烈地震，法鼓山在第一時間，由方丈和尚果東法師聯繫中國大陸宗教局，表達法鼓山的慰問與關懷。

◆法鼓山持續關懷海地震災災情，14至21日，慈基會派遣救災諮詢委員會副主任委員黃楚琪帶領義工前往海地災區勘查評估，了解災後重建相關事宜。

◆聖基會舉辦「無盡的身教——今生與師父有約」系列講座，14日晚上由法鼓大學籌備處校長劉安之主講，共有三十五人參加。

◆法青會於德貴學苑舉辦「法師有約」系列講座，14日晚上由加拿大溫哥華道場監院果舟法師主講「安心安人的度人舟」，共有五十五人參加。

◆14日及21日，美國護法會加州洛杉磯分會舉辦中文禪訓班，共有十多人參加。

◆14至15日，高雄縣八八水災災區民眾一行近一百六十人，在高雄紫雲寺監院果耀法師帶領下，參訪法鼓山園區，並參加祈福法會，以安定身心。

◆高雄市四維國小申請於高雄紫雲寺舉辦公教人員研習活動，由常覺法師帶領，共有一百六十人參加。

04.15

◆4月15、22、29日及5月6日，臺南安平精舍舉辦初級禪訓班，有三十六人參加。

04.16

◆4月16日至5月7日，臺中分院每週五晚上舉辦初級禪訓班，由果雲法師帶領，有七十七人參加。

◆美國哥倫比亞大學（Columbia University）教授史迪勒（Claude M. Steele）代表該校師生致函聖基會，表達感謝聖基會與該校合作設置「聖嚴漢傳佛學講座教授」，同時概述首位講座教授于君方任聘後，展開的各項教學工作及研究成果。

◆16至18日，法鼓山於美國紐約象岡道場舉辦北美地區第二屆「法鼓山360度禪修營」，由東初禪寺住持果醒法師帶領，共有三十六位專業主管人士、企業經營者、學者、藝術創作者、及各類社團人士等參加。

◆美國護法會加州省會聯絡處晚上舉辦禪修講座，由聖嚴師父西方法子吉伯‧古帝亞茲（Gilbert Gutierrez）主講「禪修在日常生活中的運用」，有近十人參加。

04.17

◆17至18日，法鼓山應邀參與臺北市政府環保局於中正紀念堂廣場舉辦的「守護地球，珍愛家園——蔬食抗暖化」活動，以心靈環保理念相關出版品，和民眾結緣，也引導民眾體驗身心放鬆的覺受。

◆17至18日，北投雲來寺舉辦初級禪訓密集班，由常嶺法師帶領，近七十人參加。

◆桃園齋明寺舉辦禪一，由監院果啟法師帶領，共有一百三十人參加。

◆17至18日，南投德華寺舉辦佛二，由副寺果明法師帶領，共有二十人參加。

◆高雄紫雲寺舉辦「法師請上堂——有請法師來開講」講座，17日上午由禪修中心副都監果元法師主講，分享追隨聖嚴師父學佛、修禪的心得，有近兩百二十人參加。

◆4月17日至7月3日，信眾教育院每週六於護法會林口辦事處開辦佛學課程，講解〈普賢菩薩行願讚〉，由講師悟常法師主講。

◆慈基會於北投雲來寺舉行「資深慰訪關懷員成長營」，由副祕書長常法法師、資深讀書會帶領人方隆彰帶領，共有一百一十一位大臺北、宜蘭、新竹、苗栗、彰化、南投等地區義工參加。

◆中華佛研所於法鼓山園區國際會議廳舉辦「三十週年特刊發表暨『承先啟後』感恩、回顧與展望座談會」，由佛教學院校長惠敏法師、佛研所榮譽所長李志夫、佛教學院馬紀（William Magee）老師等參與座談，方丈和尚果東法師出席致詞，包括聖嚴師父生前摯友今能長老、會靖法師等，共有一百多人參加。

◆法鼓大學籌備處公益學院於德貴學苑舉辦「法鼓公益論壇」系列座談，17日下午與開拓文教基金會、網絡行動科技公司合辦，邀請東南亞區計畫主任高子景主講「未來的連結：社交網路的今天，明天和更遠的未來」，分享年輕世代使用社交網站的跨國研究成果，包括聯合勸募協會、關愛之家協會等近三十位各界人士到場參與。

◆護法總會於北投農禪寺舉辦「正副會團長、轄召、召委聯席會議」，方丈和尚果東法師、關懷中心副都監果器法師、護法總會總會長陳嘉男、榮譽董事會會長劉偉剛等出席關懷，共有一百四十多位悅眾參加。

◆合唱團舉辦法鼓法音教師巡迴列車系列活動，17日下午於高雄紫雲寺進行，共有七十六人參加。

◆加拿大溫哥華道場舉辦清明地藏法會，由常廣法師帶領，有近八十人參加。

◆馬來西亞法青會於馬來西亞道場舉辦「與法師有約」講座，17日由監院常慧法師主講「博聞廣見——量一量世界有多大」，有近四十人參加。

◆17至18日，美國護法會加州舊金山分會舉辦禪修活動，由聖嚴師父西方法子吉伯‧古帝亞茲帶領，內容包括一日禪、佛法講座等，共有六十多人次參加。

◆17、18日，美國護法會華盛頓州西雅圖分會連續舉辦兩場禪一，19日進行禪修指引課程，皆由資深禪修講師毛靖帶領，共有十五人次參加。

◆美國護法會加州省會聯絡處上午舉辦禪修課程,由聖嚴師父西方法子吉伯‧古帝亞茲（Gilbert Gutierrez）帶領,共有十多人參加。

04.18

◆三峽天南寺舉辦念佛禪一。

◆臺中分院於南投縣日月潭舉辦戶外禪,由果雲法師帶領,共有兩百人參加。

◆高雄紫雲寺於臺南縣曾文水庫風景區舉辦戶外禪,由常覺法師帶領,共有七十八人參加。

◆18至25日,禪堂於三義DIY心靈環保教育中心舉辦初階話頭禪七,由禪堂板首果祺法師帶領,共有六十五人參加。

◆慈基會於南投安心站舉辦「心靈關懷暨個案分享研討會」,內容包括「災後心訪你我他」、「關懷技巧模擬演練」與個案研討等,邀請臨床心理公會常務理事黃龍杰、臺北市社會局社工師林淑文主講,共有七十多位中部地區慰訪義工參加。

◆為增強法鼓山結緣品各流通點的推廣功能,以強化關懷工作,聖基會舉辦「第二屆文殊菩薩種子小組」北區結緣點關懷員初階培訓,共有二十人參加;同時進行第一屆學員授證,共有四十人獲頒證書。

◆合唱團舉辦法鼓法音教師巡迴列車系列活動,18日下午於臺中分院進行,共有九十八人參加。

◆美國紐約東初禪寺舉辦週日講座,邀請聖嚴師父西方弟子比爾‧賴特主講「四念處」,共有三十二人參加。

◆馬來西亞道場舉辦兒童生命教育課程,18日主題為認識禪修,由監院常慧法師、常妙法師帶領,共有十九位學童參加。

04.19

◆傳燈院上午應國立臺北護理學院中西醫結合護理研究所之邀,至該校舉辦法鼓八式動禪課程,共有四十位學生參加。

04.21

◆聖基會舉辦「無盡的身教──今生與師父有約」系列講座,21日晚上邀請中研院歐美文化研究所所長單德興主講,共有五十五人參加。

04.22

◆行政院環保署於行政院大禮堂舉辦「99年推動環保有功團體、人員暨全國環保公僕創意王聯合頒獎及旅館業環保標章授證典禮」,法鼓山共有佛基會、文基會兩個單位,分別獲頒「環境保護有功團體」特優及甲等獎項,由關懷中心副都監果器法師代表出席,接受環保署長沈世宏頒獎。

◆22至25日,美國護法會輔導法師常華法師至加州洛杉磯分會弘法關懷,內容包括舉辦專題演講、帶領生活禪工作坊等。22日晚上於分會禪坐共修中開示。

04.23

◆23至25日,三峽天南寺舉辦初級禪訓班二日營,共有八十多人參加。

◆美國護法會輔導法師常華法師於加州洛杉磯分會弘法關懷,23日晚上於分會帶領菩薩戒誦戒會,共有十九人參加。

04.24

◆法鼓山受邀參與行政院環保署、臺北縣政府環保局及金山鄉公所主辦的「99年度春季淨灘活動」,於金山鄉中角沙珠灣沙灘撿拾垃圾及污染物,方丈和尚果東法師親臨致詞,並與環保署署長沈世宏、臺北縣副縣長李四川、金山鄉鄉長許春財等,共同啟動淨灘活動的儀式,共有近千人參加。

◆北投農禪寺舉辦戶外禪,由常及法師帶領,共有一百五十一人參加。

◆24至25日,桃園齋明寺舉辦春季報恩法會,由監院果啟法師帶領,共有近四千八百人次參加。

◆24至25日,高雄三民精舍舉辦初級禪訓密集班,由傳燈院監院常源法師帶領,共有五十六人參加。

◆傳燈院下午於北投雲來寺舉辦禪修指引課程,共有十五人參加。

◆關懷院於臺北市中山區公所舉辦「進階大事關懷課程」,內容主題包括世俗禮儀的探討、佛教生死觀、法鼓山大關懷教育的願景,共有兩百七十人參加。

◆4月24日至6月6日期間,慈基會於全臺各地舉辦「第十六期百年樹人獎助學金」系列頒發活動,共有一千兩百五十四位學子受獎。

◆合唱團舉辦法鼓法音教師巡迴列車系列活動,24日下午於北投農禪寺進行,共有九十五人參加。

◆法青會於德貴學苑舉辦「心光講堂」系列講座,24日下午邀請《十萬元環遊世界》作者943主講「十萬元環遊世界」,分享環遊世界的心得與省錢旅行祕笈,共有一百一十五人參加。

◆教聯會於德貴學苑舉辦「用心六倫建構優質教育環境」講座,內容包括專題演講、《從小學習做好人》一書導讀等,分別由法鼓山人基會教育委員會主任委員林芳忠、資深文字工作者鄭栗兒主講,共有三十五人參加。

◆美國護法會輔導法師常華法師於加州洛杉磯分會弘法關懷,24日下午於分會舉辦專題講座,主題為「佛教放下的藝術」,共有六十九人參加。

◆24至25日,新加坡護法會舉辦禪修活動,包括禪訓班、一日禪,由馬來西亞道場常文法師帶領,共有六十多人參加。

04.25

◆臺南分院舉辦佛一暨八關戒齋法會,由僧團女眾副都監果舫法師帶領,共有九十人參加。

◆高雄紫雲寺舉辦圖書館義工培訓課程,內容包括認識索書號、如何整理讀架與整架等,有近二十人參加。

◆美國紐約東初禪寺舉辦週日講座，邀請聖嚴師父西方弟子李世娟主講「修行與自我執著」，共有三十二人參加。

◆美國護法會輔導法師常華法師於加州洛杉磯分會弘法關懷，25日於分會帶領生活禪工作坊，共有五十人參加。

◆美國護法會密蘇里州聖路易聯絡點受邀參與第二十一屆聖路易地球日活動，在當地的森林公園（Forest Park）向民眾介紹法鼓山「心靈環保」、「心六倫」的理念。

◆新加坡護法會參與當地杜鵑公園（Bougainvillea Park）舉辦的地球日植樹活動，共有三十六位義工參加。

04.26

◆北投雲來寺舉辦專職在職專業課程，邀請中華人力資源管理協會祕書長張瑞明主講「非人資主管的人資管理」，共有三十五位專職及義工參加。

04.27

◆27至28日，僧大舉辦校外教學，男眾前往參訪三峽天南寺，並前往新竹縣鎮西堡進行戶外行禪；女眾前往參訪臺中分院、寶雲別苑，並至埔里梅峰、德華寺等進行戶外生態之旅，共有九十五人參加。

04.28

◆聖基會舉辦「無盡的身教──今生與師父有約」系列講座，28日晚上由僧團果迦法師主講，共有四十三人參加。

◆法青會於德貴學苑舉辦「法師有約」系列講座，28日晚上由臺南分院監院果謙法師主講「重寫生命方程式的電腦工程師」，共有六十人參加。

04.29

◆慈基金會及法鼓山建設工程處，因參與八八水災災後住宅安置重建計畫等工作，各獲得內政部營建署頒發感謝牌乙面，29日由慈基會祕書長果器法師代表領取感謝牌。

◆法鼓山持續關懷中國大陸四川震災災後重建，29日慈基會援建陳家壩金鼓村陳家壩門衛生院門診部新建工程，舉行動土及開工儀式。

◆基會於德貴學苑舉辦「2010安和豐富心靈講座」系列活動，29日晚上邀請電影工作者曾偉禎主講「從心看電影」。

04.30

◆人基會心劇團於德貴學苑舉辦「人文藝術講座」，30日晚上邀請傳統藝術表演工作者魏海敏主講「戲劇歌夢」，分享人生的蛻變，以及佛法對個人表演工作的啟發。

5月 MAY

05.01

◆《人生》雜誌第321期出刊。

◆《法鼓》雜誌第245期出刊。

◆法鼓文化出版新書：大視野系列《佛教與生態學：佛教的環境倫理與環保實踐》（*Buddhism and Ecology: The Interconnection of Dharma and Deeds*）（瑪莉‧塔克 Mary Evelyn Tucker、鄧肯‧威廉斯 Duncan Ryūken Williams 編著，林朝成、黃國清、謝美霜譯）；智慧人系列《爾然小品》（繼程法師著）。

◆僧大《法鼓文苑》第二期出刊。

◆法鼓山網路電視台（DDMTV）全新開播，為加強線上影音弘法服務，首頁選單改版，並首播《聖嚴書房》節目。

◆法鼓山園區舉辦服務接待組初階義工培訓課程，共有三十六人參加。

◆北投農禪寺舉辦佛一暨八關戒齋法會，由常及法師帶領，共有一千四百八十七人參加。

◆北投文化館舉辦母親節浴佛法會。

◆北投雲來寺舉辦精進禪一，由僧團常悅法師帶領，共有五十九人參加。

◆1至22日，臺南雲集寺每週六舉辦初級禪訓班，共有三十三人參加。

◆1至8日，禪堂舉辦初階禪七，由常為法師帶領，共有一百五十八人參加。

◆美國紐約東初禪寺住持果醒法師應美國紐約州立石溪大學（Stony Brook University）佛法研究社（Buddhism Study and Practice Group, BSPG）之邀，前往該校亞洲文化中心舉行講座，主題為「在日常生活中運用禪」（Applying Chan in Daily Life），現場由聖嚴師父弟子南茜‧波那迪（Nancy Bonardi）協助英文翻譯，共有四十多位學員參加。

◆美國紐約象岡道場舉辦禪一，由監院常聞法師帶領，共有十五人參加。

◆1至2日，馬來西亞道場於瓜拉雪蘭莪自然公園舉辦「遇見生命中的精靈」生活營，由監院常慧法師帶領，共有四十三位法青學員參加。

◆馬來西亞道場舉辦佛一，由常峪法師、常文法師帶領，共有五十人參加。

◆中國大陸江蘇南通廣教寺設立聖嚴師父佛學成就展示館，本日開幕啟用。

05.02

◆法鼓山舉辦「安和豐富——簡單享受，綠生活」運動，5月2日於臺北國父紀念館中山公園廣場進行宣誓啟動儀式，並邀請副總統蕭萬長及工業技術研究院、經濟部能源局、林務局、廣達文教基金會等十多個團體共同響應、贊助。

◆2至23日，北投農禪寺每週日舉辦初級禪訓班，由常穎法師帶領，有十八人參加。

◆桃園齋明寺舉辦慈悲三昧水懺法會，由監院果啟法師帶領，共有兩百九十人參加；法會結束後，並舉辦感恩聯誼會，感恩所有義工對法會的付出。

◆5月2日至6月27日期間，桃園齋明寺舉辦初級禪訓兒童班，共有三十多人參加。

◆臺中分院於三義DIY心靈環保教育中心舉辦半日禪，共有五十五人參加。

◆臺南分院舉辦環保生活講座，邀請成功大學系統系教授邵揮洲、高雄大學化學工程及材料工程學系教授鍾宜璋、幸鼎牙醫診所牙科李澤芳醫師主講，共有九十八人參加。

◆臺東信行寺舉辦佛一暨八關戒齋法會，共有三十六人參加。

◆關懷院於法鼓山園區第二大樓國際宴會廳舉辦「初階大事關懷課程」，內容包括透過生命教育繪本賞析，引導思考生命的意義與價值，並探討大事關懷以建構共識等，共有兩百二十二人參加。

◆美國紐約東初禪寺舉辦週日講座，由聖嚴師父的西方弟子比爾・賴特主講「正念與智慧的開發」，共有三十六人參加。

◆2至23日，加拿大溫哥華道場每週日舉辦初級禪訓班，由常賡法師帶領，有一百七十五人次參加。

◆美國護法會伊利諾州芝加哥分會上午舉辦讀書會帶領人培訓，下午舉辦半日念佛會，皆由美國護法會輔導法師常華法師帶領，念佛會有二十五人參加。

05.04

◆傳燈院應邀至位在臺北市羅斯福路的統一教教會，為教友舉辦禪修課程，共有十人參加。

◆中華佛研所於法鼓山園區舉辦專題演講，邀請中華超心理學會副理事長石朝霖主講「松果體與第三隻眼的關係」。

05.05

◆5至26日，臺北安和分院每週三晚上舉辦初級禪訓班，由監院果旭法師帶領，有五十人參加。

◆聖基會舉辦「無盡的身教——今生與師父有約」系列講座，5日由加拿大溫哥華道場監院果舟法師主講，共有三十五人參加。

05.06

◆中華民國99年全國大專校院運動會，以追求節能減碳環保概念為理念，5月6日中午將聖火傳遞至法鼓佛教學院，該校全體師生沿途迎接聖火車隊，隨後在校長惠敏法師的帶領下，由六位同學交遞聖火繞行法鼓山園區。

◆法行會晚上於臺北國賓大飯店舉辦第一一四次例會，邀請書法家杜忠誥主講「學書與學佛」，共有一百一十一人參加。

05.07

◆7、14、21、28日，臺東信行寺舉辦初級禪訓班，有十四人參加。

05.08

◆ 8至9日，北投農禪寺舉辦初級禪訓密集班，由常及法師帶領，共有一百一十一人參加。

◆ 桃園齋明寺舉辦浴佛法會暨感恩活動，進行親子茶禪、燃燈供佛及供花等，共有五百六十人參加。

◆ 臺南雲集寺舉辦環保生活講座，邀請成功大學系統系教授邵揮洲、高雄大學化學工程及材料工程學系教授鍾宜璋、幸鼎牙醫診所牙科李澤芳醫師主講，共有六十五人參加。

◆ 傳燈院於北投雲來寺舉辦「Fun鬆一日禪」，由常綠法師帶領，共有五十四人參加。

◆ 美國紐約東初禪寺舉辦「禪悅春遊──象岡之旅」活動，至象岡道場進行，由常聞法師帶領，共有六十五人參加。

05.09

◆ 臺中分院舉辦浴佛法會，由常願法師帶領，共有七百一十人參加。

◆ 臺南分院、安平精舍分別舉辦浴佛感恩法會，由監院果謙法師帶領，各有兩百五十六人、一百一十人參加。

◆ 高雄紫雲寺舉辦浴佛法會暨皈依祈福大典，方丈和尚果東法師出席主持三皈依，共有六百零六人皈依三寶，有近四千人次參加。

◆ 慈基會關懷2009年9月底凱莎娜（Ketsana）颱風受災戶與清寒學子，9至13日，資源整合組主任委員曾照嵩與義工王貞喬前往菲律賓關懷，並於獨魯萬市（Tacloban city）頒發獎助學金。

◆ 美國紐約東初禪寺舉辦週日講座，由住持果醒法師主講「智慧不離煩惱──石頭希遷禪師〈參同契〉」，共有六十八人參加。

◆ 9日及23日，美國紐約東初禪寺舉辦佛學英文讀書會，由象岡道場監院常聞法師帶領，有十多人參加。

◆ 美國護法會加州洛杉磯分會舉辦禮拜《八十八佛洪名寶懺》法會，共有二十六人參加。

◆ 馬來西亞道場舉辦兒童生命教育課程，9日主題為「家庭倫理」，由監院常慧法師、常妙法師帶領，共有十九位學童參加。

◆ 加拿大護法會安省分會舉辦禪一，共有十四人參加。

05.10

◆ 5月10至23日，方丈和尚果東法師、美國紐約東初禪寺住持果醒法師一行至美國東西岸展開關懷弘法行，先後至東岸的東初禪寺、象岡道場、新澤西州，至西岸的舊金山、加州省會、洛杉磯等地，推廣心靈環保、心六倫運動。

05.11

◆由聖嚴師父隨行弟子張光斗拍攝製作的《他的身影——聖嚴法師佛法西傳記錄影集》，5月11日於美國駐紐約經濟文化辦事處舉行全球首映會，方丈和尚果東法師出席，共有近一百人參加。

05.12

◆聖基會舉辦「無盡的身教——今生與師父有約」系列講座，12日由關懷中心副都監果器法師主講，共有五十一人參加。

◆法青會於德貴學苑舉辦「法師有約」系列講座，由僧團副住持果品法師主講「四川救災生命體悟」，共有六十五人參加。

◆12至16日，美國法鼓山佛教協會（Dharma Drum Mountain Buddhist Association, DDMBA）與全球女性和平促進會（The Global Peace Initiative of Women, GPIW）於紐約象岡道場，共同舉辦「氣候變遷的內在向度」（Inner Dimensions of Climate Change）青年沉思會議，透過沉思、靜坐和祈禱等活動，深入覺察自我與環境的關係，共有近五十位來自各州的二、三十歲青年代表參加。

05.13

◆臺南分院舉辦園遊會解說員訓練課程，由監院果謙法師等帶領，共有四十位學員參加。

◆佛教學院舉辦「臺灣佛寺時空平台」計畫成果發表。該平台系統整合「臺灣佛教文獻資料庫」以及「臺灣佛教數位博物館」資料，並以GIS技術整合，呈現臺灣佛寺的基本資料與地理資訊。該計畫由浩然基金會贊助佛教學院執行，成果發表會中，並邀請菩提長青出版社發行人暨該計畫顧問闞正宗演講，主題為「梵宇浮沉見興衰——佛寺田調與臺灣佛教史」，透過歷史圖片及文史資料，介紹臺灣從明清時代至光復以前的佛教發展沿革。

◆將於6月代表中華民國赴任海地大使的劉邦治先生，於5月13日下午至北投雲來寺拜會慈基會祕書長果器法師，感謝法鼓山對海地地震災情的關懷，並對後續重建災區的工作交流意見。

05.14

◆14至16日，禪堂舉辦禪二，由常澹法師帶領，共有一百四十一人參加。

◆14至16日，法青會於法鼓山園區舉辦法青種子培訓課程，邀請標竿學院常駐資深顧問陳若玲、活動處主任藍家正帶領，共有二十八位學員參加。

05.15

◆15至16日，法鼓山園區舉辦「朝山‧浴佛‧禮觀音」活動，提供民眾隨法師誦經祈福，輕舀香湯灌沐佛身，領略浴佛的法喜，共有六千六百多人參加。

◆臺北安和分院舉辦浴佛法會,共有兩百多人參加。

◆5月15日至12月18日期間,法青會於德貴學苑舉辦「Young世代禪式工作學」工作坊系列講座,邀請專家與僧團法師帶領,共有六場。首場於15日及16日邀請英豐瑪股份有限公司(Achieveglobal Training Performance Consultant)訓練顧問黃翠華、法鼓山臺中分院監院果理法師主講「人際一路通——禪悅的善巧溝通應對法則」,共有二十三位學員參加。

◆法鼓大學籌備處、開拓文教基金會、網絡行動科技有限公司於德貴學苑共同舉辦「網路星期二」講座,15日主題為「支持者關係管理自由軟體與NGO」,邀請網絡行動科技有限公司黃雋主講,探討該軟體的授權與國際經營現況、國際組織為何選用Open Source等。

◆15至16日,僧大於法鼓山園區教育行政大樓舉辦講經交流活動,由十三位學僧分享《金剛經》、《地藏經》、《阿彌陀經》等八部大乘經典,並邀請副院長果光法師、常寬法師、男眾學務長常隨法師等師長擔任講評老師。

◆方丈和尚果東法師、美國紐約東初禪寺住持果醒法師一行至美國弘法關懷,15日於東初禪寺、新澤西州分會進行關懷信眾聯誼會,關懷當地信眾。

◆美國護法會華盛頓州西雅圖分會舉辦臺灣小吃義賣活動,義賣所得護持道場建設。

05.16

◆北投農禪寺舉辦禪一,由常及法師帶領,共有八十五人參加。

◆三峽天南寺舉辦念佛禪一。

◆南投德華寺舉辦浴佛法會,由副寺果明法師帶領,共有四十人參加。

◆臺南雲集寺舉辦浴佛法會,共有四百三十人參加;同日,並於佳里鎮中山公園舉辦環保園遊會,推廣環保觀念,由監院果謙法師、果澔法師、果攝法師等帶領,共有兩千人參加。

◆慈基會於高雄紫雲寺舉辦南區「心靈關懷暨個案分享研討會」,邀請張老師資深講師暨臺北市社區心理衛生中心危機處理小組安心員黃玉真,及高雄縣社會處仁武區社會服務中心督導吳素秋主講,共有六十三位學員參加。

◆南區法行會於高雄紫雲寺舉辦例會,進行半日禪,由監院果耀法師帶領,有近十人參加。

◆美國紐約東初禪寺舉辦浴佛法會,活動中舉行皈依儀式,由方丈和尚果東法師主持,並邀請美國同淨蘭若住持仁俊長老出席開示「能成人者能度人」,共有兩百多位東西方信眾參加。

◆馬來西亞道場於瓜拉雪蘭莪自然公園舉辦禪一,由常峪法師帶領,共有二十三人參加。

◆美國護法會加州洛杉磯分會參與佛光山舉辦的南加州聯合浴佛節活動,並於活動攤位上分發法鼓山文宣、結緣品,推廣心靈環保理念。

◆中國大陸四川省宗教局副局長余孝恆、財政廳主任黃吉秀及宗教局副處長范敏等一行,在5月16日四川震災兩週年之際前往法鼓山園區,感恩聖嚴師父在世時對四川災區民眾的慈悲關懷,同時也感謝法鼓山協助災後重建工作。

05.17

◆方丈和尚果東法師、美國紐約東初禪寺住持果醒法師一行至美國弘法關懷，17至21日前往紐約舊金山灣區，20日於加州舊金山分會舉辦悅眾聯誼活動，關懷當地信眾，共有四十人參加。

05.19

◆聖基會舉辦「無盡的身教——今生與師父有約」系列講座，19日由禪修中心果祺法師主講，共有六十七人參加。

◆方丈和尚果東法師、美國紐約東初禪寺住持果醒法師一行至美國弘法關懷，19日前往安蒂奧克（Antioch）小鎮，及加州省會聯絡處關懷當地信眾，共有近三十位信眾參加。

05.20

◆由法鼓佛教學院主辦的「第十六屆國際佛學學術會議」（The XVIth Congress of the International Association of Buddhist Studies, IABS），2011年6月20至25日將於法鼓山園區舉行。為此，主辦單位自5月20日起開始徵稿，內容以佛學相關研究為主。

◆佛教學院舉辦專題演講，邀請中國社會科學院世界宗教研究所研究員黃夏年教授，主講《民國佛教期刊的編纂及其出版》，使該校師生對於民國期刊及文獻資料的蒐集及研究，有進一步的了解。

◆國泰人壽東港服務處於高雄紫雲寺舉辦業務員研習活動，進行禪修體驗，由常覺法師帶領，共有六十人參加。

05.21

◆1月8日起，法鼓山舉辦「環保生命園區環境藝術設置徵選」活動，主題為「生命的永恆」，以弘揚「環保自然葬」的環保、生命教育精神，並提昇金山環保生命園區環境的人文、藝術氛圍；3月30日舉行初選，5月21日於雲來寺進行決選，由王文心所創作的《自然‧光》獲得首獎。

◆21至23日，禪堂舉辦禪二，由僧大學僧常琛法師帶領，共有一百二十六人參加。

◆香港護法會於當地將軍澳寶覺中學舉辦浴佛法會、皈依儀式、安和豐富嘉年華園遊會等活動。

05.22

◆北投農禪寺原址舉行「水月道場動土大典暨浴佛法會」，邀請教界今能長老、鑑心長老尼及籌建護持大德，如太子建設開發股份有限公司董事長莊南田、福住建設股份有限公司董事長簡德耀、大元聯合建築師事務所建築師姚仁喜與臺北市議員賴素如等蒞臨觀禮；典禮由法鼓山副住持果暉法師主持，與來賓共同祈福新的農禪寺興建工程順

利完工，繼續接引更多民眾親近佛法。

◆三峽天南寺舉辦浴佛法會。

◆高雄紫雲寺舉辦「法師請上堂」講座，22日由禪堂板首果祺法師主講，共有一百六十四人參加。

◆臺東信行寺舉辦浴佛法會及「心六倫」親子園遊會，由果密法師帶領，共有一百八十人參加。

◆法青會於德貴學苑舉辦「心光講堂」系列講座，22日晚上邀請有機蔬菜推廣者、語林有機農莊的負責人邱語玲主講「瘋種菜·假日農夫夯」，分享耕作農園的心得，共有五十九人參加。

◆方丈和尚果東法師、美國紐約東初禪寺住持果醒法師一行於美國弘法關懷，22至23日至加州洛杉磯分會，方丈和尚與《世界日報》社長郭俊良、LA18台副總裁關曉芬一起對談「心六倫的實踐與推廣」對談，及主持皈依祈福儀式，共有十八人皈依；果醒法師則主持一場大悲懺法會。

◆加拿大溫哥華道場舉辦浴佛法會，由監院果舟法師及常惺法師帶領，共有兩百三十多人參加。

◆馬來西亞法青會於馬來西亞道場舉辦「與法師有約」講座，22日由監院常慧法師及電台主持人KK進行對談，主題為「最難打的一場戰爭」，藉由古代高僧鳩摩羅什及前南非總統曼德拉（Nelson Mandela）的生平故事，探討「寬宏大量」的價值觀，共有五十六人參加。

◆美國護法會伊利諾州芝加哥分會舉辦浴佛法會、皈依儀式及演講等，共有四十人參加。

◆新加坡護法會舉辦法青培訓營，由常文法師帶領。

◆香港護法會於當地將軍澳寶覺中學舉辦地藏法會。

05.23

◆5月23至24日，法鼓山於臺中分院舉辦大悲心水陸法會北部地區說明會宣講員培訓課程，與學員分享正信正見的法會修行觀念，共有近三十位學員參加。

◆5月23日、6月6日，臺南分院舉辦「生命關懷初階課程」，由監院果謙法師、佛教蓮花基金會董事張寶力主講，共有一百六十七人參加。

◆臺南安平精舍舉辦禪一，由果許法師帶領，共有四十人參加。

◆法青會於德貴學苑舉辦「考生祈福·考試超順」活動，內容包括祈福法會、寫祈願卡、點光明燈、撞鐘樂、喝茶趣等活動，為考生祝福加油，由青年院監院常宏法師帶領，共有八十多位考生與家長參加。

◆關懷院於北投雲來寺舉辦「初階大事關懷課程」，內容包括透過生命教育繪本賞析，引導思考生命的意義與價值，並探討大事關懷以建構共識等，共有一百六十八人參加。

◆23至25日，第七屆國際衛塞節國際佛學會議於泰國朱拉隆功佛教大學（Mahachulalongkornrajavidyalaya University）展開，本次會議共有八十三個國家、一千七百位來自世界各地的佛教學者及宗教人士參加。佛教學院副校長杜正民應邀代表與會，並以「數位時代的佛學資訊教育」為題進行演講。

◆聖基會於會址舉辦第二屆文書種子進階培訓班，由董事長施建昌主持，共有五十人參加。

◆法行會於悅眾家中舉辦讀書會，邀請曾任聖嚴師父隨行文字記錄胡麗桂分享師父口述的《美好的晚年》一書，共有二十一人參加。

◆美國紐約東初禪寺舉辦週日講座，由象岡道場監院常聞法師主講「壇經的三種無」，共有三十二人參加。

◆馬來西亞道場舉辦兒童生命教育課程，23日進行親子共讀，由監院常慧法師、常妙法師帶領，共有十九位學童參加。

◆香港護法會於當地將軍澳寶覺中學舉辦「Fun鬆一日禪」。

05.24

◆桃園齋明寺第二項新建工程「桃園禪修中心」舉行動土灑淨儀式，由關懷中心副都監果器法師主持，共有三百六十位來自桃園、中壢、新竹的民眾參加。

05.26

◆聖基會舉辦「無盡的身教──今生與師父有約」系列講座，26日由資深悅眾廖美櫻主講，共有四十人參加。

◆法青會於德貴學苑舉辦「法師有約」系列講座，26日晚上由監院果悅法師主講「網球選手的動禪功」，共有六十人參加。

05.27

◆27至30日，法鼓山於三峽天南寺舉辦「社會菁英禪修營第七屆精進禪三」，由傳燈院監院常源法師帶領，共有六十三人參加。

◆5月27日至6月24日，臺北安和分院每週四晚上舉辦「發現心靈藏寶圖」成長課程，邀請臺灣首位獲得美國九型性格學院（The Enneagram Institute, T.E.I.）認證教師胡挹芬主講，有五十四人參加。

◆27至30日，高雄紫雲寺舉辦禪三，由禪修中心副都監果元法師帶領，共有七十九人參加。

◆人基會於德貴學苑舉辦「2010安和豐富心靈講座」系列講座，27日晚上邀請偉太廣告董事長孫大偉主講「創意世界、快活人生」。

◆27至29日，法鼓山人基會應金門縣政府教育局之邀，與家庭教育中心共同舉辦三場「心六倫──把心拉近」校園巡迴演講，以及一場「闔家逗陣來，用心搏感情」心六倫講座，此為心六倫種子教師首度遠赴外島展開推廣。

05.28

◆28至30日，傳燈院於法鼓山園區禪堂舉辦初級禪訓班二日營，由常緣法師帶領，共有一百四十五人參加。

◆5月28至31日，聖基會於臺灣大學集思會議中心舉辦第三屆「聖嚴思想國際學術研討會暨信眾論壇」，研討會主題為「聖嚴法師的教導與時代意義」，來自美、澳、中國大陸、臺灣等地五十八位佛教學者，共發表三十六篇論文，共有一千五百多人參加。28日上午進行開幕典禮，方丈和尚果東法師親臨開示。

◆馬來西亞道場舉辦浴佛暨雙親節活動，慶祝5月母親節、6月父親節，由常峪法師等帶領，共有兩百五十人參加。

◆新加坡護法會舉辦浴佛法會，由馬來西亞道場監院常慧法師、常文法師帶領。

◆泰國護法會首次舉辦浴佛法會，共有四十多人參加。

05.29

◆29至30日，法鼓山於高雄三民精舍舉辦大悲心水陸法會南部地區說明會宣講員培訓課程，引領學員推廣正信正見的法會修行觀念，共有八十二人參加。

◆北投農禪寺舉辦慈悲三昧水懺法會，由常及法師帶領，共有九百一十六人參加。

◆29至30日，桃園齋明寺舉辦念佛禪二，由監院果啟法師帶領，共有兩百五十人參加。

◆傳燈院上午應行政院衛生署臺北醫院之邀，至該院為家庭照顧者舉辦法鼓八式動禪課程，共有四十人參加。

◆傳燈院下午於北投雲來寺舉辦禪修指引課程，共有十二人參加。

◆中國大陸海峽兩岸關係協會副會長安民參訪法鼓山園區，方丈和尚果東法師出席接待，隨行陪同者有僧團副住持果暉法師、法行會會長張昌邦、護法總會副會長黃楚琪等人。

05.30

◆臺北安和分院舉辦禪一，由常定法師帶領，共有七十人參加。

◆南投德華寺舉辦禪一，由副寺果明法師帶領，共有十三人參加。

◆臺南雲集寺舉辦禪一，由果澔法師帶領，共有七十一人參加。

◆臺東信行寺舉辦禪一，由監院果密法師帶領，共有十二人參加。

◆關懷院於法鼓山園區第二大樓國際宴會廳舉辦「進階大事關懷課程」，內容主題包括世俗禮儀的探討、佛教生死觀、談法鼓山大關懷教育的願景等，共有兩百二十人參加。

◆慈基會於德貴學苑舉辦北區「心靈關懷暨個案分享研討會」，邀請臨床心理公會常務理事黃龍傑、臺北市社會局社工師林淑文講授，共有一百五十八位學員參加。

◆美國紐約東初禪寺舉辦週日講座，由住持果醒法師主講「智慧不離煩惱——石頭希遷禪師〈參同契〉」，共有六十二人參加。

05.31

◆美國紐約東初禪寺舉辦「生活禪」核心義工一日培訓營，由住持果醒法師帶領，共有四十一位學員參加。

6月 JUNE

06.01

◆《人生》雜誌第322期出刊。

◆《法鼓》雜誌第246期出刊。

◆法鼓文化出版新書：高僧小說系列精選《大乘傳法人——龍樹菩薩》（默言著，劉建志繪）、《禪法東來——達摩祖師》（蔡友田著，劉建志繪）；人間淨土系列《安和豐富——簡單享受綠生活》（聖嚴師父著）；祈願鈔經系列《普賢十大願硬筆鈔經本》、《八大人覺經硬筆鈔經本》。

◆1至8日，三學院於禪堂舉辦僧眾精進禪七，由禪修中心副都監果元法師帶領，共有四十八位法師、僧大學僧參加。

◆佛教學院於法鼓山園區第三大樓國際會議廳舉辦專題演講，邀請國際知名腦科學醫師亦是《禪與腦》（*Zen and the Brain*）作者詹姆士·奧斯汀（James H. Austin）主講「直觀無我：禪與心識轉變」，由長庚醫院醫師朱迺欣、心理諮商師李開敏擔任現場口譯。

◆國防部軍備局中山科學研究院電子研究所至法鼓山園區舉辦年度自強活動，進行禪修體驗、放鬆練習，該所所長余仲航、副所長載任中、楊昌正、古錦安，以及員工共有九百一十四人參加。

06.02

◆2至23日，法青會每週三於德貴學苑舉辦初級禪訓班，由青年發展院監院常宏法師帶領，共有三十二人參加。

◆聖基會舉辦「無盡的身教——今生與師父有約」系列講座，2日邀請美國哥倫比亞大學宗教學系教授于君方主講，共有五十一人參加。

◆2至23日，加拿大溫哥華道場每週日舉辦初級禪鼓班，共有九十三人次參加。

06.03

◆由法鼓山援建的中國大陸四川安縣秀水第一中心小學、秀水中心衛生院舉行落成啟用典禮，包括四川省宗教事務局局長王增建、副局長余孝恆、省臺辦副主任張軍、綿陽市委書記吳靖平、安縣縣長趙迎春、什邡羅漢寺住持素全法師等多位來賓蒞臨觀禮，與方丈和尚果東法師、僧團副住持果品法師及護法信眾共同為新落成的校舍及衛生院剪綵。

◆由中華佛研所、聖基會共同舉辦的「從國際眼光看漢傳佛教」交流座談會於法鼓山園區進行，美國哥倫比亞大學宗教學系教授于君方、美國堪薩斯大學（University of Kansas）宗教研究系教授史蒂文生（Dan Stevenson）、美國佛羅里達州立大學宗教系助理教授俞永峰等三位教授出席與談。

◆聖基會舉辦「無盡的身教——今生與師父有約」系列講座，3日邀請美國佛羅里達州立大學宗教系助理教授俞永峰主講，共有八十五人參加。

06.04

◆聖基會舉辦「無盡的身教——今生與師父有約」系列講座，4日邀請美國堪薩斯大學宗教研究系教授史蒂文生主講，共有五十一人參加。

◆6月4至13日，二十九位馬來西亞、新加坡兩地悅眾組成尋根團，巡禮法鼓山園區、全臺各寺院等，首度展開尋根之旅。

◆4至13日，日本NHK電視台外製採訪攝影小組至法鼓山園區拍攝僧大女眾學僧的修行生活，將臺灣女性出家眾精進修行的狀況與出家生活，介紹給全球觀眾。

06.05

◆6月5至6日，法鼓山於北投雲來寺、德貴學苑舉辦大悲心水陸法會北部地區說明會宣講員培訓課程，引領學員推廣正信正見的法會修行觀念。

◆北投農禪寺舉辦「健康促進研習營」健康講座，5日邀請劉明真皮膚科診所所長劉明真、魏雪卿醫師主講「夏季常見皮膚疾病」，共有四十一人參加。

◆美國紐約東初禪寺舉辦會員大會，頒發證書予新進會員，共有五十七人參加。

◆美國紐約東初禪寺於臺灣會館舉辦專題演講，由住持果醒法師主講「禪與生死觀」，共有一百九十三人參加。

◆美國紐約象岡道場舉辦禪一，由監院常聞法師帶領。

◆溫哥華道場舉辦精進佛一，由監院果舟法師帶領，共有七十二人參加。

06.06

◆南投德華寺舉辦佛一暨八關戒齋法會，由副寺果明法師帶領，共有十四人參加。

◆關懷院於北投雲來寺舉辦「初階大事關懷課程」，內容包括透過生命教育繪本賞析，引導思考生命的意義與價值，並探討大事關懷以建構共識等，共有兩百六十四人參加。

◆慈基會於高雄紫雲寺舉辦南部安心站「法鼓山兒童心靈環保體驗營」服務幹部訓練研習營，由法鼓大學籌備處人生學院助理教授辜琮瑜、資深活動帶領義工吳江彬老師授課，共有四十一位來自甲仙、六龜、林邊等當地義工參加。12、13日另辦理兩場小隊輔培訓。

◆美國紐約東初禪寺舉辦週日講座，由住持果醒法師主講「禪的生死觀」，共有六十八人參加。

◆6日、13日及27日，美國護法會加州舊金山分會舉辦初級禪訓班，共有十五人參加。

06.08

◆6月8日至7月6日，臺北安和分院每週二晚上舉辦「活用佛法——提昇職場優勢」成

長課程，邀請前花旗銀行亞洲及中東業務總監戴萬成主講，有四十七人參加。

◆美國香巴拉出版社（Shambhala Press）出版聖嚴師父的英文著作《三十七道品》（*Things Pertaining to Bodhi: The Thirty-seven Aids to Enlightenment*）。

06.09

◆9至10日，三學院於法鼓山園區第二齋堂舉辦僧眾密集禪訓班師資培訓課程，由傳燈院監院常源法師帶領，共有十三位法師參加。

◆9至10日，信眾教育院於護法會屏東辦事處開辦佛學課程，主題為「再談淨土法門」。

06.10

◆6月10日至8月26日期間，法鼓山每週四晚上於德貴學苑舉辦第一階段「大悲心水陸法會講座」，共有十二場，由十二位法師依次解說各壇場殊勝處，分享如何尋得相應的修行法門，並認識理想佛事的作法；講座同時透過網路電視台（http://ddmtv.ddm.org.tw）進行全程直播。

◆6月10日至9月2日，北投農禪寺每週四舉辦「自然律例」課程，邀請自然律例教育機構創辦人陳堅真主講，推廣健康的飲食觀念，有近八十人參加。

◆法行會晚上於臺北國賓大飯店舉辦第一一五次例會，邀請邱再興文教基金會創辦人邱再興主講「貴人」，共有一百零四人參加。

◆在中國大陸四川秀水中心衛生院、秀水第一中心小學援建工程落成後，由安縣縣委書記王黎所率領的十人參訪團，至法鼓山園區進行首次來台的友好訪問，方丈和尚果東法師、僧團副住持果品法師、慈基會祕書長果器法師等代表全程陪同。

06.11

◆11至18日，禪堂舉辦僧眾精進話頭禪七，由聖嚴師父法子繼程法師帶領，共有一百二十七位法師、信眾參加。

◆6月11日至9月10日，信眾教育院每週五於護法會內湖辦事處開辦佛學課程，講解聖嚴師父的著作《地藏菩薩的大願法門》，由講師悟常法師主講。

◆11至16日，美國紐約東初禪寺於象岡道場舉辦念佛禪五，由東初禪寺暨象岡道場住持果醒法師帶領，內外護及禪眾共有近八十位來自香港及北美各地的民眾參加。

06.12

◆法鼓山於北投農禪寺舉辦「社會菁英禪修營第六十五次共修會」，由僧團副住持果品法師帶領，方丈和尚果東法師出席關懷，共有七十五人參加。

◆法青會於德貴學苑舉辦「Young世代禪式工作學」工作坊系列講座，12日及13日邀請前花旗銀行亞洲及中東業務總監戴萬成、法鼓山行政中心財會處監院常齊法師主講「聰明管理法——啟動清明禪心管理的金鑰匙」，共有二十七人參加。

◆6月12日至11月14日期間，文基會於北投農禪寺、護法會各地區辦事處辦理二十三場

「心靈環保列車」系列活動。

◆6月12至26日期間，聖基會每週六上午於會址的聖嚴書院講堂舉辦「聖嚴法師經典講座」，播放師父生前演講「《心經》與生活、生命、人生的實踐與超越」影片，由果竣法師主持，有近七十人參加。

◆義工團於北投雲來寺舉辦接待組悅眾聯誼會，由副團長陳麗瑾帶領，共有四十六人參加。

◆6月12日至9月6日，僧團果徹法師前往美國護法會加州洛杉磯、舊金山，華盛頓州西雅圖等地分會，以及加拿大溫哥華道場進行暑期弘法關懷行。

◆12日及19日，美國紐約東初禪寺舉辦英文佛學課程，由聖嚴師父的西方弟子比爾・賴特主講。

06.13

◆臺北安和分院至法鼓山園區舉辦戶外禪，共有三十五人參加。

◆高雄紫雲寺於高雄澄清湖舉辦「99年度念佛會暨助念團聯合年度聯誼」活動，共有八十七位念佛會成員參加。

◆關懷院於臺北市立圖書館萬興分館舉辦「進階大事關懷課程」，內容主題包括世俗禮儀的探討、佛教生死觀、談法鼓山大關懷教育的願景等，共有一百七十人參加。

◆為服務「兒童暨青少年學習輔導」的弱勢學子們，慈基會於護法會海山辦事處舉辦「2010年教案觀摩研習營」，有來自南投、嘉義、新竹、林口、新莊、海山、中山、雙和、文山、大同、淡水等地區的教師義工們，共有十一區四十三位學員參加，並邀請教聯會老師指導與協助教案研習。

◆美國紐約東初禪寺舉辦週日講座，由美國護法會輔導法師常華法師主講「《圓覺經》十二問」，共有二十九人參加。

◆美國護法會加州洛杉磯分會舉辦讀書會，主題為「禪、腦與心靈環保」，共有二十人參加。

◆加拿大護法會安省分會舉辦禪一，共有十五人參加。

06.14

◆北投雲來寺舉辦敦親睦鄰活動，監院常貫法師帶領奇岩里長與里民一行四十多人參訪法鼓山園區。

06.15

◆《法鼓佛教院訊》第12期出刊。

◆6月15日至8月1日，禪修中心副都監果元法師、禪堂板首果祺法師，以及6月甫自僧大禪學系畢業的第一屆畢業生常乘法師、常護法師，前往墨西哥、美國，以及瑞士、德國弘法。

06.16

◆聖基會舉辦「無盡的身教——今生與師父有約」系列講座，16日邀請《聖嚴法師最珍貴的身教》作者潘煊主講，共有二十三人參加。

06.17

◆17至18日，僧大於法鼓山園區舉辦畢業製作呈現，共有七位學僧進行發表。

06.18

◆18至28日，僧大於禪堂舉辦期末默照禪十，由聖嚴師父法子繼程法師帶領，包括僧團法師、僧大學僧等共一百一十五人參加。

◆18至20日，傳燈院於三義DIY心靈環保教育中心舉辦初級禪訓班學長培訓課程，由監院常源法師帶領，共有八十九人參加。

◆18至27日，美國紐約象岡道場舉辦話頭禪十，由東初禪寺住持果醒法師帶領，共有二十四人參加。

06.19

◆19至21日，三峽天南寺舉辦初級禪訓班二日營。

◆19至20日，桃園齋明寺舉辦初級禪訓班二日營，由監院果啟法師帶領，共有一百一十位學員參加。

◆關懷院於北投雲來寺舉辦「進階大事關懷課程」，內容主題包括世俗禮儀的探討、佛教生死觀、談法鼓山大關懷教育的願景等，共有兩百零一人參加。

◆19至20日，馬來西亞道場舉辦初級禪訓密集班，課程包括打坐、法鼓八式動禪、吃飯禪、托水鉢、慢步經行、拜佛等，由常文法師帶領，共有三十位學員參加。

◆禪修中心副都監果元法師、禪堂板首果祺法師等四位法師於墨、美、瑞、德弘法關懷，6月19至25日，於墨西哥納亞里特州（Nayarit）的玉堂海灣（Mar de Jade）帶領禪七，共有三十六位保育團體人士、建築工程主管、律師等參加。

◆僧團果徹法師於美、加弘法關懷，19、20、26及27日於美國護法會加州洛杉磯分會舉辦佛學講座，主題為「中觀的智慧」，有近七十人參加。

◆澳洲護法會雪梨分會應邀為當地科加拉中學（Kogarah School）舉辦法鼓八式動禪課程，共有八十位師生參加。

06.20

◆臺南分院舉辦佛學講座，主題為「再談淨土法門」，共有一百零七人參加。

◆6月20日至8月10日期間，中華佛研所榮譽所長李志夫應中國大陸廈門閩南佛學院之邀，前往講學。

◆美國紐約東初禪寺舉辦週日講座，由聖嚴師父的西方弟子比爾‧賴特主講「四念處

（Mindfulness of Mind）」，共有二十九人參加

◆美國護法會加州舊金山分會舉辦兒童心靈環保體驗營，主題為「愛在夏天」（Summer of Love），活動內容包括「我愛小禪士」兒童禪修、「我愛小活佛」手工藝課等，共有二十三位學童參加。

06.21

◆法鼓佛教學院與日本NPO法人亞細亞文化藝術連盟共同舉辦「初夏之夜・文の會」，學院師生與二十餘位藝術家，包括李鴻儒、杜輔仁、張春發、小林真理、莊秀珍、廖錦棟、吳欣霏等，進行茶道、書畫、陶藝的交流，使校園增添藝術氛圍並增添師生們的視野。

◆中國大陸九華山及五台山各寺住持，包括九華山通慧禪林住持思尚比丘尼、長生庵住持妙善比丘尼，上虞市東山國慶寺住持明芳比丘尼、安徽石台縣慈云禪寺住持慈光比丘，一行二十四人參訪法鼓山園區，由法鼓山女眾副都監果舫法師、男眾部果峙法師等接待。

06.23

◆北投雲來寺舉辦專職在職專業課程，邀請英豐瑪股份有限公司訓練顧問黃翠華主講「再見了，信眾抱怨！」，共有三十位專職及義工參加。

◆6月23日至7月28日，臺中分院每週三上午舉辦「幸福修鍊」佛學課程，主題包括「生命是一條長河」、「快樂生活的原則」、「佛教徒的食衣住行觀」、「有情又富足」、「與佛菩薩親密傾談」、「生病與臨終」，共有六場，由聖嚴書院講師郭惠芯主講，有七十八人參加。

◆6月23日至7月28日，臺中分院每週三下午舉辦「實用生死學」佛學課程，主題包括「為什麼要談生死？佛法對『人生三問』的回應」、「生命轉化的過程——臨終與中陰」、「佛法在臨終關懷的運用——安寧四全照顧的理念」、「面對失落與悲傷——經驗與超越」、「預立遺囑——自我對話與溫柔交付」、「生命倫理專題——安樂死、器官移植、墮胎、自殺、複製基因」，共六場，由聖嚴書院講師郭惠芯主講，有一百多人參加。

◆聖基會舉辦「無盡的身教——今生與師父有約」系列講座，23日邀請資深悅眾何麗純主講，共有三十四人參加。

◆內政部民政司於法鼓山園區舉辦「殯葬業務研討觀摩參訪交流」，共有八十三位來自全臺從事殯葬管理的公務人員參加，法鼓山關懷院果選法師出席關懷，並就金山環保生命園區的理念及運作方式，進行介紹說明。

06.24

◆人基會於德貴學苑舉辦「2010安和豐富心靈講座」系列活動，24晚上邀請實踐大學社會工作學系主任謝文宜主講「改變心靈，改變一切——經營良好的人際關係」。

◆美國哥倫比亞大學二十五位學生至紐約東初禪寺參訪，認識漢傳佛教，並與法師進行交流。

06.25

◆ 25至27日，傳燈院為初級禪訓班結業學員，於三義DIY心靈環保教育中心舉辦禪二，由常誑法師帶領，共有一百零五人參加。

◆ 25至27日，佛教學院與中研院中國文哲研究所共同舉辦「大好山：東亞靈山信仰與神聖空間」學術研習營，中研院文哲所副所長胡曉真、中華佛研所所長果鏡法師出席致詞。

◆ 6月25日至7月2日，溫哥華道場舉辦默照禪七，由監院果舟法師帶領，共有二十四人參加。

06.26

◆ 26至27日，弘化院參學室舉辦參學服務員中、英文進階培訓課程，由禪修中心副都監果元法師、僧團果興法師、文化中心常悟法師等帶領，共有六十五人參加。

◆ 傳燈院下午於北投雲來寺舉辦禪修指引課程，共有二十人參加。

◆ 信眾教育院於德貴學苑首次舉辦「兒童營教案師資講習會」，研習會透過現場實演教案、示範，進行各種有趣易學的團康活動，為接下來的暑期兒童營隊做行前準備。共有八十四位老師或營隊負責人參加。

◆ 6月26日至7月31日，信眾教育院於護法會屏東辦事處開辦佛學課程，主題為「生死學」，由講師郭惠芯主講。

◆ 關懷院於臺北松山區公所舉辦「初階大事關懷課程」，內容包括透過生命教育繪本賞析，引導思考生命的意義與價值，並探討大事關懷以建構共識等，共有兩百七十人參加。

◆ 6月26、27日，高雄縣甲仙鄉公所於甲仙街道及甲仙國小兩地舉辦「甲仙大橋通車典禮暨2010年甲仙芋筍節」活動，法鼓山受邀參加，慈基會甲仙安心站動員義工協助參與大橋通車典禮及踩街活動，並於甲仙國小展示安心站的服務項目及成果。

◆ 法鼓大學籌備處、開拓文教基金會、網絡行動科技有限公司於德貴學苑共同舉辦「網路星期二」講座，26日主題為「網站流量分析」，邀請四個網站共同參與，包括《臺灣好生活電子報》、《網氏／罔市女性電子報》、《The Big Issue大誌雜誌》、《環境資訊中心》，並同意提供帳號供專家檢視。

◆ 法青會於德貴學苑舉辦「心光講堂」系列講座，26日下午邀請慧元數位媒體公司創辦人朱騏主講「心靈娛樂‧動畫風」。

◆ 禪修中心副都監果元法師、禪堂板首果祺法師等四位法師於墨、美、瑞、德國弘法關懷，26日於美國紐約東初禪寺帶領英文禪一，共有二十人參加。

06.27

◆ 三峽天南寺舉辦念佛禪一。

◆ 傳燈院於北投雲來寺舉辦「Fun鬆一日禪」，由常緣法師帶領，共有五十六人參加。

◆ 佛教學院推廣教育中心99年度第二期開課，共有十五門課分別於慧日講堂、德貴學苑、愛群教室進行。

◆美國紐約東初禪寺舉辦週日講座,由曾任東初禪寺住持、現任禪修中心副都監的果元法師主講「虛空粉碎——話頭禪的修行」,共有九十二人參加。

◆馬來西亞道場於古法有機園舉辦兒童生命教育課程,27日進行古法有機園一日遊學,由監院常慧法師、常妙法師帶領,共有十八位學童參加。

◆禪修中心副都監果元法師、禪堂板首果祺法師至墨西哥、美國、瑞士、德國弘法關懷,27日於美國護法會新澤西州分會帶領禪一。

◆臺北縣慈明寺住持兼慈明高中董事長常露比丘尼一行七人,至法鼓山園區拜會方丈和尚果東法師,並參觀園區。

06.28

◆6月28、30日及7月1日,三學院於臺灣大學集思會議中心舉辦僧眾精進共修課程,由佛教學院副校長杜正民主講「大乘禪法」,共有七十位法師參加。

06.29

◆法鼓大學籌備處人生學院於德貴學苑舉辦「人生café」系列講座,29日邀請聖嚴師父法子暨馬來西亞佛學院院長繼程法師主講「禪的生命觀照與反思」,共有四百多人參加。

06.30

◆聖基會舉辦「無盡的身教——今生與師父有約」系列講座,30日由僧大專任講師常延法師主講,共有七十八人參加。

7月 JULY

07.01

◆《人生》雜誌第323期出刊。

◆《法鼓》雜誌第247期出刊。

◆法鼓文化出版新書:琉璃文學系列《生死學中學生死》(辜琮瑜著);般若方程式系列《校長午後的牧歌》(惠敏法師著);中華佛研所論叢系列《萬松行秀禪學思想研究》(釋清如著)。

◆《金山有情》季刊第33期出刊。

◆弘化院舉辦十二場第一階段「大悲心水陸法會講座」,1日晚上於德貴學苑進行,由僧團果高法師主講「地藏壇」,講座同時透過網路電視台(http://ddmtv.ddm.org.tw)進行全程直播。

◆傳燈院出版《法鼓八式動禪示範教學光碟》,提供社會大眾及海外人士索取。

◆法鼓大學籌備處公益學院與連合村基金會（One Village Foundation）、生態綠公平貿易咖啡、青草湖社區大學共同於德貴學苑舉辦「社會創新者強化工作坊」，內容包括公平貿易、紀錄片拍攝、數位典藏以及公民記者等四個主題領域，分別邀請到臺灣公平貿易運動發起人徐文彥、資深紀錄片工作者崔愫欣、中研院資訊創新研究中心專案經理李士傑以及蒙藏基金會遊牧綠專案經理鄭國威主講，有近五十人參加。

◆法鼓大學籌備處公益學院於德貴學苑舉辦「法鼓公益論壇」系列座談，1日下午邀請香港大學專業進修學院副院長李正儀，主講「社會企業與跨界合作：香港經驗」，由人生學院副教授楊蓓主持，共有四十多人參加。

◆護法總會展開「興願榮譽董事專案」，第一班共同圓滿此專案的興願董事，於9月18日在臺北中山精舍與方丈和尚果東法師感恩合照。

◆法行會晚上於臺北國賓飯店舉辦第一一六次例會，由聖嚴師父隨行文字記錄胡麗桂主講「我看見，我聽見──美好的晚年」，共有九十八人參加。

07.02

◆方丈和尚果東法師應國家安全局之邀，上午至該局演講「安和豐富，你就是力量」，共有四百多位國安局工作人員參加。

◆2至4日，禪堂舉辦禪二，由僧大學僧常為法師帶領，共有一百一十三人參加。

◆2至4日，傳燈院於三義DIY心靈環保教育中心舉辦「法鼓八式動禪師資研習營」，由監院常源法師及常緣法師、佛教學院副校長杜正民帶領，共有一百五十位義工講師參加。

◆2至5日，法鼓山於美國紐約象岡道場舉辦北美地區第五屆在家菩薩戒，由東初禪寺住持果醒法師、禪修中心副都監果元法師、禪堂板首果祺法師擔任尊證師，共有七十五位東、西方戒子受戒。

◆僧團果徹法師於美、加弘法關懷，2至9日於美國加州洛杉磯的「瑪莉＆約瑟夫禪修中心」（Mary＆Joseph Retreat Center）帶領止觀禪七。

07.03

◆3、4日，三學院於法鼓山園區舉辦三場演講，邀請西方藏傳比丘尼慧空法師（Karma Lekshe Tsomo）主講，分享個人的出家經歷、在西方弘法的經驗，以及佛教在西方發展的現況與動態等，共有近三百二十人次參加。

◆三學院上午於法鼓山園區舉辦2010水陸法會概說，由弘化院監院果概法師主講，有近兩百位僧團法師及僧大學僧參加。

◆北投農禪寺舉辦「健康促進研習營」健康講座，3日邀請臺北榮民總醫院大德病房護理長林瓊玲主講，共有三十三人參加。

◆3至4日，臺中分院於寶雲別苑舉辦青年幹訓營，邀請佛教營隊專門師資楊台福、胡瑞祥帶領，共有五十八人參加。

◆7月3日至8月7日，高雄紫雲寺每週六晚上舉辦「實用生死學」佛學課程，主題包括「為什麼要談生死？佛法對『人生三問』的回應」、「生命轉化的過程──臨終與中陰」、「佛法在臨終關懷的運用──安寧四全照顧的理念」、「面對失落與悲傷──

經驗與超越」、「預立遺囑——自我對話與溫柔交付」、「生命倫理專題——安樂死、器官移植、墮胎、自殺、複製基因」,共六場,由聖嚴書院講師郭惠芯主講,有九十多人參加。

◆3至24日,高雄紫雲寺每週六舉辦初級禪訓班,共有三十七人參加。

◆7月3日至9月4日期間,聖基會每週六上午於會址的聖嚴書院講堂舉辦「聖嚴法師經典講座」,播放師父生前弘講《無量義經》影片,邀請慈濟大學宗教與文化研究所助理教授周柔含主持,有近五十人參加。

◆加拿大護法會安省分會舉辦英文初級禪訓班,共有十五人參加。

07.04

◆4至25日,三學院義工室每週日於法鼓山園區舉辦新義工說明會,內容包括義工經驗分享、各組工作性質介紹、道場行儀等,有近六十人參加。

◆信眾教育院於德貴學苑舉辦「心靈環保讀書會帶領人」進階培訓課程,邀請臺灣PHP素直友會總會長簡靜惠、資深讀書會帶領人方隆彰、僧團果幸法師主講「由心出發、從心帶領」,共有六十人參加。

◆護法會淡水辦事處舉辦「綠色地球小主人是我——2010法鼓山兒童心靈環保體驗營」第一梯次,共有二十四位國小學童參加。

07.05

◆5至26日,三學院每週一於法鼓山園區舉辦「大悲懺法」講座,由弘化院監院果慨法師講授懺法與禪觀如何活用,有近三十位僧團法師及僧大學僧參加。

◆5至8日,北投農禪寺舉辦「綠色地球小主人是我——2010法鼓山兒童心靈環保體驗營」第一梯次,共有一百二十六位國小學童參加。

◆5至8日,慈基會甲仙安心站舉辦「綠色地球小主人是我——2010法鼓山兒童心靈環保體驗營」,共有七十位國小學童參加。

◆5至7日,護法會新店辦事處舉辦「綠色地球小主人是我——2010法鼓山兒童心靈環保體驗營」,共有四十位國小學童參加。

07.06

◆6、7、10日,臺北中山精舍舉辦「綠色地球小主人是我——2010法鼓山兒童心靈環保體驗營」第一梯次,共有四十位國小學童參加。

◆6至11日,法青會於三義DIY心靈環保教育中心舉辦青年禪修營,由監院常宏法師帶領,有近一百五十人參加。

◆內政部民政司司長黃麗馨、視察鄭英弘、宗教科科長黃淑冠及縣政府民政局相關人員等一行八人,至法鼓山園區訪視僧大,了解外籍生上課情形,僧大副院長常寬法師、副院長果光法師、女眾學務長果肇法師、總務長果乘法師共同接待,並進行交流對談。

07.07

◆ 7至28日,臺北安和分院每週三晚上舉辦初級禪訓班,由監院果旭法師帶領,有六十
多人參加。

◆ 傳燈院下午應國立林口啟智學校之邀,至該校舉辦法鼓八式動禪課程,共有四十多人
參加。

◆ 聖基會舉辦「無盡的身教——今生與師父有約」系列講座,7日晚上由教聯會副會長
楊美雲、資深悅眾謝傳倫主講,共有五十五人參加。

07.08

◆ 弘化院舉辦十二場第一階段「大悲心水陸法會講座」,8日晚上於德貴學苑進行,由
僧團女眾副都監果舫法師主講「淨土壇」,講座同時透過網路電視台(http://ddmtv.
ddm.org.tw)進行全程直播。

◆ 8至29日,臺北安和分院每週四晚上舉辦初級禪訓班,由常定法師帶領,有近五十人
參加。

07.09

◆ 9至11日,臺北安和分院舉辦「綠色地球小主人是我——2010法鼓山兒童心靈環保體
驗營」第一梯次,共有九十三位國小學童參加。

◆ 9至30日,臺中分院每週五晚上舉辦初級禪訓班,由果雲法師帶領,有五十三人參加。

◆ 9至11日,慈基會六龜安心站舉辦「綠色地球小主人是我——2010法鼓山兒童心靈環
保體驗營」,共有一百位國小學童參加。

◆ 7月9日至9月12日,僧團常延法師前往美國紐約、加拿大溫哥華弘法關懷,內容包括
帶領佛學講座、禪坐共修等。7月9日晚上於紐約東初禪寺週日講座中,主講「拜大悲
懺的意義和修行方法」,共有三十七人參加。

◆ 9至14日,加拿大護法會安省分會於當地諾桑柏蘭高地禪修中心(Northumberland
Heights Retreat Centre)舉辦禪五,由美國紐約東初禪寺住持果醒法師帶領,除了全程
五天,並將禪期分成兩天、三天進行,共有二十多人參加。

07.10

◆ 10至11日,北投農禪寺舉辦初級禪訓密集班,由常及法師帶領,共有八十三人參加。

◆ 傳燈院於北投雲來寺舉辦「Fun鬆一日禪」,由僧團常平法師帶領,共有五十八人
參加。

◆ 10至11日,南投德華寺舉辦禪二,由副寺果明法師帶領,共有十九人參加。

◆ 臺南雲集寺舉辦佛一,由果澔法師帶領,共有七十六人參加。

◆ 臺南安平精舍舉辦「綠色地球小主人是我——2010法鼓山兒童心靈環保體驗營」第一
梯次,共有三十六位國小學童參加。

◆ 關懷院於臺北松山區公所舉辦「進階大事關懷課程」,內容主題包括世俗禮儀的探

◆討、佛教生死觀、談法鼓山大關懷教育的願景等,共有兩百五十人參加。

◆慈基會南投安心站舉辦「夏令兒童心靈環保體驗營」,共有來自南投、草屯、名間、中寮、水里地區的五十位學子參加。

◆10至11日,人基會心劇團於德貴學苑舉辦劇團成員徵選活動,由祕書長李伸一,以及導演瞿友寧、表演工作者張世等擔任徵試委員,共有五十一人參加,錄取二十五位正式團員。

◆僧團常延法師於美、加弘法關懷,10日於紐約東初禪寺週日講座中,主講「《維摩經》導讀」,共有三十六人參加。

◆馬來西亞道場舉辦英文都市禪一,由常文法師、常峪法師帶領,共有十八人參加。

◆美國紐約象岡道場舉辦禪一,由監院常聞法師帶領,共有十九人參加。

07.11

◆臺北安和分院舉辦佛一,由監院果旭法師帶領,共有一百五十八人參加。

◆臺南安平精舍舉辦「綠色地球小主人是我——2010法鼓山兒童心靈環保體驗營」第二梯次,共有三十九位國小學童參加。

◆7月11日至8月29日,高雄紫雲寺每週日上午舉辦「兒童小鼓隊」課程,共有十八位小朋友參加。

◆關懷院於基隆市仁愛國小舉辦「進階大事關懷課程」,內容主題包括世俗禮儀的探討、佛教生死觀、談法鼓山大關懷教育的願景等,共有一百五十人參加。

◆南區法行會於高雄紫雲寺舉辦例會,進行半日禪,由監院果耀法師帶領,共有十五人參加。

◆護法會淡水辦事處舉辦「綠色地球小主人是我——2010法鼓山兒童心靈環保體驗營」第二梯次,共有二十四位國小學童參加。

◆11至16日,教聯會於三義DIY心靈環保教育中心舉辦教師暑假禪修營,由傳燈院監院常源法師帶領,共有九十一人參加。

◆僧團常延法師於美、加弘法關懷,11日上午於紐約東初禪寺週日講座中,主講「直擊產生煩惱的根源——略談佛教的禪修原理」,共有五十八人參加。

◆馬來西亞道場舉辦兒童生命教育課程,11日進行結業典禮,由監院常慧法師、常妙法師帶領,內容包括手語歌唱、心靈茶會、頒發結業證書等,共有十九位學童完成課程。

07.12

◆北投農禪寺舉辦「綠色地球小主人是我——2010法鼓山兒童心靈環保體驗營」第二梯次,共有四十位國小學童參加。

◆法鼓大學籌備處人生學院「一人一故事劇團」晚上於德貴學苑舉辦首次正式服務演出,演出主題為「童年」,共有三十多人參加。

◆12至16日,護法會基隆辦事處舉辦「綠色地球小主人是我——2010法鼓山兒童心靈環保體驗營」第一梯次,共有二十位國小學童參加。

07.13

◆ 方丈和尚果東法師上午於北投雲來寺大殿，對僧團法師、全體專職精神講話，期勉眾人帶著禪心上班，在工作中修行，全臺各分院道場同步視訊連線聆聽開示，有三百多人參加。

◆ 13至14日，桃園齋明寺舉辦「綠色地球小主人是我——2010法鼓山兒童心靈環保體驗營」第一梯次，共有一百八十位國小學童及家長參加。

07.14

◆ 傳燈院下午應臺灣中油股份有限公司臺北營業處之邀，至該處舉辦禪修指引課程，共有五十人參加。

◆ 7月14日至8月4日，信眾教育院每週三於北投雲來寺舉辦「法鼓講堂」佛學課程，由僧團常持法師主講「〈普賢菩薩行願讚〉的修行法要」，法鼓山數位學習網並進行線上直播。

◆ 7月14日至11月3日，信眾教育院每週三於護法會林口辦事處開辦佛學課程，講解聖嚴師父的著作《48個願望——無量壽經講記》，由講師悟常法師主講。

◆ 14至16日，慈基會林邊安心站舉辦「綠色地球小主人是我——2010法鼓山兒童心靈環保體驗營」第一梯次，共有七十三位國小學童參加。

◆ 14至25日，人基會心劇團於週三、四、日晚上與週六下午，於德貴學苑舉辦第一期團員培訓課程，第一堂課由導演溫耀庭、表演工作者張世帶領，共有二十五位團員參加。

◆ 聖基會舉辦「無盡的身教——今生與師父有約」系列講座，14日晚上由護法總會總會長楊正雄、周文進及資深悅眾楊紀梅、蔡麗豐主講，共有三十五人參加。

◆ 禪修中心副都監果元法師、禪堂板首果祺法師等四位法師於墨、美、瑞、德弘法關懷，7月14日於瑞士伯恩（Bern）分享禪法，共有十八位西方眾參加。

07.15

◆ 弘化院舉辦十二場第一階段「大悲心水陸法會講座」，15日晚上於德貴學苑進行，由中華佛研所所長果鏡法師主講「楞嚴壇」，講座同時透過網路電視台（http://ddmtv. ddm.org.tw）進行全程直播。

◆ 15至16日，桃園齋明寺舉辦「綠色地球小主人是我——2010法鼓山兒童心靈環保體驗營」第二梯次，共有一百三十位國小學童及家長參加。

◆ 慈基會與雲林縣政府於縣府社會處婦女福利大樓共同簽署捐建合約，協助古坑受災民眾重建安全的永久性住宅，由方丈和尚果東法師、蘇治芬共同簽約，古坑鄉鄉長林慧如、古坑鄉受災戶代表，以及祕書長果器法師、臺南分院監院果謙法師等出席參加。

◆ 法鼓大學全新網站（http://www.ddc.edu.tw），15日正式啟用，提供社會大眾完備而全面的學校發展與各學院相關學程資訊。

◆ 泰國朱拉隆功佛教大學校長達摩科沙栴法師（Ven. Phra Dharmakosajarn）率領該校教職員一行三十多人，上午參訪法鼓山園區及佛教學院，由方丈和尚果東法師、校長惠敏法師、副校長杜正民等代表接待，雙方並進行交流座談。

07.16

◆16至18日，禪堂舉辦禪二，由僧大學僧常鐘法師帶領，共有一百零九人參加。

◆16至18日，信眾教育院於三峽天南寺舉辦聖嚴書院北區學員暑期禪二，由普化中心副都監果毅法師帶領，共有八十七位學員參加。

◆16至23日，教聯會於三義DIY心靈環保教育中心舉辦教師暑假禪七，由傳燈院監院常源法師帶領，共有一百二十八人參加。

◆16至18日，加拿大溫哥華道場於薩薩馬特戶外中心（Sasamat Outdoor Centre）舉辦悅眾成長營，由監院果舟法師帶領，有近四十人參加。

◆禪修中心副都監果元法師、禪堂板首果祺法師等四位法師於墨、美、瑞、德弘法關懷，7月16至18日於德國拉芬斯堡（Ranvensburg）圓德寺，帶領禪三。

◆僧團果徹法師於美、加弘法關懷，16至18日、23至25日，於美國加州舊金山分會舉辦六場佛學講座，主題為「中觀的智慧」，每場有三十多人參加。

07.17

◆三學院義工室於法鼓山園區舉辦水陸義工初階培訓課程，有近一百六十人參加。

◆17至18日，桃園齋明寺舉辦「綠色地球小主人是我──2010法鼓山兒童心靈環保體驗營」第三梯次，共有兩百四十位國小學童及家長參加。

◆法鼓大學籌備處公益學院於德貴學苑舉辦「法鼓公益論壇」系列座談，17日下午與開拓文教基金會、網絡行動科技公司合辦，邀請中研院資訊創新研究中心專案經理李士傑主講「另類或主流？數位原生代的異想天空」，有近三十人參加。

◆17至18日，護法會新莊辦事處舉辦「綠色地球小主人是我──2010法鼓山兒童心靈環保體驗營」，共有二十三位國小學童參加。

◆護法會中永和辦事處舉辦「綠色地球小主人是我──2010法鼓山兒童心靈環保體驗營」，共有三十九位國小學童參加。

◆17及24日，美國紐約東初禪寺舉辦英文初級禪訓班，由聖嚴師父西方弟子大衛·史烈梅克（David Slaymaker）、哈利·米勒帶領，共有十二人參加。

◆17至31日，美國紐約象岡道場舉辦禪七、禪十四，由聖嚴師父法子繼程法師帶領，共有三十一人參加。

◆僧團常延法師於美、加弘法關懷，17至18日前往美國護法會新澤西州分會舉辦佛學講座、禪坐共修等。17日進行「《維摩經》導讀」講座。

07.18

◆北投農禪寺舉辦禪一，由果南法師帶領，共有一百零一人參加。

◆北投雲來寺舉辦「綠色地球小主人是我──2010法鼓山兒童心靈環保體驗營」，共有六十四位國小學童參加。

◆美國紐約東初禪寺舉辦週日講座，由住持果醒法師主講「智慧不離煩惱──石頭希遷禪師〈參同契〉」，共有四十三人參加。

◆僧團常延法師於美、加弘法關懷，18日上午於美國護法會新澤西州分會帶領禪坐共修，下午舉辦專題演講，主講「大悲懺的修行法門」。

07.19

◆19至21日，臺北安和分院舉辦「綠色地球小主人是我──2010法鼓山兒童心靈環保體驗營」第二梯次，共有七十四位國小學童參加。

◆19至21日，慈基會林邊安心站舉辦「綠色地球小主人是我──2010法鼓山兒童心靈環保體驗營」第二梯次，共有九十位國小學童參加。

◆19至23日，護法會基隆辦事處舉辦「綠色地球小主人是我──2010法鼓山兒童心靈環保體驗營」第二梯次，共有九十多位國小學童參加。

07.20

◆7月20、22日，8月11、17日，9月14、30日，及10月4日，人基會應臺北市民政局之邀，分別於大同區、信義區、文山區、士林區、中山區、中正區等地，承辦七場「生活禮儀研習課程」，由心六倫種子教師帶領，每場有一百多人參加。

07.21

◆21至25日，臺東信行寺舉辦「綠色地球小主人是我──2010法鼓山兒童心靈環保體驗營」，共有一百多位國小學童參加。

◆21至24日，慈基會與法青會於中國大陸四川法鼓山秀水安心服務站舉辦「生命教育心靈環保體驗營」小隊輔行前培訓課程，共有十一位法青學員與十位當地大專青年參加。

◆聖基會舉辦「無盡的身教──今生與師父有約」系列講座，21日晚上由資深悅眾李枝河、鄧清太主講，共有二十五人參加。

◆法青會於德貴學苑舉辦「法師有約」系列講座，21日晚上由僧團副住持果暉法師主講「現代唐僧東洋取經記」，共有六十七人參加。

◆禪修中心副都監果元法師、禪堂板首果祺法師等四位法師於墨、美、瑞、德弘法關懷，7月21至25日於德國拉芬斯堡圓德寺，帶領話頭禪五。

07.22

◆弘化院舉辦十二場第一階段「大悲心水陸法會講座」，22日晚上於德貴學苑進行，由臺中分院監院果理法師主講「法華壇」，講座同時透過網路電視台（http://ddmtv.ddm.org.tw）進行全程直播。

◆22至23日，慈基會受邀參與在美國華府華盛頓會議中心（Washington Convention Center）舉辦的「第二屆援助與國際發展論壇」（2th Aid & International Development Forum, AIDF）年會，由專職楊仁賢代表參加，在會中分享法鼓山多年全球賑災救援的經驗。

07.23

◆ 23至25日，三峽天南寺舉辦初級禪訓班二日營。

07.24

◆ 24至25日，法鼓山於北投雲來寺舉辦大悲心水陸法會北部地區說明會宣講員培訓課程，由監院果概法師、果樞法師等帶領，與學員分享正信正見的法會修行觀念，共有三十九位學員參加。

◆ 24至25日，臺北安和分院舉辦「綠色地球小主人是我——2010法鼓山兒童心靈環保體驗營」第三梯次，共有八十四位國中學生參加。

◆ 24至25日，臺南分院舉辦初級禪訓密集班，由監院果謙法師帶領，共有七十五人參加。

◆ 24至31日，禪堂舉辦初階禪七，由常澄法師帶領，共有一百四十六人參加。

◆ 傳燈院下午於北投雲來寺舉辦禪修指引課程，共有十七人參加。

◆ 法青會於德貴學苑舉辦「心光講堂」系列講座，24日下午邀請傳貴宏業生機有限公司負責人詹友綜主講「有機豆‧躍出生命活力」，分享有機農業的經營與行銷，共有四十人參加。

◆ 僧團常延法師於美、加弘法關懷，7月24日至8月1日於美國護法會伊利諾州芝加哥分會帶領佛學講座、禪坐共修等。24日上午舉辦佛法講座，主題為「拜大悲懺的意義和修行法門」；下午帶領大悲懺法會，共有四十人次參加。

◆ 7月24日至8月14日，美國護法會加州洛杉磯分會每週六上午舉辦初級禪訓班，有二十多人參加。

◆ 美國護法會加州洛杉磯分會下午舉辦《阿彌陀經》持誦共修，共有二十八人參加。

07.25

◆ 臺中分院於臺中市維他露基金會舉辦「生命之河系列學習坊」，25日主題為「臨終有光明」，邀請聖嚴書院講師郭惠芯、臺中榮民總醫院安寧病房志工隊大隊長張寶方帶領，共有一百六十人參加。

◆ 臺中分院於三義DIY心靈環保教育中心舉辦禪一，由果雲法師帶領，共有七十二多人參加。

◆ 高雄紫雲寺舉辦慈悲三昧水懺法會，由監院果耀法師帶領，共有一千一百三十多人參加。

◆ 義工團於北投雲來寺舉辦護勤組專業暨共融分享課程，由副團長彭大壯帶領，共有三十五人參加。

◆ 美國紐約東初禪寺舉辦週日講座，由住持果醒法師主講「智慧不離煩惱——石頭希遷禪師〈參同契〉」，共有五十八人參加。

◆ 僧團常延法師於美、加弘法關懷，25日下午於美國護法會伊利諾州芝加哥分會舉辦佛法講座，主題為「在生命的轉彎處遇見佛法」。

07.26

◆26至29日，慈基會於中國大陸四川安縣綿陽中學舉辦「生命教育心靈環保體驗營」，共有三百五十六人次參加。

◆26至29日，佛教學院研修中心主任果鏡法師受邀前往中國大陸廣州中山大學指導心靈環保禪修實作密集課程，共有二十多位該校師生參加。

07.27

◆27至29日，高雄紫雲寺舉辦「綠色地球小主人是我──2010法鼓山兒童心靈環保體驗營」，共有九十八位國小學童參加。

07.28

◆7月28日至8月1日，法鼓山園區舉辦「綠色地球小主人是我──2010法鼓山兒童心靈環保體驗營」第一梯次，共有一百九十六位國小學童參加。

◆聖基會舉辦「無盡的身教──今生與師父有約」系列講座，28日晚上由普化中心副都監果毅法師主講，共有五十人參加。

◆法青會於德貴學苑舉辦「法師有約」系列講座，28日晚上由僧團果幸法師主講「跟著聖嚴法師的腳步留美趣」，共有七十二人參加。

◆僧團常延法師於美、加弘法關懷，28日於美國芝加哥百靈頓湖（Lake Barrington Shores）為當地西方人士主講「佛教對人生的意義」，由國際佛教善女人會（Sakyadhita International）胡曉蘭教授擔任英譯，有近三十人參加。

◆僧團果徹法師於美、加弘法關懷，7月28日至8月13日期間，於美國護法會華盛頓州西雅圖分會舉辦八場佛學講座，講授《八大人覺經》。

07.29

◆弘化院舉辦十二場第一階段「大悲心水陸法會講座」，29日晚上於德貴學苑進行，由臺南分院監院果謙法師主講「藥師壇」，講座同時透過網路電視台（http://ddmtv.ddm.org.tw）進行全程直播。

◆人基會於德貴學苑舉辦「2010安和豐富心靈講座」系列講座，29日晚上由國際發展處監院果見法師主講「尋找心靈的活水源頭」。

07.30

◆30至31日，加拿大溫哥華道場舉辦佛二，由監院果舟法師帶領，每日有近六十人參加。

◆僧團常延法師於美、加弘法關懷，30、31日於美國護法會伊利諾州芝加哥分會舉辦三場佛法講座，主題為「《維摩經》導讀」。

07.31

◆ 7月31日至8月1日，桃園齋明寺舉辦佛二暨八關戒齋法會，由監院果啟法師帶領，有六百九十人次參加。

◆ 臺中分院於寶雲別苑舉辦「綠色地球小主人是我──2010法鼓山兒童心靈環保體驗營」第一梯次，共有七十九位國小學童參加。

◆ 臺南分院舉辦緊急救援課程，邀請臺南市消防局局長吳明芳、臺南地區緊急救援總指揮陳發勝主講，共有一百三十四人參加。

◆ 7月31日至8月1日，臺南雲集寺舉辦「綠色地球小主人是我──2010法鼓山兒童心靈環保體驗營」，共有八十位國小學童參加。

◆ 傳燈院於北投農禪寺舉辦初級禪訓班同學會，由監院常源法師帶領，共有五十五人參加。

◆ 普化中心於北投雲來寺舉辦「聖嚴書院福田班」關懷員培訓課程，由普化中心副都監果毅法師、常用法師等帶領，共有七十三人參加。

◆ 慈基會於中國大陸四川安縣民興中學舉辦「生命教育心靈環保體驗營」第一梯次，共有九十六位初中學生參加。

◆ 法鼓大學籌備處人生學院於德貴學苑舉辦「哲學家的咖啡館」系列活動，31日主題為「拒絕接受與接受拒絕」，由該學院助理教授辜琮瑜帶領，有近四十人參加。

◆ 7月31日及8月1日，人基會心劇團受邀參與於屏東內埔所舉辦的「2010六堆客家兒童藝文嘉年華」活動，進行創團首演，演出作品《餅乾冒險Rock & Roll──兒童搖滾音樂劇》。

◆ 7月31日至12月25日，人基會心劇團每月最後一週週六下午於德貴學苑舉辦「親子體驗遊樂園」系列活動。31日進行首場，主題為「生活倫理──禮貌好好玩」，共有五十二位幼稚園小朋友和家長參加。

◆ 7月31日至8月1日，護法會海山辦事處舉辦「綠色地球小主人是我──2010法鼓山兒童心靈環保體驗營」，共有八十五位國小學童參加。

◆ 美國紐約東初禪寺舉辦英文中級禪訓班，由聖嚴師父西方弟子大衛‧史烈梅克帶領。

8月 AUGUST

08.01

◆ 《人生》雜誌第324期出刊。

◆ 《法鼓》雜誌第248期出刊。

◆ 法鼓文化出版新書：高僧小說系列精選《萬世譯經師──鳩摩羅什》（徐潔著，劉建志繪）、《謙虛的大和尚──印光大師》（邱傑著，劉建志繪）；祈願鈔經系列《觀世音菩薩耳根圓通章硬筆鈔經本》、《華嚴經淨行品硬筆鈔經本》。

◆ 臺北安和分院舉辦禪一，由監院果旭法師帶領，共有九十九人參加。

◆ 臺中分院於寶雲別苑舉辦「綠色地球小主人是我──2010法鼓山兒童心靈環保體驗

營」第二梯次，共有七十五位國小學童參加。

◆高雄紫雲寺舉辦準勸募會員說明會，由監院果耀法師帶領，共有三十四人參加。

◆關懷院於南投安心站舉辦「初階大事關懷課程」，內容包括透過生命教育繪本賞析，引導思考生命的意義與價值，並探討大事關懷以建構共識等，共有一百一十人參加。

◆慈基會於中國大陸四川安縣民興中學舉辦「生命教育心靈環保體驗營」第二梯次，共有九十七位初中學生參加。

◆8月1日至11月14日期間，護法總會舉辦十三場「2010勸募會員成長營」，以「募人‧募心‧快樂學佛」為主題。1日於臺中分院進行首場，關懷中心副都監果器法師出席關懷，有一百八十位中部地區悅眾參加。

◆美國紐約東初禪寺舉辦週日講座，邀請聖嚴師父法子繼程法師主講「人際關係好修行」，共有九十四人參加。

◆僧團常延法師於美、加弘法關懷，1日於美國護法會伊利諾州芝加哥分會參與禪坐共修，並開示「直擊產生煩惱的根源──略談佛教的禪修原理」，共有十五人參加。

◆加拿大護法會安省分會舉辦初級禪訓班。

08.03

◆8月3日至9月7日，北投文化館中午舉辦《地藏經》持誦共修。

◆3至6日，三峽天南寺舉辦「國際自然保育禪三」，由禪修中心副都監果元法師帶領，共有二十位來自臺灣以及美國、加拿大、奧地利、芬蘭、澳洲等國環境保育學者及政府官員參加。

◆僧團常延法師於美、加弘法關懷，3至15日至加拿大多倫多舉辦佛學講座、禪坐共修等。3日晚上出席護法會安省分會舉辦的信眾關懷餐會，共有三十多人參加。

◆法鼓山佛教基金會與北投農禪寺、文化館、雲來寺獲頒內政部「98年度績優宗教團體」，內政部上午於臺大醫院國際會議中心舉辦「98年度績優宗教團體表揚大會」，由部長簡太郎頒發「施仁布澤」獎座，文化館鑑心長老尼、果悅法師等代表出席受獎。

08.04

◆4至8日，法鼓山園區舉辦「綠色地球小主人是我──2010法鼓山兒童心靈環保體驗營」第二梯次，共有一百九十一位國小學童參加。

◆4至7日，慈基會於中國大陸四川安縣什邡中學舉辦「生命教育心靈環保體驗營」，共有三百四十人次參加。

◆4至6日，慈基會東勢安心站舉辦「綠色地球小主人是我──2010法鼓山兒童心靈環保體驗營」，共有三十位學童參加。

◆4至8日，美國護法會新澤西州分會於紐約象岡道場舉辦親子營，分為成人組、青少年組。

◆聖基會舉辦「無盡的身教──今生與師父有約」系列講座，4日晚上由法鼓大學籌備處人生學院助理教授辜琮瑜主講，共有三十八人參加。

◆4至25日，臺北安和分院每週三晚上舉辦初級禪訓班，由監院果旭法師帶領，有六十

七人參加。

◆4至25日，馬來西亞道場每週三晚上舉辦初級禪訓班，由常峱法師、常妙法師帶領。

08.05

◆弘化院舉辦十二場第一階段「大悲心水陸法會講座」，5日晚上於德貴學苑進行，由僧團果傳法師主講「大壇」，講座同時透過網路電視台（http://ddmtv.ddm.org.tw）進行全程直播。

◆法鼓山持續關懷南亞海嘯賑災，5至20日，慈基會派遣義工前往斯里蘭卡勘查醫療團義診相關事宜，並進行學童獎助學金頒發活動、贈予當地民生物資和學用品等，共有三十位學子受益。

◆5至6日，禪堂應邀為歐美國際扶輪社舉辦禪修營，由國際發展處監院果見法師帶領，共有三十九人參加。

◆法行會晚上於臺北國賓飯店舉辦第一一七次例會，由方丈和尚果東法師主講「人生旅程運用『八ㄐㄧㄥˋ法行』自在生活——境、競、鏡、靜、淨、敬、勁、竟」，共有兩百零三人參加。

◆5至15日，聖嚴師父法子繼程法師前往波蘭主持禪十，帶領四十二位來自波蘭和世界各地的禪眾精進修行。

08.06

◆6至8日，北投文化館舉辦中元地藏法會。

◆僧團常延法師於美、加弘法關懷，6日晚上參與加拿大護法會安省分會舉辦的英語佛學讀書會，與成員進行佛學問答，共有十多人參加。

08.07

◆7至8日，北投農禪寺舉辦初級禪訓密集班，由常平法師帶領，共有一百零四人參加。

◆北投農禪寺舉辦「健康促進研習營」健康講座，7日邀請臺北市北投區長春派出所所長陳文鍾主講「如何預防詐騙」，共有十四人參加。

◆三峽天南寺舉辦念佛禪一。

◆7至28日，桃園齋明寺每週六舉辦初級禪訓班。

◆7至8日，信眾教育院於高雄紫雲寺舉辦「心靈環保讀書會帶領人」初階培訓課程，由普化中心副都監果毅法師及常用法師、資深讀書會帶領人方隆彰老師帶領，共有八十多位雲嘉南、高屏地區學員參加。

◆慈基會於臺南分院舉辦南區「資深慰訪關懷悅眾成長營」，內容包括自我探索與照顧、帶人的藝術——領導、溝通協調及演練管理，以及情緒管理等，由分院監院果謙法師、資深讀書會帶領人方隆彰帶領，監院果器法師出席關懷，共有七十七位彰化、雲林、嘉義、臺南、高雄、屏東等地慰訪員參加。

◆法鼓大學籌備處公益學院於德貴學苑舉辦「法鼓公益論壇」系列座談，8日下午邀請前光仁社會福利基金會社會事業部主任沈麗盡主講「舊愛新歡？是好生意」，分享二

手商品的產業概觀與流通。

◆護法會員林辦事處舉辦「綠色地球小主人是我——2010法鼓山兒童心靈環保體驗營」，共有二十五位國小學童參加。

◆護法會基隆辦事處上午於基隆長榮桂冠酒店舉辦「歡慶基隆區護法會成立二十週年」慶祝活動，方丈和尚果東法師、關懷中心副都監果器法師、護法總會總會長陳嘉男伉儷到場祝福，有近五百人參加。

◆7至14日，加拿大溫哥華道場舉辦話頭禪七，由禪堂板首果祺法師帶領，共有三十一人參加。

◆僧團常延法師於美、加弘法關懷，7日下午於加拿大多倫多北約克市議會堂舉辦佛學講座，主題為「在生命的轉彎處遇到佛法」，有近六十人參加。

◆財團法人大元教育基金會舉辦《傳家——中國人的生活智慧》新書發表會，方丈和尚果東法師應邀出席。會中，編作者任祥表示感念聖嚴師父的興學悲願，將套書在臺灣的發行所得捐贈給法鼓大學。

◆傳燈院於北投雲來寺舉辦「Fun鬆一日禪」，由常綠法師帶領，共有七十二人參加。

◆7日及14日，美國紐約東初禪寺舉辦初級禪訓班，由常懿法師、常琛法師帶領，共有二十多人參加。

◆美國護法會加州舊金山分會舉辦禪修講座，邀請佛羅里達州立大學宗教系助理教授俞永峰主講「禪宗心要」。

◆馬來西亞道場舉辦英文初級禪訓班，由常文法師帶領，共有十人參加。

◆中國大陸山東濟南義淨寺方丈常淨法師帶領「義淨寺赴臺佛教文化交流團」一行二十八人，參訪法鼓山園區及佛教學院，由佛教學院校長惠敏法師、學士班班主任果暉法師以及中華佛研所所長果鏡法師等代表接待，進行座談交流。

08.08

◆臺南分院舉辦禪一，由監院果謙法師帶領，共有六十人參加。

◆臺中分院舉辦「生命之河系列學習坊」，8日主題為「臨終有光明」，由聖嚴書院講師郭惠芯帶領，共有一百二十人參加。

◆方丈和尚果東法師受邀出席高雄縣政府於縣立體育場舉辦的八八水災週年「心手相連、慈悲蔓延——八八水災週年高雄縣各大宗教聯合追思祝禱大會」，帶領民眾誦念佛號，表達對災區民眾的祝福，共有兩千多人參加。

◆法鼓山持續關懷八八水災災後重建，協助高雄縣六龜鄉整建的「荖濃防災暨社區教育中心」，8日下午舉行啟用典禮，由方丈和尚果東法師主持贈鑰、揭牌儀式。

◆美國紐約東初禪寺舉辦週日講座，邀請聖嚴師父西方弟子哈利‧米勒主講《金剛經》，共有四十三人參加。

◆8日及22日，美國紐約東初禪寺舉辦佛學英文讀書會，閱讀聖嚴師父的著作《禪的智慧》、《三十七道品》，由聖嚴師父的西方弟子比爾‧賴特、哈利‧米勒帶領。

◆8月8日至10月31日期間，馬來西亞道場每月隔週週日下午於瓜拉雪蘭莪自然公園舉辦兒童生命教育課程，內容包括學佛行儀、法鼓山「四環」與「心六倫」理念介紹等。8日下午進行第一堂課，主題為學佛行儀、法鼓八式動禪，由監院常慧法師、常妙法師帶領，有十九位六至九歲學童參加。

◆美國護法會加州洛杉磯分會於當地艾爾‧多拉多公園（El Dorado Park）舉辦戶外禪，共有三十五人參加。

◆美國護法會加州舊金山分會舉辦禪一，邀請佛羅里達州立大學宗教系助理教授俞永峰帶領。

◆僧團常延法師於美、加弘法關懷，8日上午於加拿大多倫多北約克市議會堂舉辦佛學講座，主題為「《維摩經》導讀」，有近五十人參加。

08.09

◆9至13日，慈基會於中國大陸四川省安縣什邡羅漢寺為大專生舉辦「生命教育心靈環保體驗營」，共有一百五十人次參加。

◆中國大陸山東省教育考察團一行八人至德貴學苑參訪，由法鼓大學籌備處校長劉安之、副教授楊蓓接待，並進行學術交流。

08.10

◆慈基會於中國大陸四川安縣秀水第一中心小學舉辦「生命教育心靈環保體驗營」第一梯次，共有五十一位國小學童參加。

◆10至17日，佛教學院副校長杜正民受邀參加中國大陸新疆塔里木大學於該校舉辦的「2010兩岸西域文化交流學術研討會」，並發表「絲路文化『時空平台』互動機制之開發研究」主題演講。

08.11

◆11至15日，法鼓山園區舉辦「綠色地球小主人是我──2010法鼓山兒童心靈環保體驗營」第三梯次，共有近兩百位國小學童參加。

◆8月11日至9月1日，信眾教育院每週三於北投雲來寺舉辦「法鼓講堂」佛學課程，由國際發展處監院果見法師主講「《金剛經》略解」，法鼓山數位學習網並進行線上直播。

◆慈基會於中國大陸四川安縣秀水第一中心小學舉辦「生命教育心靈環保體驗營」第二梯次，共有五十位國小學童參加。

◆聖基會舉辦「無盡的身教──今生與師父有約」系列講座，11日晚上由僧團果雲法師主講，共有三十四人參加。

◆11至15日，法青會於法鼓山園區舉辦2010青年卓越營，主題為「改變自己，做自己心的主人」，並舉辦三場「名人有約」座談，有近兩百人參加。

◆11至12日，美國護法會加州舊金山分會舉辦臨終關懷講座、助念法器練習，由紐約東初禪寺常懿法師帶領。

08.12

◆弘化院舉辦十二場第一階段「大悲心水陸法會講座」，12日晚上於德貴學苑進行，邀

請大常法師主講「華嚴壇」，講座同時透過網路電視台（http://ddmtv.ddm.org.tw）進行全程直播。

◆慈基會於中國大陸四川安縣秀水第一中心小學舉辦「生命教育心靈環保體驗營」第三梯次，共有四十七位國小學童參加。

08.13

◆13至15日，傳燈院於三義DIY心靈環保教育中心舉辦初級禪訓班二日營，由常緣法師帶領，共有七十五人參加。

◆慈基會於中國大陸四川安縣秀水第一中心小學舉辦「生命教育心靈環保體驗營」第四梯次，共有六十九位國小學童參加。

◆13至22日，美國紐約象岡道場舉辦初階默照禪十，由佛羅里達州立大學宗教系助理教授俞永峰帶領，共有十四人參加。

◆僧團常延法師於美、加弘法關懷，13日晚上於加拿大護法會安省分會關懷信眾，並解答信眾學佛疑問，共有十六人參加。

08.14

◆8月14日至9月1日，禪修中心副都監果元法師受邀前往印尼雅加達、棉蘭、日惹、峇里島四地弘法，內容包括帶領禪修、舉辦禪修講座等。8月14至18日於雅加達禪那芒迦羅精舍（Jhana Manggala Retreat Center）帶領禪五，共有五十人參加。

◆14至20日，北投農禪寺啟建梁皇寶懺法會，由監院果燦法師帶領，共有四萬六千多人次參加。

◆8月14日至12月25日期間，臺中分院每月舉辦寶雲講談「夢・實踐」系列人文講談，共五場。8月14日進行第一場，邀請屏安醫院院長黃文翔主講「心的療癒——小鎮醫師築大夢」，有近一百八十人參加。

◆臺東信行寺舉辦專題講座，主題為「溝通技巧」與「方針管理」，由經營規畫處法師主持，共有十七人參加。

◆8月14日至10月16日期間，慈基會、護法總會與法行會，共同於北投雲來寺舉辦媒體資訊「六合一專才培訓班」課程，內容包括企畫思考、製作實務，後製規畫等，共十二堂課，有十八位各地區護法體系學員參加。

◆法鼓大學籌備處人生學院於德貴學苑舉辦「生命故事與心靈療癒」工作坊，14日由副教授楊蓓主講「親密與自由」，共有六十人參加。

◆美國護法會新澤西州分會舉辦地藏法會，由紐約東初禪寺住持果醒法師主法，有近一百五十人參加。

◆美國護法會加州洛杉磯分會下午舉辦佛學講座，由紐約東初禪寺常懿法師主講「聽見自己的聲音——認識觀音法門」，共有七十人參加。

◆加拿大護法會安省分會舉辦禪一，共有二十四人參加。

08.15

◆法鼓山園區舉辦服務接待組初階義工培訓課程，共有三十二人參加。

◆南投德華寺舉辦中元普度地藏法會，由僧團果弘法師帶領，共有五十多人參加。

◆美國紐約東初禪寺舉辦週日講座，由美國護法會輔導法師常華法師主講「《圓覺經》十二問」，共有五十三人參加。

◆馬來西亞道場舉辦禪一，由常妙法師帶領，共有二十七人參加。

◆美國護法會加州洛杉磯分會舉辦八關戒齋法會及念佛禪一，由紐約東初禪寺常懿法師帶領，分別有二十二人、四十四人參加。

◆僧團常延法師於美、加弘法關懷，15日上午於加拿大護法會安省分會舉辦佛學講座，主講「拜大悲懺的意義和修行法門」；下午帶領大悲懺法會，有三十多人參加。

08.16

◆16至22日，桃園齋明寺舉辦中元報恩地藏七永日法會，前六天進行地藏懺法會，共有一千八百六十次人參加；最後一天進行《地藏經》持誦，由監院果啟法師帶領，共有六百三十人次參加。

08.17

◆僧團常延法師於美、加弘法關懷，17、24日晚上於美國護法會加州舊金山分會帶領禪坐共修。

08.18

◆8月18日至11月18日，法鼓大學籌備處人生學院與法鼓文化、《人生》雜誌，共同於德貴學苑舉辦「看見生命的臉——在眼與心之間的生命旅行」攝影展，展出攝影師李東陽近七十幅攝影作品。

◆聖基會舉辦「無盡的身教——今生與師父有約」系列講座，18日晚上由臺北師範學院語文教育系副教授涂艷秋主講，共有十七人參加。

◆法青會於德貴學苑舉辦「法師有約」系列講座，18日晚上由僧大副院長果光法師主講「預測生命價值的計算公式」，共有一百零四人參加。

08.19

◆禪修中心副都監果元法師於印尼弘法關懷，19日於日惹光報寺（Vihara Buddha Prabha）舉辦佛法講座，主題為「禪：如來如去」，共有八十多人參加。

◆弘化院舉辦十二場第一階段「大悲心水陸法會講座」，19日晚上於德貴學苑進行，由普化中心副都監果毅法師主講「總壇」，講座同時透過網路電視台（http://ddmtv.ddm.org.tw）進行全程直播。

08.20

◆禪修中心副都監果元法師於印尼弘法關懷，20至26日於日惹市郊的歐馬匣威靜修中心（Omah Jawi Retreat House）主持禪七，共有四十人參加。

◆20至22日，臺南雲集寺首度舉辦慈悲三昧水懺法會暨三時繫念法會，水懺法會由僧團男眾副都監果興法師主法，共有四百四十多人參加。22日三時繫念法會中，方丈和尚果東法師親臨關懷，由關懷中心副都監果器法師主法，共有四百人參加。

◆僧團常延法師於美、加弘法關懷，20日晚上於美國護法會加州舊金山分會舉辦佛法講座，主題為「在生命的轉彎處遇見佛法」，共有三十多人參加。

08.21

◆21至22日，北投雲來寺舉辦初級禪訓密集班，由僧團常乘法師帶領，共有五十一人參加。

◆21至22日，臺中分院舉辦中元普度報恩地藏法會，進行地藏懺法會、《地藏經》持誦。

◆21至22日，弘化院於禪堂舉辦香積義工培訓營，進行禪二，由常捷法師帶領，共有一百四十一人參加。

◆21至28日，禪堂於三義DIY心靈環保教育中心舉辦初階禪七，由果傳法師帶領，共有一百一十二人參加。

◆金山法鼓山社大舉辦「綠色地球小主人是我——2010法鼓山兒童心靈環保體驗營」，共有五十二位國小學童參加。

◆美國紐約東初禪寺舉辦中級禪訓班，由常懿法師帶領，共有十人參加。

◆馬來西亞法青會於馬來西亞道場舉辦「與法師有約」講座，21日由監院常慧法師主講「是誰在搞鬼？」共有五十人參加。

◆僧團常延法師於美、加弘法關懷，21、22、28日下午於美國護法會加州舊金山分會共舉辦三場佛法講座，主題為「《維摩經》導讀」，有三十多人參加。

08.22

◆北投農禪寺舉辦禪一，由果南法師帶領，共有八十三人參加。

◆8月22日至9月12日，臺北安和分院舉辦報恩祈福法會，內容包括每日《地藏經》持誦共修，8月22日、9月5日進行地藏法會，9月12日進行地藏懺法會等，共有四千多人次參加。

◆護法總會舉辦「2010勸募會員成長營」，22日於高雄紫雲寺進行，關懷中心副都監果器法師出席關懷，共有兩百二十六位高屏地區悅眾參加。

◆美國紐約東初禪寺舉辦週日講座，由住持果醒法師主講「智慧不離煩惱——石頭希遷禪師〈參同契〉」，共有四十三人參加。

◆馬來西亞道場舉辦兒童生命教育課程，22日主題為學佛行儀、法鼓八式動禪，由監院常慧法師、常妙法師帶領，共有十九位學童參加。

08.23

◆ 僧團果徹法師於美、加弘法關懷，8月23、25、26、30日以及9月1至2日，於加拿大溫哥華道場舉辦六場佛學講座，講授《八大人覺經》，共有四百多人次參加。

08.24

◆ 北投農禪寺舉辦中元孝親報恩地藏懺法會，由果南法師帶領，共有四百三十人參加。
◆ 24至26日，美國紐約象岡道場舉辦「青年禪修工作坊」（Think Outside Yourself Workshop），由僧團果禪法師、常濟法師帶領。

08.25

◆ 聖基會舉辦「無盡的身教──今生與師父有約」系列講座，25日晚上由僧大副院長果光法師主持綜合座談，共有五十五人參加。

08.26

◆ 弘化院舉辦十二場第一階段「大悲心水陸法會講座」，26日晚上於德貴學苑進行，由僧大副院長果光法師主講「萬行壇」，講座同時透過網路電視台（http://ddmtv.ddm.org.tw）進行全程直播。
◆ 26至27日，高雄紫雲寺舉辦中元普度地藏法會，由僧團果興法師主法，共有八百六十八人次參加。
◆ 人基會於德貴學苑「2010安和豐富心靈講座」系列活動，26日晚上邀請臺灣大學哲學系教授林火旺主講「幸福的必要條件」。

08.27

◆ 8月27日至9月17日，臺中分院每週五晚上舉辦初級禪訓班，有八十人參加。
◆ 27至28日，臺東信行寺舉辦中元普度地藏法會，由監院果密法師帶領，共有一百五十人參加。
◆ 27至29日，傳燈院於三峽天南寺舉辦初級禪訓班輔導學長培訓營，由監院常源法師帶領，共有七十二人參加。
◆ 27至29日，美國紐約象岡道場舉辦青年禪修營，由監院常聞法師帶領，共有二十四人參加。
◆ 僧團常延法師於美、加弘法關懷，27日晚上於美國護法會加州舊金山分會舉辦佛法講座，主題為「拜大悲懺的意義和修行方法」，共有六十多人次參加。
◆ 27至29日，香港護法會於當地將軍澳寶覺中學舉辦「大悲心水陸法會說明會」、「大悲懺法門講座及實修體會」講座，由弘化院監院、水陸法會召集人果慨法師主講，共有一百五十多人參加。

08.28

◆禪修中心副都監果元法師於印尼弘法關懷，28日於峇里島佛法寺（Vihara Buddha Dharma）舉辦禪修講座，主講「禪與生活」，共有七十人參加。

◆臺北中山精舍舉辦首次地藏法會，由安和分院監院果旭法師帶領。

◆高雄紫雲寺舉辦中元普度三時繫念法會，由關懷中心副都監果器法師主法，共有兩千兩百八十一人參加。

◆8月28日至2011年5月14日期間，普化中心於北投雲來寺舉辦聖嚴書院「福田班」義工培訓課程，共十堂課，內容包括法鼓山的理念、組織以及各項修行法門、關懷服務等介紹。

◆法鼓大學籌備處人生學院於德貴學苑舉辦「哲學家的咖啡館」系列活動，28日主題為「附屬與歸屬」，由該院助理教授辜琮瑜帶領，共有十八人參加。

◆人基會心劇團於德貴學苑舉辦「親子體驗遊樂園」系列活動，28日主題為「自然倫理──環保接力賽」。

◆法青會於德貴學苑舉辦「心光講堂」系列講座，28日下午邀請圖文漫畫家馬克主講「幽默畫職場‧引領kuso圖文瘋」，分享職場經驗及歷程，共有一百五十三人參加。

◆28至29日，法青會臺南分會於臺南雲集寺舉辦「社青生涯樂活營──從頭路闖出路」，由僧團果澔法師帶領，邀請標竿學院資深顧問陳若玲、英國倫敦商會考試局臺灣區董事長張祐康分享學業、人際、心靈三大層面自我成長與生涯規畫，有二十四人參加。

◆28至29日，美國護法會輔導法師常華法師、常齋法師前往伊利諾州芝加哥分會弘法關懷，28日下午於分會舉辦地藏法會，共有二十五人參加；29日常齋法師帶領一場「禪的工作坊」，有二十人參加。

08.29

◆臺中分院下午舉辦「再次貼近聖嚴師父的心──中部啟建法鼓山寶雲寺說明會」，感恩榮譽董事的護持，方丈和尚果東法師出席關懷，包括護法總會副總會長黃楚琪、榮譽董事會會長劉偉剛、法鼓大學籌備處校長劉安之、法行會中區分會會長蔡瑞榮，以及中國醫藥大學董事長蔡長海、興農集團總裁楊天發等，共有兩百多人參加。

◆8月29日至9月4日，臺南分院舉辦中元普度地藏法會，由監院果謙法師帶領，共有一千九百多人參加。

◆護法總會舉辦「2010勸募會員成長營」，29日分別於德貴學苑、北投雲來寺進行，各有一百七十位北三轄區、兩百五十五位北四轄區悅眾參加。

◆禪修中心副都監果元法師於印尼弘法關懷，29日於峇里島佛法寺（Vihara Buddha Dharma）帶領一日禪工作坊，共有三十人參加。

◆美國護法會輔導法師常華法師、常齋法師於伊利諾州芝加哥分會弘法關懷，29日上午於分會帶領禪坐共修；下午舉辦佛法講座，由常華法師主講「禪法中的『放下』與『愛』的藝術」。

◆僧團常延法師於美、加弘法關懷，29日於美國護法會加州舊金山分會帶領一日禪，有近三十人參加。

◆臺東信行寺舉辦中元普度三時繫念法會,由監院果密法師帶領,共有一百二十人參加。

◆美國紐約東初禪寺舉辦週日講座,由住持果醒法師主講「智慧不離煩惱——石頭希遷禪師〈參同契〉」,共有四十八人參加。

08.30

◆8月30日至2011年1月24日,臺北安和分院每週一晚上舉辦「唯識心理學——唯識的應用與修持」佛學課程,邀請心理諮商專家鄭石岩教授主講,有三百多人參加。

◆8月30日至12月27日,信眾教育院每週一於北投農禪寺開辦「聖嚴書院精讀二上——五講精讀(二)」佛學課程,由講師林立主講。

◆8月30日至12月27日,信眾教育院每週一於北投農禪寺開辦「聖嚴書院精讀三下——五講精讀(三)」佛學課程,由講師溫天河主講。

◆8月30日至12月27日,信眾教育院每週一上午於臺北安和分院開辦「聖嚴書院初階二上——學佛五講」佛學課程,下午於臺北中山精舍開辦「聖嚴書院精讀一上——五講精讀(一)」佛學課程,皆由講師戴良義主講。

◆8月30日至12月27日,信眾教育院每週一於德貴學苑開辦「聖嚴書院精讀二上——五講精讀(二)」佛學課程,由講師常慶法師主講。

◆8月30日至12月27日,信眾教育院每週一於臺南分院開辦「聖嚴書院精讀三上——五講精讀(三)」佛學課程,由講師林其賢主講。

◆8月30日至12月27日,信眾教育院每週一於高雄三民精舍開辦「聖嚴書院初階二上——學佛五講」佛學課程,由講師張瓊夫主講。

◆8月30日至12月27日,信眾教育院每週一於高雄紫雲寺開辦「聖嚴書院初階三下——心的經典」佛學課程,由講師林秀雪主講。

◆8月30日至12月27日,信眾教育院每週一於南投安心站開辦「聖嚴書院初階二上——學佛五講」佛學課程,由講師果弘法師主講。

◆8月30日至12月27日,信眾教育院每週一於屏東辦事處開辦「聖嚴書院初階二上——學佛五講」佛學課程,由講師常一法師主講。

08.31

◆8月31日至12月28日,信眾教育院每週二於北投農禪寺開辦「聖嚴書院初階二上——學佛五講」佛學課程,由講師果賢法師主講。

◆8月31日至12月28日,信眾教育院每週二於臺北安和分院開辦「聖嚴書院初階一上——在法鼓山學佛」佛學課程,由講師果旭法師主講。

◆8月31日至12月28日,信眾教育院每週二於臺北中山精舍開辦「聖嚴書院專題二下、專題一下——專題研讀(一)、(二)」佛學課程,由講師戴良義主講。

◆8月31日至12月28日,信眾教育院每週二於臺中分院開辦「聖嚴書院精讀一上——五講精讀(一)」佛學課程,由講師林其賢主講。

◆8月31日至12月28日,信眾教育院每週二於臺中分院開辦「聖嚴書院精讀三下、精讀二下——五講精讀(二)、(三)」佛學課程,由講師林其賢主講。

◆8月31日至12月28日，信眾教育院每週二於臺中分院開辦「聖嚴書院專題二上——專題研讀（二）」佛學課程，由講師果理法師、林其賢主講。

◆8月31日至12月28日，信眾教育院每週二於高雄三民精舍開辦「聖嚴書院初階三下——心的經典」佛學課程，由講師林秀雪主講。

◆8月31日至12月28日，信眾教育院每週二於護法會新莊辦事處開辦「聖嚴書院初階二上——學佛五講」佛學課程，由講師謝水庸主講。

◆本日為馬來西亞國慶日，馬來西亞道場下午舉辦孝親報恩地藏法會，由常文法師、常峪法師帶領，共有九十人參加。

9月 SEPTEMBER

09.01

◆《人生》雜誌第325期出刊。

◆《法鼓》雜誌第249期出刊。

◆法鼓文化出版新書：影音系列《法鼓山之美——建築之美、佛像之美》DVD；大自在系列《我該怎麼辦？：49則逆轉生命的智慧》（*Dealing with Life's Issues*）（圖丹卻准法師 Ven. Thubten Chodrone 著，雷淑雲譯）。

◆「法鼓山大悲心水陸法會線上共修網站」上線，提供網友於網路上精進用功。

◆9月1日至2011年1月26日，臺北安和分院每週三晚上舉辦「生命故事與創意轉化」成長課程，由法鼓大學籌備處人生學院助理教授辜琮瑜主講，有六十一人參加。

◆1至22日，臺北安和分院每週三晚上舉辦初級禪訓班，由監院果旭法師帶領，有四十多人參加。

◆9月1日至10月19日，高雄紫雲寺每日下午舉辦持誦《地藏經》共修及《阿彌陀經》晚課。

◆9月1日至12月29日，信眾教育院每週於北投農禪寺開辦「聖嚴書院初階一上——在法鼓山學佛」佛學課程，由講師常及法師主講。

◆9月1日至12月29日，信眾教育院每週三於德貴學苑開辦「聖嚴書院初階二上——學佛五講」佛學課程，由講師常嶺法師主講。

◆9月1日至12月29日，信眾教育院每週三於臺北中山精舍開辦「聖嚴書院初階一上——在法鼓山學佛」佛學課程，由講師常庵法師主講。

◆9月1日至12月29日，信眾教育院每週三於臺中分院開辦兩班「聖嚴書院初階三上——菩薩戒／漢傳佛教」佛學課程，分別由講師果理法師、林其賢主講。

◆9月1日至12月29日，信眾教育院每週三於臺中寶雲別苑開辦「聖嚴書院初階一上——在法鼓山學佛」佛學課程，由講師郭惠芯主講。

◆9月1日至12月29日，信眾教育院每週三於高雄三民精舍開辦「聖嚴書院初階一上——在法鼓山學佛」佛學課程，由講師常法法師主講。

◆9月1日至12月29日，信眾教育院每週三於高雄紫雲寺開辦「聖嚴書院初階二上——學佛五講」佛學課程，由講師張瓊夫主講。

◆9月1日至12月29日，信眾教育院每週三於金山法鼓山社大開辦「聖嚴書院初階三上——菩薩戒／漢傳佛教」佛學課程，由講師果興法師主講。

◆9月1日至12月29日，信眾教育院每週三於聖嚴教育基金會辦公室開辦「聖嚴書院初階一上——在法鼓山學佛」佛學課程，由講師常林法師主講。

◆9月1日至12月29日，信眾教育院每週三於護法會新店辦事處開辦「聖嚴書院初階一上——在法鼓山學佛」佛學課程，由講師果界法師主講。

◆9月1日至12月29日，信眾教育院每週三於護法會彰化辦事處開辦「聖嚴書院初階二上——學佛五講」佛學課程，由講師果弘法師主講。

◆9月1日至12月29日，信眾教育院每週三於護法會員林共修處開辦「聖嚴書院初階二上——學佛五講」佛學課程，由講師果雲法師主講。

◆禪修中心副都監果元法師於印尼弘法關懷，1日於棉蘭勝利法寺（Vihara Dharma Wijaya）舉辦禪修講座，主講「禪：生活的平衡」，共有一百二十人參加。

09.02

◆9月2日至2011年1月5日，臺北安和分院每週四下午舉辦「聖嚴法師教淨土法門」佛學課程，由僧團女眾副都監果舫法師主講，有一百一十六多人參加。

◆9月2日至12月30日，信眾教育院每週四於北投農禪寺開辦「聖嚴書院初階三上——菩薩戒／漢傳佛教」佛學課程，由講師果高法師主講。

◆9月2日至12月30日，信眾教育院每週四於基隆精舍開辦「聖嚴書院初階一上——在法鼓山學佛」佛學課程，由講師常定法師主講。

◆9月2日至12月30日，信眾教育院每週四於臺中分院開辦「聖嚴書院初階二上——學佛五講」佛學課程，由講師果竣法師主講。

◆9月2日至12月30日，信眾教育院每週四於高雄紫雲寺開辦「聖嚴書院初階一上——在法鼓山學佛」佛學課程，由講師郭惠芯主講。

◆9月2日至12月30日，信眾教育院每週四於金山法鼓山社大開辦「聖嚴書院初階一上——在法鼓山學佛」佛學課程，由講師常湛法師主講。

◆9月2日至12月30日，信眾教育院每週四於護法會新莊辦事處開辦「聖嚴書院初階三上——菩薩戒／漢傳佛教」佛學課程，由講師果興法師主講。

◆9月2日至12月30日，信眾教育院每週四於護法會宜蘭辦事處開辦「聖嚴書院初階三上——菩薩戒／漢傳佛教」佛學課程，由講師常諦法師主講。

◆9月2日至12月23日，信眾教育院每週四於護法會大同辦事處開辦佛學課程，講解聖嚴師父的著作《探索識界——八識規矩頌講記》，由講師朱秀容主講。

◆法行會晚上於臺北國賓飯店舉辦第一一八次例會，邀請法鼓大學籌備處校長劉安之、《傳家》編者任祥主講「大願興學——法鼓大學的規畫與發展」，共有一百一十人參加。

09.03

◆3至10日，禪堂舉辦默照禪七，由常澧法師帶領，共有九十八人參加。

◆9月3日至12月31日，信眾教育院每週五於德貴學苑開辦兩班「聖嚴書院初階一上——

在法鼓山學佛」佛學課程，分別由講師常超法師、常恩法師主講。

◆9月3日至2011年1月28日，信眾教育院每週五於臺北安和分院開辦佛學課程，講解聖嚴師父的著作《修行在紅塵──維摩詰經六講》，由講師清德法師主講。

◆9月3日至12月31日，信眾教育院每週五於臺北中山精舍開辦「聖嚴書院初階二上──學佛五講」佛學課程，由講師常嶺法師主講。

◆9月3日至2011年1月7日，信眾教育院每週五於桃園齋明寺開辦「聖嚴書院精讀一上──五講精讀（一）」佛學課程，由講師溫天河主講。

◆9月3日至12月31日，信眾教育院每週五於臺南分院開辦「聖嚴書院初階二上──學佛五講」佛學課程，由講師果澔法師主講。

◆9月3日至12月31日，信眾教育院每週五於臺南安平精舍開辦「聖嚴書院初階二上──學佛五講」佛學課程，由講師許永河主講。

◆9月3日至12月31日，信眾教育院每週五於高雄紫雲寺開辦「聖嚴書院精讀二下──五講精讀（二）」佛學課程，由講師林其賢主講。

◆9月3日至12月31日，信眾教育院每週五於護法會淡水辦事處開辦「聖嚴書院初階一上──在法鼓山學佛」佛學課程，由講師常參法師主講。

◆9月3日至12月31日，信眾教育院每週五於護法會中永和辦事處開辦「聖嚴書院初階二上──學佛五講」佛學課程，由講師胡國富主講。

◆9月3日至12月31日，信眾教育院每週五於護法會海山辦事處開辦「聖嚴書院初階三上──菩薩戒／漢傳佛教」佛學課程，由講師果會法師主講。

◆3至5日，佛教學院校長惠敏法師應邀至日本奈良，參加「平城遷都一三○○祭」活動之「注意心念、清淨心情──奈良之傳統與現代意義」研討會，此研討會由「二十一世紀之智慧與實踐論壇」、真言律宗總本山西大寺、元興寺合辦，法師在研討會上發表專文〈「輕安一心」創意禪修空間研究〉，並在元興寺指導將禪修、念佛融合的修行方法。

◆3至5日，法青會於三義DIY心靈環保教育中心舉辦青年禪二，由僧團果解法師帶領，共有九十位學員參加。

◆9月3日至11月5日，美國護法會華盛頓州西雅圖分會每週五晚上舉辦禪修課程「牛的印跡」，內容以學禪實修方法的說明與練習為主，有十五人參加。

09.04

◆法鼓山於北投農禪寺舉辦「社會菁英禪修營第六十六次共修會」，由僧團果興法師帶領，方丈和尚果東法師出席關懷，共有六十六人參加。

◆4至5日，法鼓山於園區舉辦剃度大悲懺法會，共有兩百多人參加。

◆4至6日，由臺北大華嚴寺、華嚴學會主辦的「華嚴全球論壇」（Huayen Forum of Globalization）暨「世界佛教青年僧伽協會第七屆年會」（The 7th General Conference of World Buddhist Sangha Youth）於臺北大學三峽校區舉辦，法鼓山僧團果祥法師、僧大常諗法師應邀出席發表論文。

◆北投農禪寺舉辦「健康促進研習營」健康講座，4日邀請淡水社區大學講師講師郭哲誠、三軍總醫院藥師張庭榮，分別主講「打造安全居家環境預防意外事件」、「安全用藥」，共有二十五人參加。

◆三峽天南寺舉辦念佛禪一。

◆4至5日，桃園齋明寺舉辦古蹟導覽種子培訓班，由資深導覽員陳政峰等人帶領，共有六十六人參加。

◆9月4、11、26日及10月3、17、24、31日，高雄紫雲寺舉辦《六祖壇經》系列經典講座，由僧團果祥法師主講，共有九百一十八人次參加。

◆傳燈院於北投雲來寺舉辦「Fun鬆一日禪」，由常綽法師帶領，共有五十人參加。

◆9月4日至2011年1月1日，信眾教育院每週六於高雄紫雲寺開辦「聖嚴書院精讀三下——五講精讀（三）」佛學課程，由講師林其賢主講。

◆9月4日至2011年1月1日，信眾教育院每週六於高雄紫雲寺開辦「聖嚴書院專題四下——專題研讀（四）」佛學課程，由講師張瓊夫主講。

◆9月4日至2011年1月1日，信眾教育院每週六於護法會羅東辦事處開辦「聖嚴書院初階一上——在法鼓山學佛」佛學課程，由講師陳紹韻主講。

◆美國紐約東初禪寺舉辦三時繫念暨地藏法會，共有兩百一十人參加。

◆4至6日，加拿大溫哥華道場舉辦中元地藏法會，由監院果舟法師及常惺法師、果徹法師帶領，共有兩百三十七人參加。

◆4至12日，馬來西亞「第五屆海外華文書市」於吉隆坡城中城會展中心舉辦，馬來西亞道場參與展出，以「尋找心靈的活水源頭」為主題，展出法鼓文化各項出版品。

◆4至7日，馬來西亞道場於瓜拉雪蘭莪自然公園舉辦首次止觀禪七，由僧團果理法師帶領，共有三十九人參加。

◆僧團常延法師於美、加弘法關懷，4日於美國護法會洛杉磯分會舉辦專題演講，主題為「生命轉彎處遇見佛法」，共有六十人參加。

◆泰國護法會舉辦「孝親報恩地藏法會」，由僧團果傳法師主法，共有五十多人參加。

09.05

◆北投農禪寺舉辦禪一，由果南法師帶領，共有一百零六人參加。

◆南投德華寺舉辦禪一，由副寺果弘法師帶領，共有二十六人參加。

◆高雄紫雲寺於暑假開辦的兒童小鼓隊，於9月5日下午舉行成果發表，由學員展演直笛、豎笛、鋼琴彈奏等各項才藝，共有二十二位學童參加。

◆9月5日至12月18日，高雄紫雲寺每月開辦一場烹飪課程，由該寺香積主廚鄭菊香授課，共有一百五十六人參加。

◆關懷院於南投安心站舉辦「進階大事關懷課程」，內容主題包括世俗禮儀的探討、佛教生死觀、談法鼓山大關懷教育的願景等，共有八十人參加。

◆護法總會於北投雲來寺舉辦北區「2010年法鼓傳薪‧以心傳心」勸募會員授證典禮，方丈和尚果東法師、關懷中心副都監果器法師、護法總會總會長陳嘉男出席關懷，共有一百四十九位新勸募員參加。

◆美國紐約東初禪寺舉辦週日講座，由住持果醒法師主講「智慧不離煩惱——石頭希遷禪師〈參同契〉」，共有六十二人參加。

◆僧團常延法師於美、加弘法關懷，5日晚上於美國護法會加州洛杉磯分會舉辦佛法講座，主題為「《維摩經》導讀」，共有五十五人參加。

◆泰國護法會舉辦佛一，由僧團果傳法師帶領。

09.06

◆ 6至8日，中研院計算中心與法鼓佛教學院合辦「第八屆兩岸三院資訊技術交流與數位資源共享」研討會，6至7日於中研院人文社會科學館舉行，8日於佛教學院國際會議廳舉行，校長惠敏法師、副校長杜正民等發表論文。

◆ 法青會於德貴學苑舉辦「四川海外服務成長營──心得分享會」，由十一位參與營隊的團員分享感動給與會大眾。

◆ 馬來西亞道場舉辦兒童生命教育課程，6日主題為「小小義工遊書展」，由常妙法師帶領參觀當地「第五屆海外華文書市」，共有十二位學童參加。

09.07

◆ 法鼓山於園區舉辦剃度大典，由方丈和尚果東法師擔任得戒和尚，僧團副住持果暉法師擔任教授阿闍黎，共有二十二位僧大學僧剃度。

◆ 9月7日至2011年1月4日，信眾教育院每週二於臺南分院開辦「聖嚴書院精讀一上──五講精讀（一）」佛學課程，由講師果謙法師主講。

◆ 中華佛研所「漢藏佛教文化交流翻譯班」的五位喇嘛（其中三位為堪布），以及兩位教授中文的老師先後返校，拜會所長果鏡法師，並與其他師長相聚。

◆ 9月7日至12月28日，法青會每週二於德貴學苑舉辦初級禪訓班。

◆ 參加「華嚴全球論壇」及「世界佛教青年僧伽協會第七屆年會」的與會成員，一行五十八人至法鼓山園區參訪，由國際發展處監院果見法師接待。

09.08

◆ 8、15、29日，臺南安平精舍舉辦「妙法悅讀行」佛學課程，由果許法師主講，共有二十九人參加。

◆ 9月8日至12月29日，信眾教育院每週三於臺北安和分院開辦「聖嚴書院初階一上──在法鼓山學佛」佛學課程，由講師常平法師主講。

09.09

◆ 北投農禪寺響應臺北市民政局「齊心祈禱國泰民安，市民幸福久久」活動，由法師帶領百餘位民眾於當日上午九點九分，舉行長達九分鐘的持誦〈大悲咒〉祈福儀式；於此同時，北市共有九十九處宗教道場，結合祝禱和諧安定的善念，一同為民眾祈福。

◆ 9、16、23、30日，臺南安平精舍舉辦初級禪訓班，有四十人參加。

◆ 中華佛研所研究員藍吉富應邀前往香港，參加首屆「中華佛教宗風論壇」，主題為「漢傳佛教百年歷史回顧與展望」；藍吉富老師於會中發表專題演講，講題為「試論戒律的基準性與可變易性──兼談當代漢傳佛教的戒律改革問題」。該論壇由中國大陸中華佛教文化院、香港鳳凰衛視和臺灣曾子南宗師文化基金會共同舉辦。

◆ 9至11日，佛教學院舉辦新生成長營，並安排學者協助新生適應環境，建立支援體系，建構未來學習的基礎。

09.10

◆10至11日，由中國大陸廣東省宗教文化交流協會、廣東省佛教協會主辦，中華佛學研究所協辦的「廣東禪宗六祖文化節學術研討會——六祖禪的傳承與發展」於廣州市東方賓館舉行。法鼓山僧團副住持果品法師、中華佛研所所長果鏡法師率同七位法師、法鼓大學籌備處副教授楊蓓前往與會。

◆10至12日，三峽天南寺舉辦初級禪訓班二日營。

◆10至19日，禪堂舉辦默照禪十，由常護法師帶領，共有八十七人參加。

◆人基會於國立臺灣科學教育館舉辦「2010年關懷生命獎」頒獎典禮，2010年個人慈悲獎由臺東縣達仁鄉衛生所主任徐超斌獲得；個人智慧獎由罕見疾病基金會創辦人陳莉茵獲獎；團體大願獎則為凌華教育基金會的混障綜藝團。此外，2010年特別設立的八八水災救援重建特別獎，個人獎頒給桃園縣福德扶輪社社長丁國政，團體獎則由中華民國紅十字會總會獲得。總統馬英九、行政院院長吳敦義均蒞臨頒獎。

◆10至12日，新加坡護法會於九華山報恩寺舉辦佛三，由僧團弘化院監院果慨法師、果樞法師帶領，共有一百五十多人參加。

09.11

◆11至12日，北投農禪寺舉辦初級禪訓密集班，由果南法師、常穎法師帶領，共有六十七人參加。

◆桃園齋明寺舉辦「青春解禪」活動，帶領青年學子認識寺院周圍環境，並認識法鼓山的理念，共有二十五人參加。

◆9月11、25日，10月3、17日，臺南安平精舍舉辦《六祖壇經》佛學課程，由果祥法師主講，共有兩百五十多人參加。

◆臺東信行寺舉辦佛一，有近二十人參加。

◆傳燈院下午於北投雲來寺舉辦禪修指引課程，共有十三人參加。

◆9月11日至2011年6月11日期間，臺北安和分院舉辦聖嚴書院「福田班」義工培訓課程，共十堂課，內容包括法鼓山的理念、組織以及各項修行法門、關懷服務等介紹。

◆由臺北縣淡水鎮古蹟博物館主辦，法鼓大學承辦的「淡水日式木造建築技藝傳承」課程，於9月11日至10月17日期間，每週六、日在法鼓德貴學苑、淡水木工教室、枋寮一冊木造工坊進行，主要包含「認知比較」、「基礎理論」、「技術傳承」三個層面，邀請淡水文化資產資深導覽員林茂馨，以及齊藤賢次、楊三二、曾建軍三位匠師等授課。

◆11至18日，僧大於禪堂舉辦期初禪修活動，共有八十五位僧大師生參加。

◆繼「2010年關懷生命獎」頒獎典禮後，人基會於11日上午在臺北市信義區中油大樓國光會議廳舉辦「2010關懷生命論壇」，以「安心地・救大地」為主題，邀請法鼓佛教學院校長惠敏法師、行政院農業委員會主任委員陳武雄、財團法人臺灣永續能源研究基金會董事長簡又新及淡江大學國際事務與戰略研究所教授林中斌擔任與談人。

◆11日、18日及25日，美國紐約東初禪寺舉辦英文佛學課程，邀請聖嚴師父西方弟子李世娟主講「四聖諦」。

◆僧團常延法師於美、加弘法關懷，11日於美國護法會加州洛杉磯分會舉辦佛學講座，

主題為「心淨國土淨」，分享念佛與禪修的觀念與方法，下午進行念佛禪共修，最後法師帶領大眾為當年911受難的民眾祝禱，共有四十八人參加。

◆美國護法會賓州州大大學城聯絡處舉辦禪一，由紐約象岡道場監院常聞法師帶領。

09.12

◆9月12日至10月31日，法鼓山陸續於全臺北、中、南各地分院、辦事處共舉辦二十一場「2010佛化聯合祝壽」活動，主題為「安和豐富 福壽圓滿」，共有兩千零九位壽星接受祝福。9月12日，分別於北投文化館、護法會三重辦事處進行，共有一百八十三位長者出席，一百四十四人觀禮祝福。

◆9月12日至12月12日，高雄紫雲寺每月舉辦一次小鼓隊共修，共有一百五十五人參加。

◆針對八八水災災後重建，慈基會與紅十字會共同為嘉義縣山區居民，於番路鄉轆仔腳興建永久屋「日安社區」重建工程，12日舉辦落成入住典禮，總統馬英九、紅十字會總會副會長王清峰出席致詞。

◆佛教學院辦理中國大陸僧侶來臺研修宗教教義活動，此專案由中華發展基金會補助。該期學員包括浙江省的杭州佛學院照賢法師、彌勒佛學院淨圓法師、普陀山佛學院演覺法師，及廣東省光孝寺觀月法師、德超法師、悟定法師，共有六人，於9月12日至12月10日展開參學活動，包括選修課程以及參加體系內相關法會、禪修及觀摩活動等。12月8日，於園區進行分享座談會，與佛教學院、僧大師生交流參學心得。

◆護法總會於高雄紫雲寺舉辦南區「2010年法鼓傳薪‧以心傳心」勸募會員授證典禮，由方丈和尚果東法師親臨授證一百一十三位新勸募會員。

◆美國紐約東初禪寺舉辦週日講座，由美國護法會輔導法師常華法師主講「《圓覺經》十二問」，共有五十六人參加。

◆馬來西亞道場舉辦兒童生命教育課程，12日前往當地「第五屆海外華文書市」現場協助參與分發「聖嚴法師108自在語」小冊子，由常妙法師帶領，共有近十位學童參加。

◆新加坡護法會於九華山報恩寺舉辦「大悲心水陸法會說明會」，由弘化院監院、水陸法會召集人果慨法師主講，共有兩百人參加。

◆加拿大護法會安省分會舉辦禪一，共有二十三人參加。

09.14

◆傳燈院上午應邀至三峽紫京城社區，至該社區為退休居民舉辦法鼓八式動禪課程，共有三十人參加。

09.15

◆《法鼓佛教院訊》第13期出刊。

◆法青會於德貴學苑舉辦「法師有約」講座，由僧團果印法師主講「從尋覓鳥跡中發現出家的路」，共有六十人參加。

09.16

◆ 9月16日至12月30日，信眾教育院每週四於護法會潮州辦事處開辦佛學課程，講解聖嚴師父的著作《福慧自在——金剛經生活》，由講師果耀法師主講。

◆ 由中國大陸四川省什邡市贊助、法鼓山什邡安心站承辦的「四川省鄉村旅遊節」素食推廣活動，於安心站馬祖書院舉辦，四川省副省長黃彥蓉、什邡市市長蔣明忠等，及當地近六百位民眾參加。

◆ 16、17、19日，馬來西亞道場於吉隆坡鶴鳴禪寺舉辦大悲懺弘講課程，由弘化院監院果慨法師主講，有近兩百人參加。課程結束後，並於19日下午舉辦大悲懺法會，共有兩百六十人參加。

09.18

◆ 桃園齋明寺舉辦慈悲三昧水懺法會，由監院果啟法師帶領，共有兩百四十六人參加。

◆ 18及25日，高雄三民精舍舉辦初級禪訓密集班，共有五十二人參加。

◆ 18至19日，臺東信行寺舉辦初級禪訓密集班，共有近十人參加。

◆ 傳燈院於北投雲來寺舉辦學長成長營，由監院常源法師帶領，共有四十八人參加。

◆ 法青會於德貴學苑舉辦「Young世代禪式工作學」工作坊系列講座，18日及19日邀請凱創管理顧問公司首席顧問張震球、法鼓山僧團都監果廣法師主講「領導面面觀——澄淨清明的領導思惟」，共有二十三位學員參加。

◆ 18、19日，凡那比颱風侵襲全臺，造成高雄、屏東、臺南部分地區嚴重淹水；慈基會立即啟動緊急救援系統，動員高雄縣市、屏東、臺東、花蓮、宜蘭、臺南、嘉義、南投等地義工前往支援協助。

◆ 法鼓山設於中國大陸四川的什邡安心站首次舉辦初級禪訓班，由僧團常乘法師帶領，共有二十三位學員參加。

◆ 9月18、19、25、26日，及10月2、3日，人基會於德貴學苑舉辦第二期「心六倫種子教師培訓」課程，由僧團都監果廣法師、佛教學院行政副校長果肇法師、中研院生物多樣性研究中心研究員陳章波等人主講，共有一百二十位學員參加。

◆ 關懷院於北投農禪寺舉辦助念團年會，主題為「找回初發心的喜悅」，方丈和尚果東法師、關懷中心副都監果器法師、僧團果舫法師、常寬法師，以及護法總會總會長陳嘉男、副總會長黃楚琪等到場關懷，共有七百多位全臺各地的團員參加。

◆ 美國紐約象岡道場舉辦初級禪修課程，由監院常聞法師帶領，共有十一人參加。

◆ 溫哥華道場首度舉辦「家中寶」聯合祝壽活動，由監院果舟法師及常賡法師帶領，共有四十一位六十五歲以上的長者參加。

◆ 馬來西亞法青會下午於馬來西亞道場舉辦「與法師有約」講座，18日由弘化院監院果慨法師主講「當魔術師遇上魔鬼教練」，共有九十人參加。

◆ 馬來西亞道場晚上於吉隆坡鶴鳴禪寺舉辦大悲心水陸法會與環保講座會，由弘化院監院果慨法師主講，共有兩百人參加。

◆ 中國大陸國家宗教事務局局長王作安率領該局十多位同仁，至法鼓山園區拜會方丈和尚果東法師，為法鼓山推動兩岸宗教圖書交流表達感謝，並參訪園區。

09.19

◆美國紐約東初禪寺舉辦週日講座，由聖嚴師父法子繼程法師主講「茶話、禪話」，共有九十七人參加。

09.20

◆為協助凡那比颱風風災救援，20至23日，慈基會於屏東受災淹水嚴重地區，提供熱食一千五百七十份、泡麵五十箱與礦泉水三百五十箱；20日並前往高雄縣大社鄉協助災區民眾清理家園。

◆佛教學院佛教學系推廣教育碩士學分班、推廣教育學士學分班99學年度第一學期開課。

09.21

◆美國紐約東初禪寺舉辦「千江秋月，法鼓心圓」中秋活動，共有一百人參加。

09.22

◆法鼓山於全臺舉辦「2010佛化聯合祝壽」活動，22日於臺南分院進行，共有一百零六位長者出席，一百一十八人觀禮祝福。

◆法鼓山園區舉辦中秋活動「千江秋月，法鼓心圓」，邀請金山及宜蘭地區的藝文團體演出，包括金美國小陶笛隊、宜蘭羅東蘭陽箏樂團與兒童營隊輔帶動唱等表演，共有四百多人參加。

◆北投農禪寺於臨時大殿舉辦中秋慶祝活動，包括揚琴獨奏、嵐伶樂坊的國樂演出、嫦娥奔月話劇表演，以及義工的鼓隊表演等，共有六百人參加。

◆三峽天南寺舉辦中秋晚會，進行小鼓手的擊鼓演出、月光禪等活動。

◆臺南分院舉辦佛化聯合祝壽活動，共有兩百二十人參加。

◆僧大於法鼓山園區第三大樓階梯教室舉辦99學年度畢結業暨開學典禮，院長方丈和尚果東法師出席致詞。2010年共有二十六位新生報到入學，畢業生則有十三位，包括禪學系二名、養成班四名、佛學系七名。

◆9月22日至12月22日，美國紐約東初禪寺每週三舉辦佛學課程，由住持果醒法師、美國護法會輔導法師常華法師等主講「三十七道品」。

◆溫哥華道場舉辦中秋節悅眾聯誼晚會，進行音樂表演、排舞、猜謎等活動，由監院果舟法師及常賡法師帶領，共有一百一十人參加。

◆22至24日，美國護法會新澤西州分會每天晚上舉辦佛學課程，由聖嚴師父的法子繼程法師主講「小止觀」。

◆中華全國臺灣同胞聯誼會正副會長梁國揚、紀斌帶領十一位主管由臺灣聯絡人、法行會副執行長王崇忱儷陪同至法鼓山園區參學，方丈和尚果東法師、僧團副住持果品法師、國際發展處長監院果見法師及護法總會副總會長黃楚琪出席接待，並進行茶敘。

09.24

◆ 24至26日，傳燈院於三義DIY心靈環保教育中心舉辦「坐姿八式動禪義工講師培訓」，由禪修中心副都監果元法師及傳燈院監院常源、常綠、常乘三位法師共同帶領，共有九十一位義工講師參加。

◆ 法鼓大學籌備處人生學院舉辦「哲學家的咖啡館」系列活動，24日與教育部生命教育學科中心在德貴學苑合辦「生命教育進階研習課程」，由該院助理教授辜琮瑜帶領，共有二十位高中生命教育種子老師參加。

◆ 24至26日，美國護法會伊利諾州芝加哥分會舉辦禪法講座及話頭禪二，由紐約東初禪寺住持果醒法師帶領，共有三十人參加。

09.25

◆ 25、26日，法鼓山於園區舉辦首屆「國際慈善與人道關懷論壇」，邀請二十多位相關領域專家，分享實務經驗及最新研究成果，期能提昇從事救援任務者，進行事前策畫及執行應變時的整體能量。

◆ 臺中分院舉辦寶雲講談「夢‧實踐」系列人文講談，25日邀請台糖長榮酒店總經理鄭東波主講「從洗碗工到飯店總經理」，共有一百二十人參加。

◆ 法鼓大學籌備處人生學院於德貴學苑舉辦「生命故事與心靈療癒」工作坊，25日邀請臺北市立雨聲國小校長楊國如主講「親子間的擁抱與放下」，共有四十人參加。

◆ 人基會心劇團於德貴學苑舉辦「親子體驗遊樂園」系列活動，25日主題為「校園倫理——友愛甜甜圈」。

◆ 9月25日至12月25日期間，聖基會週六上午於會址的聖嚴書院講堂舉辦「聖嚴法師經典講座」，播放師父生前弘講《妙法蓮華經》影片，由果竣法師主持，有近一百人參加。

◆ 法青會於德貴學苑舉辦「心光講堂」系列講座，25日下午邀請「布利克星球」品牌創始人李世亮主講「療癒T恤的驚嘆號」，共有五十九人參加。

◆ 教聯會於德貴學苑舉辦「心‧生命‧教育」生命教育講座，邀請法鼓大學籌備處人生學院助理教授辜琮瑜、藝術治療工作者徐曉萍老師分別主講「心靈環保與生命教育」、「生命教育從五官內化」，共有八十六位教師參加。

◆ 美國紐約象岡道場舉辦禪一，由監院常聞法師帶領，共有十二人參加。

◆ 9月25日，10月2、9、13、16、27、30日，11月3、6日，加拿大溫哥華道場舉辦佛學講座，主題為《楞嚴經》，有九百多人次參加。

◆ 美國護法會新澤西州分會舉辦佛學講座，由聖嚴師父的法子繼程法師主講「生活中的菩提」。

09.26

◆ 北投農禪寺舉辦「祈福皈依大典」，由方丈和尚果東法師主持，共有一千兩百七十一人皈依三寶。

◆ 臺北安和分院舉辦禪一，由監院果旭法師帶領，共有七十三人參加。

◆臺中分院於寶雲別苑舉辦「生命之河系列學習坊」，26日主題為「生病的藝術」，由聖嚴書院講師郭惠芯帶領觀看影片《生命終樂章》，並由資深悅眾分享受用佛法的心得，共有一百人參加。

◆臺南雲集寺舉辦法器及梵唄教學課程，由關懷院果選法師帶領，共有七十九人參加。

◆高雄紫雲寺舉辦禪一，由監院果耀法師帶領，共有七十八人參加。

◆護法總會舉辦「2010勸募會員成長營」，26日分別於臺南分院、護法會員林辦事處進行，各有一百一十二位臺南、嘉義地區，一百零五位彰化、員林、南投地區悅眾參加。

◆美國紐約東初禪寺舉辦週日講座，由聖嚴師父西方弟子大衛‧史烈梅克主講「知不知道」（Knowing Not Knowing），共有四十人參加。

◆美國護法會新澤西州分會舉辦禪修課程及講座，由聖嚴師父的法子繼程法師帶領，並講授「生存何來、死亡何去」。

◆9月26日至11月28日，美國護法會加州洛杉磯分會每月第二、三週週日舉辦佛學初階導讀課程，研讀「學佛五講」，聆聽僧團常延法師主講的《學佛五講》CD。

◆新加坡護法會舉辦大悲懺法會，由常文法師帶領。

09.27

◆法鼓山首屆「國際慈善與人道關懷論壇」於9月25、26日舉辦後，接續於27日在德貴學苑舉行「災後心靈重建培訓工作坊」，提供參與論壇成員進階的實務課程。

◆9月27日至10月3日，美國護法會加州舊金山分會首次舉辦美西精進禪七，包含生活禪三，由東初禪寺暨象岡道場住持果醒法師帶領，共有二十五人參加。

09.28

◆中國大陸浙江省湖州市永欣禪寺方丈和尚帶領法師及信眾共五十六人，至法鼓山園區參訪，方丈和尚果東法師出席關懷。

09.29

◆北投雲來寺舉辦專職在職專業課程，邀請英豐瑪股份有限公司訓練顧問黃翠華主講「輔導技巧理」，共有十七位專職及義工參加。

◆29至30日，由法鼓大學籌備處、華人心理治療研究發展基金會、臺灣心理治療學會、實踐大學、高雄長庚醫院、心靈工坊出版文化公司共同主辦的「2010兩岸華人心理治療高峰會議」，於法鼓山園區進行「當西方的心理治療遇到華人的臨床個案」論壇，共有四十人參加。

09.30

◆9月30日至10月3日，法鼓山於禪堂舉辦第三屆「自我超越禪修營」，由禪修中心副都監果元法師帶領，共有一百一十一人參加。

◆天主教耶穌會會士馬天賜神父安息主懷，享年八十三歲。法鼓山僧團副住持果暉法師、國際發展處監院果見法師等人前往臺北聖家堂，出席馬神父的彌薩暨告別典禮。

◆人基會於德貴學苑舉辦「2010安和豐富心靈講座」系列活動，30日晚上邀請淡江大學戰略研究所教授林中斌主講「全球磁變下的因應之道」。

10月 OCTOBER

10.01

◆《人生》雜誌第326期出刊。

◆《法鼓》雜誌第250期出刊。

◆法鼓文化出版新書：禪味廚房系列《四季禪食》（林孝雲著）；高僧小說系列精選《東土小釋迦──智者大師》（吳燈山著，劉建志繪）、《機智狂雲子──一休禪師》（陳文婉著，劉建志繪）；2011年桌曆《齋明禪心》。

◆《金山有情》季刊第34期出刊。

◆10月1日至11月27日，法鼓山於園區首度舉辦「水陸季」體驗活動，結合園區各殿堂的參學導覽行程，引導大眾感受水陸法會的精神。

◆傳燈院下午應臺北耕薪都市更新公司之邀，於北投雲來寺為該公司員工舉辦禪修指引課程，由監院常源法師帶領，共有二十人參加。

◆「IABS國際佛學會議」第十六屆大會將於2011年6月20至25日在法鼓山園區舉辦，本屆會議由中華佛研所、法鼓佛教學院主辦，目前已完成第一階段專題討論提案徵求，10月1日起展開第二階段的徵文邀請。

◆1至3日，美國紐約象岡道場舉辦禪三，由監院常聞法師帶領，共有十人參加。

10.02

◆法鼓山於全臺舉辦「2010佛化聯合祝壽」活動，2日於護法會新店辦事處進行，共有六十七位長者出席，五十五人觀禮祝福；同日，護法會三芝石門辦事處於臺北縣石門鄉體育館進行，共有兩百二十五位長者出席，兩百七十二人觀禮祝福。

◆2至3日，北投農禪寺舉辦初級禪訓密集班，由果南法師帶領，共有六十五人參加。

◆北投農禪寺舉辦「健康促進研習營」健康講座，2日邀請臺北榮民總醫院腫瘤科醫師陳博明、臺北榮民總醫院精神部主任蘇東平主講，分享自我健康管理的觀念，共有二十七人參加。

◆2至3日，桃園齋明寺舉辦初級禪訓密集班，由監院果啟法師帶領，共有六十九人參加。

◆2、16、23、30日，臺北中山精舍舉辦初級禪訓班，共有十八人參加。

◆即將開工啟建的臺中寶雲寺，為統籌各項建設事務的運作，本日正式成立工務所。

◆10月2日至12月25日，高雄紫雲寺每週開辦「兒童佛曲班」，邀請中山大學音樂系黃麒樺、臺北教育大學音樂研究所吳淑妃擔任講師，共有一百多位學童參加。

◆傳燈院於北投雲來寺舉辦「Fun鬆一日禪」，由常緣法師帶領，共有六十六人參加。

◆國際發展處於法鼓山園區舉辦「放眼世界‧國際佛教講座」，邀請香港科技大學人文學部兼任教授古正美主講「龍樹菩薩的政治思想與阿馬拉瓦底大支提的建造關係及內容」、「印尼爪哇波羅波多（婆羅浮屠Borobudur）的建造性質與《入法界品》的造像」。

◆10月2日至2011年1月8日，法鼓大學與法青會共同於每月擇一週週六在德貴學苑舉辦「PureLand@電影工作坊」活動，進行影片觀看及賞析，有八十人參加。

◆護法總會於臺中分院舉辦中區「2010年法鼓傳薪‧以心傳心」勸募會員授證典禮，由方丈和尚果東法師親臨授證四十五位新勸募會員。

◆2日及9日，美國紐約東初禪寺舉辦初級禪訓班，由常生法師帶領，共有十多人次參加。

◆2至23日，美國護法會加州洛杉磯分會每週六上午舉辦初級禪訓班，有二十多人參加。

◆加拿大護法會安省分會舉辦中英文初級禪訓班，共有十八人參加。

◆2、9、23、30日，香港護法會舉辦初級禪訓班，有四十八人參加。

10.03

◆法鼓山於全臺舉辦「2010佛化聯合祝壽」活動，3日於護法會文山辦事處進行，共有四十位長者出席，五十一人觀禮祝福；同日，護法會基隆辦事處於基隆市仁愛國小進行，共有三百位長者出席，三百六十六人觀禮祝福。

◆臺南安平精舍舉辦禪一，由臺南分院監院果謙法師帶領，共有二十五人參加。

◆高雄紫雲寺舉辦地藏法會，由監院果耀法師帶領，共有兩百五十六人參加。

◆法鼓山金山、大溪、新莊、北投四所社大於三峽天南寺聯合舉辦「2010年秋季班聯合開學典禮」，共有三百多位師生參加。本學年春季班共有一千六百多位學員結業，秋季班有一千七百多位學員報名。

◆10月3日至11月14日期間，慈基會於全臺各地舉辦「第十七期百年樹人獎助學金」系列頒發活動，共有一千三百九十二位學子受獎。

◆美國紐約東初禪寺舉辦週日講座，邀請聖嚴師父西方弟子李世娟主講「綠意禪修」，共有三十六人參加。

◆美國護法會華盛頓州西雅圖分會舉辦大悲懺法會，美國護法會輔導法師常華法師出席開示；翌日，常華法師並為當地信眾說明法鼓山、北美護法會弘法概況，及辦理讀書會帶領人培訓。

◆3、10、17、31日，加拿大溫哥華道場舉辦初級禪訓班，由常賡法師帶領，共有一百一十人參加。

◆馬來西亞道場舉辦兒童生命教育課程，3日主題為介紹「心五四運動」的「想要」與「需要」，由監院常慧法師帶領，共有十九位學童參加。

10.04

◆法鼓山於全臺舉辦「2010佛化聯合祝壽」活動，4、6日於護法會松山辦事處進行，共有九十位長者出席，八十八人觀禮祝福。

◆行政院莫拉克颱風災後重建推動委員會副執行長陳振川，會同重建會各處處長、行政院原住民委員會副主任委員夏錦龍、高雄縣政府重建會執行長吳裕文，以及高雄縣政府原民處副處長蘇中原等四個單位近二十位官方代表，至北投雲來寺拜會慈基會，由方丈和尚果東法師、慈基會祕書長果器法師共同接待。雙方隨後召開合作會議，法鼓山並答應認養高雄縣六龜鄉永久屋的興建工程，協助政府安置六龜鄉新開部落以及桃源鄉勤和村的居民。

10.05

◆10月5日至12月28日，臺北安和分院每週二舉辦「親職教育與溝通技巧」課程，邀請宜蘭縣家庭教育中心親職教育組組長林信德主講，有十四人參加。

10.06

◆6至27日，臺北安和分院每週三舉辦初級禪訓班，由監院果旭法師帶領，有六十多人參加。

◆6至27日，信眾教育院每週三於北投雲來寺舉辦「法鼓講堂」佛學課程，由僧團果舫法師主講「《聖嚴法師教淨土法門》導讀」，法鼓山數位學習網並進行線上直播。

◆針對八八水災災後重建，慈基會與中華民國紅十字會總會共同為嘉義縣山區居民，於番路鄉轆仔腳興建永久屋「日安社區」重建工程，慈基會捐建該社區的活動中心。兩會於10月6日上午在紅十字會總會舉行簽約儀式，紅十字會總會副祕書長謝昭隆和慈基會祕書長果器法師代表簽訂。

◆6至27日，馬來西亞道場每週四晚上舉辦初級禪訓班，由常峪法師、常妙法師帶領，共有四十二位學童參加。

10.07

◆6至28日，臺北安和分院每週四舉辦初級禪訓班，由監院果旭法師帶領，有五十多人參加。

◆7至10日，臺北中山精舍至臺東信行寺舉辦山水禪，共有三十一人參加。

◆法行會下午於臺北國賓飯店舉辦第一一九次例會，由文化中心副都監果賢法師主講「看見師父的十大智慧養分」，共有一百一十七人參加。

10.08

◆8至10日，傳燈院於三義DIY心靈環保教育中心舉辦禪二，由常緣法師帶領，共有九十三人參加。

◆10月8日至12月31日，信眾教育院每週五於護法會內湖辦事處開辦佛學課程，講解聖嚴師父的著作《聖嚴法師教觀音法門》。

10.09

◆法鼓山大悲心水陸法會舉辦首次「全球網路說明會」，透過法鼓山網路電視台、水陸法會網路共修專網現場直播，向全世界各地的網友講說法鼓山舉辦水陸法會的修行意義與法會特色，並介紹2010年首創的「網路精進共修」。

◆法鼓山於全臺舉辦「2010佛化聯合祝壽」活動，9日護法會宜蘭辦事處於礁溪竹林安養院進行，共有五十五位長者出席，五十人觀禮祝福。

◆9至15日，北投農禪寺舉辦彌陀佛七，共有八千一百多人參加。

◆傳燈院下午於北投雲來寺開辦動禪指引課程，引導學員了解動禪心法，共有四十一人參加。

◆三峽天南寺舉辦念佛禪一。

◆9至10日，南投德華寺舉辦佛二，由副寺果弘法師帶領，共有二十五人參加。

◆9至16日，禪堂舉辦中階禪七，由常琛法師帶領，共有一百一十七人參加。

◆美國紐約象岡道場舉辦禪一，由監院常聞法師帶領，共有十人參加。

◆9至10日，美國護法會加州舊金山分會舉辦二日初級禪訓班，有近十人參加。

◆加拿大護法會安省分會舉辦禪一，共有十六人參加。

◆泰國皇親暨皇家警察公安局一行二十一人至法鼓山園區參訪，並至佛教學院佛堂參觀年前泰皇致贈法鼓山的佛像，中午與方丈和尚果東法師進行餐敘。

10.10

◆法鼓山於全臺舉辦「2010佛化聯合祝壽」活動，10日分別於護法會蘆洲共修處、新莊辦事處、屏東辦事處及三峽天南寺進行，共有三百三十六位長者出席，三百五十七人觀禮祝福。

◆10至12日，佛教學院副校長杜正民出席於泰國曼谷舉行的「國際佛典聯合目錄計畫」之一「佛經文獻聯合目錄」（The Union Catalog of Buddhist Texts, UCBT）工作坊，討論將各國已建構的佛典藏經目錄資料庫進行彙整。

◆10月10日至11月10日，僧大學僧男眾五位、女眾十三位前往基隆靈泉禪寺乞授三壇大戒。

◆護法總會舉辦「2010勸募會員成長營」，10日於法鼓山園區進行，共有七十八位北七轄區悅眾參加。

◆美國紐約東初禪寺舉辦週日講座，由美國護法會輔導法師常華法師主講「《圓覺經》十二問」，共有五十八人參加。

◆10日及24日，美國紐約東初禪寺舉辦佛學英文讀書會，閱讀聖嚴師父的著作《禪的智慧》、《三十七道品》，由住持果醒法師及聖嚴師父西方弟子哈利·米勒、比爾·賴特帶領。

◆馬來西亞道場舉辦英文戶外禪，由常文法師帶領，共有三十人參加。

10.11

◆11至15日，美國法鼓山佛教協會代表果禪法師、常濟法師，以及5月份參與象岡道場

「氣候變遷的內在向度」青年沉思會議的八位青年代表,於美國加州蒙特瑞(Monterey)參加「美國沉思者聯盟會議」(The Alliance of American Contemplatives),與六十多位來自全球各地的宗教領袖、學者,共同探討「沉思修練在淨化世界社會中所扮演的角色」。

◆美國紐約東初禪寺舉辦佛一暨八關戒齋法會,由住持果醒法師帶領,共有五十人參加。

10.13

◆法青會於德貴學苑舉辦「法師有約」系列講座,13日由臺北安和分院監院果旭法師主講《調柔的相處之道》,共有一百三十八人參加。

10.15

◆10月15日至11月5日,臺中分院每週五晚上舉辦初級禪訓班,有八十人參加。

◆法鼓大學籌備處人生學院舉辦「哲學家的咖啡館」系列活動,15日與教育部生命教育學科中心在臺中曉明女中合辦「生命教育進階研習課程」,由該院助理教授辜琮瑜帶領,共有二十多位高中生命教育種子教師參加。

◆15至20日,美國紐約象岡道場舉辦西方禪五,由聖嚴師父的法子賽門·查爾得(Simon Child)等人帶領,共有二十一人參加。

10.16

◆法鼓山於全臺舉辦「2010佛化聯合祝壽」活動,16日於高雄紫雲寺進行,共有八十七位長者出席,兩百二十一人觀禮祝福。

◆16至17日,北投雲來寺舉辦初級禪訓密集班,由僧團果寰法師帶領,共有四十八人參加。

◆法青會於德貴學苑舉辦「Young世代禪式工作學」工作坊系列講座,16日及17日邀請杰希視野企管顧問公司策略長王杰希、臺南分院監院果謙法師主講「團隊管理術──群策群力的禪式管理」,共有二十三位學員參加。

◆關懷院於護法會屏東辦事處舉辦「初階大事關懷課程」,內容包括透過生命教育繪本賞析,引導思考生命的意義與價值,並探討大事關懷以建構共識等,共有五十人參加。

◆護法總會舉辦「2010勸募會員成長營」,16日於臺東信行寺進行,共有四十位臺東地區悅眾參加。

◆榮董會於北投農禪寺舉辦「2010榮譽董事聘書頒發·感恩茶敘」活動,方丈和尚果東法師出席關懷,共有四百八十人參加。

◆美國紐約東初禪寺舉辦中級禪訓班,由常生法師帶領。

◆馬來西亞法青會於馬來西亞道場舉辦「與法師有約」講座,16日由監院常慧法師、常文法師主講「命運大抉擇」,共有四十人參加。

◆美國護法會新澤西州分會舉辦慈悲三昧水懺法會,由紐約東初禪寺常懿法師帶領。

10.17

◆法鼓山於全臺舉辦「2010佛化聯合祝壽」活動，17日於臺北中山精舍進行，另有護法會淡水辦事處於水碓活動中心、花蓮辦事處於花蓮市老人協會進行，共有三百一十九位長者出席，兩百三十人觀禮祝福。

◆10月17日至11月5日，臺北安和分院每日舉辦《藥師經》持誦共修，17日並進行藥師法會。

◆臺中分院於三義DIY心靈環保教育中心舉辦禪一，由果雲法師帶領，共有一百一十人參加。

◆高雄紫雲寺舉辦大事關懷誦念培訓課程，由關懷中心果選法師、常應法師帶領，共有一百一十九人參加。

◆佛教學院推廣教育中心99年度第三期開課，共有十三門課分別於慧日講堂、德貴學苑、愛群教室進行。

◆護法總會舉辦「2010勸募會員成長營」，17日於宜蘭羅東高中進行，共有一百一十五位宜蘭、羅東地區悅眾參加。

◆美國紐約東初禪寺舉辦週日講座，由美國護法會輔導法師常華法師主講「《圓覺經》十二問」，共有六十人參加。

◆馬來西亞道場舉辦兒童生命教育課程，17日至古法有機園郊遊，由監院常慧法師、常妙法師帶領，共有十八位學童參加。

10.18

◆18至24日，禪堂舉辦大慧宗杲話頭禪修營，由聖嚴師父法子果如法師帶領，常護法師擔任總護，共有一百四十二人參加。

◆18至23日，中國人民大學副校長牛維麟、培訓學院院長李湘等五人應法鼓大學邀請來台訪問，一行人首先至法鼓山園區參觀法鼓大學金山校地，並拜會佛教學院，了解校務發展方向與研究成果；19日下午，並在德貴學苑與法鼓大學籌備處校長劉安之、全體同仁進行座談。

10.19

◆方丈和尚果東法師上午於北投雲來寺大殿，對僧團法師、全體專職精神講話，主題為「安穩向前，踏實健全」，全臺各分院道場同步視訊連線聆聽開示，有三百多人參加。

10.20

◆傳燈院下午應桃園縣桃園西區扶輪社之邀，至桃園飯店為醫藥界負責人舉辦法鼓八式動禪課程，共有四十人參加。

◆法青會於德貴學苑舉辦「法師有約」系列講座，20日晚上由臺北安和分院監院果旭法師主講「調柔的相處之道」。

10.21

◆強颱梅姬颱風來襲,連日豪雨造成宜蘭、花蓮地區嚴重水患,慈基會在第一時間啟動緊急救援系統,並前往各災區實際勘災,統一採購需要的救援物資;並自23日起一連五天,召募宜蘭、臺北地區的義工,前往蘇澳、南方澳協助災區民眾清理家園。

◆佛教學院與國家圖書館共同合作執行行政院國家科學委員會補助之「臺灣善本古籍數位化之研究與建構──以國家圖書館善本佛典為主」計畫,於21日簽署合作協議書。

10.22

◆法鼓山於臺北安和分院舉辦《他的身影──聖嚴法師佛法西傳記錄影集》發表會,方丈和尚果東法師、民視新聞部經理胡婉玲、影集製作人張光斗、歌手堂娜等出席,共有三百多位民眾參加。

◆22至24日,加拿大溫哥華道場舉辦精進禪三,共有四十七人參加。

10.23

◆10月23日至12月25日,北投農禪寺每月隔週六舉辦「學佛Fun輕鬆」活動,內容包括學佛行儀、禪修體驗、佛學課程等,有六十多人參加。

◆23至24日,桃園齋明寺舉辦秋季報恩法會,23日進行禮拜《慈悲地藏寶懺》、持誦《地藏經》,24日進行三時繫念法會,共有四千八百九十人次參加。

◆臺中分院舉辦寶雲講談「夢·實踐」系列人文講談,23日由佛教學院校長惠敏法師主講「聆聽惠敏校長的午後牧歌──僧侶·大學校長的任意門」,共有三百多人參加。

◆美國護法會賓州州大大學城聯絡處舉辦禪一,由僧團果禪法師、常濟法師帶領。

◆美國護法會康州南部聯絡處舉辦禪一,由聖嚴師父的法子吉伯·古帝亞茲帶領,共有二十人參加。

10.24

◆法鼓山於全臺舉辦「2010佛化聯合祝壽」活動,24日於臺北安和分院進行,共有一百一十位長者出席,一百二十五人觀禮祝福。

◆臺北安和分院至法鼓山園區舉辦戶外禪,共有五十二人參加。

◆臺南安平精舍舉辦佛學講座,由僧大講師常延法師主講「在生命的轉彎處遇到佛法」、「十二因緣與禪法修行」,共有兩百零六人參加。

◆高雄紫雲寺舉辦觀音法會,由監院果耀法師帶領,共有四百人參加。

◆關懷院於三重厚德體操館舉辦「初階大事關懷課程」,內容包括透過生命教育繪本賞析,引導思考生命的意義與價值,並探討大事關懷以建構共識等,共有四百二十人參加。

◆美國紐約東初禪寺舉辦週日講座,由住持果醒法師主講「智慧不離煩惱──石頭希遷禪師〈參同契〉」,共有四十八人參加。

10.28

◆10月28日至12月23日，北投農禪寺每週四舉辦「學佛Fun輕鬆」活動，內容包括學佛行儀、禪修體驗、佛學課程等，有四十多人參加。

◆28至31日，臺東信行寺舉辦禪悅營，共有二十一人參加。

◆人基會於德貴學苑舉辦「2010安和豐富心靈講座」系列活動，28日晚上邀請中央大學網路學習科技研究所教授陳攸華主講「一百二十公分的世界」。

10.29

◆法鼓山持續關懷南亞海嘯後重建工作，10月29日至11月11日，慈基會派遣第九梯次醫療團至斯里蘭卡進行義診，慈基會祕書長果器法師並於11月11日代表法鼓山，參加捐贈救護車給漢班托塔（Ambalantota）醫院的儀式，提供當地醫院更完善的救護設備。

◆29至31日，美國護法會於紐約象岡道場舉辦北美地區護法會年會，以「承先啟後，願願相續」為主題，方丈和尚果東法師、東初禪寺住持果醒法師、國際發展處監院果見法師、北美護法會輔導法師常華法師等十多位法師，與八十多位東西方悅眾共同討論。

10.30

◆30至31日，弘化院於法鼓山園區舉辦知客室義工二日營，進行提昇服務品質的面向與修行、禪修體驗、結緣書導讀及分享等單元課程，由青年院監院果祺法師、文化中心副都監果賢法師等授課，有一百人參加。

◆桃園齋明寺舉辦禪一，由監院果啟法師帶領，共有九十六人參加。

◆30至31日，臺南分院舉辦初級禪訓密集班，由監院果謙法師帶領，共有四十二人參加。

◆傳燈院上午應臺北自然回歸健康飲食研習班之邀，至北投中懋公司會議室舉辦法鼓八式動禪課程，共有二十位研習班學員參加。

◆慈基會持續關懷梅姬颱風災情，10月30日至11月3日動員宜蘭地區義工，前往受創嚴重的蘇澳、南方澳災區，發放棉被、毛毯等物品。

◆30至31日，大碩青年關懷基金會、臺灣知識庫、數位學堂共同於臺灣大學綜合體育館舉辦「第十屆研究所博覽會」，法鼓佛教學院首度參加，活動中安排打鼓、梵唄、手語、相聲、歌唱及舞蹈等節目，與大眾分享學院的優良師資、豐富課程等內容。校長惠敏法師、副校長杜正民均出席關懷。

◆法鼓大學籌備處人生學院於德貴學苑舉辦「生命故事與心靈療癒」工作坊，30日由該學院助理教授辜琮瑜主講「歡喜看生死」，共有四十人參加。

◆人基會心劇團於德貴學苑舉辦「親子體驗遊樂園」系列活動，30日主題為「家庭倫理——和諧High翻天」。

◆護法總會舉辦「2010勸募會員成長營」，30日於北投農禪寺進行，共有兩百四十位北一轄區地區悅眾參加。

◆法青會於德貴學苑舉辦「心光講堂」系列講座，30日下午邀請《種子盆栽》作者林惠蘭主講「種子盆栽激盪快樂Fu」，共有三十四人參加。

10.31

◆法鼓山於全臺舉辦「2010佛化聯合祝壽」活動，31日於護法會潮州辦事處院進行，共有一百一十位長者出席，九十一人觀禮祝福。

◆三學院於法鼓山園區舉辦水陸法會說明會，由弘化院監院果慨法師主講，共有一百三十位僧眾、僧大學僧參加。

◆北投農禪寺舉辦禪一，由果南法師帶領，共有八十五人參加。

◆臺北安和分院舉辦禪一，由監院果旭法師帶領，共有八十二人參加。

◆慈基會於北投雲來寺舉辦緊急救援基礎教育訓練課程，來自士林、社子、大同、松山及中山區共有一百七十三人參加。

◆護法總會舉辦「2010勸募會員成長營」，31日分別於北投農禪寺、桃園齋明寺進行，共有三百零九位北四轄區、兩百二十二位北五轄區悅眾參加。

◆10月31日至11月3日，僧團果禪法師、常濟法師應「地球憲章」（The Earth Charter Initiative）之邀，代表美國法鼓山佛教協會，前往印度西部古吉拉特省（Gujarat）的阿默特巴德市（Ahmedabad），出席「地球憲章」十週年系列會議，與全球近四百位各聯盟、民間組織、宗教團體、青年代表及聯合國官員交流。

◆美國紐約東初禪寺舉辦週日講座，由聖嚴師父西方弟子林莉‧韓隆（Linley Hanlon）主講「忐忑不安的心與餓鬼」，共有二十五人參加。

◆馬來西亞道場舉辦兒童生命教育課程，31日課程主題為學佛行儀、法鼓八式動禪，並進行結業式，由監院常慧法師帶領，共有十九位學童參加。

◆澳洲護法會雪梨分會舉辦念佛關懷共修，為往生家屬念佛迴向，共有十八人參加。

11月 NOVEMBER

11.01

◆《人生》雜誌第327期出刊。

◆《法鼓》雜誌第251期出刊。

◆法鼓文化出版新書：英文書籍，法鼓佛教論叢系列《前往遍智之道：昂望奔登依格魯派了義與不了義的觀點所作的詮釋》（*Path to Omniscience: the Geluk Hermeneutics of Nga-wang-bel-den*）（馬紀 William Magee 著）；禪味廚房系列《媽媽味米料理》（陳滿花著）；大視野系列《心的密碼：佛教心識學與腦神經科學的對話》（*Two Views of Mind: Abhidharma and Brain Science*）（克里斯多福‧德查姆斯 Christopher deCharms 著，鄭清榮、王惠雯譯）。

◆聖嚴師父專屬英文網站（http://www.shengyen.org）開站，內容延續中文網站的架構，建置認識師父、著作、影音、音聲、照片、文物、每日智慧等七個項目；並因應西方社會需求，增加「Selected Dharma Talks」單元，主要摘選《禪通訊》（*Ch'an Newsletter*）中，師父早期在美國的禪修開示。

◆聖基會出版英文版《中華禪法鼓宗》（*The Dharma Drum Lineage of Chan Buddhism*），接引西方人士了解漢傳佛教生活化、人性化、人間化的內涵。

11.02

◆北投雲來寺中午於齋堂舉辦吃飯禪，由傳燈院常乘法師帶領。

11.03

◆3至24日，信眾教育院每週三於北投雲來寺舉辦「法鼓講堂」佛學課程，由僧團常延法師主講「《維摩經》與福慧雙修」，法鼓山數位學習網並進行線上直播。

◆法鼓大學籌備處舉辦「法鼓大學共識營」，進行「法鼓大學創校理念、共識、前瞻」簡報，以及四個學院報告學程規畫等，全體教師及行政同仁共有十八人參加。

11.04

◆法行會晚上於臺北國賓飯店舉辦第一二〇次例會，由佛教學院校長惠敏法師主講「好人好心『腸』，好人好家園」，共有一百七十人參加。

◆4至6日，三學院於禪堂舉辦小參總護培訓課程，由禪修中心副都監果元法師主講，共有十七位法師參加。

11.05

◆5至7日，三學院於禪堂舉辦僧團總護、小參初階培訓，由果界法師帶領，共有十八人參加。

◆5至7日，傳燈院於三義DIY心靈環保教育中心舉辦助理監香培訓課程，由監院常源法師、常乘法師、常緣法師共同帶領，共有九十七人參加。

11.06

◆11月6日至2011年1月29日，首部記錄聖嚴師父海外弘法足跡《他的身影──聖嚴法師佛法西傳記錄影集》紀錄片每週六上午於民視無線台播出。

◆11月6日至12月25日，桃園齋明寺每週六晚上舉辦「佛法生活坊」，由監院果啟法師、果竣法師帶領持誦《法華經》、《普門品》，共有三百二十人參加。

◆臺東信行寺舉辦禪一，共有三十三人參加。

◆法鼓山持續關懷八八水災災後重建工程，由慈基會與中華民國紅十字會總會於嘉義縣合作興建日安社區活動中心，下午舉辦落成啟用典禮，慈基會祕書長果器法師、紅十字會總會副會長王清峰、行政院重建委員會副執行長陳振川、嘉義縣縣長張花冠、立法委員陳明文等出席參加。

◆美國護法會加州洛杉磯分會上午舉辦佛學講座，由紐約東初禪寺住持果醒法師主講「禪與悟」，有近六十人參加；下午舉辦大悲懺法會、皈依儀式，分別由果醒法師主法、方丈和尚果東法師授三皈依，各有近六十人參加、五人皈依。

◆6日及13日，美國紐約東初禪寺舉辦英文初級禪訓班，邀請聖嚴師父西方弟子哈利‧米勒帶領，共有二十六人參加。

11.07

◆ 北投農禪寺舉辦禪一，由果南法師帶領，共有八十五人參加。

◆ 11月7日至12月26日期間，桃園齋明寺舉辦初級禪訓兒童班，共有三十多人參加。

◆ 南投德華寺舉辦禪一，由副寺果弘法師帶領，共有十九人參加。

◆ 信眾教育院於北投雲來寺舉辦「心靈環保讀書會帶領人」充電課程，主題為「讀懂您的心‧聽懂我的話」，由常用法師、佛學課程專任講師戴良義、法鼓大學籌備處人生學院助理教授辜琮瑜帶領，有近八十人參加。

◆ 關懷院於臺北縣三重厚德體操館舉辦「進階大事關懷課程」，內容主題包括世俗禮儀的探討、佛教生死觀、談法鼓山大關懷教育的願景等，共有三百五十人參加。

◆ 法行會南區分會、成功大學身心靈研究社於該校國際會議廳，共同舉辦專題講座，邀請資深媒體工作者陳月卿主講「健康升級，幸福加分」，有近一百人參加。

◆ 美國紐約東初禪寺舉辦週日講座，由象岡道場監院常聞法師主講「欲與願：找到人生的方向」，共有六十二人參加。

◆ 美國護法會加州洛杉磯分會下午於當地聖蓋博希爾頓飯店（San Gabriel Hilton Hotel）舉行「二十週年感恩暨募款餐會」，方丈和尚果東法師、紐約東初禪寺住持果醒法師、北美護法會輔導法師常華法師等出席關懷，共有三百二十多人參加。

11.09

◆ 佛教學院舉辦專題講座，邀請美國知名藏傳佛教學者傑佛瑞‧霍普金斯主講，講題是「經典與密續的分別」，共有三十一人參加。

◆ 美國護法會華盛頓州西雅圖分會舉辦成立九週年慶祝活動，9至12日每天晚上舉辦佛學講座，由紐約東初禪寺住持果醒法師主講《楞嚴經》，共有四十人參加。

11.10

◆ 10至12日，法鼓山受邀參加全球女性和平促進會、世界宗教領袖論壇（The World Forum of Spiritua Leadersl）於南韓首爾市舉辦的國際宗教領袖高峰會議，由僧大副院長常寬法師、常嶺法師代表出席，與三十位來自各國的宗教、精神領袖，就「重新展望繁榮」（Re-Envisioning Prosperity）議題，進行探討。

◆ 10至14日，方丈和尚果東法師、國際發展處監院果見法師等前往加拿大溫哥華道場進行弘法關懷，活動包括佛法講座、皈依祈福大典等。10日，溫哥華道場舉辦榮譽董事感恩聯誼餐敘，共有五十多人參加。

11.11

◆ 僧大中英文網站（http://sanghau.ddm.org.tw）上線。

11.12

◆法鼓大學籌備處人生學院舉辦「哲學家的咖啡館」系列活動，12日與教育部生命教育學科中心在高雄小港高中合辦「生命教育進階研習課程」，由該院助理教授辜琮瑜帶領，共有二十多位高中生命教育種子教師參加。

◆加拿大溫哥華道場晚上舉辦佛學講座，由國際發展處監院果見法師主講「《法華經》要義」，共有一百二十七人參加。

11.13

◆13至15日，三學院於法鼓山園區舉辦弘講師資培訓課程，共有十七位法師參加。

◆13至14日，北投農禪寺舉辦初級禪訓密集班，由果南法師帶領，共有一百零五人參加。

◆11月13日至12月18日，桃園齋明寺每週六晚上舉辦《法華經》共修。

◆關懷院於臺東信行寺舉辦「初階大事關懷課程」，內容包括透過生命教育繪本賞析，引導思考生命的意義與價值，並探討大事關懷以建構共識等，共有四十人參加。

◆傳燈院下午於北投雲來寺舉辦禪修指引課程，共有二十五人參加。

◆11月13日至2011年8月13日期間，臺南分院舉辦聖嚴書院「福田班」義工培訓課程，共十堂課，內容包括法鼓山的理念、組織以及各項修行法門、關懷服務等介紹。

◆法青會於德貴學苑舉辦「Young世代禪式工作學」工作坊系列講座，13日及14日邀請標竿學院常駐資深顧問陳若玲、法鼓山僧大男眾學務長常隨法師主講「職涯航海圖——許自己一個朗朗自在的未來」，共有二十二人參加。

◆慈基會六龜安心站配合高雄縣六龜鄉公所舉辦六龜大橋通車典禮活動，上午於現場舉辦祈福點燈活動，供鄉親為自己、家人、社會祈求平安，共有三百多人參加。

◆佛教學院於法鼓山園區舉辦「2010 ZEN與科技教育研討會」，以「以人為本的科技教育」為主題，會中邀請國際知名腦科學醫師詹姆士‧奧斯汀演講，並邀生物醫學、資訊科學、電機與控制工程等領域的學者專家進行研討。

◆美國紐約象岡道場舉辦禪一，由監院常聞法師帶領，共有二十八人參加。

◆加拿大溫哥華道場晚上舉辦心靈講座，由方丈和尚果東法師主講「觀心雙隨、自在生活」，共有兩百四十多人參加。

◆13至14日，馬來西亞道場於舉辦義工成長營，有近六十人參加。

◆美國護法會華盛頓州西雅圖分會舉辦成立九週年慶祝活動，13日舉辦話頭禪一，由紐約東初禪寺住持果醒法師帶領，共有二十五人參加。

11.14

◆臺中分院於三義DIY心靈環保教育中心舉辦禪一，由果雲法師帶領，共有一百一十人參加。

◆臺南分院舉辦佛一，由監院果謙法師帶領，共有五十七人參加。

◆高雄紫雲寺舉辦戶外禪，由常一法師帶領，共有七十人參加。

◆護法總會舉辦「2010勸募會員成長營」，14日於護法會花蓮辦事處進行，共有四十位

花蓮地區悅眾參加。

◆美國紐約東初禪寺舉辦週日講座，邀請心理學博士林晉城主講「和憂鬱說再見」，共有四十人參加。

◆美國紐約東初禪寺舉辦佛學英文讀書會，閱讀聖嚴師父的著作《禪的智慧》、《三十七道品》，由聖嚴師父的西方弟子比爾‧賴特帶領。

◆加拿大溫哥華道場舉辦皈依祈福大典，由方丈和尚果東法師為信眾親授三皈依，共有五十三人皈依三寶。

◆美國護法會華盛頓州西雅圖分會舉辦成立九週年慶祝活動，14日上午舉辦藥師法會，由紐約東初禪寺住持果醒法師帶領；下午舉辦週年慶聯誼活動，並進行新舊任召集人交接儀式，共有八十人參加。

11.17

◆17至18日，法鼓山受邀出席中國大陸福建省中華文化學院於福州市舉辦的第三屆中華文化論壇，主題為「中華文化在兩岸的傳承和發展」，由方丈和尚果東法師與法鼓大學籌備處副教授楊蓓、孔健中老師代表參加，分別發表演說、論文。

◆11月17日至2011年2月16日，信眾教育院每週三於護法會林口辦事處開辦佛學課程，講解聖嚴師父的著作《聖嚴法師教觀音法門》，由講師道興法師主講。

◆法青會於德貴學苑舉辦「法師有約」系列講座，17日由禪堂板首果祺法師主講「金剛上師的神奇寶劍」，共有一百六十人參加。

◆馬來西亞道場於瓜拉雪蘭莪自然公園舉辦佛一，由常文法師帶領，共有五十人參加。

11.18

◆佛教學院舉辦專題講座，邀請挪威奧斯陸大學（University of Oslo）文化研究與東方語言學系教授兼國際雅肯靜坐學會（Acem Meditation）祕書長艾皓德（Halvor Eifring）以「如何處理雜念」為主軸發表兩場演說，主題分別為「歐亞靜坐傳統的異同」（Spontaneous Thoughts in Meditative Traditions）、「憨山德清的參禪、念佛、誦經及持咒」（Ridding the Mind of Thoughts）。

11.19

◆19至21日，傳燈院於三義DIY心靈環保教育中心舉辦生活禪，由美國紐約東初禪寺住持果醒法師、傳燈院監院常源法師帶領，共有一百四十四人參加。

◆法鼓山持續關懷南亞海嘯災後重建，19至27日，慈基會派遣義工前往印尼亞齊訪視獎助學金個案家庭，並進行獎助學金頒發，共有四十一位學子受益。

◆19至21日，馬來西亞法青會於當地農場「古法有機園」舉辦「犁一畝心中的夢田生活營」，由道場監院常慧法師帶領，共有三十二人參加。

11.20

◆臺中分院舉辦寶雲講談「夢‧實踐」系列人文講談，20日由聖基會董事傅佩芳主講「得遇名師：一個女性學佛者的驚奇之旅」，有近兩百五十人參加。

◆法青會於德貴學苑舉辦「心光講堂」系列講座，20日下午邀請《史丹利熱血不能停》作者史丹利主講「用熱血喚起High能量」，分享對生命的熱情，共有五十二人參加。

◆20至27日，美國紐約象岡道場舉辦精進默照禪八，由聖嚴師父的法子賽門‧查爾得帶領，共有二十一人參加。

11.21

◆桃園齋明寺舉辦「法青大主廚」活動，由常銘法師帶領，共有四十四位法青學員參加。

◆臺中分院於寶雲別苑舉辦「生命之河系列學習坊」，21日主題為「請愛我，由始至終」，邀請臺中榮民總醫院安寧病房志工隊大隊長張寶方帶領賞析影片《在那之前我愛你》，並進行討論，共有九十六人參加。

◆美國紐約東初禪寺舉辦週日講座，由美國護法會輔導法師常華法師主講「《圓覺經》十二問」，共有五十二人參加。

11.22

◆22至23日，中華佛研所研究員藍吉富老師應邀前往中國大陸四川成都昭覺寺，參加首屆「圓悟克勤禪師暨『禪茶一味』」國際研討會，並於會中發表論文〈大慧宗杲焚燒『碧巖錄』事件的歷史評述〉；並於23日大會閉幕典禮中，代表與會學者做總結報告。該研討會主辦單位為中國大陸四川省佛教協會、成都市佛教協會。

11.23

◆法鼓山持續關懷八八水災災後重建，於雲林縣古坑鄉認養二十八戶永久屋工程，下午於當地舉辦規畫說明會，由慈基會委任的建築師劉宇傑，向鄉公所代表及社區住戶說明建造理念與特色。

11.24

◆佛教學院上午舉辦專題講座，由美國紐約東初禪寺住持果醒法師主講「漢傳佛教在北美」，分享北美佛教簡史與漢傳佛教現況，共有二十多人參加。

11.25

◆人基會於德貴學苑舉辦「2010安和豐富心靈講座」系列活動，25日晚上邀請知名導演吳念真主講「那一年，璀璨的光芒」。

◆達賴喇嘛基金會董事長達瓦才仁、祕書長索朗多吉及陳明茹居士至法鼓山園區參訪，

並交流有關2011年將於印度舉辦戒律國際研討會議,及取得藏傳拉然巴格西學位的仁波切至法鼓山學習的可行性。方丈和尚果東法師、法鼓山首座和尚惠敏法師,法鼓山僧大副院長常寬法師、果光法師,佛教學院副校長果暉法師共同接待。

11.27

◆人基會心劇團於德貴學苑舉辦「親子體驗遊樂園」系列活動,27日主題為「族群倫理——尊重翹翹板」。
◆加拿大護法會安省分會舉辦一日禪,共有二十一人參加。

11.28

◆11月28日至12月5日,法鼓山於園區啟建「大悲心水陸法會」,設有十一個壇場,每天皆有六千多人參加,參與人數為歷年之最;法會期間每日並透過網路電視直播一壇佛事及焰口法會,讓海內外信眾可在線上參與共修,共有十二萬多人次參加。
◆美國紐約東初禪寺舉辦週日講座,由美國護法會輔導法師常華法師主講「《圓覺經》十二問」,共有四十九人參加。

11.29

◆11月29日至12月10日,美國法鼓山佛教協會受邀出席聯合國於墨西哥坎昆市(Cancun)舉辦「第十六屆聯合國氣候變化綱要公約締約國會議」(The 16th Conference of the Parties under the United Nations Framework Convention on Climate Change, COP-16),由僧團果禪法師、常濟法師代表出席。

12月 DECEMBER

12.01

◆《人生》雜誌第328期出刊。
◆《法鼓》雜誌第252期出刊。
◆法鼓文化出版新書:般若方程式系列《自在溝通》(楊蓓著);智慧人系列《心的鍛鍊——禪修的觀念與方法》(繼程法師著)。
◆聖基會出版英文版《聖嚴師父》(Master Sheng Yen)簡介,接引西方人士了解聖嚴師父的生平與思想內涵。
◆1至22日,加拿大溫哥華道場每週三上午舉辦法鼓初階班,共有七百六十三人次參加。

12.04

◆4日、11日及18日，美國紐約東初禪寺舉辦英文佛學課程，由聖嚴師父的西方弟子比爾·賴特主講「四聖諦」，共有二十三人次參加。

◆美國護法會加州舊金山分會舉辦禪一，邀請聖嚴師父法子吉伯·古帝亞茲帶領，共有二十五人參加。

12.05

◆美國紐約東初禪寺舉辦週日講座，邀請心理學博士林晉城主講「千江有水千江月，萬里無雲萬里天」，共有四十二人參加。

◆美國護法會加州省會聯絡處舉辦禪修活動，由聖嚴師父西方法子吉伯·古帝亞茲帶領，共有二十人參加。

12.06

◆聖基會舉辦「無盡的身教──今生與師父有約」系列講座，6日晚上由美國紐約東初禪寺住持果醒法師分享聖嚴師父的身教與言教，共有一百二十三人參加。

12.07

◆行政院研究發展考核委員會舉辦2010年優質民間網站補助計畫之網際營活獎評選，法鼓山園區網站獲「2010網際營活獎」生活資訊類組第二名以及網路票選最佳人氣獎第三名，頒獎典禮於12月7日下午在中央聯合辦公大樓北側一樓會場舉行。

◆僧大男眾學務處全體法師與中國大陸杭州佛學院照賢法師、普陀山佛學院演覺法師等，於法鼓山園區進行僧教育現況的心得交流與分享。

◆法行會晚上於臺北國賓飯店舉辦十一週年慶晚會，方丈和尚果東法師致詞關懷，共有三百二十七人參加。

12.08

◆8至29日，臺北安和分院每週三舉辦初級禪訓班，由監院果旭法師帶領，有六十多人參加。

◆8至29日，信眾教育院每週三於北投雲來寺舉辦「法鼓講堂」佛學課程，由僧團果傳法師主講「絕妙說法──《法華經》講要」，法鼓山數位學習網並進行線上直播。

◆8至10日，慈基會與中國大陸四川省綿陽市安縣秀水鎮的民興中學舉辦「心靈環保文化藝術週」活動，以聖嚴師父的「108自在語」為主題，從繪畫、作文、書法等項目，舉辦投稿徵選。

12.09

◆9至30日,臺北安和分院每週四舉辦初級禪訓班,由監院果旭法師帶領,有四十多人參加。

◆9、16、23、30日,臺南安平精舍舉辦初級禪訓班,有十五人參加。

12.10

◆10至12日,禪堂舉辦禪二,由常啟法師帶領,共有一百四十六人參加。

12.11

◆12月11日起至2011年1月期間,慈基會舉辦「99年度歲末大關懷」系列活動,首場於北投農禪寺進行祈福法會、致贈慰問金、民生物品等,丈和尚果東法師、臺北市社會局副局長黃清高等出席關懷,共有四百多戶關懷戶參加。

◆11至12日,慈基會甲仙安心站與甲仙鄉山海營協會於苗栗縣後龍鄉大山國小舉辦「小林國小心靈陪伴戶外體驗營」,共有三十六位學生、家長參加。

◆美國紐約象岡道場舉辦禪一,由監院常聞法師帶領,共有二十四人參加。

◆11至12日,僧團果祥法師前往美國護法會伊利諾州芝加哥分會弘法關懷,內容包括舉辦佛法講座、法會等。11下午於分會舉辦「藥師法會的意義和修行方法」專題講座、帶領藥師法會,共有二十八人參加;晚上出席分會舉辦的歲末關懷聯誼會。

◆美國護法會加州洛杉磯分會舉辦佛學講座,由紐約東初禪寺常懿法師主講「如何做好心靈環保」,共有二十五人參加。

12.12

◆南投德華寺舉辦佛一暨八關戒齋法會,由副寺果明法師帶領,共有三十人參加。

◆臺南分院舉辦佛一,由監院果謙法師帶領,共有六十六人參加。

◆臺東信行寺上午舉辦專題講座,由聖嚴書院講師郭惠芯主講「生死學概論」,共有一百五十四人參加。

◆法鼓大學籌備處與中國大陸成都大學簽署兩校「學術交流合作意向書」,12至15日,籌備處校長劉安之、臺灣大學環境工程學系教授於幼華及能邦科技顧問有限公司總經理朱文生一同至成都大學簽約。

◆由臺北縣淡水鎮古蹟博物館主辦,法鼓大學籌備處承辦的「淡水日式木造建築技藝傳承」課程成果分享會,12日於德貴學苑進行,由負責統籌課程的藝術與文化學院研究員邱明民主持,共有三十多人參加。

◆榮譽董事會上午於高雄紫雲寺舉辦南區榮譽董事頒發聘書暨聯誼會,方丈和尚果東法師為四十五位榮譽董事頒發聘書,包括會長劉偉剛、執行長連智富、南區總召集人卓忠吉等,共有三百多人參加。

◆法青會臺南分會下午於臺南安平精舍舉辦心靈成長講座,邀請成功大學教育研究所副教授饒夢霞主講「愛情沒煩惱,掌握愛情的變化球」,共有三十多人參加。

◆美國紐約東初禪寺舉辦週日講座，由美國護法會輔導法師常華法師主講「《圓覺經》十二問」，共有四十人參加。

◆僧團果祥法師於美國護法會伊利諾州芝加哥分會弘法關懷，12日上午於分會帶領英文禪坐共修，有十多人參加；下午舉辦佛法講座，主題為「學佛的根本意趣」，有近二十人參加。

◆美國護法會加州洛杉磯分會舉辦八關戒齋法會暨念佛禪一，由紐約東初禪寺常懿法師帶領，共有三十人參加。

◆加拿大護法會安省分會舉辦一日禪，共有十四人參加。

12.13

◆藏傳天龍竹巴派康祖法王帶領賈拉瓦仁波切、吉美多傑堪布仁波切等十一位喇嘛和十五位慈善協會工作人員至法鼓山園區參訪，由方丈和尚果東法師、副住持果暉法師等接待。

12.14

◆三學院於法鼓山園區舉辦「人際關係技巧培訓」課程，邀請英豐瑪股份有限公司訓練顧問黃翠華主講，共有十七位法師參加。

◆佛教學院舉辦專題演講，邀請美國知名藏傳佛教學者傑佛瑞‧霍普金斯演講，主講「西藏佛教的新舊翻譯學派」（The Old and New Translation Schools of Tibetan Buddhism），共有三十人參加。

12.15

◆北投雲來寺舉辦專題演講，由關懷中心果選法師主講「您安心奉獻，我真心關懷」，共有四十三人參加。

◆12月15日至2011年1月19日，信眾教育院每週三於護法會花蓮辦事處開辦佛學課程，講解聖嚴師父的著作《聖嚴法師教觀音法門》，由講師李子春主講。

◆《法鼓佛教院訊》第14期出刊。

◆法青會於德貴學苑舉辦「法師有約」系列講座，15日晚上由曾任聖嚴師父飲食侍者常願法師主講「廚師與他的大願」，共有五十六人參加。

12.17

◆17至19日，三峽天南寺舉辦初級禪訓班二日營。

◆傳燈院下午應國立彰化師範大學附屬高級工業職業學校之邀，至該校為教職員工舉辦法鼓八式動禪課程，共有二十人參加。

◆17至19日，法青會於三義DIY心靈環保教育中心舉辦青年禪二，由僧團果解法師帶領，共有七十人參加。

12.18

◆ 法鼓山於北投農禪寺舉辦「社會菁英禪修營第六十七次共修會」，由僧團副住持果品法師帶領，共有七十四人參加。

◆ 北投農禪寺舉辦「健康促進研習營」健康講座，18日邀請臺灣銀髮族健康促進會理事長林素玲、臺北榮民總醫院骨科護理長林瓊珠主講，共有三十一人參加。

◆ 北投農禪寺舉辦義工說明會，分享知福、惜福、培福、種福，及萬行菩薩、布施等觀念，共有一百一十人參加。

◆ 傳燈院下午於北投雲來寺舉辦動禪指引課程，共有四十四人參加。

◆ 法青會於德貴學苑舉辦「Young世代禪式工作學」工作坊系列講座，18日及19日邀請育群創企管顧問股份公司顧問莊振家、法鼓山文化中心國際翻譯組組長常悟法師主講「培養國際觀——禪遊國際村的宏觀行旅」，共有十多人參加。

◆ 中華佛研所研究員藍吉富老師應邀前往馬來西亞吉隆坡，參加「印順導師的思想與當代世界」國際佛教論壇，並於會中發表〈印順法師的大乘是佛說論〉專文。該論壇由馬來西亞佛教青年總會主辦，千百家佛教居士林、慈濟基金會吉隆坡分會、正信佛友會及士拉央佛教會聯合主辦。

◆ 法鼓大學籌備處人生學院於德貴學苑舉辦「哲學家的咖啡館」系列活動，18日主題為「承諾與背離」，由該院助理教授辜琮瑜帶領，有二十人參加。

◆ 18至19日，護法總會於法鼓山園區禪堂舉辦「正副會團長、轄召、召委成長營」，方丈和尚果東法師、關懷中心副都監果器法師出席關懷，共有一百六十八位來自全臺各地、泰國與溫哥華的悅眾參加。

12.19

◆ 北投農禪寺舉辦禪一，由果南法師帶領，共有七十五人參加。

◆ 2010年12月19日至2011年1月9日，高雄紫雲寺每週日舉辦音控視訊組教育訓練，共有五十八人次參加。

◆ 19至26日，臺東信行寺舉辦初階禪七，由常琛法師帶領，共有八十二人參加。

◆ 美國護法會新澤西州分會舉辦禪一，由紐約東初禪寺住持果醒法師帶領。

◆ 慈基會舉辦「99年度歲末大關懷」系列活動，19日於法鼓山園區進行祈福法會、供燈儀式等，臺北縣社會局主任祕書黃堯章、金山鄉鄉長許春財、三芝鄉代理鄉長游忠義等到場關懷，共有兩百四十一戶基隆、金山、萬里、石門、三芝等地區關懷戶參加。

◆ 19、26日，美國紐約東初禪寺舉辦週日講座，由僧團果祥法師主講「普賢十大願」，共有一百一十多人次參加。

12.22

◆ 新疆塔里木大學校長王合理及教師團一行二十二人至佛教學院參訪，由佛教學院校長惠敏法師、副校長杜正民接待，雙方並進行學術交流。

12.24

◆24至26日，禪堂舉辦禪二，由常緣法師帶領，共有一百三十四人參加。

◆24至26日，傳燈院於三義DIY心靈環保教育中心舉辦中級禪訓班，此為首場大型的進階禪修試教活動，由禪修中心副都監果元法師帶領，共有八十八人參加。

◆傳燈院下午應國立彰化師範大學附屬高級工業職業學校之邀，至該校為教職員工舉辦法鼓八式動禪課程，共有二十人參加。

◆24至27日，新加坡護法會於當地九華山報恩寺舉辦青年禪三，由青年院監院果祺法師、常願法師帶領，共有四十多人參加。

12.25

◆三峽天南寺舉辦念佛禪一。

◆臺中分院舉辦寶雲講談「夢·實踐」系列人文講談，25日由監院果理法師主講「出家入家——不一樣的人生旅途」，共有一百六十五人參加。

◆慈基會舉辦「99年度歲末大關懷」系列活動，25日分別於桃園齋明寺、臺南分院進行，共有近四百戶關懷戶參加。

◆法鼓大學籌備處公益學院於德貴學苑舉辦「法鼓公益論壇」系列座談，25日下午邀請中國大陸廣州中山大學公民與社會發展研究中心主任朱健剛，主講「慈善回歸民間與公民社會的變動——2010中國大陸公益領域回顧」，介紹2010年大陸公益領域發展現況與未來展望。

◆人基會心劇團於德貴學苑舉辦「親子體驗遊樂園」系列活動，25日主題為「職場倫理——感恩小學堂」。

◆法青會於德貴學苑舉辦「心光講堂」系列講座，25日下午邀請陳永基設計有限公司創意總監主講「缺陷美·閃耀星」，分享克服色盲的缺陷，從事創意設計的歷程，共有二十八人參加。

◆25至26日，加拿大溫哥華道場舉辦初級禪訓班二日營，由常廣法師帶領，共有四十九人參加。

◆25至26日，美國護法會加州洛杉磯分會舉辦止觀禪二，由護法會輔導法師常華法師帶領，共有三十四人圓滿參加。

12.26

◆高雄紫雲寺舉辦佛一，由監院果耀法師帶領，共有三百一十八人參加。

◆普化中心於北投雲來寺進行聖嚴書院首梯「福田班」義工培訓課程最後一堂課程，並舉辦結業典禮，方丈和尚果東法師、僧團都監果廣法師、關懷中心副都監果器法師到場關懷，共有兩百二十一位學員圓滿十個月的課程，獲頒結業證書。

◆關懷院於護法總會豐原辦事處舉辦「初階大事關懷課程」，內容包括透過生命教育繪本賞析，引導思考生命的意義與價值，並探討大事關懷以建構共識等，共有一百人參加。

◆12月26日至2011年1月2日，美國紐約象岡道場舉辦精進話頭禪八，由東初禪寺住持果醒法師帶領，共有二十九人參加。

12.29

◆人基會於德貴學苑舉辦第二期「心六倫種子教師培訓」結業授證典禮，方丈和尚果東法師、祕書長李伸一、副祕書長陳錦宗到場關懷與祝福，共有四十三位學員獲頒證書。

12.30

◆2010年12月30日至2011年1月2日，桃園齋明寺舉辦佛三暨八關戒齋法會，共有七百九十人參加。

◆12月30日至2011年1月2日，臺東信行寺舉辦禪悅四日營，由監院果增法師帶領，共有二十一人參加。

◆人基會於德貴學苑舉辦「2010安和豐富心靈講座」系列活動，30日晚上由關懷中心副都監果器法師主講「日常生活中安心法門」。

12.31

◆法鼓文化晚上於德貴學苑舉辦《四季禪食》講座，邀請該書作者林孝雲主講「禪食，吃出人與自然的生命力」，共有三十多人參加。

【附錄】

法鼓山2010年各地主要法會概況（分院、精舍）

活動名稱	地區	地點	時間	備註
傳燈法會	北區	法鼓山世界佛教教育園區	2／22（13：00～18：00）	
除夕聞鐘聲祈福法會	北區	法鼓山世界佛教教育園區	2／13（21：30～24：30）	
新春普佛法會	北區	法鼓山世界佛教教育園區	2／13（19：30～21：00）	
		臺北安和分院	2／14（09：30～12：00）	
	中區	臺中分院	2／13（20：00～21：30） 2／14（09：00～12：00）	
		南投德華寺	2／14（09：00～12：00）	
	南區	臺南分院	2／14（09：00～12：30）	
		臺南安平精舍	2／16（09：00～12：30）	
		高雄三民精舍	2／17（09：00～12：00）	
	東區	臺東信行寺	2／14（09：00～12：00）	
新春千佛懺法會	北區	北投中華佛教文化館	2／14～2／16（09：30～17：00）	
	南區	高雄紫雲寺	2／14～2／16（09：00～17：00）	
新春三昧水懺法會	北區	北投農禪寺	2／14～2／16（09：00～17：00）	
		桃園齋明寺	2／14～2／16（09：00～17：00）	
	中區	臺中分院	2／16（08：30～17：30）	
	南區	臺南分院	2／15～2／16（09：00～17：00）	
新春大悲懺法會	北區	臺北安和分院	2／16（14：00～16：30）	
	中區	臺中分院	2／15（14：00～17：30）	
	南區	南投德華寺	2／16（09：00～12：00）	
	東區	臺東信行寺	2／15（09：00～12：00）	
新春禮拜《八十八佛洪名寶懺》法會	北區	桃園齋明寺	2／13（15：00～17：00）	
新春藥師法會	北區	臺北安和分院	2／21（09：00～11：30）	
新春地藏法會	北區	桃園齋明寺	2／21（14：00～17：00）	
元宵然燈供佛法會	北區	法鼓山世界佛教教育園區	2／28（18：00～20：00）	
		桃園齋明寺	2／28（19：00～21：00）	
	中區	南投德華寺	2／27（19：00～21：00）	
	南區	臺南分院	2／28（19：00～21：00）	
		臺南安平精舍	2／27（19：00～21：30）	
		高雄紫雲寺	2／28（19：00～21：00）	
元宵觀音法會	中區	臺中分院	2／28（19：30～21：30）	
清明報恩地藏七永日	北區	桃園齋明寺	3／29～4／3（19：00～21：00） 4／4（14：00～17：00）	
清明報恩地藏法會	南區	臺南分院	3／29（19：00～21：00） 3／30～4／3（19：00～21：30） 4／4～4／5（09：00～17：00）	
		高雄紫雲寺	4／3～4／4（09：00～12：00）	
清明報恩佛三	東區	臺東信行寺	4／9～4／11（09：00～21：00）	
清明報恩佛七	北區	北投農禪寺	3／30～4／5（09：00～18：00）	
報恩祈福法會	北區	臺北安和分院	4／4（09：00～12：00） 4／5～4／10（12：30～14：00） 4／11（09：00～12：00） 8／22～9／12（8／22、9／5、9／12 09：00～12：00，其餘每日12：30～ 14：00）	

活動名稱	地區	地點	時間	備註
春季報恩法會	北區	桃園齋明寺	4／24～4／25（09：00～17：00）	
朝山浴佛禮觀音	北區	法鼓山世界佛教教育園區	5／15～5／16	
浴佛法會	北區	北投農禪寺	5／22（09：00～12：00）	
		北投中華佛教文化館	5／1（09：00～14：00）	
		臺北安和分院	5／15（09：00～10：30）	
		三峽天南寺	5／22（09：00～13：00）	
		桃園齋明寺	5／8（08：30～15：00）	
	中區	臺中分院	5／9（09：00～12：00）	
		南投德華寺	5／16（09：00～12：00）	
	南區	臺南分院（臺南二中）	5／9（09：00～16：00）	
		臺南安平精舍	5／9（09：00～16：00）	
		臺南雲集寺	5／16（09：00～17：00）	
		高雄紫雲寺	5／9（09：00～12：00）	
	東區	臺東信行寺	5／22（09：00～12：00）	
梁皇寶懺法會	北區	北投農禪寺	8／14～8／20（08：00～15：00）	
	中區	臺中分院	4／4～4／10（08：00～15：00）	
中元地藏懺法會	北區	北投農禪寺	8／24（14：00～16：30）	
中元報恩地藏七永日	北區	桃園齋明寺	8／16～8／21（19：00～21：00） 8／22（14：00～17：00）	
中元普度地藏法會	北區	北投中華佛教文化館	8／6～8／8	
	中區	臺中分院	8／21～8／22（08：00～17：00）	
		南投德華寺	8／15（09：00～17：00）	
	南區	臺南分院	8／29～9／4（09：00～12：00）	
		高雄紫雲寺	8／26～8／27（08：30～12：00）	
	東區	臺東信行寺	8／27～8／28（09：00～17：00）	
中元普度三時繫念法會	南區	高雄紫雲寺	8／28（15：00～22：00）	
	東區	臺東信行寺	8／29（15：00～21：00）	
秋季報恩法會	北區	桃園齋明寺	10／23～10／24（09：00～17：00）	
大悲懺法會	北區	法鼓山世界佛教教育園區	每月第四週週六19：00～21：00	11月暫停
		北投農禪寺	週五14：00～16：00、19：00～21：00（1／1、2／5、3／5、4／9、5／7、6／4、7／2、8／6、9／3、10／1、11／5、12／10）	
		臺北安和分院	週五14：00～16：00、19：00～21：00（1／15、3／19、4／16、5／14、6／18、7／16、8／13、9／17、10／15、12／17）	2、11月暫停
		桃園齋明寺	週日14：00～17：00（1／10、2／7、3／14、4／11、5／9、6／13、7／11、8／8、9／12、10／10、11／14、12／12）	
	中區	南投德華寺	每月第三週週三19：00～21：00	
	南區	臺南分院	週六19：00～21：00（1／16、3／20、4／17、5／15、6／5、7／17、8／21、9／18、10／16、11／13、12／18）	

活動名稱	地區	地點	時間	備註
大悲懺法會	南區	臺南雲集寺	週六09：00～12：00（6／5） 週日09：00～12：00（7／4、8／8、9／5、10／3、11／7、12／12）	
		高雄紫雲寺	每月第四週週五19：00～21：00	5、6、8、11月暫停
	東區	臺東信行寺	每月第三週週三19：30～21：30	6、11月暫停
大悲懺暨菩薩戒誦戒會	中區	臺中分院	每月第四週週日14：00～17：00（1～6月） 週日19：00～21：30（7／18、9／19、10／17、11／21、12／19）	2月暫停
	南區	高雄三民精舍	每月第三週週六19：00～21：30	2月暫停
地藏法會	北區	北投農禪寺	每月最後一週週日09：00～12：00	2、11月暫停
		臺北安和分院	週日09：00～11：30 （1／3、2／7、3／7、4／4、5／9、6／6、7／4、8／8、8／22、9／5、10／13、11／7、12／22）	
		桃園齋明寺	週六或週日14：00～17：00 （1／24、2／21、3／28、4／24、5／23、6／27、7／25、8／22、9／26、10／23、11／28、12／26）	
		臺北中山精舍	週六14：30～17：00 （8／28、10／23）	
	中區	臺中分院	每月第三週週日19：00～21：30	8月暫停
		南投德華寺	週日09：00～12：00（1／10、3／7、4／25、5／2、6／27、7／25、9／26、10／24、11／14、12／26）	
	南區	臺南分院	週日09：00～12：00（1／31）	
		臺南雲集寺	週五19：00～21：00（11／12） 週六09：00～12：00（4／23、6／25） 週六19：00～21：00（7／10、9／11、10／30、12／11） 週日09：00～12：00（11／14）	
		高雄紫雲寺	週日09：00～12：00（2／27、10／3）	
		臺南安平精舍	週六19：00～21：30 （1／23、3／27、4／24、5／22、6／12、7／24、9／25、10／23、12／25）	
	東區	臺東信行寺	週六08：30～12：00（4／24、6／26、7／3、9／4、10／23）	
觀音法會	北區	北投中華佛教文化館	每月農曆19日10：00～12：00	
	南區	高雄紫雲寺	週日09：00～12：00 （3／28、10／24）	
淨土懺法會	南區	高雄紫雲寺	每單月第一週週日09：00～12：00	5月暫停
藥師法會	北區	北投中華佛教文化館	每月農曆12日10：00～12：00	
		臺北安和分院	每月第三週週日09：00～11：30	11月暫停
	南區	臺南安平精舍	週六19：00～21：30（3／6、5／29）	
三昧水懺法會	北區	北投農禪寺	週六09：00～17：00（5／29）	
		桃園齋明寺	週日09：00～17：00（5／2） 週六09：00～17：00（9／18）	

活動名稱	地區	地點	時間	備註
三昧水懺法會	南區	臺南雲集寺	週五～六08：00～17：30（8／20～8／21）	
		高雄紫雲寺	週日09：00～17：00（7／25）	
三昧水懺暨瑜伽焰口法會	北區	三峽天南寺	週五～日09：00～21：30（3／5～3／7）	
三時繫念法會	南區	臺南雲集寺	週日15：00～22：00（8／22）	
《藥師經》共修	北區	北投中華佛教文化館	每日12：30～14：30（2009／12／19～2010／1／17）每日12：30～14：30（2010／12／11～2011／1／9）	
		臺北安和分院	每日12：30～13：30（10／17～11／5）	
《金剛經》共修	北區	三峽天南寺	每月第二或第三週週六09：00～11：30	
	南區	臺南安平精舍	每月一次：19：00～21：30（1／19、2／21、3／13、4／18、5／29、6／12）每月第一或第二週週六19：00～21：30（7～12月）	
《地藏經》共修	北區	北投中華佛教文化館	每日12：30～14：30（4／4～5／22）每日12：30～14：30（8／3～9／7）	8／14～8／20暫停
《法華經》共修	北區	桃園齋明寺	週六19：00～21：00（11／13～12／18）	
念佛共修	北區	法鼓山世界佛教教育園區	每月第一、二、三、五週週六19：00～21：00（1～6月）週六19：00～21：00（7～12月）（7／10、7／17、8／21、9／11、9／18、10／2、10／9、10／16、10／30、11／6、11／3）	1／23、2／13、2／20、3／20、3／27、4／24、5／15、5／22、6／26暫停
		北投農禪寺	週六19：00～21：00	1／23、2／13、5／29、8／14、12／4暫停
		北投中華佛教文化館	週四09：30～11：30	2／18暫停
		臺北安和分院	週二19：00～21：00	2／16、11／23、11／30暫停
		三峽天南寺	週一19：30～21：30（1／4、1／18、2／1、3／1、3／15、3／29、4／12、5／3、5／17、5／31、6／14、7／19、8／9、8／23、9／6、9／27、10／1、10／25、11／8、11／22、12／6、12／20）	
		桃園齋明寺	週四19：00～21：00	
		臺北中山精舍	週四19：00～21：00	
		基隆精舍	週二19：00～21：00	
	中區	臺中分院	週五09：00～11：00週六19：30～21：30	
		南投德華寺	每月第一、二、四、五週週三19：00～21：00	12／1暫停

活動名稱	地區	地點	時間	備註
念佛共修	南區	臺南分院	週三09：00～11：00 週四19：00～21：00	
		臺南雲集寺	週五19：00～21：00	
		高雄紫雲寺	週五09：00～11：00、19：00～21：00	8／27暫停
		臺南安平精舍	週日19：00～21：00（1～6月） 週三19：00～21：00（7～12月）	
		高雄三民精舍	週六19：00～21：00	
	東區	臺東信行寺	每月第一、二、三、五週週三19：30～21：30	1／20、2／17、3／17、4／21、5／19、7／14、7／21、8／18、9／15、10／20暫停
菩薩戒誦戒會暨念佛共修	北區	臺北安和分院	每月最後一週週二19：00～21：00	11月暫停
		桃園齋明寺	每月第二週週四19：00～21：00	
	南區	臺南分院	每月第一週週四19：00～21：00	
菩薩戒誦戒會	北區	基隆精舍	每月第三週週四19：00～21：00	
	南區	高雄紫雲寺	每月第三週週五19：00～21：00	
	東區	臺東信行寺	每月第四週週三19：30～21：30	9、12月暫停
佛一	北區	臺北安和分院	週日09：00～17：00（7／11）	
	南區	臺南分院	週日08：30～17：00（9／26、12／12）	
		臺南雲集寺	週日08：30～17：00（7／10、12／19）	
		高雄紫雲寺	週日08：30～17：00（3／14、12／26）	
	東區	臺東信行寺	週六09：00～21：30（9／11）	
佛一暨八關戒齋法會	北區	北投農禪寺	週六08：00～21：00（5／1）	
		臺北安和分院	週日09：00～21：00（1／10）	
	中區	南投德華寺	週日09：00～21：00（6／6、12／12）	
	南區	臺南分院	週日08：30～21：00（4／25）	
	東區	臺東信行寺	週日09：00～21：00（5／2）	
佛二	中區	南投德華寺	週六～日09：00～17：00（4／17～4／18、10／9～10／10）	
	南區	臺南安平精舍	週六～日08：30～17：00（1／2～1／3）	
佛二暨八關戒齋法會	北區	北投農禪寺	週六～日09：00～17：00（1／2～1／3）	
		桃園齋明寺	週六～日08：30～21：00（7／31～8／1）	
佛三暨八關戒齋法會	北區	桃園齋明寺	週四～日08：30～17：00（2009／12／31～2010／1／3） 週四～日08：30～17：00（2010／12／30～2011／1／2）	
彌陀佛七	北區	北投農禪寺	週六～五09：00～21：00（10／9～10／15）	

活動名稱	地區	地點	時間	備註
祈福皈依大典	北區	北投農禪寺	週日08：00～13：00（3／14、9／26）	
	南區	臺南雲集寺	週日14：00～16：00（4／11）	
		高雄紫雲寺	週日09：00～12：00（5／9）	
菩薩戒	北區	法鼓山世界佛教教育園區	週四～日（3／18～3／21） 週四～日（3／25～3／28）	

法鼓山2010年各地主要禪修活動概況

◎針對有禪修經驗者

活動名稱		主辦單位	活動地點	日期
禪二	初階禪二	禪堂	法鼓山世界佛教教育園區	3／26～3／28、5／14～5／16、5／21～5／23、7／2～7／4、7／16～7／18、12／10～12／12、12／24～12／26
		傳燈院	三義DIY心靈環保教育中心	6／25～6／27、10／8～10／10
禪三	話頭禪三	三峽天南寺	三峽天南寺	3／25～3／28
禪七	初階禪七	臺東信行寺	臺東信行寺	3／21～3／28、12／19～12／26
		禪堂	法鼓山世界佛教教育園區	5／1～5／8、7／24～7／31
		禪堂	三義DIY心靈環保教育中心	8／21～8／28
	話頭禪七	三峽天南寺	三峽天南寺	4／3～4／10
		禪堂	三義DIY心靈環保教育中心	4／18～4／25
		禪堂	法鼓山世界佛教教育園區	6／11～6／18
	默照禪七	禪堂	法鼓山世界佛教教育園區	9／3～9／10
	中階禪七	禪堂	法鼓山世界佛教教育園區	10／9～10／16
	初階禪修營	禪堂	三義DIY心靈環保教育中心	4／10～4／17
	大慧宗杲話頭禪修營	禪堂	法鼓山世界佛教教育園區	10／18～10／24
禪十	默照禪十	禪堂	法鼓山世界佛教教育園區	9／10～9／19
禪十四	中英默照禪十四	禪堂	法鼓山世界佛教教育園區	3／6～3／20

◎針對初學者（傳燈院舉辦）

活動名稱	活動地點	為期時間	日期
禪修指引	北投雲來寺	每場約兩小時	1／23、3／14、4／24、5／29、6／26、7／24、9／11、11／13
Fun鬆一日禪	北投雲來寺	每場約八小時	2／28、4／10、5／8、6／27、7／10、8／7、9／4、10／2
法鼓八式動禪指引	北投雲來寺	每場約兩小時	10／9、12／18
初級禪訓班二日營	三義DIY心靈環保教育中心	兩天	1／31～2／2、8／13～8／15
	禪堂	兩天	5／28～5／30
生活禪	三義DIY心靈環保教育中心	三天	11／19～11／21

◎由各地分院、精舍舉辦

活動名稱	地區	地點	時間	備註
禪修指引	北區	臺北安和分院	每月最後一週週六14：00～16：30	1、9、11月暫停
		臺北中山精舍	週六14：00～16：30（11／27）	
初級禪訓班（四堂課）	北區	北投農禪寺	週日19：00～21：00（5月開課）	
		臺北安和分院	週三19：00～21：00 （1、3、4、5、7、9、10、12月開課） 週四19：00～21：00 （1、4、5、7、10、12月開課）	
		桃園齋明寺	週六19：00～21：00（8月開課）	
		臺北中山精舍	週六19：00～21：00（10月開課）	
	南區	臺南雲集寺	週六15：00～17：00（5月開課）	
		高雄紫雲寺	週三19：00～21：00（3月開課） 週六14：00～16：00（7月開課）	
		臺南安平精舍	週六14：00～16：00（4月開課） 週四19：00～21：00（9、12月開課）	
	東區	臺東信行寺	週五19：30～21：30（5月開課）	
初級禪訓密集班	北區	北投農禪寺	週六～日09：00～17：00 （1／9～1／10、2／6～2／7、5／8～5／9、7／10～7／11、8／7～8／8、9／11～9／12、10／2～10／3、11／13～11／14）	
		北投雲來寺	週六～日09：00～17：00 （1／30～1／31、4／17～4／18、8／21～8／22、10／16～10／17）	
		桃園齋明寺	週六～日09：00～17：00 （3／27～3／28、10／2～10／3）	
	南區	臺南分院	週六～日08：30～17：00 （1／16～1／17、3／13～3／14、7／24～7／25、10／30～10／31）	
		高雄三民精舍	週六～日09：00～17：30 （4／24～25、9／18、9／25）	
	東區	臺東信行寺	週五～六09：00～17：00 （1／1～1／2） 週六～日09：00～17：00 （9／18～9／19）	
初級禪訓班二日營	北區	三峽天南寺	週五～日 （3／19～3／21、4／23～4／25、7／23～7／25、9／10～9／12、12／17～12／19） 週六～一（6／19～6／21）	
		桃園齋明寺	週六～日（3／27～3／28、6／19～6／20）	
初級禪訓兒童班	北區	桃園齋明寺	週日09：00～10：00 （5／2～6／27、11／7～12／26）	

活動名稱	地區	地點	時間	備註
禪坐共修	北區	北投農禪寺	每週日13：30～17：00	1／3、2／14、4／4、7／11、8／8、8／15、9／12、10／3、10／10、11／14、12／12暫停
		臺北安和分院	每週四19：00～21：00	2／18、11／25、12／2暫停
		北投雲來寺	每週五19：00～21：00	2／19、2／26、11／26、12／3暫停
		三峽天南寺	週四19：30～21：30（1／4、1／18、1／21、3／1、3／15、3／29、4／12、5／3、5／17、5／31、6／14、7／22、8／12、8／26、9／9、9／23、10／14、10／28、11／11、11／25、12／9）	
		桃園齋明寺	每週六14：00～17：00	10／23、11／6暫停
		臺北中山精舍	每週一19：00～21：00	
		基隆精舍	每週五19：00～21：00	
	中區	臺中分院	每週一09：00～11：00 每週六19：00～21：00	
		南投德華寺	每週二19：00～21：00	
	南區	臺南分院	每週三19：00～21：00	
		臺南雲集寺	每週二19：00～21：00	
		高雄紫雲寺	每週二19：00～21：00 每週三09：00～11：00	
		臺南安平精舍	每週二19：00～21：00	
		高雄三民精舍	每週四19：00～21：00	
	東區	臺東信行寺	每週日09：00～11：30	2／14、3／28、4／11、5／2、5／30、8／29、10／31、12／19、12／26暫停
禪一	北區	北投農禪寺	週日08：30～17：00（1／17、2／21、3／7、5／16、7／18、8／22、9／5、10／31、11／7、12／19）	
		臺北安和分院	週日09：00～17：00（1／31、3／28、5／30、8／1、9／26、10／31）	
		桃園齋明寺	週六08：00～17：00（4／17、10／30）	
	中區	臺中分院（三義DIY心靈環保教育中心）	週日08：00～17：00（1／7、3／7、3／21、7／25、10／17、11／14）	
		南投德華寺	週日09：00～17：00（3／28、5／30、9／5、11／7）	
	南區	臺南分院	週日08：30～17：00（1／10、3／7、8／8）	
		臺南雲集寺	週日08：30～17：00（5／30）	
		高雄紫雲寺	週日08：30～17：00（1／10、9／26）	
		臺南安平精舍	週日08：30～17：00（5／23、10／3）	
	東區	臺東信行寺	週六09：00～17：00（5／30、11／6）	

活動名稱	地區	地點	時間	備註
禪二	中區	南投德華寺	週六～日09：00～17：00 （1／2～1／3、7／10～7／11）	
禪三	北區	三峽天南寺	週四～日（3／25～3／28）	
	南區	高雄紫雲寺	週六～日（5／27～5／30）	
念佛禪一	北區	三峽天南寺	週日08：00～17：00 （4／18、5／16、6／27、8／7、9／4、 10／9、12／25）	
念佛禪二	北區	桃園齋明寺	週六～日08：30～17：30（5／29～5／30）	
戶外禪	北區	北投農禪寺	週六07：00～17：00（4／24）	
		臺北安和分院	週日07：30～17：00 （1／17、6／13、10／24）	
	中區	臺中分院	週日08：00～16：00（4／18）	
	南區	高雄紫雲寺	週日08：30～17：00（4／18、11／14）	
親子奉茶禪修營	北區	桃園齋明寺	週六10：00～17：30（1／9）	
禪悅營	東區	臺東信行寺	週四～一16：00～13：00 （2／18～2／21） 週四～日 （10／28～10／31、12／30～2011／1／2）	

◎ 國際禪坐會

活動名稱	時間	地點
國際禪坐共修	每週六09：30～12：30	臺北中山精舍
國際禪一	每月一次週六09：30～17：30	

法鼓山2010年各地主要佛學推廣課程概況

◎聖嚴書院

課程			起訖時間		地點
聖嚴書院	初階一上	在法鼓山學佛	8月31日	12月28日	臺北安和分院
			9月1日	12月29日	北投農禪寺
			9月1日	12月29日	臺中寶雲別苑
			9月1日	12月29日	臺中寶雲別苑
			9月1日	12月29日	高雄三民精舍
			9月1日	12月29日	新店辦事處
			9月1日	12月29日	聖嚴教育基金會
			9月2日	12月30日	高雄紫雲寺
			9月2日	12月30日	基隆精舍
			9月2日	12月30日	金山法鼓山社大
			9月3日	12月31日	德貴學苑
			9月3日	12月31日	德貴學苑
			9月4日	2011年1月1日	羅東辦事處
			9月8日	12月29日	臺北安和分院
	初階一下	行門簡介	2月23日	6月8日	北投農禪寺
			3月1日	6月14日	臺北安和分院
			2月26日	6月11日	臺北中山精舍
			2月23日	6月8日	新莊辦事處
			2月26日	6月11日	德貴學苑
			3月5日	6月11日	中永和辦事處
			3月1日	6月14日	南投安心站
			2月24日	6月9日	彰化辦事處
			2月25日	6月10日	臺中分院
			2月24日	6月9日	員林共修處
			2月26日	6月11日	臺南分院
			2月26日	6月11日	臺南安平精舍
			2月24日	6月9日	高雄紫雲寺
			3月1日	6月14日	高雄三民精舍
			3月1日	6月14日	屏東辦事處
	初階二上	學佛五講	8月30日	12月27日	臺北安和分院
			8月30日	12月27日	高雄三民精舍
			8月30日	12月27日	屏東辦事處
			8月30日	12月27日	南投安心站
			8月31日	12月28日	北投農禪寺
			8月31日	12月28日	新莊辦事處
			9月1日	12月29日	德貴學苑
			9月1日	12月29日	高雄紫雲寺
			9月1日	12月29日	彰化辦事處
			9月1日	12月29日	員林共修處
			9月2日	12月30日	臺中分院
			9月3日	12月31日	臺南分院

課程			起訖時間		地點
聖嚴書院	初階二上	學佛五講	9月3日	12月31日	臺北中山精舍
			9月3日	12月31日	臺南安平精舍
			9月3日	12月31日	中永和辦事處
	初階二下	心的經典	2月24日	6月9日	北投雲來寺
			2月24日	6月9日	金山法鼓山社大
			2月25日	6月10日	宜蘭辦事處
		自家寶藏	2月25日	6月10日	新莊辦事處
			3月5日	6月18日	海山辦事處
		牛的印跡	2月24日	6月9日	臺中分院
			2月25日	6月10日	北投農禪寺
		探索識界	2月24日	6月9日	臺中分院
	初階三上	菩薩戒／漢傳佛教	2月23日	6月8日	高雄三民精舍
			3月1日	6月14日	高雄紫雲寺
			9月1日	12月29日	臺中分院
			9月1日	12月29日	臺中分院
			9月1日	12月29日	金山法鼓山社大
			9月2日	12月30日	北投農禪寺
			9月2日	12月30日	新莊辦事處
			9月2日	12月30日	宜蘭辦事處
			9月3日	12月31日	海山辦事處
	初階三下	自家寶藏	2月23日	6月8日	臺北安和分院
			3月1日	6月14日	臺北中山精舍
		牛的印跡	2月25日	6月10日	臺中分院
		心的經典	2月24日	6月9日	北投農禪寺
			2月27日	6月12日	臺中分院
			8月30日	12月27日	高雄紫雲寺
			8月31日	12月28日	高雄三民精舍
	精讀一上	五講精讀（一）	8月30日	12月27日	臺北中山精舍
			8月31日	12月28日	臺中分院
			9月3日	2011年1月7日	桃園齋明寺
			9月7日	2011年1月4日	臺南分院
	精讀一下	五講精讀（一）	3月1日	6月14日	德貴學苑
	精讀二上	五講精讀（二）	2月23日	6月8日	臺中分院
			2月26日	6月11日	高雄紫雲寺
			3月1日	6月14日	北投農禪寺
			8月30日	12月27日	德貴學苑
	精讀二下	五講精讀（二）	3月1日	6月14日	臺南分院
			8月30日	12月27日	北投農禪寺
			8月31日	12月28日	臺中分院
			9月3日	12月31日	高雄紫雲寺

課程		起訖時間		地點
精讀三上	五講精讀（三）	2月23日	6月8日	臺中分院
		2月27日	6月12日	高雄紫雲寺
		3月1日	6月14日	北投農禪寺
		8月30日	12月27日	臺南分院
精讀三下	五講精讀（三）	8月30日	12月27日	北投農禪寺
		8月31日	12月28日	臺中分院
		9月4日	2011年1月1日	高雄紫雲寺
專題一上	專題研讀（一）	2月23日	6月8日	臺北中山精舍
專題一下	專題研讀（一）	2月23日	6月8日	臺中分院
		8月31日	12月28日	臺北中山精舍
專題二上	專題研讀（二）	2月23日	6月8日	臺北中山精舍
		8月31日	12月28日	臺中分院
專題二下	專題研讀（二）	8月31日	12月28日	臺北中山精舍
專題四上	專題研讀（四）	2月27日	6月12日	高雄紫雲寺
專題四下	專題研讀（四）	9月4日	2011年1月1日	高雄紫雲寺

（聖嚴書院）

◎佛學弘講

課程		起訖時間		地點
佛法概論	佛教入門（上篇）	1月22日	2月5日	臺南安平精舍
	佛教入門	3月1日	7月12日	淡水辦事處
	正信的佛教	3月20日	6月26日	羅東辦事處
慧學	心的經典——心經新釋	3月1日	6月7日	基隆精舍
		3月11日	5月27日	社子辦事處
	修行在紅塵——維摩詰經六講	3月4日	6月24日	潮州辦事處
		9月3日	2011年1月28日	臺北安和分院
	探索識界——八識規矩頌講記	9月2日	12月23日	大同辦事處
	福慧自在——金剛經生活	9月16日	12月30日	潮州辦事處
	八大人覺經	3月4日	6月17日	大同辦事處
	普賢菩薩行願讚	3月17日	6月2日	花蓮辦事處
		4月17日	7月3日	林口辦事處
	四十八個願望——無量壽經講記	7月14日	11月3日	林口辦事處
	聖嚴法師教觀音法門	3月4日	7月29日	臺北安和分院
		3月17日	6月30日	新店辦事處
		10月8日	12月31日	內湖辦事處
		11月17日	2011年2月16日	林口辦事處
		12月15日	2011年1月19日	花蓮辦事處
		6月11日	9月10日	內湖辦事處
其他	學佛五講（後二講）	3月5日	7月16日	臺北安和分院
	再談淨土法門	6月9日	6月10日	屏東辦事處
	生死學	6月26日	7月31日	屏東辦事處

（佛學弘講）

法鼓山2010年教育成長活動概況

◎心靈環保讀書會

地區	舉辦地點／讀書會名稱	時間	討論書目
北區	北投農禪寺	週二09：30	《心安平安，你就是力量！》、《法鼓晨音》
	臺北安和分院	第二、四週週四19：00	《智慧100》
	臺北安和分院	週五09：30	《從心溝通》
	德貴學苑	週四19：00	《四十八個願望——無量壽經講記》
	德貴學苑	第二週週三19：00	《學佛群疑》
	德貴學苑	第三週週一19：00	《禪門第一課》、《禪的生活》
	聖嚴教育基金會	週日09：30（不定期）	結緣書
	萬華辦事處	第三週週四19：30	《牛的印跡》
	松山辦事處	第一、三、五週週四10：00	《正信的佛教》
	內湖辦事處	週三14：00	《方外看紅塵》、《放下的幸福》
	石牌辦事處	第三週週五19：30	《念佛生淨土》
	文山辦事處	第一、四、五週週五19：30	《修行在紅塵》、《雪中足跡》
	文山辦事處	第二、三週週五19：30	《動靜皆自在》、《如月印空》
	文山辦事處	隔週週二09：30	《放下的幸福》
	文山辦事處	第一、三、五週週一19：30	《聖嚴法師教淨土法門》
	新店辦事處	週四09：00	《正信的佛教》
	新店辦事處	第一週週四13：00	《放下的幸福》
	中永和辦事處	第二、四週週四20：00	《成佛之道》、《印度佛教史》
	中永和辦事處	第二、四週週三19：30	《放下的幸福》
	大三重辦事處	週二19：30	《人間世》、《佛教入門》
	新莊辦事處	週五19：30	《六波羅密》、《智慧100》
	泰山辦事處	週四14：00	《甘露與淨瓶的對話》
	海山辦事處	週五09：00	《成佛之道》
	林口辦事處	第二、四週週二13：45	《動靜皆自在》、《放下的幸福》
	基隆辦事處	第一、三、五週週一19：30	《放下的幸福》、「智慧隨身書」
	桃園辦事處	週四19：00	《雪中足跡》、《無法之法》
	中壢辦事處	週五19：30	《放下的幸福》
	新竹辦事處	週三19：30	《學佛群疑》
	苗栗辦事處	週五19：30	《放下的幸福》、《真正的快樂》
	土城共修處	週二09：00	《放下的幸福》
	三芝石門共修處	第一、二週週六14：30	《心的經典》
	蘆洲共修處	週四19：30	《真正的快樂》
	臺北市松山區	週一19：00	《探索識界——八識規矩頌講記》
	新北市淡水區	週二14：00	《情與理》
	新北市汐止區	週二18：30	《放下的幸福》、《工作好修行》
	新北市瑞芳區	週三19：30	《心經講記》
	新北市深坑區	週六19：30	《正信的佛教》、《聖嚴法師教淨土法門》
	新北市土城區	第二、四週週一19：30	《方外看紅塵》
	新北市三重區	第二週週五19：00	《美好的晚年》
	桃園市	週五13：30	《正信的佛教》

地區	舉辦地點／讀書會名稱	時間	討論書目
中區	臺中分院	週四14：00	《正信的佛教》、《真正的快樂》
	臺中分院	週六09：30	《放下的幸福》、《學佛群疑》
	南投德華寺	週三19：30	《佛說阿彌陀經》
	豐原辦事處	第二、四週週五19：30	《歡喜看生死》
	員林辦事處	第一、四、五週週一19：30	《工作好修行》
	嘉義辦事處	週一19：30	《歸程》
	臺中太平	隔週四19：30	《從心溝通》、「四眾佛子共勉語」
	臺中心語	週六15：00	《心的經典》
	臺中吉祥	週三19：30	《找回自己》、《學佛群疑》
	臺中尚德	週二14：30	《真正的快樂》、《學佛群疑》
	臺中東山	週五09：00	《放下的幸福》
	臺中東英	週五19：30	《學佛群疑》
	臺中知音	週二09：30	《正信的佛教》、《真正的快樂》
	臺中悅讀	第一、三、五週週四09：30	《人行道》、《真正的快樂》
	臺中常不輕	週三14：00	《完全證悟》、《牛的印跡》
	臺中福慧	週四09：30	《學佛五講》
	臺中豐樂	第四週週五14：00	《甘露與淨瓶的對話》
	臺中烏日（一）	週一19：30	《金剛經》研究、《探索識界——八識規矩頌講記》
	臺中烏日（二）	週二14：00	《絕妙說法——法華經講要》
	臺中健保局	週二12：30	《放下的幸福》
南區	臺南雲集寺	週三19：00	《工作好修行》
	臺南分院	週二14：00	《禪門第一課》、《福慧自在——金剛經生活》
	高雄紫雲寺	週三19：00	《正信的佛教》、《學佛群疑》
	高雄紫雲寺	週四19：00	《正信的佛教》、《學佛群疑》
	高雄三民精舍	週一09：00	《正信的佛教》、《學佛群疑》
	高雄三民精舍	最後一週週五15：00	《無法之法》、《美好的晚年》
	高雄三民精舍	第三週週五14：00	《福慧自在——金剛經生活》、《找回自己》
	屏東辦事處	週二09：30	《從心溝通》
	屏東辦事處	週三19：30	《放下的幸福》
	屏東辦事處	週四19：30	《福慧自在——金剛經生活》
	潮州共修處	週一09：00	「108自在語」
	朴子共修處	週一19：15	《智慧之劍——永嘉證道歌講錄》、《心經》之一〈心經禪解〉
	臺南喜閱	週三19：00	《方外看紅塵》
	臺南尚品	第一週週四09：30	《放下的幸福》
	臺南悅讀分享會	第二週週日14：30	《四十二章經》、《動靜皆自在》
	岡山勵志新城	週四19：00	《方外看紅塵》
	岡山東林	週一13：40	《福慧自在——金剛經生活》

地區	舉辦地點／讀書會名稱	時間	討論書目
東區	臺東信行寺	週一19：30	《從心溝通》
	臺東信行寺	週四19：00	《學佛五講》
	臺東信行寺	週二19：30	《福慧自在——金剛經生活》
	宜蘭辦事處	第一、三、五週週一19：30	《雪中足跡》
	羅東辦事處	第二、四週週四09：30	《放下的幸福》
	花蓮辦事處	第一、三、五週週一14：00	《法鼓晨音》
	宜蘭市	隔週一19：30	《方外看紅塵》

◎其他活動（以分院、精舍為主）

活動名稱		地區	地點	時間	備註
法器共修		北區	桃園齋明寺	週日19：00～21：00	
			基隆精舍	週四19：00～21：00	
合唱團練唱共修		北區	北投農禪寺	週日19：00～21：00	1／24、2／14、2／28、4／4、8／15、10／10、11／28暫停
			桃園齋明寺	週五19：00～21：00	2／19暫停
			基隆精舍	週三19：00～21：00	
		中區	臺中分院	週三19：00～21：00	
		南區	臺南分院	週日17：00～19：00	
			高雄三民精舍	週一19：30～21：30	
禪藝課程	齋明鼓隊兒童班	北區	桃園齋明寺	週日09：00～12：00	
	齋明鼓隊成人班			週一09：00～12：00	2／15暫停
	寧靜心鼓兒童班	東區	臺東信行寺	週六14：30～16：00	
	寧靜心鼓成人班			週六16：00～17：30	
	瑜伽	北區	北投農禪寺（哈達瑜伽）	週一18：30～20：00	
			臺北安和分院	週六14：00～15：30	
			基隆精舍	週日09：00～11：00	
		南區	高雄紫雲寺（瑜伽禪坐）	週二08：40～10：10	
				週日19：15～21：00	
			臺南安平精舍（生活瑜伽）	週三19：00～21：00	
			臺南安平精舍（和緩瑜伽）	週四09：30～10：30	7～12月舉辦
			高雄三民精舍（哈達瑜伽）	週三19：30～21：00	
			高雄三民精舍（養生瑜伽）	週五08：30～10：30	
		東區	臺東信行寺（養生瑜伽）	週三09：00～11：00	1～6月舉辦
	繪畫入門	北區	北投農禪寺	週二14：30～16：30	
	小品盆栽研習工坊	北區	北投農禪寺	週三14：30～16：30	
	惜福拼布	北區	北投農禪寺	週四19：00～21：00	
	盆中天地	北區	北投農禪寺	週五14：30～16：30	

活動名稱	地區	地點	時間	備註
禪藝課程				
太極拳	北區	北投農禪寺	週六08：30～09：50	
		北投中華佛教文化館	週六08：30～10：00	
		桃園齋明寺	週二09：30～11：00	
		臺北中山精舍	週二19：00～21：00	
	東區	臺東信行寺	週六16：00～18：00	
			週日14：00～16：00	
佛畫班	北區	北投農禪寺	週六09：30～11：30	
國畫班	南區	高雄三民精舍	週三09：00～11：00	
鈔經班	北區	北投農禪寺	週六10：00～11：30	
書法班	北區	北投農禪寺	週日09：30～11：30	
		臺北安和分院	週二19：00～21：00	
		桃園齋明寺	週三09：00～11：00	
	中區	臺中分院	週五09：00～11：00	
		南投德華寺	週一09：00～10：30	1～6月舉辦
書法班	南區	高雄紫雲寺	週二19：00～21：00	
		高雄三民精舍	週五09：00～11：00	
書法鈔經班	北區	基隆精舍	週二14：00～16：00	
	南區	臺南安平精舍	週二19：00～21：00	
花藝	北區	臺北安和分院（中華）	週一13：30～15：30	
		臺北安和分院（歐式）	週三13：30～16：00	
		桃園齋明寺（花藝工作坊）	週五09：30～11：00	
		桃園齋明寺（草月流）	週日09：00～12：00	
		臺北中山精舍（中華）	週一19：00～21：00	
		臺北中山精舍（小原流）	週二10：00～12：00	
	中區	臺中分院（池坊‧歐洲‧小品）	週一19：30～21：00	
			週二09：30～11：00	
		南投德華寺	週一14：00～16：00	1～6月舉辦
	南區	高雄紫雲寺（池坊）	週三14：00～16：00	
		臺南安平精舍（小原流）	週二14：00～16：00	1～6月舉辦
		臺南安平精舍（中華）	週四09：00～11：00	
		高雄三民精舍（中華）	週三14：00～16：00	
壓花藝術班	南區	臺南安平精舍	週二09：30～11：30	1～6月舉辦
拼布藝術班	北區	臺北安和分院	週四19：00～21：00	
		桃園齋明寺	週一14：00～16：00	
工筆佛畫班	北區	臺北安和分院	週六14：00～16：00	
快樂鍵盤彈奏班	北區	臺北安和分院	週六16：00～17：30	
兒童讀經班	北區	臺北安和分院	週六14：00～15：30	
		基隆精舍	週六09：00～12：00	
	中區	臺中分院	週三19：30～20：40	
		南投德華寺	週五19：30～21：00	
	南區	臺南分院	週四19：00～21：00	
	東區	臺東信行寺	週五19：00～21：00	

活動名稱	地區	地點	時間	備註
兒童讀經作文班	南區	臺南安平精舍	週五19：00～21：00	
親子讀經班	南區	臺南雲集寺	週一19：00～21：00	
兒童故事花園（繪本故事DIY）	中區	臺中分院	週六10：00～11：30	
兒童繪畫班	南區	臺南安平精舍	週日14：30～16：00	
精緻紙黏土	中區	臺中分院	週三09：30～11：30	
茶藝班	南區	臺南分院	週二19：30～21：00	
		臺南安平精舍	週四19：30～21：00	1～6月舉辦
素描班	南區	高雄紫雲寺	週四19：00～21：00	
膠彩畫繪畫班	北區	臺北中山精舍	週四19：00～21：00	

禪藝課程

法鼓山2010年主要出版品一覽表

◎法鼓文化

出版月份	書名
1月	‧《帶著禪心去上班》（人間淨土系列／聖嚴師父著）
	‧《彌勒佛與怪怪馬戲團》（我的佛菩薩系列／陳辰著，君宜繪）
	‧《地藏菩薩的神奇寶藏》（我的佛菩薩系列／陳辰著，高鶯雪繪）
	‧《觀音妙智——觀音菩薩耳根圓通法門講要》（現代經典系列／聖嚴師父著）
2月	‧《聖嚴法師教淨土法門》（聖嚴書院系列／聖嚴師父著）
	‧《美好的晚年》（寰遊自傳系列／聖嚴師父口述，胡麗桂整理）
	‧《心經的智慧》（智慧人系列／繼程法師著）
	‧《遇見四十九位菩薩：一個受刑人的覺醒之旅》（Razor-wire Dharma）（輕心靈系列／凱文‧馬龍 Calvin Malone著，葉琦玲譯）
	‧《地藏經硬筆鈔經本》（祈願鈔經系列）
	‧《南山大律師——道宣律師》（高僧小說系列精選／林淑玟著，劉建志繪）
	‧《傑出的留學生——玄奘大師》（高僧小說系列精選／蘇尚耀著，劉建志繪）
3月	‧《聖嚴研究（第一輯）》（聖嚴思想論叢系列／聖嚴教育基金會學術研究部著）
	‧《普賢菩薩大戰垃圾怪獸》（我的佛菩薩系列／陳辰著，萬歲少女繪）
	‧《藥師佛的生日禮物》（我的佛菩薩系列／陳辰著，菊子繪）
4月	‧《延命十句觀音經硬筆鈔經本》（祈願鈔經系列）
	‧《四眾佛子共勉語硬筆鈔經本》（祈願鈔經系列）
	‧《大冒險家——法顯大師》（高僧小說系列精選／吳燈山著，劉建志繪）
	‧《獨坐大雄峰——百丈懷海》（高僧小說系列精選／張圓笙著，劉建志繪）
5月	‧《佛教與生態學：佛教的環境倫理與環保實踐》（Buddhism and Ecology: The Interconnection of Dharma and Deeds）（大視野系列／瑪莉‧塔克Mary Evelyn Tucker、鄧肯‧威廉斯Duncan Ryūken Williams編著，林朝成、黃國清、謝美霜譯）
	‧《爾然小品》（智慧人系列／繼程法師著）
6月	‧《大乘傳法人——龍樹菩薩》（高僧小說系列精選／默言著，劉建志繪）
	‧《禪法東來——達摩祖師》（高僧小說系列精選／蔡友田著，劉建志繪）
	‧《安和豐富——簡單享受緣生活》（人間淨土系列／聖嚴師父著）
	‧《普賢十大願硬筆鈔經本》（祈願鈔經系列）
	‧《八大人覺經硬筆鈔經本》（祈願鈔經系列）
7月	‧《生死學中學生死》（琉璃文學系列／辜琮瑜著）
	‧《校長午後的牧歌》（般若方程式系列／惠敏法師著）
	‧《萬松行秀禪學思想研究》（中華佛研所論叢系列／釋清如著）
8月	‧《萬世譯經師——鳩摩羅什》（高僧小說系列精選／徐潔著，劉建志繪）
	‧《謙虛的大和尚——印光大師》（高僧小說系列精選／邱傑著，劉建志繪）
	‧《觀世音菩薩耳根圓通章硬筆鈔經本》（祈願鈔經系列）
	‧《華嚴經淨行品硬筆鈔經本》（祈願鈔經系列）
9月	‧《法鼓山之美——建築之美、佛像之美》DVD（影音系列）
	‧《我該怎麼辦？：49則逆轉生命的智慧》（Dealing with Life's Issues）（大自在系列／圖丹卻准法師 Ven. Thubten Chodrone著，雷淑雲譯）
10月	‧《四季禪食》（禪味廚房系列／林孝雲著）
	‧《東土小釋迦——智者大師》（高僧小說系列精選／吳燈山著，劉建志繪）
	‧《機智狂雲子——一休禪師》（高僧小說系列精選／陳文婉著，劉建志繪）
	‧2011年桌曆《齋明禪心》

出版月份	書名
11月	・英文書籍《前往遍智之道：昂望奔登依格魯派了義與不了義的觀點所作的詮釋》（*Path to Omniscience: the Geluk Hermeneutics of Nga-wang-bel-den*）（法鼓佛教論叢系列／馬紀William Magee著）
	・《媽媽味米料理》（禪味廚房系列／陳滿花著）
	・《心的密碼：佛教心識學與腦神經科學的對話》（*Two Views of Mind: Abhidharma and Brain Science*）（大視野系列／克里斯多福・德查姆斯Christopher deCharms著，鄭清榮、王惠雯譯）
12月	・《自在溝通》（般若方程式系列／楊蓓著）
	・《心的鍛鍊──禪修的觀念與方法》（智慧人系列／繼程法師著）

◎聖嚴教育基金會（結緣書籍）

出版月份	書名
3月	・《無盡的身教──聖嚴法師最後的一堂課》
11月	・英文版《中華禪法鼓宗》（*The Dharma Drum Lineage of Chan Buddhism*）
12月	・英文版《聖嚴師父》（*Master Sheng Yen*）簡介

法鼓山社會大學2010年課程概況

校區別	課程類別	課程名稱
金山校區	心靈環保	禪修與身心調適、精進禪坐與《心經》大義研修班、禪·靜·書法、水墨畫初階（四君子）、國畫山水（五）、國畫山水（六）、油畫關鍵入門、快樂學二胡（兒童班）、快樂學二胡（進階一）、快樂學二胡（進階二）、太極拳與養生（入門班）、經絡按摩養生保健
	生活環保	中醫與生活、禪悅瑜伽、瑜伽與脈輪、哈達瑜伽、美語發音練習、實用生活美語、元氣日本語、素食養生保健（藥膳&體質調養班）、疾病養生保健（藥膳&茶飲）、健康主義——蔬食調理、家常麵食（一）、如何醃漬好吃ㄟ醬菜、如何醃漬好吃ㄟ蘿蔔醬菜、煮一杯好咖啡、鏡頭下的野柳、基礎電腦（二）、數位相片多媒體編輯班、影片剪輯、生活短片製作班（多媒體進階）、網路拍賣、3C貼鑽創業班、手作拼布坊、拼布進階班、粉彩色鉛筆插畫班、生活插畫寫實班、兒童素描（進階班）、兒童素描與插畫（進階班）、作文Easy Go進階班
	自然環保	觀光景點導覽與解說、禪悅花藝、動手玩科學（三）、樂色創藝——環保再生創意美學、環保手工皂、戀戀手工皂
	寒假活動	禪悅花藝、創意插畫手繪班、兒童素描（基礎班）、快樂學二胡（進階班）、手工皂（進階班）、輕鬆學作文
	暑期活動	禪悅瑜伽、瑜伽與靜坐、禪修與壓力調適、國畫山水、拼布入門——手作布包、家常小菜、快樂學二胡（進階二）、戀戀手工皂、與大自然共舞、親子海報設計班、毛毛蟲變蝴蝶——兒童禪修、兒童故事營、兒童素描、快樂學二胡（兒童進階班）、快樂小小解說員——認識金山之美、兒童心靈環保體驗營、兒童陶藝捏塑
北投校區	心靈環保	養生瑜伽、太極拳與養生（入門班）、太極拳與養生（精進班）、太極拳與養生（進階班）、太極拳與養生（加強複習班）、禪靜書法、水墨畫（初階）
	生活環保	中醫與生活、禪悅瑜伽、養生瑜伽、基礎日語、口語表達與人際溝通的藝術、素食烘焙、素食料理、健康有機飲食、數位單眼攝影（入門）、數位單眼攝影（進階）、戀戀手工皂、手工創意拼布、鉛筆素描（初級）、粉彩色鉛筆插畫班
	自然環保	禪悅花藝、小品盆栽、小品盆栽（進階班）
	寒假活動	小品盆栽、創意海報紙雕班
	暑期活動	禪悅瑜伽、太極拳與養生（加強複習班）、捏陶樂、手工創意拼布、靜物素描、生活寫實插畫、戀戀手工皂、故事心、兒童POP、兒童基礎素描
新莊校區	心靈環保	禪修與身心調適、精進禪坐與《心經》大義、油畫班、書法班、粉彩班、書法班（兒童）、粉彩班（兒童）
	生活環保	瑜伽與脈輪、哈達瑜伽、中醫與生活、人際關係與溝通、健康主義——如何調配三餐、健康主義——蔬食調理、素食小吃、異國料理、如何醃漬好吃ㄟ醬菜、說一口漂亮的日語I、基礎日語II、隨性手作生活雜貨、打包帶編織班、電腦基礎班、生活電腦、基礎攝影、相片多媒體編輯班、PHOTOIMPACT X3數位寫真、數位相片多媒體編輯班、快樂寫作初階班（兒童）、快樂寫作進階班（兒童）、歡樂黏土派對（兒童）、動手玩科學（兒童）
	自然環保	環保手工皂、手工皂與蝶古巴特、蝶古巴特藝術拼貼、實用羊毛氈小物、野草變盆栽
	寒假活動	野草變盆栽、生活日語II、快樂學隸書、繪畫班、環保手工皂（進階班）、電腦（進階班）
	暑期活動	禪修與身心調適、瑜伽與靜坐、法律與生活、三餐巧妙變化、水墨畫、基礎電腦（進階）、書法班、美術班、生活短片班、快樂寫作初階班（兒童）、快樂寫作進階班（兒童）、歡樂黏土派對（兒童）、海報設計（兒童）、手繪故事創作（兒童）、捏陶樂陶陶（兒童）、書法班（兒童）、美術班（兒童）
大溪校區	心靈環保	水墨天地、佛畫美學、工筆人物畫、水墨畫初階（四季花卉）、聖嚴法師教淨土法門
	生活環保	中醫與生活、中醫針灸經絡學與養生、養生瑜伽、瑜伽心生活、素食心煮義、美味小吃、啡嚐不可·咖啡與我、日語精讀、跟我學日語2、粉彩色鉛筆插畫、生活插畫寫實班、蝶古巴特彩繪拼貼、網路生活應用——網拍高手、基礎攝影、數位單眼攝影（入門）、數位單眼攝影（進階）、部落格網頁設計、文件排版軟體與部部高手——部落格設計
	自然環保	禪悅花藝、小品盆栽、小品盆栽II
	寒假活動	水墨畫

法鼓佛教學院2010年佛教學系課程表

◎碩士班98學年度第二學期

科目中文名稱	科目英文名稱	必／選修	授課語言	授課老師	科目類別
巴利語文法	Introduction to Pali language	選修	中文	莊國彬	專業科目
巴利文獻研究（II）	The Study of Pali Literature（II）	選修	中文	莊國彬	專業科目
巴利語佛典研讀（II）	Reading in Pali Buddhist texts（II）	選修	中文	莊國彬	專業科目
阿含經研究（II）	Agama Studies（II）	選修	中文	楊郁文	專業科目
印度佛教史研究	Studies in the History of Indian Buddhism	選修	中文	莊國彬	專業科目
《大乘莊嚴經論》〈弘法品〉梵典專題	Topics in Sanskrit Literature of *Mahayanasutralankara*（Chapter 12）	選修	中文	惠敏法師	專業科目
梵語文獻導讀：《入菩薩行論》	Reading in Sanskrit Literature：*BodhicaryAvatAra*	必修	中文	見弘法師	專業科目
漢傳佛教史專題（II）	Seminar on History of Chinese Buddhism（II）	必修	中文	果鏡法師	專業科目
明清禪學專題（II）	Seminar on Chan Buddhism in the Ming and Qing Dynasties（II）	選修	中文	果鏡法師	專業科目
禪淨融合專題研究	Seminar on Pure Land and Chan	選修	中文	果鏡法師	專業科目
《阿毘達磨俱舍論》專題（II）	Studies on *Abhidharmakośaśāstra*（II）	選修	中文	蔡伯郎	專業科目
《瑜伽師地論》專題（II）	Studies on *Yogācārabhūmi*（II）	選修	中文	蔡伯郎	專業科目
天台判教	Seminar on Tiantai Doctrinal Classification	選修	中文	陳英善	專業科目
華嚴判教	Seminar on Huayan Doctrinal Classification	選修	中文	陳英善	專業科目
西藏語言學	Tibetan Linguistics	選修	藏文英文	馬紀（William Magee）	專業科目
西藏佛教史專題（II）：漢藏佛教專題	Seminar on the History of Tibetan Buddhism（II）：Topic on Sino-Tibetan Buddhism	選修	中文	劉國威	專業科目
藏文佛典導讀（II）	Guided Reading of Tibetan Buddhist Texts（II）	必修	中文	廖本聖	專業科目
宗喀巴師徒著作專題（II）	Seminar of Works of rJe yab sras gsum（II）	選修	藏文中文	羅桑群佩格西、廖本聖	專業科目
西藏因明思想專題（II）	Topic on the Thought of Tibetan Logic（II）	選修	藏文中文	羅桑群佩格西、廖本聖	專業科目
人文資訊學導論（II）	An Introduction to Cultural Informatics（II）	必修	中文	謝清俊	專業科目
佛學資訊、工具與技術（II）	Buddhist Informatics, Tools and Techniques（II）	必修	中文	馬德偉（Marcus Bingenheimer）	專業科目
佛學數位工具資源專題：經錄與音義的數位化研究與應用	Buddhist Lexicographical Resources	選修	中文	杜正民	專業科目
佛教數位文獻學專案	Digital Textuality in Buddhist Studies	選修	中文	杜正民	專業科目
佛學資訊、工具與技術（IV）	Buddhist Informatics, Tools and Techniques（IV）	必修	中文	洪振洲	專業科目
程式語言	Programming Language	選修	中文	洪振洲	專業科目
朝暮定課研修（II）	Study and Practice in Morning and Evening Services（II）	必修	中文	果肇法師	共同科目
朝暮定課研修（IV）	Study and Practice in Morning and Evening Services（IV）	必修	中文	果肇法師	共同科目

科目中文名稱	科目英文名稱	必／選修	授課語言	授課老師	科目類別
三學精要研修（Ⅱ）	Study and Practice in the Essentials of the Three Studies（Ⅱ）	必修	中文	惠敏法師	共同科目
禪修專題研修（Ⅱ）	Study and Practice in Meditation（Ⅱ）	必修	中文	果暉法師	共同科目
朝暮定課研修（Ⅱ）	Study and Practice in Rituals（Ⅱ）	必修	中文	果鏡法師	共同科目
弘化專題研修（Ⅱ）	Study and Practice in Preaching and Teaching Ministry（Ⅱ）	必修	中文	杜正民	共同科目
研修畢業呈現	Graduation Portfolio	必修	中文	指導老師	共同科目
日文文法（Ⅱ）	Introduction to Japanese Grammar （Ⅱ）	必修	中文 日文	藍碧珠	共同科目
日文佛學資料選修讀（Ⅱ）	Reading in Japanese Buddhist Texts （Ⅱ）	必修	中文 日文	見弘法師	共同科目
歐美佛學資料選修讀	Selected Western Language Readings in Buddhist Studies	必修	中文 英文	馬德偉（Marcus Bingenheimer）	共同科目
西藏佛學英文選修讀：寧瑪派與覺囊派	English Selected Readings of Tibetan Buddhism: Nyingma and Jonang School	必修	英文	馬紀（William Magee）	共同科目
實用佛教文獻學：文獻、目錄	Practical Philology:Texts and Catalogues	選修	中文	高明道	共同科目
漢譯佛典專題（Ⅳ）	Readings in Chinese Buddhist Translations（Ⅳ）	選修	中文	高明道	共同科目
研究方法與論文寫作	Academic Research and Thesis Writing	選修	中文	高明道	共同科目

◎碩士班99學年度第一學期

科目中文名稱	科目英文名稱	必／選修	授課語言	授課老師	科目類別
《大乘莊嚴經論》〈伴方便業品〉梵典研究	Studies in Sanskrit Literature of *Mahayanasutralankara*（Chapter 15）	選修	中文 梵文 英文	惠敏法師	專業科目
阿含經研究（I）	Agama Studies（I）	選修	中文	楊郁文	專業科目
巴利語佛典研讀（III）	Reading in Pali Buddhist texts（III）	選修	中文	莊國彬	專業科目
巴利文獻研究（III）	The Study of Pali Literature（III）	選修	中文	莊國彬	專業科目
漢傳佛教史專題（I）	Seminar on History of Chinese Buddhism（I）	必修	中文	鄧偉仁	專業科目
中國淨土思想研究（I）	Seminar on the Thoughts of Pure Land Buddhism（I）	選修	中文	果鏡法師	專業科目
唐宋禪學專題（I）	Seminar on ChanBuddhism in the Tang and Song Dynasties（I）	選修	中文	果鏡法師	專業科目
安世高研究（I）	An Shigao Research（I）	選修	中文	果暉法師	專業科目
唯識論典專題（I）	Studies on Yogacārā School's texts（I）	選修	中文	蔡伯郎	專業科目
《阿毘達磨俱舍論·界品》專題（I）	Studies on Abhidharmakośaśāstra: dhātu niydeśa（I）	選修	中文	蔡伯郎	專業科目
天台專題	Studies on Tiantai Buddhism	選修	中文	陳英善	專業科目
華嚴禪觀	Seminar on Contemplation of Huayan Buddhism	選修	中文	陳英善	專業科目
西藏因明思想專題（III）	Topic on the Thought of Tibetan Logic（III）	選修	中文 藏文	廖本聖	專業科目
西藏中觀思想專題（I）	Topic on the Thought of Tibetan Middle Way School（I）	選修	中文 藏文	廖本聖	專業科目
藏文佛典導讀（I）	Guided Reading of Tibetan Buddhist Texts（I）	必修	中文 藏文	廖本聖	專業科目
西藏佛教史專題（I）	Seminar on the History of Tibetan Buddhism（I）	必修	中文	劉國威	專業科目
西藏密續思想專題（I）	Topic on the Thought of Tantra（I）	選修	中文 藏文	廖本聖	專業科目
宗喀巴師徒著作專題（III）	Seminar of Works of rJe yab sras gsum（III）	選修	中文 藏文	馬紀（William Magee）	專業科目
佛學資訊、工具與技術（I）	Buddhist Informatics, Tools and Techniques（I）	必修	英文	馬德偉（Marcus Bingenheimer）	專業科目
佛學資訊、工具與技術（III）	Buddhist Informatics, Tools and Techniques（III）	必修	中文	洪振洲	專業科目
佛教數位文化地圖專案	Buddhist Digital Cultural Atlas	選修	中文	杜正民	專業科目
關連式資料庫管理	Foundation of Relational Database System Management	選修	中文	洪振洲	專業科目
腳本語言進階	Advanced Scripting Languages	選修	中文	洪振洲	專業科目
朝暮定課研修（I）	Study and Practice in Morning and Evening Services（I）	必修	中文	果肇法師	共同科目
三學精要研修（I）	Study and Practice in the Essentials of the Three Studies（I）	必修	中文	惠敏法師	共同科目
朝暮定課研修（III）	Study and Practice in Morning and Evening Services（III）	必修	中文	果肇法師	共同科目
禪修專題研修（I）	Study and Practice in Meditation（I）	必修	中文	果暉法師	共同科目
儀軌專題研修（I）	Study and Practice in Rituals（I）	必修	中文	果鏡法師	共同科目

科目中文名稱	科目英文名稱	必／選修	授課語言	授課老師	科目類別
弘化專題研修（I）	Study and Practice in Preaching and Teaching Ministry（I）	必修	中文	杜正民	共同科目
宗教學專題	Seminar on World Religions	必修	中文	莊國彬	共同科目
梵文文法	Introduction to Sanskrit Grammar	必修	中文梵文	見弘法師	共同科目
藏文文法	Basic Tibetan Grammar	必修	中文藏文	廖本聖	共同科目
印度佛教史專題	Seminar on the History of Indian Buddhism	必修	中文	莊國彬	共同科目
日文文法（I）	Introduction to Japanese Grammar （I）	必修	中文日文	藍碧珠	共同科目
英文佛學資料導讀	Guided English Language Readings in Buddhist Studies	必修	中文英文	馬德偉（Marcus Bingenheimer）	共同科目
漢譯佛典專題（I）	Readings in Chinese Buddhist Translations（I）	選修	中文	高明道	共同科目
實用佛教文獻學：版本‧斠讎	Practical Philology: Textual Criticism	選修	中文	高明道	共同科目
佛教數位典藏的研究與應用	The Study and Creation of Buddhist Digital Archives	選修	中文	杜正民	共同科目
日文佛學資料選修讀（I）	Reading in Japanese Buddhist Texts （I）	必修	中文日文	見弘法師	共同科目
西藏佛學英文選修讀（I）	English Selected Readings of Tibetan Buddhism （I）	必修	英文	馬紀（William Magee）	共同科目
新世紀佛學：數位資源與標誌之創新與應用	Digital Resources and Text Markup in Buddhist Studies	選修	中文	維習安	共同科目

◎學士班98學年度第二學期

科目中文名稱	科目英文名稱	必／選修	授課語言	授課老師	科目類別
戒律學綱要（II）	Essentials of Buddhist Discipline（II）	必修	中文	證融法師	專業科目
高僧行誼（II）	Noble Deeds of Eminent Monks（II）	必修	中文	果暉法師	專業科目
禪定學概論（II）	Introduction to Buddhist Meditation（II）	必修	中文	果理法師	專業科目
漢傳佛教史（II）	History of Chinese Buddhism（II）	必修	中文	藍吉富	專業科目
佛教入門（II）	Introduction to Buddhism	必修	中文	常延法師	專業科目
禪修（II）	Meditation Practice（II）	必修	中文	果元法師	通識科目
朝暮定課（II）	Daily Practice（II）	必修	中文	果肇法師	專業科目
梵唄與儀軌（II）	Buddhist Rituals and Chants（II）	必修	中文	果慨法師	專業科目
服務學習（II）	Service Learing（II）	必修	中文	果肇法師	通識科目
大一英文（II）	Freshman English（II）	必修	中文英文	方怡蓉	通識科目
思考與表達（II）	Thought and Expression（II）	必修	中文	惠敏法師	通識科目
體育（II）	Physical Education/ PE（II）	必修	中文	林正常	通識科目
日文（II）	Japanese（II）	選修	中文日語	金子恭久	通識科目
佛典漢語（II）	Seminar on the Language of Chinese Buddhist Texts（II）	選修	中文	高明道	通識科目
知識管理實務	Knowledge Management: Research and Practice	選修	中文	法源法師	通識科目
生命科學概論	Introduction to Life Sciences	選修	中文	許明滿	通識科目
法鼓講座（II）	Dharm Drum Lectures（II）	必修	中文	—	通識科目
高僧行誼（IV）	Noble Deeds of Eminent Monks（IV）	必修	中文	果暉法師	專業科目
大乘禪法（II）	Study of Mahayana Meditation（II）	必修	中文	杜正民	專業科目
印度佛教史（II）	History of Indian Buddhism（II）	必修	中文	惠敏法師	專業科目
阿含導讀（II）	Guided Reading of the Agamas（II）	必修	中文	溫宗堃	專業科目
禪林寶訓（四選修二）	Collected Words of Wisdom by Chinese Chan Masters	選修	中文	證融法師	專業科目
禪修（IV）	Meditation Practice（IV）	必修	中文	果元法師	專業科目
朝暮定課（IV）	Daily Practice（IV）	必修	中文	果肇法師	專業科目
服務學習（IV）	Service Learning（IV）	必修	中文	果肇法師	通識科目
佛學英文（II）（二選修一）	English Buddhist Scriptures（II）	選修	中文英文	賽門‧懷爾斯（Simon Wiles）	通識科目
佛學日文（II）（二選修一）	Japanese Buddhist Texts（II）	選修	中文日文	見弘法師	通識科目
體育（IV）	Physical Education（IV）	必修	中文	簡淑華	通識科目
梵唄與儀軌（IV）	Buddhist Rituals and Chants（IV）	選修	中文	果慨法師	通識科目
電腦與網路概論（I）	Introduction to Computer Science and the Internet（I）	必修	中文	洪振洲	通識科目
論文寫作與研究方法	Thesis Writing and Methodology	必修	中文	方怡蓉	通識科目
弘講理論及實務	Theory and Practice of Dharma Teaching	選修	中文	常延法師	通識科目
心靈環保專題	Seminar: Spiritual Environmental Protection	選修	中文	果東法師	通識科目
安寧療護與佛法	Buddhism and Hospice Care	選修	中文	黃鳳英	通識科目
法鼓講座（IV）	Dharma Drum Lectures（IV）	必修	中文	—	通識科目

◎學士班99學年度第一學期

科目中文名稱	科目英文名稱	必／選修	授課語言	授課老師	科目類別
戒律學綱要（I）	Essentials of Buddhist Discipline（I）	必修	中文	證融法師	專業科目
高僧行誼（I）	Noble Deeds of Eminent Monks（I）	必修	中文	果暉法師	專業科目
禪定學概論（I）	Introduction to Buddhist Meditation（I）	必修	中文	果理法師	專業科目
漢傳佛教史（I）	History of Chinese Buddhism（I）	必修	中文	藍吉富	專業科目
佛教入門（I）	Introduction to Buddhism（I）	必修	中文	常延法師	專業科目
禪修（I）	Meditation Practice（I）	必修	中文	果元法師	專業科目
朝暮定課（I）	Daily Practice（I）	必修	中文	果肇法師	專業科目
梵唄與儀軌（I）	Buddhist Rituals and Chants（I）	必修	中文	果慨法師	專業科目
服務學習（I）	Service Learing（I）	必修	中文	果肇法師	通識科目
大一英文（I）	Freshman English（I）	必修	中文英文	方怡蓉	通識科目
開放式文書處理實作	Open Word Processing	必修	中文	洪振洲	通識科目
思考與表達（I）	Thought and Expression（I）	必修	中文	惠敏法師	通識科目
體育（I）	Physical Education（I）	必修	中文	林正常	通識科目
世界文明史（I）	History of World Civilization（I）	選修	中文	陳炯彰	通識科目
日文（I）	Japanese（I）	選修	中文日語	金子恭久	通識科目
佛典漢語（I）	Seminar on the Language of Chinese Buddhist Texts（I）	選修	中文	高明道	通識科目
佛教史料學	Study of Buddhist Historical Documents	必修	中文	藍吉富	專業科目
漢傳佛教禪觀（I）	Meditative Insight of Chinese Buddhism（I）	必修	中文	果光法師	專業科目
西藏佛教史	History of Tibetan Buddhism	必修	中文	梅靜軒	專業科目
漢傳佛教諸宗思想導論（I）（二必修選修一）	Introduction to Chinese Buddhist Schools	選修	中文	施凱華	專業科目
印度大乘佛教思想導論（I）（二必修選修一）	Introduction to the Mahāyāna philosophy of Indian Buddhism（I）	必修	中文	鄧偉仁	專業科目
梵文（I）（三必修選修一）	Sanskrit（I）	選修	中文梵文	鄧偉仁	專業科目
禪修（V）	Meditation Practice（V）	必修	中文	果元法師	專業科目
朝暮定課（V）	Daily Practice（V）	必修	中文	果肇法師	專業科目
禪學專題研修（I）（四選修一）	Seminar: Chan Buddhism（I）	選修	中文	果鏡法師	專業科目
儀軌專題研修（I）（四選修一）	Seminar: Buddhist Rituals（I）	選修	中文	果慨法師	專業科目
弘化專題研修（I）（四選修一）	Seminar: Dharma Teaching（I）	選修	中文	黃鳳英	專業科目
禪修實習（V）	ChanMeditation Retreat（V）	必修	中文	果鏡法師	專業科目
環境變遷與永續發展	Environmental Change and Sustainable Development	選修	中文	陳怡靜	通識科目
電腦與網路概論（II）	Introduction to Computer Science and the Internet（II）	選修	中文	洪振洲	通識科目

中華佛學研究所、法鼓佛教學院2010年師資簡介

◎專任師資名單

姓名	職稱	最高學歷	任教科目
惠敏法師	教授	日本東京大學文學博士	·《大乘莊嚴經論》〈伴方便業品〉梵典研究 ·《大乘莊嚴經論》〈波羅蜜品〉梵典研究 ·三學精要研修（I） ·三學精要研修（II）
杜正民	教授級專業技術人員	中華佛學研究所結業	·佛教數位文化地圖專案 ·佛教數位典藏的研究與應用 ·佛教數位詞彙資源專題——音義與工具書的數位化研究與應用 ·弘化專題研修（I） ·弘化專題研修（II）
見弘法師	助理教授	日本九州大學文學博士	·日文佛學資料選讀（I） ·日文佛學資料選讀（II） ·梵語文獻導讀 ·梵文文法
馬紀（William Magee）	助理教授	美國維吉尼亞大學宗教研究	·宗喀巴師徒著作專題（III） ·西藏佛學英文選讀（I） ·宗喀巴師徒著作專題（IV） ·西藏佛學英文選讀（II）
蔡伯郎	助理教授	中國文化大學哲學博士	·《阿毘達磨俱舍論·界品》專題（I） ·唯識論典專題（I） ·《阿毘達磨俱舍論·根品》研究（I） ·唯識論典專題（II）
莊國彬	助理教授	英國布里斯托大學神學與宗教研究系博士	·巴利語佛典研讀（III） ·巴利語佛典研讀（IV） ·巴利文獻研究（III） ·巴利文獻研究（IV） ·印度佛教史專題 ·印度佛教史研究 ·巴利語文法 ·宗教學專題
馬德偉（Marcus Bingenheimer）	助理教授	德國烏茲堡大學宗教史系文學博士	·英文佛學資料導讀 ·英文佛學資料選讀 ·佛學資訊、工具與技術（I） ·佛學資訊、工具與技術（II）
廖本聖	副教授級專業技術人員	淡江大學化學研究所碩士 中華佛學研究所畢業	·藏文佛典導讀（I） ·藏文文法 ·藏文佛典導讀（II） ·西藏中觀思想專題
果暉法師	助理教授	日本立正大學文學博士	·禪修專題研修（I） ·禪修專題研修（I） ·安世高研究（I） ·安世高研究（II）
果鏡法師	助理教授	日本京都佛教大學文學研究所博士	·儀軌專題研修（I） ·儀軌專題研修（II） ·唐宋禪學專題（I） ·唐宋禪學專題（II） ·中國淨土思想研究（I） ·中國淨土思想研究（II）
果肇法師	副教授級專業技術人員	中興大學企業管理系畢業	·朝暮定課（I）（II）（III）（IV） ·服務學習

姓名	職稱	最高學歷	任教科目
洪振洲	助理教授	臺灣科技大學資訊管理系博士	·佛學資訊、工具與技術（II） ·佛學資訊、工具與技術（IV） ·關連式資料管理 ·腳本語言進階 ·程式語言
鄧偉仁	講師	美國哈佛大學宗教學博士	·漢傳佛教史專題（I） ·漢傳佛教史專題（II） ·學術研究方法與寫作

◎兼任師資名單（校外單位兼課者）

姓名	職稱	最高學歷	任教科目
楊郁文	教授級專業技術人員	高雄醫學院醫學系畢業	・阿含經研究（I） ・阿含經研究（II）
陳英善	副教授	中國文化大學哲學博士	・天台專題 ・華嚴禪觀 ・天台教觀專題 ・華嚴教觀禪觀
高明道	副教授級專業技術人員	中國文化大學中國文學研究所碩士	・實用佛教文獻學：版本・斠讎 ・漢譯佛典專題（I） ・實用佛教文獻學：翻譯、詮釋 ・漢譯佛典研讀（II）
劉國威	助理教授	美國哈佛大學哲學博士	・西藏佛教史專題（I） ・西藏佛教史專題（II）
藍碧珠	講師	日本埼玉大學文化科學研究科碩士	・日文文法（I） ・日文文法（II）
陳炯彰	教授	英國雷斯汀大學博士	・世界文明史
林正常	教授	美國明尼蘇達大學博士	・體育
藍吉富	副教授	東海大學歷史研究所結業	・漢傳佛教史
方怡蓉	講師	臺灣師範大學英語系碩士	・大一英文
金子恭久	講師級專業技術人員	美國明尼蘇達州立大學運動生理系博士	・日文
常延法師	講師	佛光人文社會學院宗教學研究所碩士	・佛教入門
果元法師	副教授級專業技術人員	加拿大喬治布朗學院電機系畢業	・禪修
果廣法師	副教授級專業技術人員	法鼓山三學研修院	・戒律學綱要
果理法師	助理教授級專業技術人員	中興大學企業管理系畢業	・禪定學概論
果慨法師	助理教授級專業技術人員	東南工專畢業	・梵唄與儀軌
許明滿	助理教授	國防大學生命科學研究所博士	・生命科學概論
鐘文秀	講師	東海大學哲學研究所碩士	・梵文文法
簡淑華	副教授級專業技術人員	私立德明專校畢業	・體育
謝清俊	教授	交通大學電子研究所博士	・人文資訊學導論（I）
陳清香	副教授	中國文化大學藝術研究所碩士	・佛教藝術
黃榮堅	教授	德國波昂大學法律博士	・法律與人生
證融法師	助理教授	日本龍谷大學佛教學專攻博士	・菩薩戒
溫宗堃	助理教授	澳洲昆士蘭大學博士	・阿含導讀（I）
黃鳳英	助理教授	英國曼徹斯特大學心理學博士	・弘化專題研修 ・安寧療護與佛法
果東法師	副教教授級專業技術人員	臺灣師範大學附屬高級中學畢業	・心靈環保專題
施凱華	助理教授	輔仁大學哲學系博士	・漢傳佛教諸宗思想導論
梅靜軒	助理教授	德國波昂大學東方與亞洲研究院博士	・西藏佛教史
見寬法師	助理教授	美國威斯康辛大學亞洲語言與文化所博士	・菩薩戒
果光法師	助理教授	俄亥俄州立大學經濟學博士	・漢傳佛教禪觀
陳怡靜	助理教授	臺灣大學環境工程學研究所博士	・環境變遷與永續發展
果舫法師	助理教授級專業技術人員	臺北空專企管科畢業	・梵唄與儀軌（I）
果興法師	副教授級專業技術人員	龍華科技大學專科部工業工程與管理學系畢業	・禪修（I）

法鼓佛教學院推廣教育中心2010年課程概況

◎第一期課程：3月初至6月初

	課程名稱	授課教師	地點
佛法教理	根本佛教	楊郁文	慧日講堂
	成佛之道	藍吉富	德貴學苑
	《中論》導讀	劉嘉誠	愛群教室
	印度文化與佛學思想	陳世賢	
	《入菩提行論》	馬君美	德貴學苑
佛教應用	禪養生瑜伽	簡淑華	德貴學苑
	心活力瑜伽	簡淑華	
	音樂生活禪	陳韻如	愛群教室
	佛學、《易經》對人生的啟示	謝發琳	
佛學語文	佛學英文	鄭振煌	愛群教室
	日文閱讀	鐘文秀	
	梵文進階閱讀	鐘文秀	

◎第二期課程：6月底至9月底

	課程名稱	授課教師	地點
佛法教理	根本佛教	楊郁文	慧日講堂
	成佛之道	藍吉富	德貴學苑
	中觀學概論	劉嘉誠	愛群教室
	《入菩提行論》	馬君美	
	《唯識三十頌》導讀	蔡伯郎	
佛教應用	禪養生瑜伽	簡淑華	德貴學苑
	心活力瑜伽	簡淑華	
	壓力、情緒與正念療癒	黃鳳英	
	人體保健與大道真諦	謝發琳	愛群教室
佛學語文	佛學英文	鄭振煌	愛群教室
	梵文初階密集班	鐘文秀	
	日文初階密集班	鐘文秀	
	日文閱讀	鐘文秀	
	梵文進階閱讀	鐘文秀	
	藏語初階	曾德明	德貴學苑

◎第三期課程：10月中至2011年1月中

	課程名稱	授課教師	地點
佛法教理	根本佛教	楊郁文	慧日講堂
	《迴諍論》	劉嘉誠	愛群教室
	印度佛教與文化	陳世賢	
	佛典譬喻故事	梁麗玲	德貴學苑
	法華經要義（上）	藍吉富	
	自我生命探索的十二堂課	陳紹韻	
佛教應用	禪養生瑜伽	簡淑華	德貴學苑
	心活力瑜伽	簡淑華	
	佛法、命理與養生之道	謝發琳	愛群教室
佛學語文	佛學英文——大般涅槃經（I）	鄭振煌	愛群教室
	日文閱讀	鐘文秀	
	梵文閱讀	鐘文秀	
	藏語初階	曾德明	德貴學苑

法鼓山僧伽大學99學年度課程表

◎佛學系

學年			一	二	三	四
慧業	解門	戒定	戒律學（一）	戒律學（二）	戒律學（三）	戒律學（四）
			禪學（一）——禪定學概論	禪學（二）——大乘禪法六祖壇經		禪學（四）（禪宗禪法）默照——默照禪（上）話頭——話頭禪（下）
		慧	世界佛教史導論（一）——中國佛教史	世界佛教史導論（二）——印度佛教史（南亞佛教史）	世界佛教史導論（三）——禪宗法脈	世界佛教史導論（四）（選）——東亞佛教史（日本／韓國／西藏佛教史）
			阿含導讀	上學期：《阿毘達磨》（選）下學期：唯識學（選）	上學期：中觀學（選）下學期：如來藏（選）	華嚴學（選）
			佛法導論——佛教入門、學佛五講	上學期：漢傳佛教諸宗導讀（選）下學期：淨土學（選）	天台學（選）	天台學（選）
			高僧行誼	法鼓全集導讀	二課合解	淨土學（選）
		通識教育	通識課程（一）思考與表達方法	通識課程（二）知識管理（選）	通識課程（三）弘講理論與實務	通識課程（四）宗教師教育
				寫作與報告		畢業製作
				英文會話（基礎、中階）	英文——法鼓山的理念	英文佛典導讀（選）
				動禪	書法禪	
	行門		禪修（一）精進修行放鬆、數息	禪修（二）精進修行方法（止觀、默照、話頭）介紹	禪修（三）精進修行（默照）	禪修（四）培訓初級禪訓
			梵唄與儀軌（一）	梵唄與儀軌（二）	梵唄與儀軌（三）	梵唄與儀軌（四）
			出家行儀（一）	出家行儀（二）	出家行儀（三）	出家行儀（四）
福業			作務與弘化（一）	作務與弘化（二）	作務與弘化（三）	作務與弘化（四）
			班會	班會	班會	班會

◎禪學系

學年			一	二	三	四	五	六
慧業	解門	戒	戒律學（一）（沙彌律儀、《戒律學綱要》）	戒律學（二）（毘尼日用、遺教三經）	戒律學（三）——菩薩戒	戒律學（四）四分戒	戒律學 禪林實訓（一）	戒律學 禪林實訓（二）
		定	禪學（一）——禪定學概論《禪的體驗·禪的開示》《牛的印跡》	禪學（二）——大乘禪法 六祖壇經		禪學（四）——禪宗禪法 默照——默照禪（上）話頭——話頭禪（下）	禪修方法研討（一）	禪修方法研討（二）
		慧	世界佛教史導論（一）——中國佛教史	世界佛教史導論（二）——印度佛教史（南亞佛教史）	世界佛教史導論（三）——禪宗法脈	世界佛教史導論（四）（選）——東亞佛教史（日本／韓國／西藏佛教史）	小參培訓／總護培訓——見習、實習（從初階禪七開始）	主七法師培訓——見習、實習（從初階禪七開始）
			阿含導讀	上學期：《阿毘達磨》（選）下學期：唯識學（選）	上學期：中觀學（選）下學期：如來藏（選）	華嚴學（選）	《禪門修證指要》研讀、《禪門驪珠集》研讀	《禪門修證指要》研讀、《禪門驪珠集》研讀
			佛法導論——佛教入門、學佛五講	上學期：漢傳佛教諸宗導讀（選）下學期：淨土學（選）	天台學（選）	天台學（選）		
			高僧行誼			淨土學（選）	唯識與禪	
				《法鼓全集》導讀	禪宗經論導讀			
				寫作與報告（選）	禪修專題報告（選）	禪修專題報告（選）		
		通識教育	通識課程（一）思考與表達方法	通識課程（二）知識管理（選）	通識課程（三）弘講理論與實務	通識課程（四）宗教師教育		
				英文會話——（基礎+中階）	英文——法鼓山的理念			
			動禪	書法禪				
	行門		禪修（一）精進修行	禪修（二）精進修行	禪修（三）精進修行（默照）	禪修（四）禪訓師資培訓／中英文	參加所有禪期中級禪訓師資培訓	參加所有禪期
				行解交流	行解交流	行解交流	行解交流	行解交流
			梵唄與儀軌（一）	梵唄與儀軌（二）	梵唄與儀軌（三）	梵唄與儀軌（四）	專案培訓	專案培訓
			出家行儀（一）	出家行儀（二）	出家行儀（三）	出家行儀（四）	出家行儀（五）	出家行儀（六）
福業			作務與弘化（一）	作務與弘化（二）	作務與弘化（三）	作務與弘化（四）	作務與弘化（五）	作務與弘化（六）
			班會	班會	班會	班會	班會	班會

◎僧才養成班

學年			一	二
慧業	解門	戒	戒律學（一）（沙彌律儀、《戒律學綱要》）	戒律學（二）（毘尼日用、遺教三經）
		定	禪學（一）——禪定學概論《禪的體驗‧禪的開示》、《牛的印跡》	禪學（二）——大乘禪法六祖壇經
			世界佛教史導論（一）——中國佛教史	戒律學（三）——菩薩戒
			阿含導讀	《法鼓全集》導讀
			佛法導論——佛教入門、學佛五講	二課合解
		通識教育	高僧行誼	通識課程（四）宗教師教育
			通識課程（一）——思考與表達方法	
			動禪	書法禪
	行門		禪修（一）精進修行放鬆、數息	禪修（二）精進修行方法（止觀、默照、話頭）介紹
			梵唄與儀軌（一）	梵唄與儀軌（二）
			出家行儀（一）	出家行儀（二）
福業			作務與弘化（一）	作務與弘化（二）
			班會	班會

法鼓山僧伽大學99學年度師資簡介

◎專任教師

姓名	職稱	學經歷	教授課程
果東法師	院長	法鼓山方丈和尚	
果光法師	副院長 教務長 專任助理教授	美國俄亥俄州立大學博士 曾任法鼓山僧團經營規畫處監院 曾任法鼓山行政中心副都監	・禪宗法脈 ・禪學——大乘禪法 ・《禪門修證指要》、 　《禪門驪珠集》研讀
常寬法師	副院長 專任講師	美國東密西根大學碩士 曾任創辦人侍者	・禪修 ・禪學
果肇法師	女眾學務長 專任副教授	法鼓佛教學院行政副校長	・宗教師教育 ・出家行儀
常隨法師	男眾學務長 專任講師	中央大學碩士 法鼓山僧伽大學畢業	・禪學 ・出家行儀
果徹法師	專任助理教授	中華佛學研究所畢業 曾任法鼓山僧團教育院監院	・中觀學 ・禪學——話頭 ・禪修方法研討（二） ・禪修
果稱法師	教務處課務組組長 專任講師	逢甲大學會計系畢業 曾任法鼓山佛學推廣中心室主 曾任法鼓山僧團女眾部僧值	・出家行儀 ・禪修 ・禪學
果通法師	專任講師	法鼓山僧團女眾部副僧值	・出家行儀 ・戒律學
果乘法師	總務長 專任講師	美國底特律大學碩士 曾任美國東初禪寺監院	・出家行儀
果明法師	女眾學務處輔導組組長 專任講師	法鼓山僧團女眾部僧值	・出家行儀 ・禪修
常空法師	男眾學務處輔導組組長 專任講師	法鼓山僧伽大學 曾任方丈和尚侍者	・出家行儀 ・戒律學
常順法師	男眾學務處助理 專任講師	政治大學統計學系畢業	・出家行儀 ・戒律學
常襄法師	男眾學務處規畫組組長 專任講師	法鼓山僧伽大學禪學系	・出家行儀 ・禪修
常元法師	男眾學務處保健組組長 專任講師	輔仁大學哲學系畢業	・出家行儀 ・禪修
常宗法師	女眾學務處保健組組長 專任講師	東海大學社會系畢業 法鼓山僧伽大學畢業	・出家行儀 ・戒律學
常盛法師	女眾學務處助理 女眾學務處規畫組組長 專任講師	大同大學事業經營系畢業 法鼓山僧伽大學畢業	・出家行儀 ・禪修
常輪法師	女眾學務處輔導組組員 專任講師	弘光技術學院畢業 法鼓山僧伽大學畢業	・出家行儀
常延法師	專任講師	佛光人文社會學院碩士 曾任華嚴專宗學院教師 曾任法鼓山僧團三學院與弘化院 成員	・佛法導論（一）：佛教入門 ・禪宗經論導讀

◎兼任教師

姓名	職稱	學經歷	教授課程
惠敏法師	兼任教授	日本東京大學博士 法鼓佛教學院校長 曾任中華佛學研究所副所長	・思考與表達方法 ・印度佛教史
杜正民	兼任教授	中華佛學研究所圖資館館長 法鼓佛教學院副校長	・如來藏 ・知識管理
果元法師	兼任副教授	加拿大喬治布朗學院電機系畢業 法鼓山禪修中心副都監 曾任法鼓山東初禪寺住持	・禪修──默照
陳英善	兼任副教授	中國文化大學博士 中華佛學研究所研究員	・華嚴學
楊蓓	兼任副教授	美國田納西大學教育心理與輔導博士 法鼓大學籌備處副教授 臺北大學兼任副教授	・生命的觀照與發展
果暉法師	兼任任助理教授	日本立正大學博士 法鼓山僧團副住持	・四分比丘戒
果鏡法師	兼任助理教授	日本佛教大學博士 中華佛學研究所所長 曾任法鼓山僧團都監	・淨土學
果理法師	兼任助理教授	中興大學畢業 臺中分院監院	・禪學──默照 ・禪修方法研討（一） ・唯識學
果慨法師	兼任助理教授	曾任法鼓山僧伽大學女眾學務處規畫組組長 法鼓山僧團弘化院監院	・二課合解 ・四分比丘尼戒
純因法師	兼任助理教授	美國亞歷桑那大學博士	・阿含經導讀 ・漢傳佛教諸宗導讀
蘇南望傑	兼任助理教授	日本佛教大學博士課程	・西藏佛教史 ・日本佛教史
莊國彬	兼任助理教授	英國布里斯托大學博士 法鼓佛教學院助理教授	・阿毘達摩
戴良義	兼任助理教授	美國東密西根大學碩士 法鼓大學籌備處祕書 法鼓山佛學推廣中心專任講師	・弘講理論與實務
辜琮瑜	兼任助理教授	中國文化大學博士 法鼓大學籌備處助理教授	・唯識與禪
果祺法師	兼任講師	法鼓山禪堂板首 禪修中心青年發展院監院	・作務與弘化
果竣法師	兼任講師	臺北醫學大學畢業	・中國佛教史 ・菩薩戒
果印法師	兼任講師	曾任法鼓山農禪寺知客師 法鼓山僧團都監助理	・梵唄與儀軌
果界法師	兼任講師	曾任法鼓山僧團關懷院普照室主 法鼓山僧團三學院僧才培育室室主	・梵唄與儀軌
果毅法師	兼任講師	曾任法鼓山文化中心副都監 法鼓山普化中心副都監	・《法鼓全集》導讀
果旭法師	兼任講師	曾任法鼓山雲來寺監院 法鼓山安和分院監院	・梵唄與儀軌
常哲法師	兼任講師	法鼓山僧伽大學畢業 法鼓山天南寺成員	・梵唄與儀軌

姓名	職稱	學經歷	教授課程
常遠法師	兼任講師	曾任法鼓山男眾發展院監院 曾任法鼓山傳燈院監院 法鼓山天南寺監院	‧禪修
常應法師	兼任講師	法鼓山僧伽大學畢業 法鼓山男眾發展院弘化室室主 法鼓山男眾維那師	‧梵唄與儀軌
常悟法師	兼任講師	美國紐約州立大學水牛城分校碩士 法鼓山文化中心國際翻譯組組長	‧英文佛典導讀
常覺法師	兼任講師	法鼓山僧伽大學畢業 中華佛學研究所成員	‧梵唄與儀軌
大常法師	兼任講師	中華佛學研究所畢業 法鼓山佛學推廣中心講師	‧天台學 ‧中國佛教史
蘇益清	兼任講師	中山國小書法師資培訓班講師	‧書法禪
陳世佳	兼任講師	法鼓山護法信眾	‧動禪
黃怡琪	兼任講師	中華佛學研究所畢業 法鼓佛教學院專職	‧動禪 ‧書法禪
方怡蓉	兼任講師	師範大學英語系碩士 中華佛學研究所畢業	‧英文 ‧寫作與報告

法鼓山2010年海外分會、聯絡處定期共修活動概況

◎美洲──美國

分會／聯絡處	時間	項目
美國紐約東初禪寺	每週一19：30～21：00	念佛共修
	每週二19：00～21：30	禪坐共修（英文）
	每週三19：15～21：15	中文佛學課程（9月至12月：三十七道品）
	每週四19：30～21：00	太極拳
	每週五19：15～21：15	中文佛學課程（3月至6月：菩薩戒指要）
	每週六09：30～15：00	禪坐共修
	每週日11：00～12：30	週日講經
	週六09：30～12：00英文佛學課程	Dharma 101 & Dharma 102（不定期）
	週六18：30～21：00	禪電影（不定期）
	每月最後一週週一19：30～21：00	禮佛大懺悔文共修
	每月最後一週週六09：00～17：00	一日禪（英文）
	每月第一週週日14：00～15：30	觀音法會
	每月第二週週日14：00～16：00	大悲懺法會
	每月第三週週日14：00～16：30	地藏法會
	每月最後一週週日14：00～15：00	菩薩戒誦戒會
	每月第二、四週週日13：45～15：00	英文佛學讀書會
	每兩個月開班一次，週六 09：30～12：00	英文禪訓班
	每兩個月開班一次，週六14：00～16：30	中文禪訓班
美國紐約象岡道場	每週四19：00～21：00	禪坐共修
	每週日09：00～11：00	講經共修
美國護法會──東北轄區		
紐約州長島聯絡處	每週四19：00～21：00	禪坐共修
	每月一次	佛學講座
康州南部聯絡處	每月第一、三週週六14：00～16：00	禪坐、研讀《法華經》
佛蒙特州伯靈頓聯絡處	每月第二或第三週週六13：00～17：00	禪坐、讀書會
美國護法會──中大西洋轄區		
新澤西州分會	週二19：00～20：00	念佛禪
	週日09：30～10：30	週日共修：禪修、法會
	每月第一週週日09：00～12：30	精進半日禪
賓州州大大學城聯絡處	週四19：30～21：30	讀書會
	週日10：00～11：30	禪坐共修
美國護法會──南部轄區		
德州達拉斯聯絡處	每月第二週週日	小朋友共修：法鼓八式動禪、禪坐、「心五四」討論、遊戲、勞作
	每月第三週週日	成人共修：法鼓八式動禪、禪坐、觀看聖嚴師父開示影片
佛州奧蘭多聯絡處	每月第一週週六09：00～11：30	禪坐、經行
佛州天柏聯絡處	週六07：30～08：00	太極班
	每月第二週週六14：30～16：30	讀書會

分會／聯絡處	時間	項目
美國護法會——中西部轄區		
伊利諾州芝加哥分會	每週六07：30～08：30（1至5月）	健身韻律舞蹈
	每週日08：30～11：30	「禪」工作坊
	每月第一、三週週五20：00～22：00	《楞嚴經》誦經共修
	每月第三週週日13：30～16：00	《心經》中文讀書會
	每月第二週週六10：30～12：00	拜《大悲懺》共修
	每月第四週週日13：30～15：30（1至6月）	書法班
美國護法會——西部轄區		
加州洛杉磯分會	每週四19：00～21：30 每週日09：30～12：00	禪坐共修
	週六14：00～18：00	念佛共修、拜懺、法器練習
	每月第一週週日13：00～15：00	大悲懺法會
	每月第二、三週週日13：00～16：00	佛學初階課程
	每月最後一週週六09：30～12：00	英文禪坐共修
	每月最後一週週日09：00～16：00	一日禪
加州舊金山分會	每週二19：30～21：30 每週日14：00～17：00	禪坐共修
	每週六11：30～13：00	瑜伽
	每月第一週週六14：00～16：00	大悲懺法會
	每月隔週週一19：30～21：30	讀書會
	每月隔週週一11：00～13：00	心靈茶會
加州省會聯絡處	每月雙週週日14：00～17：00	禪坐共修
華盛頓州西雅圖分會	每週一10：00～12：00	《六波羅蜜講記》讀書會
	每週四19：15～21：15	英文禪坐共修
	每週五19：00～21：30	禪坐共修
	每月第二、四週週三19：30～21：00	合唱練唱共修
	每月第二週週五19：30～21：30	生活談心
	每月第一週週日10：00～12：00	大悲懺法會
	每月第三週週日10：00～12：00	讀書會
	每月第四週週日10：00～12：00	念佛共修
	每月第四週週日13：00～15：00	助念共修

◎北美洲──加拿大

分會／聯絡處	時間	項目
溫哥華道場	週一19：30～21：30（溫哥華地區） 週五18：30～20：30 週六19：30～21：30（本拿比地區）	佛法指引
	週二10：00～12：00	禪門探索
	週三19：00～21：30 週六19：30～21：30（本拿比地區） 週日09：30～12：00	禪坐共修
	週四19：30～21：30	英文讀書會
	週五10：00～12：00	念佛共修
	週五19：30～21：30	法青讀書會
	週五18：30～20：30	少年生活營
	週六10：00～12：00	《成佛之道》導讀
	每月第一週週五10：00～12：00	菩薩戒誦戒會
	每月第二週週六14：00～16：30	大悲懺法會
	每月隔週週六19：00～21：30	相約在法青
加拿大護法會		
安省分會	每週一11：00～13：00	鈔經書法共修
	每週三19：00～21：00	禪修指引
	每週三10：00～14：00	法器練習共修
	每週日10：00～12：00	禪坐共修
	每月第一週週六09：30～16：30	禪一
	每月第三週週日10：00～12：00	大悲懺法會
	每月一次週四19：00～21：00 每月一次週日14：00～16：00	國語學佛讀書會
	每月一次週五19：30～21：30	粵語學佛讀書會
	每月一次週日09：30～16：30	禪一
	每月一次14：00～16：00	英語學佛讀書會

◎亞洲

分會／聯絡處	時間	項目
馬來西亞道場	每週一20：00～22：00	合唱團練唱
	每週二、五08：00～10：00 每週日09：30～12：00	禪坐共修
	每週四20：00～22：00	「學佛五講」佛學課程
	每週六19：30～21：30	念佛共修
	每月第二週週六19：30～21：30	菩薩戒誦戒會
新加坡護法會	每週二19：30～21：30	心靈環保課程
	每週三19：30～21：30 每週日09：30～11：30	禪坐共修
	每週四20：00～21：30	念佛共修
	每週六13：00～15：00	讀書會
	每月第一、三週週日13：30～15：00	菩薩戒誦戒會
	每月第一週週四19：30～21：30	持誦二十一遍〈大悲咒〉
香港護法會	週二19：30～21：30	法器練習
	週三19：30～21：30	心靈環保讀書會
	週五19：30～21：00	念佛共修
	週六15：00～17：00	禪坐共修
	每月第二週週六19：30～21：30	大悲懺法會
	每月第一週週五19：30～21：00	菩薩戒誦戒會暨念佛共修
泰國	每週二10：00～12：00	讀書會
	每週六10：00～12：00	念佛共修
	每月第四週週六10：00～12：00	大悲懺法會

◎澳洲

分會／聯絡處	時間	項目
澳洲護法會		
雪梨分會	每月第一、三週週日09：00～12：30	禪坐共修、觀看聖嚴師父開示影片

法鼓山2010年參與暨舉辦之主要國際會議概況

時間	會議名稱	主辦單位	國家	地點	主要代表參加人
2月1至5日	第四屆佛教與基督教研討會（4th Buddhist-Christian Symposium）	普世博愛運動會（Focolare）、立正佼成會（Rissho Kosei-kai）	泰國	清邁南傳內觀禪修中心（Voravihara Vipassana Meditation Center）	僧團果元法師、法鼓山僧伽大學學僧常護法師
3月11至12日	文化交流：中古早期中國與鄰邦文化國際學術研討會（Cultural Crossings: China and Beyond in the Early Medieval Period" Conference）	美國維吉尼亞大學（University of Virginia）藝術系與東亞語言文獻文化系	美國	維吉尼亞州維吉尼亞大學	法鼓佛教學院校長惠敏法師、圖書資訊館館長馬德偉（Marcus Bingenheimer）
5月12至16日	「氣候變遷的內在向度」（Inner Dimensions of Climate Change）青年沉思會議	美國法鼓山佛教協會（Dharma Drum Mountain Buddhist Association, DDMBA）、全球女性和平促進會（The Global Peace Initiative of Women, GPIW）	美國	紐約象岡道場	僧團果禪法師、常濟法師代表「美國法鼓山佛教協會」出席
5月23至25日	第七屆泰國國際衛塞節國際佛學會議	國際佛教大會（The International Buddhist Conference）	泰國	曼谷朱拉隆功佛教大學（Mahachulalongkorn-rajavidyalaya University）	法鼓佛教學院副校長杜正民
5月28日	「存在的目的」（The Purpose of Existence）跨宗教交流英語座談會	銘傳大學國際學院國際事務研究所	臺灣	銘傳大學	僧團常嶺法師
5月28至31日	第三屆聖嚴思想國際學術研討會暨信眾論壇	聖嚴教育基金會	臺灣	臺灣大學集思會議中心	僧團副住持果暉法師、中華佛學研究所所長果鏡法師、法鼓山僧伽大學副院長果光法師
6月3日	「從國際眼光看漢傳佛教」交流座談會	中華佛學研究所、聖嚴教育基金會	臺灣	法鼓山園區	中華佛學研究所所長果鏡法師、美國紐約東初禪寺住持果醒法師、監院常華法師，象岡道場監院常聞法師
6月18至20日	第二屆海峽論壇‧閩臺佛教文化交流研討會	福建省佛教協會、廈門市佛教協會、廈門南普陀寺	中國大陸	福建廈門	法鼓大學籌備處人生學院助理教授辜琮瑜發表論文 ※僅供稿，人未與會
6月24至25日	第六屆東亞NGO論壇	臺灣海外援助聯盟、臺北縣政府	臺灣	臺北縣政府東側六樓大禮堂	國際發展處監院果見法師、陳韻珊、慈基會緊急救援組組長吳慎等
6月25至27日	「大好山：東亞靈山信仰與神聖空間」學術研習營	法鼓佛教學院、中央研究院中國文哲研究所	臺灣	法鼓山園區	法鼓佛教學院校長惠敏法師、中華佛研所所長果鏡法師
7月22至23日	第二屆援助與國際發展論壇（2th Aid & International Development Forum, AIDF）年會	援助與國際發展論壇（Aid & International Development Forum, AIDF）	美國	華府華盛頓會議中心（Washington Convention Center）	慈基會專職楊仁賢

時間	會議名稱	主辦單位	國家	地點	主要代表參加人
8月10至17日	2010兩岸西域文化交流學術研討會	中國大陸新疆塔里木大學	中國大陸	新疆塔里木大學	法鼓佛教學院副校長杜正民
9月3至5日	「平城邊都一三○○祭」活動之「注意心念、清淨心情──奈良之傳統與現代意義」研討會	「二十一世紀之智慧與實踐論壇」、真言律宗總本山西大寺、元興寺	日本	奈良市	法鼓佛教學院校長惠敏法師
9月4至6日	華嚴全球論壇（Huayen Forum of Globalization）暨世界佛教青年僧伽協會第七屆年會（The 7th General Conference of World Buddhist Sangha Youth, WBSY）	大華嚴寺、華嚴學會	臺灣	臺北大學三峽校區	僧團果祥法師、法鼓山僧伽大學常諗法師
9月6至8日	「第八屆兩岸三院資訊技術交流與數位資源共享」研討會	法鼓佛教學院、中央研究院計算中心	臺灣	臺北中央研究院法鼓佛教學院	法鼓佛教學院校長惠敏法師、副校長杜正民、洪振洲老師
9月9至10日	中華佛教宗風論壇──漢傳佛教百年歷史回顧與展望	香港中華佛教文化院、鳳凰衛視、至愛無聲公益基金、曾子南宗師文化基金會	香港	香港理工大學蔣震劇院	僧團傳燈院監院常源法師、常緣法師、常乘法師、中華佛研所研究員藍吉富
9月10至11日	廣東禪宗六祖文化節學術研討會──六祖禪的傳承與發展	中國大陸廣東省宗教文化交流協會、廣東省佛教協會	中國大陸	廣州市	僧團副住持果品法師、中華佛研所所長果鏡法師、法鼓大學籌備處副教授楊蓓
9月25至26日	第一屆國際慈善與人道關懷論壇	法鼓山	臺灣	法鼓山園區	方丈和尚果東法師、僧團副住持果品法師
9月29至30日	2010兩岸華人心理治療高峰會議	法鼓大學籌備處、華人心理治療研究發展基金會、臺灣心理治療學會、實踐大學、高雄長庚醫院、心靈工坊出版文化公司	臺灣	法鼓山園區	法鼓大學籌備處副教授楊蓓
10月10至12日	佛經文獻聯合目錄（the Union Catalog of Buddhist Texts, UCBT）工作坊	國際佛典聯合目錄計畫	泰國	曼谷	法鼓佛教學院副校長杜正民
10月11至15日	美國沉思者聯盟會議（The Alliance of American Contemplatives）	全球女性和平促進會（The Global Peace Initiative of Women, GPIW）沉思者聯盟智庫	美國	加州蒙特瑞（Monterey）	僧團果禪法師、常濟法師
10月31日至11月3日	《地球憲章》十週年大會	地球憲章（The Earth Charter Initiative）	印度	古吉拉特省（Gujarat）阿默特巴德市（Ahmedabad）	僧團果禪法師、常濟法師代表「美國法鼓山佛教協會」出席
11月10至12日	國際宗教領袖高峰會議	全球女性和平促進會（The Global Peace Initiative of Women, GPIW）、世界宗教領袖論壇（The World Forum of Spiritua Leadersl）	南韓	首爾市	法鼓山僧伽大學副院長常寬法師、常嶺法師

時間	會議名稱	主辦單位	國家	地點	主要代表參加人
11月17至18日	第三屆中華文化論壇	中國大陸福建省中華文化學院	中國大陸	福州市	方丈和尚果東法師、國際發展處處監院果見法師、法鼓大學籌備處副教授楊蓓、孔健中老師
11月22至23日	「第一屆圓悟克勤禪師暨禪茶一味」國際研討會	中國大陸四川省佛教協會、成都市佛教協會	中國大陸	成都市昭覺寺	中華佛研所研究員藍吉富
11月29日至12月10日	第十六屆聯合國氣候變化綱要公約締約國會議 (16th Conference of the Parties, COP16)	聯合國	墨西哥	坎昆市（Cancun）	僧團果禪法師、常濟法師代表「美國法鼓山佛教協會」出席
12月18日	「印順導師的思想與當代世界」國際佛教論壇	馬來西亞佛教青年總會	馬來西亞	吉隆坡	中華佛研所研究員藍吉富

法鼓山全球聯絡網

【全球各地主要分支道場】

【國內地區】
■北部

法鼓山世界佛教教育園區
電話：02-2498-7171
傳真：02-2498-9029
20842新北市金山區三界里七鄰半嶺14-5號

農禪寺
電話：02-2893-3161
傳真：02-2895-8969
11268臺北市北投區大業路65巷89號

中華佛教文化館
電話：02-2891-2550；02-2892-6111
傳真：02-2892-5501
11246臺北市北投區光明路276號

雲來寺（行政中心、文化中心）
電話：02-2893-9966
傳真：02-2893-9911
11244臺北市北投區公館路186號

法鼓德貴學苑
電話：02-2191-1020（青年發展院）
電話：02-2191-1015
　　　（法鼓山人文社會基金會）
電話：02-2191-1011
　　　（法鼓大學籌備處）
10044臺北市中正區延平南路77號

安和分院
（大安、信義、南港辦事處）
電話：02-2778-5007~9
傳真：02-2778-0807
10688臺北市大安區安和路一段29號10樓

天南寺
電話：02-8676-2556
傳真：02-8676-1060
23743新北市三峽區介壽路二段138巷168號

齋明寺
電話：03-380-1426；03-390-8575
傳真：03-389-4262
33561桃園縣大溪鎮齋明街153號

中山精舍（中山辦事處）
電話：02-2591-1008
傳真：02-2591-1078
10451臺北市中山區民權東路一段67號9樓

基隆精舍（基隆辦事處）
電話：02-2426-1677
傳真：02-2425-3854
20045基隆市仁愛區仁五路8號3樓

北投辦事處
電話：02-2892-7138
傳真：02-2388-6572
11241臺北市北投區溫泉路68-8號1樓

士林辦事處
電話：02-2881-7898
11162臺北市士林區中正路335巷6弄5號B1

社子辦事處（慈弘精舍）
電話：02-2816-9619
11165臺北市士林區延平北路五段29號1、2樓

石牌辦事處
電話：02-2832-3746
傳真：02-2872-9992
11158臺北市士林區福華路147巷28號

大同辦事處
電話：02-2599-2571
10367臺北市大同區酒泉街34-1號

松山辦事處
電話：0933-896-399
10572臺北市松山區民生東路五段28號7樓

中正萬華辦事處
電話：02-2305-2283；0928-010-579
傳真：02-2307-3288
10878臺北市萬華區萬大路239號4樓

內湖辦事處
電話：02-2793-8809
11490臺北市內湖區民權東路六段123巷20弄3號1樓

文山辦事處
電話：02-2236-4380
11687臺北市文山區和興路52巷9號之3

海山辦事處
電話：02-8951-3341
傳真：02-8951-3341
22067新北市板橋區三民路一段120號7樓

淡水辦事處
電話：02-2629-2458；0912-871-112
25153新北市淡水區新民街120巷3號

三重蘆洲辦事處
電話：02-2986-0168
傳真：02-2978-8223
24145新北市三重區正德街61號4樓

新店辦事處
電話：02-8911-3242
傳真：02-8911-2421
23143新北市新店區中華路9號3樓之一

中永和辦事處
電話：02-2231-2654
傳真：02-2925-8599
23455新北市永和區中正路417號10樓

新莊辦事處
電話：02-2994-6176
傳真：02-2994-4102
24242新北市新莊區新莊路114號

林口辦事處
電話：02-2603-0390；0935-577-785
傳真：02-2602-1289
24446新北市林口區中山路91號3樓

金山萬里辦事處
電話：02-2408-1844
傳真：02-2408-2554
20841新北市金山區仁愛路61號

三芝石門辦事處
電話：02-2636-7752
傳真：02-2636-5163
25241新北市三芝區公正街三段10號

桃園辦事處
電話：03-302-4761；03-302-7741
傳真：03-301-9866
33046桃園縣桃園市大興西路二段
105號12樓

中壢辦事處
電話：03-281-3127；03-281-3128
傳真：03-281-3739
32448桃園縣平鎮市環南路184號3樓
之一

新竹辦事處
電話：03-525-8246
傳真：03-523-4561
30042新竹市林森路231號11樓D室

苗栗辦事處
電話：037-362-881
傳真：037-362-131
36046苗栗縣苗栗市大埔街42號

三義DIY心靈環保教育中心
電話：04-2223-1055；037-870-995
傳真：037-872-222
36745苗栗縣三義鄉廣盛村八股路21號

■中部
臺中分院（臺中辦事處）
電話：04-2255-0665
傳真：04-2255-0763
40758臺中市西屯區府會園道169號
1-2樓

南投德華寺（埔里安心服務站）
電話：049-242-3025；049-242-1695
傳真：049-242-3032
54547南投縣埔里鎮清新里延年巷33號

海線辦事處
電話：04-2662-5072；04-2686-6622
傳真：04-2686-6622
43655臺中市清水區鎮南街53號2樓

豐原辦事處
電話：04-2524-5569
傳真：04-2515-3448
42054臺中市豐原區圓環西路141號2樓

彰化辦事處
電話：04-711-6052
傳真：04-711-5313
50049彰化縣彰化市中山路二段2號10樓

員林辦事處
電話：04-837-2601；04-831-2142
傳真：04-838-2533
51042彰化縣員林鎮靜修東路33號8樓

南投辦事處（南投安心服務站）
電話：049-239-2363；049-239-2365
傳真：049-239-1414
54044南投縣南投市中興新村中學西路
106號

東勢安心服務站
電話：04-2588-1337
傳真：04-2577-3942
42341臺中市東勢區東蘭路26-11號

竹山安心服務站
電話：049-264-5456
傳真：049-263-0747
55768南投縣竹山鎮加正巷7之2號

■南部
臺南分院（臺南辦事處）
電話：06-220-6329；06-220-6339
傳真：06-226-4289
70444臺南市北區西門路三段159號14樓

雲集寺
電話：06-721-1295；06-721-1298
傳真：06-723-6208
72242臺南市佳里區六安街218號

安平精舍
電話：06-298-9050
70848臺南市安平區永華路二段248號7樓

紫雲寺（高雄南區辦事處）
電話：07-732-1380轉11、12；07-731-2310
傳真：07-731-3402
83341高雄市鳥松區忠孝路52號

三民精舍（高雄北區辦事處）
電話：07-380-0848
傳真：07-396-6260
80767高雄市三民區建安街94號1、2樓

嘉義辦事處
電話：05-2760071；05-2764403
傳真：05-276-0084
60072嘉義市林森東路343號1樓

屏東辦事處
電話：08-738-0001
傳真：08-738-0003
90055屏東縣屏東市建豐路2巷70號1樓

潮州辦事處
電話：08-789-8596
傳真：08-780-8729
92045屏東縣潮州鎮和平路26號1樓

六龜安心服務站
電話：07-689-5871
傳真：07-689-3201
84441高雄市六龜區光復路31號

甲仙安心服務站
電話：07-675-3656
傳真：07-675-3703
84741高雄市甲仙區中正路138之2號

林邊安心服務站
電話：08-875-0085
傳真：08-875-0085
92743屏東縣林邊鄉中山路178號

■東部
信行寺（臺東辦事處）
電話：089-225-199；089-225-299
傳真：089-239-477
95059臺東縣臺東市更生北路132巷
36、38號

宜蘭辦事處
電話：039-332-125
傳真：039-332-479
26052宜蘭縣宜蘭市泰山路112巷8弄
18號

羅東辦事處
電話：039-571-160
傳真：039-561-262
26550宜蘭縣羅東鎮公正路246號1樓

花蓮辦事處（花蓮安心服務站）
電話：03-834-2758
傳真：03-835-6610
97047花蓮縣花蓮市光復街87號7樓

【海外地區】
■美洲America
美國紐約東初禪寺
Chan Meditation Center
（紐約州紐約分會New York Chapter, NY）
TEL：1-718-592-6593
FAX：1-718-592-0717
E-MAIL：chancenter@gmail.com
　　　　ddmbaus@yahoo.com
　　　　carolymfong@yahoo.com
　　　　（紐約州紐約分會）
WEBSITE：http://www.chancenter.org
ADDRESS：90-56 Corona Ave., Elmhurs
NY 11373, U.S.A.

美國紐約象岡道場
Dharma Drum Retreat Center
TEL：1-845-744-8114
FAX：1-845-744-8483
E-MAIL：ddrc@dharmadrumretreat.org
WEBSITE：http://www.dharmadrumretreat.org
ADDRESS：184 Quannacut Rd., Pine Bush
NY 12566, U.S.A.

美國護法會
Dharma Drum Mountain Buddhist Association
（DDMBA）
TEL：1-718-592-6593
FAX：1-718-592-0717
WEBSITE：http://www.ddmusa.org
ADDRESS：90-56 Corona Ave., Elmhurs
NY 11373, U.S.A.

◎東北部轄區North East Region
紐約州長島聯絡處
Long Island Branch, NY
TEL：1-631-689-8548
E-MAIL：haideelee@yahoo.com
WEBSITE：http://longisland.ddmusa.org
ADDRESS：P.O.BOX 423 Upton, NY 11973
U.S.A.

康州南部聯絡處
Fairfield County Branch, CT
TEL：1-203-972-3406
E-MAIL：contekalice@aol.com

康州哈特福聯絡處
Hartford Branch, CT
TEL：1-860-805-3588
E-MAIL：ling_yunw@yahoo.com

佛蒙特州伯靈頓聯絡處
Burlington Branch, VT
TEL：1-802-658-3413
FAX：1-802-658-3413
E-MAIL：juichulee@yahoo.com
WEBSITE：http://www.ddmbavt.org

◎中大西洋轄區 Mid-Atlantic Region
新澤西州分會
New Jersey Chapter
TEL：1-732-549-7134
FAX：1-732-957-0563
E-MAIL：chiuwang@msn.com
WEBSITE：http://www.ddmba-nj.org
ADDRESS：789 Jersey Ave. New Brunswick
NJ 08901, U.S.A.

賓州州大大學城聯絡處
State College Branch, PA
TEL：1-814-867-9253
E-MAIL：ddmbapa@gmail.com
WEBSITE：http://www.ddmbapa.org

◎南部轄區 South Region
首都華盛頓聯絡處
Washington, DC Branch
TEL：1-301-982-2552
E-MAIL：chiehhsiungchang@yahoo.com

德州達拉斯聯絡處
Dallas Branch, TX
TEL：1-817-226-6888
FAX：1-817-274-7067
E-MAIL：ddmba_patty@yahoo.com
WEBSITE：http://dallas.ddmusa.org

佛州奧蘭多聯絡處
Orlando Branch, FL
TEL：1-407-671-6250
E-MAIL：chihho2004@yahoo.com
WEBSITE：http://orlando.ddmusa.org

佛州天柏聯絡處
Tampa Branch, FL
TEL：1-727-393-9588
E-MAIL：skau@tampabay.rr.com
WEBSITE：http://tampa.ddmusa.org

佛州塔拉哈西聯絡處
Tallahassee Branch, FL
TEL：1- 850-274-3996
E-MAIL：tallahassee.chan@gmail.com
WEBSITE：
http://www.tallahasseebuddhistcommunity.
org

◎中西部轄區 Mid-West Region
伊利諾州芝加哥分會
Chicago Chapter, IL
TEL：1-708-453-2069
FAX：1-847-824-6466
E-MAIL：susan@lincke.org
WEBSITE：http://www.ddmbachicago.org
ADDRESS：1234 North River Rd. Mt.
Prospect, IL 60056, U.S.A.

密西根州蘭辛聯絡處
Lansing Branch, MI
TEL：1-517-332-0003
FAX：1-517-332-0003
E-MAIL：lkong2006@gmail.com
WEBSITE：http://michigan.ddmusa.org

密蘇里州聖路易聯絡處
St. Louise Branch, MO
TEL：1-636-529-0085
E-MAIL：acren@aol.com

◎西部轄區 West Region
加州洛杉磯分會
Los Angeles Chapter, CA
TEL：1-626-428-5337
E-MAIL：bluebean88@earthlink.net
WEBSITE：http://www.ddmbala.org
ADDRESS：9674 Telstar Ave. #C El
Monte, CA 91731, U.S.A.

加州舊金山分會
San Francisco Chapter, CA
TEL：1-408-469-0321
FAX：1-650-988-6928
E-MAIL：ddmbasf@gmail.com
WEBSITE：http://www.ddmbasf.org
ADDRESS：1153 Bordeaux Dr #106
Sunnyvale, CA 94089, U.S.A.

加州省會聯絡處
Sacramento Branch, CA
TEL：1-916-681-2416
E-MAIL：ddmbasacra@yahoo.com
WEBSITE：http://sacramento.ddmusa.org

華盛頓州西雅圖分會
Seattle Chapter, WA
TEL：1-414-403-4034
FAX：1-425-828-2646
E-MAIL：panqing.he@yahoo.com
WEBSITE：http://seattle.ddmusa.org
ADDRESS：14028 Bel-Red Rd., Suite
205, Bellevue, WA 98007, U.S.A.

加拿大溫哥華道場
Dharma Drum Mountain Vancouver Center
（溫哥華分會 Vancouver Chapter）
TEL：1-604-277-1357
FAX：1-604-277-1352
E-MAIL：info@ddmba.ca
WEBSITE：http://www.ddmba.ca
ADDRESS：8240 No.5 Rd. Richmond,
B.C. V6Y 2V4, Canada

加拿大護法會安大略省分會
（安省分會、多倫多分會）
Toronto Chapter
TEL：1-416-774-8873
E-MAIL：angichang@yahoo.ca
WEBSITE：http://www.ddmba-ontario.ca

■亞洲Asia
馬來西亞道場
Dharma Drum Mountain Malaysia Center
（馬來西亞護法會 Malaysia Branch）
TEL：60-3-7960-0841
FAX：60-3-7960-0842
E-MAIL：ddmmalaysia@gmail.com
WEBSITE：http://www.ddm.org.my
ADDRESS：Block B-3-16, 8 Ave., Pusat
Perdagangan Sek.8, Jalan Sg. Jernih,
46050 Petaling Jaya, Selangor, Malaysia

新加坡護法會
Singapore Branch
TEL：65-6735-5900
FAX：65-6224-2655
E-MAIL：ddrum@singnet.com.sg
WEBSITE：http://www.ddsingapore.org
ADDRESS：100A, Duxton Rd. 089544
Singapore

香港護法會
Hongkong Branch
TEL：852-2865-3110
FAX：852-2591-4810
E-MAIL：info@ddmhk.org.hk
WEBSITE：http://www.ddmhk.org.hk
ADDRESS：香港九龍荔枝角永康街
23-27號 安泰工業大廈B座二字樓203室
Room 203 2/F Block B,
Alexandra,Industrial Building 23-27 Wing
Hong Street, Lai Chi Kok, Kowloon
Hong Kong

泰國護法會
Thailand Branch
TEL：66-2-713-7815；66-2-713-7816
FAX：66-2-713-7638
E-MAIL：ddmbkk2010@gmail.com
WEBSITE：http://www.ddmth.com
ADDRESS：1471. Soi 31/1 Pattnakarn Rd.
10250 Bangkok Thailand

■大洋洲Oceania
澳洲護法會雪梨分會
Sydney Chapter
TEL：61-4-131-85603
FAX：61-2-9283-3168
E-MAIL：ddmsydney@yahoo.com.au
WEBSITE：http://www.ddm.org.au

■歐洲Europe
盧森堡聯絡處
Luxembourg Liaison Office
TEL：352-400-080
FAX：352-290-311
E-MAIL：ddm@chan.lu
ADDRESS：15, Rue Jean Schaack
L-2563, Luxembourg

【教育事業群】

法鼓山僧伽大學
電話：02-2498-7171
傳真：02-2408-2492
網址：http://sanghau.ddm.org.tw
20842新北市金山區三界村七鄰半嶺
14-5號

法鼓佛教學院
電話：02-2498-0707轉2364～2365
傳真：02-2408-2472
網址：http://www.ddbc.edu.tw
20842新北市金山區西勢湖2-6號

法鼓佛教學院·推廣教育中心
電話：02-2773-1264
傳真：02-2751-2234
網址：http://ddbctw.blogspot.com
11688臺北市大安區忠孝東路四段
124-6號7樓B

中華佛學研究所
電話：02-2498-7171
傳真：02-2408-2492
網址：http://www.chibs.edu.tw
20842新北市金山區三界村七鄰半嶺
14-5號

法鼓大學籌備處
電話：02-2311-1105；02-2191-1011
網址：http://www.ddc.edu.tw
10044臺北市中正區延平南路77號
6-10樓

法鼓山社會大學服務中心
（新莊法鼓山社會大學）
電話：02-2994-3755；02-2408-2593～4
傳真：02-2994-4102
網址：http://www.ddcep.org.tw/
24241新北市新莊區新莊路114號

金山法鼓山社會大學
電話：02-2408-2593～4
傳真：02-2408-2554
20841新北市金山區仁愛路61號

大溪法鼓山社會大學
電話：03-387-4372
傳真：03-387-4372
33557桃園縣大溪鎮康莊路645號

北投法鼓山社會大學
電話：02-2893-9966轉6135、6141
傳真：02-2891-8081
11244臺北市北投區公館路186號

【關懷事業群】

法鼓山社會福利慈善事業基金會
電話：02-2893-9966
傳真：02-2893-9911
網址：http://charity.ddm.org.tw
11244臺北市北投區公館路186號

法鼓山人文社會基金會
電話：02-2191-1015
傳真：02-2311-6350
網址：http://www.ddmthp.org.tw
10044臺北市中正區延平南路77號5樓

聖嚴教育基金會
電話：02-2397-9300
傳真：02-2393-5610
網址：http://www.shengyen.org.tw
10056臺北市中正區仁愛路二段56號

國家圖書館出版品預行編目資料

法鼓山年鑑. 2010／法鼓山年鑑編輯組編輯. --
初版. -- 臺北市：法鼓山文教基金會，
2011.08　面；公分

ISBN 978-986-81352-9-1 （精裝）

1.法鼓山　　2.佛教團體　　3.年鑑

220.58　　　　　　　　　　100013229

2010 法鼓山年鑑

創　辦　人	聖嚴法師
出　版　者	財團法人法鼓山文教基金會
發　行　人	果東法師
地　　　址	臺北市北投區公館路186號
電　　　話	02-2893-9966
編 輯 企 畫	法鼓山年鑑編輯組
召　集　人	釋果賢
主　　　編	陳重光
執 行 編 輯	林蒨蓉
編　　　輯	李怡慧、游淑惠
專 文 撰 述	釋果見、陳玫娟、許翠谷
校　　　對	胡琡珮、林孟兒、陳雪芳、徐慧娟
文稿資料提供	法鼓山文化中心雜誌部、史料部，法鼓山各會團、海內外各分院及聯絡處等單位
攝　　　影	法鼓山攝影義工
美 編 完 稿	連紫吟
網　　　址	http://www.ddm.org.tw/event/2008/ddm_history/index.htm
初　　　版	2011年8月
發 心 助 印 價	800元
劃 撥 帳 號	16246478
劃 撥 戶 名	財團法人法鼓山文教基金會